# Lehr- und Handbücher der Politikwissenschaft

## Herausgegeben von
## Dr. Arno Mohr

### Lieferbare Titel:

# Militär und zivile Politik

von
## Prof. Dr. Aurel Croissant
Ruprecht-Karls-Universität Heidelberg

und

## David Kühn, M.A.
Ruprecht-Karls-Universität Heidelberg

Oldenbourg Verlag München

Bibliografische Information der Deutschen Nationalbibliothek

Die Deutsche Nationalbibliothek verzeichnet diese Publikation in der Deutschen
Nationalbibliografie; detaillierte bibliografische Daten sind im Internet über
http://dnb.d-nb.de abrufbar.


© 2011  Oldenbourg Wissenschaftsverlag GmbH
Rosenheimer Straße 145, D-81671 München
Telefon: (089) 45051-0
www.oldenbourg-verlag.de

Lektorat: Anne Lennartz, Kristin Beck
Herstellung: Constanze Müller
Titelbild: thinkstockphotos.de
Einbandgestaltung: hauser lacour
Gesamtherstellung: Druckhaus „Thomas Müntzer" GmbH, Bad Langensalza

Dieses Papier ist alterungsbeständig nach DIN/ISO 9706.

ISBN   978-3-486-58705-0

# Vorwort

Dieses Buch bietet eine Einführung in die theoretische und empirisch-vergleichende politik-wissenschaftliche Erforschung zivil-militärischer Beziehungen. Unter dem Begriff der zivil-militärischen Beziehungen fassen wir die Interaktionen zwischen den Streitkräften und den zivilen Akteuren, Organisationen und Einrichtungen des politischen Systems. Der theoreti-sche, analytische und empirische Fokus unserer Betrachtungen liegt auf dem Prozess und Zustand der zivilen Kontrolle als einem Teilaspekt des Verhältnisses von Militär und Politik.

Die Frage ob, wie und unter welchen Bedingungen es den zivilen Autoritäten in einem Staat gelingt, das Militär zu kontrollieren, ist von grundlegender Bedeutung für die Funktionswei-se politischer Systeme. Von den philosophischen Überlegungen Platons über die angemesse-ne Rolle der Kriegerklasse in der Polis bis hin zu den sozialwissenschaftlichen Analysen des frühen 21. Jahrhunderts haben sich etliche Analytiker der Politik mit dem Thema auseinan-dergesetzt. Trotzdem mangelt es bislang an Überblicks- und Einführungswerken, die syste-matisch die relevante theoretische und empirische Literatur bündeln und für die universitäre Lehre erschließen.

Das vorliegende Lehrbuch soll diese Lücke schließen. Als studienbegleitende Einführung hat es zum Ziel, die politikwissenschaftlich-vergleichende Forschung zu den zivil-militärischen Beziehungen systematisch zusammenzufassen. Es soll dabei vorrangig als Grundlage von Lehrveranstaltungen zum Thema der zivil-militärischen Beziehungen sowie zur Vorberei-tung von Examina dienen. Neben den Lehrenden und den zu den hier angesprochenen The-men forschenden Politikwissenschaftlern wendet es sich an studentische Leser, die eine um-fassende, systematische und aktuelle Einführung in die theoretischen und empirischen For-schungsfragen der Beziehungen zwischen Militär und Politik erwarten. Die studentische Zielgruppe sind fortgeschrittene BA-Studenten der Politischen Wissenschaft, sowie Master-Studenten in den Bereichen der Vergleichenden Analyse Politischer Systeme, Sicherheitspo-litik/Security Studies, Demokratieforschung und Friedens- und Konfliktforschung.

Inhaltlich stehen folgende Fragen im Mittelpunkt der Aufmerksamkeit: Unter welchen Be-dingungen gelingt es zivilen Autoritäten, ihre Streitkräfte zu kontrollieren und diese Kontrol-le zu institutionalisieren? Warum scheitern solche Versuche in manchen Ländern, während sie in anderen politischen Systemen gelingen? Welche Rolle spielt das Militär in Diktaturen und welche in demokratischen Verfassungsstaaten? Welche Herausforderungen prägen das Verhältnis von Militär und Politik in den Regimeübergängen von der Diktatur zur Demokra-tie? Welche Antworten bieten die Theorien der zivil-militärischen Beziehungen auf diese Fragen und wie überzeugend sind sie?

Es liegt in der Natur einer Einführung, dass sie die aufgeworfenen Fragen nicht abschließend beantwortet. Uns geht es darum, Studierende an jene Grundkenntnisse heranzuführen, die für eine erweiterte, eigenständige Analyse der zivil-militärischen Beziehungen im Rahmen von universitären Lehrveranstaltungen notwendig sind. Daher führt das Lehrbuch zwar umfassend in ein breites Spektrum an Fragestellungen ein, bietet dabei aber möglichst pointiert und problemorientiert Ansatzpunkte für die Einordnung in und die Erweiterung durch die weiterführende Forschungsliteratur.

Aus diesen Zielstellungen ergibt sich die grundsätzliche Gliederung des Buches in einen theoretisch-konzeptionellen und einen empirisch-vergleichenden Teil. Der erste Teil vermittelt das methodische, konzeptionelle und theoretische Rüstzeug zur sozialwissenschaftlichen Analyse der Beziehungen von ziviler Politik und Militär. Die nachfolgenden Abschnitte übertragen die theoretisch-konzeptionellen Diskussionen des ersten Teils auf die zivil-militärischen Beziehungen in reifen und konsolidierten Demokratien (USA, Deutschland, Japan), in „etablierten" Autokratien (China, Burma, Nordkorea) sowie in den Transformationsstaaten Südeuropas, Lateinamerikas, Osteuropas und Ostasiens. Die Darstellung ist darauf angelegt, dass die Leser die Interaktion zwischen Theorie und Empirie sowie zwischen Konzept und Methode nachvollziehen und in eigener Anwendung einüben können. Durch die vergleichende Darstellung der Fallbeispiele lassen sich Unterschiede und Gemeinsamkeiten herausarbeiten und deren Auswirkungen auf die konkreten Interaktionen zwischen zivilen Eliten und Militärs betrachten. Zugleich erlaubt der Vergleich auch die kritische Überprüfung der Übertragbarkeit von Konzepten und Theorien. Ein abschließender Teil mit studienpraktischen Hinweisen soll den Studierenden helfen, einen Zugang zum Studium der zivil-militärischen Beziehungen zu finden und Hilfestellungen bei der Recherche von aktueller Literatur und Standardwerken, forschungsbezogenen Zeitschriften und Internetquellen, Datenbanken und Forschungsverbünden bieten.

Zuletzt möchten wir noch jenen danken, die in der einen oder anderen Form zu diesem Projekt beigetragen haben. An erster Stelle sind die Studierenden am Institut für Politische Wissenschaft der Universität Heidelberg und der Naval Postgraduate School in Monterey zu nennen, mit denen wir in Lehrveranstaltungen die Thematik des Bandes diskutiert haben. Profitiert haben wir auch von den Diskussionen mit unseren Kollegen im DFG-Forschungsprojekt „Demokratische Transformation und zivile Kontrolle des Militärs: Ein Vergleich junger Demokratien in Nordost-, Südost- und Südasien", Paul Chambers, Subrata Mitra, Philip Völkel und Siegfried Wolf. Teile des zweiten und fünften Abschnitts haben wir im Oktober 2010 auf einem Workshop in Heidelberg vorgestellt. Für ihre Kommentare danken wir insbesondere Tom Bruneau und David Pion-Berlin. Ganz besonders möchten wir Christian Bruder danken, mit dem wir Kapitel 3.1 verfasst haben. Mitgeholfen haben auch Christina Ecker, Andrea Ficht, Stephan Großkopf, Sabine Mohammed und Thomas Wencker. Ihnen allen sei herzlich gedankt. Verbliebene Fehler gehen zu unseren Lasten.

Heidelberg, im Januar 2011                                           Aurel Croissant, David Kühn

# Inhalt

# Abbildungsverzeichnis

# Tabellenverzeichnis

# Verzeichnis der Info-Boxen

# 1 Einführung

Dieses Buch bietet eine politikwissenschaftliche Einführung in das Forschungsfeld Militär und Politik. Die Analyse der Strukturen, Prozesse und Politikergebnisse der Interaktion zwischen den Streitkräften und den Institutionen und Akteuren des politischen Systems ist eines von mehreren Teilgebieten der zivil-militärischen Beziehungen, ein Begriff, der im weitesten Sinne die Gesamtheit der Beziehungen zwischen den Streitkräften und ihren einzelnen Mitgliedern sowie allen nichtmilitärischen Teilsystemen der Gesellschaft, insbesondere Ökonomie, Kultur, Recht, Technologie und Politik, umfasst.

Das Verständnis von Militär, das den Darstellungen und Analysen in diesem Band zugrunde liegt, orientiert sich an der klassischen und für große Teile der sozialwissenschaftlichen Literatur gültigen, engen Definition. Der Begriff beschreibt jene sozialen Organisationen, die in einem Staat zur Erreichung politischer Ziele beitragen sollen, indem sie bewaffnete Gewalt androhen oder anwenden. Als Orientierungsmaßstab dienen die Erscheinungsformen von Streitkräften, wie sie für moderne Nationalstaaten in westlichen Gesellschaften typisch sind. Zu ihren Definitionsmerkmalen gehören (Edmonds 1988; Kümmel 2005):

1. die Monopolisierung der Verfügungsgewalt über Kriegswaffen;
2. die Landesverteidigung vor allem, aber nicht ausschließlich, nach außen als strukturbestimmende Kernfunktion;
3. die Bindung an eine übergeordnete, staatliche Autorität.

Diese Definition grenzt die Streitkräfte von anderen Organen der Staatsbürokratie ab und schließt andere bewaffnete Gruppierungen aus, die zwar nach dem Vorbild militärischer Verbände organisiert sind, aber nicht an die übergeordnete staatliche Autorität gebunden und über sie legitimiert sind, wie beispielsweise Bürgerkriegsarmeen, Widerstandsgruppen, Guerillaverbände oder terroristische Organisationen. Sie erfasst zudem nur einen Ausschnitt jener Strukturen und Institutionen des staatlichen Gewaltapparats, die in der neueren Forschung als „Sicherheitssektor" oder „Sicherheitsbereich" (*security sector*) umschrieben werden. Zum Sicherheitssektor zählen neben den uniformierten Streitkräften sowie Sondertruppen und den nicht uniformierten Mitgliedern der bewaffneten Dienste auch nicht-militärische Organisationen wie die zivilen Nachrichtendienste, Polizei und Strafvollzugseinrichtungen sowie alle zivilen politischen Institutionen in Verwaltung, Regierung, Parlament und Justiz eines Landes, sofern sie an der Formulierung, Implementierung oder Überprüfung verteidigungs- und sicherheitspolitischer Funktionen beteiligt sind (Forster 2002: 86f.).

Die Untersuchung der zivil-militärischen Beziehungen erlebt derzeit eine Renaissance (Born et al. 2004). Die Ursachen hierfür sind vielfältig, vier Gründe sind gesondert hervorzuheben (Bland 1999; Kümmel 2002; Bredow 2008; Bruneau/Trinkunas 2008):

1. der demokratische Wandel in Ost- und Südosteuropa;
2. die Neuordnung der zivil-militärischen Beziehungen in zahlreichen jungen Demokratien;
3. die in den USA mit uneinheitlichen Befunden geführte Diskussion um die Wirksamkeit demokratischer Kontrolle über die Streitkräfte;
4. der Wandel der sicherheitspolitischen Problemlagen nach dem Ende des Ost-West Konflikts.

Die Analyse der zivil-militärischen Beziehungen ist kein Alleinstellungsmerkmal der Politikwissenschaft. Im Gegenteil: Die sozialwissenschaftliche Militärforschung ist bislang vor allem eine Domäne der Soziologie. Als eigenständiges Teilgebiet der Politikwissenschaft – vergleichbar mit der Militärsoziologie – gibt es die Militärforschung nicht. Vielmehr ist sie in der Schnittmenge von Vergleichender Politikwissenschaft, Internationalen Beziehungen, Friedens- und Konfliktforschung, Politikfeldanalyse und politikwissenschaftlichen Regionalstudien angesiedelt. Sie hat zudem zahlreiche Berührungspunkte mit den Nachbardisziplinen wie der Soziologie und den Geschichtswissenschaften.

Die folgenden einleitenden Ausführungen werden durch vier Argumentationsschritte strukturiert. Im ersten Schritt wird die politikwissenschaftliche Bedeutung des Analysefelds „Militär und Politik" begründet. Anschließend skizzieren wir die Etappen seiner Entwicklung. Drittens beleuchten wir knapp die Stellung der politikwissenschaftlichen Militärforschung. Abschließend wird die Fragestellung, die Vorgehensweise und die Struktur des Bandes entfaltet.

## 1.1        Militär und Politik als Analysegegenstand der Politikwissenschaft

Die moderne Militärorganisation ist das Ergebnis des Staatsbildungsprozesses, der die europäische Geschichte vom 16. bis zum 19. Jahrhundert prägte. Dieser Prozess war durch eine umfassende Monopolisierung und Zentralisierung von Verwaltung, Rechtssetzung, Rechtsprechung und Gewaltausübung geprägt (Anter 2003: 36). Der moderne Staat entstand als Sicherheitsagent. Folgt man Max Weber, dann ist die Monopolisierung der Gewalt das entscheidende Kriterium, das den modernen Staat von anderen Formen der politischen Organisation unterscheidet.[1] Das Leitmotiv der Sicherheit war zunächst auf den grundlegenden Zweck der Gefahrenabwehr nach innen und außen und auf den Schutz vor Gewaltausübung gerichtet (ebd.: 39). Dem Militär kam in der Staatsbildung die Funktion zu, den Machtanspruch der staatlichen Elite nach innen durchzusetzen und nach außen abzusichern. Im Zuge der parallel dazu ablaufenden Nationsbildung übernahm das Militär auch integrative und symbolische Funktion. Als „Schule der Nation" waren die Streitkräfte ein Instrument der von

---

[1]    In der klassischen Definition von Weber ist der Staat „ein politischer *Anstaltsbetrieb* [...] wenn und insoweit sein Verwaltungsstab erfolgreich das *Monopol legitimen* physischen Zwangs für die Durchführung der Ordnungen in Anspruch nimmt" (Weber 1984: 91; Herv. i. O.). Legitim bedeutet in diesem Zusammenhang lediglich, dass sich das staatliche Monopol physischen Zwangs im Prinzip rechtfertigen lässt, nicht, dass jede staatliche Handlung im empirischen oder normativen Sinne legitim wäre (Lauth/Wagner 2006: 22).

oben erzwungenen Homogenisierung heterogener Bevölkerungsgruppen. Indem der (männlichen) Bevölkerung eines Landes bestimmte Fähigkeiten antrainiert und Werte vermittelt wurden, trug das Militär dazu bei, Bauern in loyale Bürger (Frankreich) oder Untertanen (Deutschland) zu verwandeln (Tilly 1975). Damit veränderte sich auch das Verhältnis der Gesellschaft zum Militär. Die „unteren Klassen hatten Armeen bislang entweder als marodierende Truppen kennen gelernt oder als eine Art mobiles Gefängnis, in das betrunken gemachte Bauernjungen gepresst wurden. Oder sie kamen mit dem Militär in Berührung, wenn es Aufstände im Inneren blutig niederschlug" (Kantner/Sandawi 2005: 32). Nun wurden Armee und Soldatentum zu öffentlich inszenierten nationalen Symbolen.

Funktion und Stellenwert des Militärs haben sich im 20. Jahrhundert stetig gewandelt. Seine Bedeutung als moralische und politische Anstalt, als Sozialisationsinstanz zur Vermittlung einer republikanischen Gesinnung und als Symbol nationaler Identität hat zumindest in den demokratisch verfassten „postheroischen" Gesellschaften (Münkler 2006) des Westens stetig nachgelassen. Auch in anderen Weltregionen haben politische, wirtschaftliche und gesellschaftliche Transformationsprozesse teils dramatische Auswirkungen auf das Verhältnis von Streitkräften und Gesellschaft. Gleichwohl bleibt das Militär auch im frühen 21. Jahrhundert ein zentrales Symbol und materielles Grundelement moderner Staatlichkeit. Der Blick auf die Empirie belegt dies: Im Juli 2010 hatten nur 24 von 192 Staaten, die als Vollmitglied den Vereinten Nationen angehören, keine ständigen Streitkräfte.[2] Damit ist das Verhältnis von Militär und Politik auch aktuell ein grundsätzliches und wesentliches Ordnungsproblem moderner Gesellschaften, und zwar unabhängig davon, ob diese demokratisch oder autokratisch regiert werden. Der besondere Stellenwert des Themas für die Politikwissenschaft ergibt sich spezifisch aus drei Problembereichen in den zivil-militärischen Beziehungen:

1. Zum einen ist die *zivil-militärische Problematik* zu nennen. Moderne Gesellschaften geben sich im Zuge der funktionalen Differenzierung und Spezialisierung eine militärische Organisation, um gegen existenzielle Bedrohungen geschützt zu sein. Zur Erfüllung der ihnen übertragenen Aufgaben verfügen Streitkräfte über Zwangsmittel, die sie auch dazu einsetzen können, um den eigenen Willen gegenüber der Regierung und Gesellschaft durchzusetzen. Im Zentrum der zivil-militärischen Problematik steht damit die zentrale Herausforderung, dass zum einen das Militär stark genug sein muss, um die ihm übertragenen Aufgaben zu erfüllen, zum anderen aber gewährleistet sein muss, dass sich das Militär der Autorität der zivilen Staatsführung unterordnet und nur das tut, was ihm aufgetragen wird (Feaver 1996: 149). Diese Problematik wird in der Forschung vorrangig unter dem Aspekt diskutiert, Interventionen des Militärs in der Innenpolitik zu verhindern und die „zivile Kontrolle" des Militärs durch die politischen Institutionen und Entscheidungsträger zu sichern.[3]

---

[2] Dies sind Andorra, Costa Rica, Dominica, Grenada, Haiti, Island, Kiribati, Liechtenstein, Marshall Inseln, Mauritius, Föderierte Staaten von Mikronesien, Monaco, Montenegro, Nauru, Palau, Panama, Saint Lucia, St. Vincent und die Grenadinen, Samoa, San Marino, Solomoninseln, Tuvalu, Vanuatu sowie – im Sinne unserer Definition – Somalia, da die staatliche Zentralgewalt fehlt (CIA 2010).

[3] „Zivile" politische Kontrolle ist nicht gleichzusetzen mit demokratischer Kontrolle, wie der Blick auf die historischen Fälle der kommunistischen Einparteiensysteme in Osteuropa und die nationalsozialistische Diktatur in Deutschland sowie, aktuell, einige autoritäre Systeme im pazifischen Asien belegt.

2. Zum anderen ist das *zivil-militärische Paradox* der demokratischen Gesellschaft (Born/ Metselaar 1999) anzuführen: Demokratien verlassen sich auf den Schutz einer grundsätzlich undemokratisch organisierten Institution. Aus der spezifischen Aufgabenstellung an das Militär ergeben sich Organisationszwänge („funktionaler Imperativ"), die allen Streitkräften gemeinsam sind und eine Reihe von strukturellen Eigenheiten („specificité militaire", vgl. Boëne 1990) nach sich ziehen. Neben einer streng hierarchischen Zentralisierung sowie der hohen Formalisierung und Ritualisierung von Handlungsabläufen, betrifft dies die Institutionalisierung bestimmter Sozialisationsmechanismen und Abgrenzungen von der zivilen Umwelt, welche dem Militär Züge einer „totalen Institution" verleihen.[4] Politikwissenschaftlich relevant ist dieses Paradox vor allem aufgrund der gesellschaftspolitischen Fragestellungen, die sich hieraus ergeben, beispielsweise wie Wehrstrukturen und militärische Organisationsformen beschaffen sein sollten, um das Militär angemessen in den demokratischen Prozess und die demokratische Gesellschaft zu integrieren. Die wissenschaftliche Literatur bietet hierzu verschiedene Antworten, und auch der vergleichende Blick in die Empirie lässt zahlreiche Unterschiede zwischen den Staaten erkennen.

3. Drittens schließlich ist das *Spannungsverhältnis zwischen dem Prinzip der zivilen Suprematie und den Grundsätzen der Effektivität und Effizienz von Sicherheits- und Militärpolitik* zu erwähnen. In demokratischen Verfassungsstaaten sind alleine die durch Wahlen legitimierten politischen Autoritäten im Rahmen der verfassungs- und rechtsstaatlichen Grenzen dazu befugt, bindende Entscheidungen im Bereich der Verteidigungs- und Sicherheitspolitik zu treffen (Kemp/Hudlin 1992). Zugleich ist das Militär aber kein Selbstzweck, sondern immer Mittel zur Zielerreichung: Streitkräfte werden aufgestellt, um Staat und Gesellschaft vor äußeren (mitunter auch inneren) Bedrohungen zu schützen. Selbst in politischen Systemen, in denen alle verteidigungspolitischen Entscheidungen unter Aufsicht der gesetzgebenden Körperschaft getroffen werden, sind Konflikte zwischen Politik und Militär keine Seltenheit. Auch in demokratischen Verfassungsstaaten hat die Militärführung eine beratende sicherheitspolitische Funktion. Dabei kann es dazu kommen, dass selbst fest in der demokratischen Wertekultur integrierte Militärs andere Vorstellungen darüber haben, welche Maßnahmen und Entscheidungen im Einklang mit den politischen Zielen und wirtschaftlichen Ressourcen der Gesellschaft stehen, als gewählte Regierungen und Parlamente. Die sich daraus ergebenden Probleme wie Informationsasymmetrien zwischen Militär und zivilen Entscheidungsträgern, Umgehung oder „Dehnung" von politischen Vorgaben und „weiche" Formen des militärischen Ungehorsams werden vor allem in neueren vertretungstheoretischen (Feaver 2003) und institutionalistischen Ansätzen (Bruneau/Tollefson 2008; Bruneau/Trinkunas 2008) diskutiert.

---

[4]  Der Begriff der „totalen Institution" geht auf den Soziologen Erving Goffman zurück, der sie anhand von vier Merkmalen definiert: 1. In totalen Institutionen spielt sich das ganze Leben (Arbeit, Freizeit, Schlaf) am selben Ort und unter derselben Autorität ab. 2. Die Mitglieder totaler Institutionen verbringen den ganzen Tag in unmittelbarer Nähe einer großen Zahl von Schicksalsgenossen. 3. Der ganze Tagesablauf ist streng geregelt. 4. Totale Institutionen geben vor, einem rationalen Plan zu folgen, der dazu dienen soll, ein bestimmtes offizielles Ziel zu erreichen. Als Beispiele für Totale Institutionen nennt Goffman u. a. psychiatrische Kliniken, Gefängnisse, Kloster und das Militär (Goffman 1973). Offensichtlich unterscheidet sich der Soldatenalltag in vielen westlichen Ländern heute teils deutlich von dieser Charakterisierung. Charles Moskos hat diese Veränderungen in seinem „Institution/Occupation-Model" (I/O-Modell) diskutiert (Moskos 1977).

# 1.2 Historische Entwicklung der politikwissenschaftlichen Militärforschung

Die Beschäftigung mit den zivil-militärischen Beziehungen im weitesten Sinne hat eine lange Tradition in der politischen Philosophie und Gesellschaftstheorie. Sie beginnt im 4. vorchristlichen Jahrhundert bei Platon (427-347 v. Chr.) und seinen Überlegungen im dritten Buch der „Politeia" zur Gefährdung der Polis durch die „Wächter" (d.h. die Krieger oder Soldaten), welche versucht sein könnten, sich zum eigenen Vorteil des Staates zu bemächtigen. Etwa achtzehnhundert Jahre später knüpfte Machiavelli (1469-1527) im „Il Principe" an diese Überlegungen an und reflektiert darüber, welche Form der Militärorganisation (ein stehendes Heer oder Söldnertruppen) der Fürst wählen soll. Wiederum etwa zweihundertfünfzig Jahre später beschäftigte sich der schottische Moralphilosoph und Nationalökonom Adam Smith (1723-1790) in seinem Hauptwerk „An Inquiry into the Nature and Causes of the Wealth of Nations" mit den Beziehungen zwischen der wirtschaftlichen und sozialen Ordnung eines Staates und dem Militär. Die Anfänge der modernen sozialwissenschaftlichen Militärforschung finden sich schließlich in den gesellschaftstheoretischen Überlegungen von Auguste Comte (1798-1857) und Herbert Spencer (1820-1903) sowie in den soziologischen Betrachtungen von Max Weber (1864-1920).

Eine genuin politikwissenschaftliche Auseinandersetzung mit dem Spannungsfeld von Militär und Politik beginnt jedoch erst in den 1950er Jahren. Vier Entwicklungsphasen sind zu unterscheiden. Der Beginn der einzelnen Etappen hat jeweils mehrere Gründe, die entscheidende Ursache findet sich im Wandel der gesellschaftlichen und (welt-) politischen Bedingungen sowie in der Anpassung der Sozialwissenschaften an diese Entwicklungen.

## 1.2.1 Die Gründungsphase

Eine erste Hochphase erlebte die politikwissenschaftliche Auseinandersetzung mit dem Militär in den 1950er Jahren. Anlass hierfür waren die Erfahrungen der amerikanischen Gesellschaft mit dem Aufkommen einer neuen, „totalen" Form des Krieges während des Zweiten Weltkriegs sowie die Herausforderung der westlichen Demokratie durch die nukleare Konfrontation mit den kommunistischen Diktaturen des Warschauer Paktes.

Anders als die sich zur gleichen Zeit etablierende Militärsoziologie (Leonhard/Werkner 2005) galt das Erkenntnisinteresse der Politikwissenschaft nicht primär der Erforschung des Militärs als bürokratischer Organisation, dem Einfluss der Streitkräfte auf gesellschaftliche Strukturen und Schichtenbildung oder der Bedeutung für das Entstehen und den Wandel sozialer Eliten. Die frühen Schriften der politikwissenschaftlichen Militärforschung kreisten vielmehr um die Frage, wie das Verhältnis von Streitkräften und Politik strukturiert sein sollte, um unter den veränderten Bedingungen des Kalten Krieges ein Höchstmaß an nationaler Sicherheit zu produzieren und zugleich sicherzustellen, dass die Streitkräfte ein Instrument der demokratisch gewählten Führung des Staates bleiben. Harold Lasswell verwarf in seinem 1941 erschienenen Artikel über den „Garnisonsstaat" (*garrison state*) die Möglichkeit eines solchen stabilen Gleichgewichts der zivil-militärischen Beziehungen. Stattdessen entwarf er eine düstere Vision der Herrschaft einer Elite von militärischen Spezialisten, die in den westlichen Industriegesellschaften an die Stelle der parlamentarischen Demokratie treten werde. Lasswells Prognose ist nicht eingetreten, legte aber den Grundstein für die insbesondere in den 1960er Jahren geführte Militarismusdebatte und die Forschung über den Militärisch-Industriellen Komplex (MIK). Im Unterschied zu Lasswell konstatieren Samuel P. Huntington in seiner 1957 erschienenen Abhandlung „The Soldier and the State" sowie Morris Janowitz in seiner Schrift „The Professional Soldier" (1960) die grundsätzliche Kompatibilität von ziviler Kontrolle und effektiver Sicherheitspolitik. Zur Frage, wie sie zu gewährleisten sei, geben beide Autoren aber unterschiedliche Antworten. Huntington entwirft ein Modell der Separation von Politik und Militär mit einer klaren Trennung der politischen und militärischen Entscheidungsebenen. Janowitz plädiert hingegen für die Verknüpfung der politischen und militärischen Entscheidungssphären und eine möglichst weit reichende Integration der Angehörigen des Militärs in die zivile Gesellschaft (vgl. Kapitel 2.3).

Janowitz ist einer der Hauptprotagonisten der frühen Debatte über die zivil-militärischen Beziehungen und sein Werk hat die internationale Militärsoziologie nachhaltig beeinflusst. Für die politikwissenschaftliche Forschung bedeutsamer war jedoch Huntington. Seine Arbeiten bilden vor allem in den Vereinigten Staaten bis in die 1990er Jahre den Referenzrahmen für einen Großteil der politikwissenschaftlichen Beschäftigung mit den zivil-militärischen Beziehungen (Feaver 1996; Bland 1999; Bruneau/Trinkunas 2008).

## 1.2.2 Die Analyse zivil-militärischer Beziehungen in Entwicklungs- und Schwellenländern

In den 1960er und 1970er Jahren verlagerte sich der Schwerpunkt der politikwissenschaftlichen Militärforschung von den zivil-militärischen Beziehungen in den USA und anderen westlichen Demokratien auf die Entwicklungs- und Schwellenländer. In seinem Klassiker „The Man on Horseback" (1962) gab Samuel E. Finer den Grundton dieser zweiten Etappe der politikwissenschaftlichen Militärforschung vor:

> „Statt danach zu fragen, warum Militärs sich in der Politik engagieren, sollten wir sicherlich fragen, warum sie dies nicht tun. Auf den ersten Blick sind die politischen Vorteile des Militärs gegenüber anderen und zivilen Gruppierungen überwältigend. Militärs besitzen eine bei weitem überlegene Organisation. Und sie besitzen Waffen. [...] Das Wunder ist daher nicht, dass Militärs gegen ihre zivilen Herren rebellieren, sondern dass sie ihnen überhaupt gehorchen." (Finer 1962: 4; eigene Übersetzung)

In den Mittelpunkt rückte die Analyse der Ursachen, Möglichkeiten und Motive militärischer Intervention in die Politik sowie der Erscheinungsformen und Leistungsprofile militärischer Herrschaft. In dieser Phase entstand eine kaum zu überschauende Zahl an Forschungsarbeiten zu unterschiedlichen Teilaspekten militärischer Herrschaft in unterschiedlichen Ländern und Regionen. Schwerpunkte der empirischen Forschung waren Lateinamerika, der Mittlere Osten, Asien und das subsaharische Afrika. Besonders hervorzuheben sind, da sie die vergleichende Politikwissenschaft auch über die Grenzen der Militärforschung hinaus beeinflusst haben, die Arbeiten von Huntington (1968) zur politischen Ordnung in sich modernisierenden Gesellschaften, von Eric Nordlinger (1977) zum Einfluss militärischer und gesellschaftlicher

Faktoren auf die Bereitschaft von Militärs zur Machtergreifung, von Amos Perlmutter zu unterschiedlichen Formen von Militärherrschaft (1977) sowie die Arbeiten von Guillermo O'Donnell (1973) zum bürokratischen Autoritarismus in Lateinamerika. Diese Entwicklung war eine Reaktion auf die in vielen Staaten Afrikas, Lateinamerikas und Asiens herrschende Krise zivil-militärischer Beziehungen. So zählte Thompson für die Jahre 1946-1970 insgesamt 274 Militärputsche in 59 Staaten (Thompson 1973). Statistisch betrachtet kam es in dieser Zeit im Mittleren Osten alle acht Monate, in Asien alle sieben, in Afrika (in der Zeit von 1960-1970) alle drei und in Lateinamerika gar alle zweieinhalb Monate zu einem Putschversuch (siehe Abb. 1.1).

***Abb. 1.1:*** *Anzahl der Militärputsche zwischen 1960 und 2006*

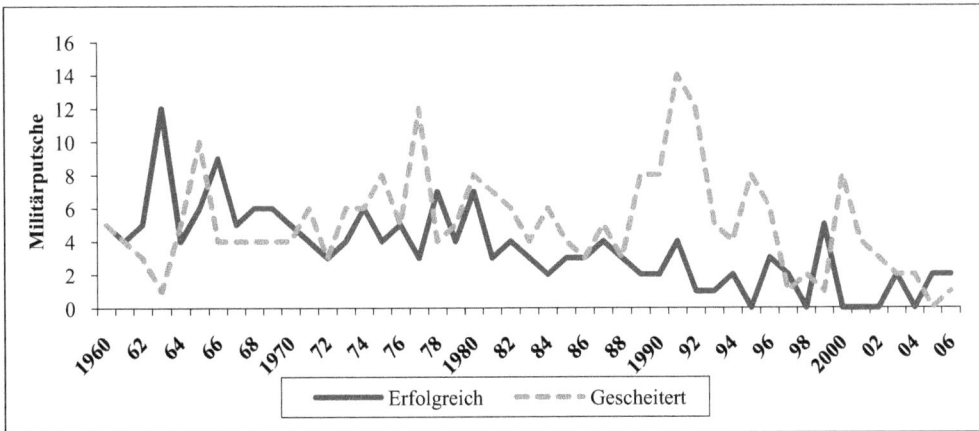

Anmerkung: Gezählt wurden nur erfolgreiche und tatsächlich durchgeführte, aber gescheiterte Militärputsche. Nicht berücksichtigt sind geplante, aber vereitelte sowie mutmaßlich verabredete Revolten.
Quelle: Eigene Auswertung der Daten des Polity IV Datensatzes (Polity IV 2008).

Diese Jahrzehnte waren eine Periode, in der, wie Rubin für den Mittleren Osten anmerkt, „jeder arabische Offizier hoffen konnte, eines Tages Herrscher im eigenen Land zu werden" (Rubin 2001; eigene Übersetzung). Das ist natürlich übertrieben. Längst nicht jeder Militärputsch war erfolgreich. Oft war der Erfolg nur von kurzer Dauer, da mit der Machtübernahme der einen Gruppe schon die nächste Offiziersclique über ihren Umsturzplänen brütete. Freilich waren Putsche oft genug erfolgreich, um zur Nachahmung zu motivieren. So kam Thompson Anfang der 1970er Jahre auf eine Erfolgsquote von 52%. Besonders versierte Putschisten fanden sich in dieser Zeit in Westafrika (Erfolgsquote: 60%), in Asien (52,5%) und im Mittleren Osten (51%; Li/Thompson 1975). Einzig die liberalen Demokratien in Nordamerika und Westeuropa sowie die Staaten des Warschauer Paktes schienen trotz einzelner Krisen – Frankreich (1958), Griechenland (1967) und Polen (1981) – die zivil-militärische Problematik erfolgreich bewältigt zu haben.

## 1.2.3 Das Militär im Systemwechsel von der Diktatur zur Demokratie

Auf dem Höhepunkt der Beschäftigung mit Militärinterventionen und Militärherrschaft entfaltete ein weltweiter Demokratisierungsschub seine Dynamik, den Samuel Huntington (1991) in einer weiteren einflussreichen Schrift als „dritte Demokratisierungswelle" bezeichnet hat. Diese globale Demokratiewelle begann am 25. April 1974 ironischerweise mit einem Militärputsch in Portugal. Von Lissabon ausgehend erfasste sie rasch das Militärregime in Griechenland (1974) sowie kurz darauf das franquistische Spanien (1975). Ende der 1970er Jahre brachen in Lateinamerika etliche Militärregime zusammen oder reformbereite Militärs begannen mit der Demokratisierung ihrer Länder. Der gescheiterte Staatsstreich im Februar 1986, der den Sturz des autoritären Regimes in den Philippinen forcierte, und der Rückzug der Generäle in die Kasernen in Südkorea (1987) und Thailand (1988) markieren das Eintreffen der „dritten Welle" in Asien. Ihren Höhepunkt fand sie freilich im Zusammenbruch der kommunistischen Regime in Osteuropa (1989). Im letzten Jahrzehnt des 20. Jahrhunderts kam es schließlich auch in zahlreichen afrikanischen Staaten zum Übergang von der autoritären zu einer mehr oder weniger demokratischen Herrschaft (Merkel 2010a).

Wie der Blick auf den Trendverlauf in Abbildung 1.1 zeigt, hat die Häufigkeit von Militärputschen im Zuge der dritten Demokratisierungswelle deutlich nachgelassen. Abgesehen vom Sonderfall Türkei (1997) ereignete sich der letzte Militärputsch in einem europäischen Land vor 27 Jahren – am 23. Februar 1981, als Teile der spanischen Streitkräfte sich (erfolglos) gegen die junge Demokratie erhoben. Der letzte Umsturzversuch im Mittleren Osten (Ägypten 1981) liegt genauso lange zurück, der letzte erfolgreiche Militärcoup sogar schon drei Jahrzehnte (Südjemen 1978). Auch in Lateinamerika hat die Putschneigung der Generäle deutlich nachgelassen. Gegenwärtig gibt es weder in Europa noch in Lateinamerika offene Militärregime. Aktuell stellen offene Militärinterventionen lediglich in (West-)Afrika und Asien eine reale Bedrohung ziviler Herrschaft dar.

Die dritte Demokratisierungswelle bildet den Hintergrund für einen erneuten Perspektivwechsel in der politikwissenschaftlichen Militärforschung. Im Kontext der Forschung zu Übergängen von der Autokratie zur Demokratie sowie der Konsolidierung junger Demokratien fokussierte die Debatte nun vor allem auf die Erfolgsbedingungen, Strategien und Ergebnisse von Prozessen der Institutionalisierung ziviler Kontrolle in jungen Demokratien. Stärker noch als die vorangegangene Forschungsphase ist die politikwissenschaftliche Militärforschung in dieser dritten Etappe komparativ ausgerichtet. Eine Vorreiterrolle übernahm dabei die Lateinamerika-Forschung. Alfred Stepans (1988) „Rethinking Military Politics" war die erste umfassende und vergleichend angelegte Studie, die militärische Macht- und Einflusspotenziale im Übergang zur Demokratie und die militärpolitischen Strategien postautoritärer Regierungen in Lateinamerika systematisch analysiert hat. Weitere Studien zu Südamerika (u. a. Pion-Berlin 2001), Süd- und Südosteuropa (Agüero 1995; Danopoulos/Zirker 1998) und dem pazifischen Asien (Alagappa 2001a) folgten.

Die Ergebnisse der vergleichenden Forschung ergeben ein ambivalentes Bild vom Zustand der zivilen Kontrolle in vielen jungen Demokratien. Auf der einen Seite haben harte Friktionen (Militärputsch, Militärdiktatur) deutlich nachgelassen. Auf der anderen Seite liefern zahlreiche Analysen aussagekräftige empirische Evidenz dafür, dass diese Entwicklung nicht gleichgesetzt werden darf mit der prinzipiellen Anerkennung des zivilen Supremats durch das Militär. Besonders Samuel Valenzuela (1992) hat darauf hingewiesen, dass die zivile Kontrolle der Streitkräfte in jungen Demokratien weniger durch Militärerhebungen eingeschränkt wird als vielmehr durch die „perverse Institutionalisierung" von *reserved domains* und *discretionary powers* der Streitkräfte.[5] Dies wird in der Transformationsforschung unter dem Stichwort der eingeschränkten effektiven Herrschaftsgewalt demokratischer Regierungen in „defekten Demokratien" oder „hybriden Regimen" diskutiert (Karl 1995; Merkel et al. 2011). Paul Smith bringt die Entwicklung der zivil-militärischen Beziehungen in Lateinamerika auf die folgende Formel:

> *„Man muss nicht an der Regierung sein, um politische Macht zu besitzen. Wenn das so ist, warum sollte man überhaupt noch putschen? Bei genauer Betrachtung mag eine Begründung für den Rückgang der militärischen golpes [Staatsstreiche, die Autoren] in den 80er und 90er Jahren sein, dass sie schlicht nicht mehr für notwendig erachtet wurden. Diese Einsicht geht weit über die Feststellung hinaus, dass die Putschfrage nicht mehr das entscheidende Problem dieser Epoche ist. Sie könnte schlicht die falsche Frage sein. [...] Die Streitkräfte Lateinamerikas haben sich nicht vollständig aus der Politik zurückgezogen. Sie sind vielmehr zur Seite getreten. In den meisten Ländern behielten sie sich die Entscheidung vor ob, wann und wie sie zurückkehren."*
> *(Smith 2005: 102, 106; eigene Übersetzung)*

Dies mag eine recht grobe Vereinheitlichung der heterogenen Lage in Mittel- und Südamerika sein. Sie macht aber deutlich, dass die Problematik der zivil-militärischen Beziehungen in jungen (und etablierten) Demokratien – nicht nur in Lateinamerika – wesentlich vielschichtiger und komplexer ist, als dass sie auf offensichtliche Phänomene wie Militärrevolten und Militärherrschaft reduziert werden kann (siehe Kapitel 5).

## 1.2.4 Militär und Politik nach dem Ende des Ost-West Konflikts

Die vierte und vorerst letzte Etappe in der Entwicklung des Forschungsgebietes ist charakterisiert durch die Pluralisierung der Forschungsagenden, eine zunehmende Orientierung an theoriegeleiteten Fragestellungen, die Entwicklung neuer Analysekonzepte und das Aufgreifen innovativer Ansätze aus anderen Teilgebieten der Politik- und Sozialwissenschaften. Angestoßen wurde diese Entwicklung durch den Zusammenbruch der kommunistischen Diktaturen in Osteuropa. Hier musste zwar das Militär nicht von den Schalthebeln der Macht verdrängt werden, aber die institutionellen und kulturellen Grundlagen eines demokratischen Kontrollsystems waren von Grund auf neu zu errichten (Fluri et al. 2005). So stellen Cottey, Edmunds und Forster für die postkommunistischen Transformationsstaaten fest, dass „eines

---

[5] *Discretionary power* bezeichnet die Fähigkeit des Militärs, sich selbst in den politischen Entscheidungsprozess (z.B. durch ein Veto gegen einzelne sicherheitspolitische Entscheidungen) einzuschalten. *Reserved domains* sind reservierte Politikbereiche, in denen das Militär bestimmte Politiken (etwa die Militärpolitik) dem Handlungsfeld der demokratisch gewählten zivilen Autoritäten entzieht (Valenzuela 1992: 64).

der fundamentalen Probleme zivil-militärischer Beziehungen in Mittel- und Osteuropa in der letzten Dekade nicht die Intervention des Militärs in die Politik ist, sondern das fehlinformierte, unangemessene oder desinteressierte zivile Management von Verteidigungs- und Sicherheitsfragen" (Cottey et al. 2002a: 43; eigene Übersetzung). Die Folgen schwacher demokratischer Kontrolle „insbesondere in Bezug auf die Implementierung durch die Exekutive und die legislative Aufsicht über die Verteidigungspolitik" (Forster 2002: 84f.; eigene Übersetzung) sind ein Mangel an demokratischer Verantwortlichkeit, öffentlicher Transparenz sowie gesellschaftlicher Partizipation, der nicht nur die Unterstützung der Öffentlichkeit für Militär- und Sicherheitspolitik gefährdet, sondern letztlich die rechtsstaatliche und partizipative Qualität des demokratischen Systems insgesamt beeinträchtigt.

Mit der Desintegration der Sowjetunion und dem Zerfall des Warschauer Pakts wurden auch die existierenden Bedrohungsszenarien obsolet. Abgelöst wurden sie von neuen Problemlagen, wie der Ausbreitung asymmetrischer Konfliktformen, „Neuen Kriegen" (Kaldor 1999; Münkler 2002) und dem transnationalen Terrorismus. Vor allem in Europa und Nordamerika hat die neue Gefährdungslage im internationalen System zu einer veränderten Rollen- und Funktionszuschreibung der Streitkräfte und zu einer Umorientierung ihrer Kompetenzbereiche geführt. Die klassische Aufgabe der Landesverteidigung rückt zunehmend in den Hintergrund zugunsten eines erweiterten Aufgabenspektrums. Die Beteiligung nationaler Verbände an multinationalen Formationen und militärischen Operationen jenseits des Krieges, wie beispielsweise komplexe Friedensmissionen und Terrorismusbekämpfung, haben weitreichende Auswirkungen auf das Militär und sein Verhältnis zu Gesellschaft und Politik. Dies gilt umso mehr, als die Veränderung des militärischen Aufgabenspektrums nach 1991 in Europa mit drastischen Reduzierungen der Streitkräfteumfänge und der Militärausgaben sowie radikalen Strukturreformen (u. a. Aufweichen oder Abschaffen der Wehrpflicht in zahlreichen Ländern) einher geht (siehe Abb. 1.2).

*Abb. 1.2:* Veränderung der Militärausgaben und Mannschaftsstärke der Streitkräfte in ausgewählten NATO-Staaten sowie Russland zwischen 1990 und 2003

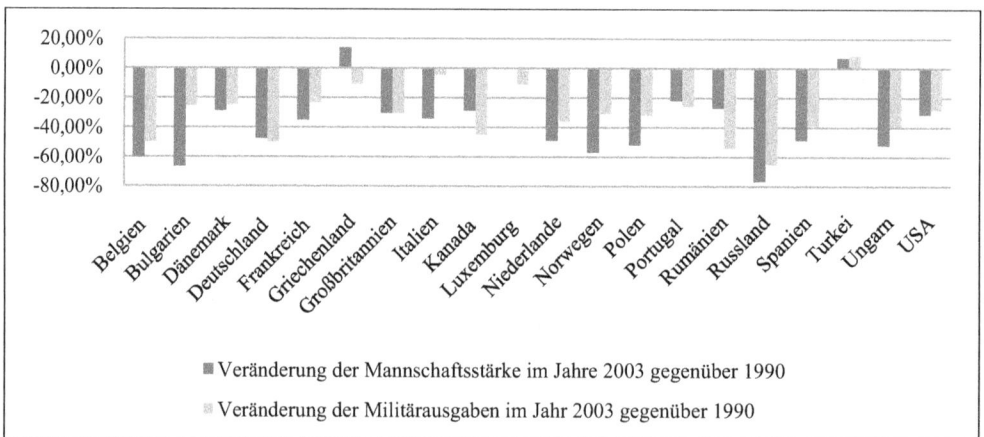

Anmerkung: Angaben für Russland (1990) beziehen sich auf die Sowjetunion.
Quelle: Eigene Berechnungen nach SIPRI 2009.

Die Problemlast einer mehr oder weniger radikalen Anpassung von Wehrstrukturen und Missionsprofilen der Streitkräfte an die politischen Realitäten nach dem Ende des Ost-West-Konflikts geht in den Industrieländern einher mit den Auswirkungen langfristig verlaufender Prozesse des sozialen und technologischen Wandels. Angesprochen ist damit zum einen das Phänomen der *Revolution in Military Affairs* („Revolutionierung des Militärwesens", RMA) und zum anderen die Prozesse eines allgemeinen gesellschaftlichen Wertewandels, der neue Probleme für die Legitimation der Streitkräfte aufwirft.

*Zur Revolutionierung des Militärwesens.* Das zuerst in US-amerikanischen Denkfabriken entwickelte Konzept der RMA kreist um die Auswirkungen der neuen Informations- und Kommunikationstechnologien auf die moderne Kriegführung und ihre Konsequenzen für Entscheidungs-, Kommunikations- und Managementstrukturen des Militärs. Die von Befür-wortern des Konzepts (Arquilla/Ronfeldt 1993) euphorisch begrüßten Optionen einer neuen, netzwerkgestützten Kriegführung stellen immense Anforderungen an die Adaptionsfähigkeit der Streitkräfte und führen zu steigenden Erwartungen der Gesellschaft und Politik an das Militär: Mit der Vision einer RMA geht die Hoffnung auf kürzere Kriegsverläufe, Minimie-rung eigener Verluste und die Begrenzung von sogenannten Kollateralschäden – mit anderen Worten: ziviler Opfer und Zerstörung der zivilen Infrastruktur eines Landes – einher.[6] Die Auswirkungen dieser Umstrukturierung des Militärs, seiner Aufgaben und der innerorganisa-torischen Abläufe auf die zivil-militärischen Beziehungen sind noch nicht abzuschätzen. In der Forschung werden derzeit vorrangig die möglichen Auswirkungen der Spezialisierung und des technischen und operativen Wandels diskutiert: Die wachsende Distanz von ziviler und militärischer Lebenswirklichkeit, die erschwerte zivile Aufsicht infolge der steigenden Bedeutung verdeckt agierender Sonderkommandos für die neuen Einsatzstrategien sowie die möglicherweise zunehmende Bereitschaft von Politik und Gesellschaft, „kostengünstige" Militäreinsätze zu legitimieren (Helmig/Schörnig 2008).

*Zum gesellschaftlichen Wertewandel und der Legitimation der Streitkräfte.* In den Sozialwis-senschaften herrscht Einigkeit, dass in den westlichen Industriegesellschaften in der Nach-kriegszeit und verstärkt seit den 1960er Jahren ein umfassender Wertewandel stattgefunden hat. Dieser hat zu einer stärkeren Individualisierung, einer Zunahme sogenannter postmateri-alistischer Werte und liberaler Einstellungen und einem gesteigerten Bedürfnis nach Selbst-entfaltung geführt (Inglehart/Welzel 2005). Die Auswirkungen des kulturellen Wandels auf das Militär sind vielfältig. Sie umfassen das Erstarken einer sicherheitspolitisch kritisch eingestellten Öffentlichkeit, den Rückgang der Zustimmung zur Wehrpflicht, eine innenpoli-tische Entwertung des Militärs und einen Trend zur Demokratisierung, „Zivilisierung" oder „Konstabularisierung" der Streitkräfte (Moskos et al. 2000).

Für die Bundeswehr diagnostizierte Wiesendahl schon 1980 eine Legitimationskrise als Folge dieses Wertewandels und eine Dekade später einen tiefen Graben zwischen bürgerli-cher und militärischer Wertekultur (Wiesendahl 1980, 1990). In jüngster Zeit wurde in der Forschung zu den zivil-militärischen Beziehungen in den USA eine intensive Debatte über

---

[6]  Ob Staaten tatsächlich in der Lage oder willens sind, die Kosten der Revolutionierung des Militärwesens zu tragen und ob dies einen Gewinn an Sicherheit bringt, steht auf einem anderen Blatt.

die sogenannte „civil-military gap" geführt. Danach sei im Zuge des gesellschaftlichen Wertewandels eine Lücke entstanden zwischen den Erfahrungen, Einstellungen und Wertemustern des Militärs, der Gesamtgesellschaft und der zivilen Entscheidungsträger, die zu einer Krise in den zivil-militärischen Beziehungen geführt habe. Anzeichen dieser Krise wurden unter anderem darin gesehen, dass das Ziel einer vollständigen Öffnung der Streitkräfte für Frauen und Homosexuelle der Clinton-Administration Anfang der 1990er Jahre am Widerstand der Militärführung scheiterte (Kohn 1994; Snider/Carlton-Carew 1995). Analysen der langfristigen Tendenzen wiesen auf eine deutliche Entfremdung zwischen den Einstellungen vieler Berufssoldaten und der amerikanischen Bevölkerung hin (Feaver/Kohn 2001b).[7] Wenngleich die Konsequenzen einer nachlassenden Verankerung der Streitkräfte in der gesellschaftlichen Wertekultur der Vereinigten Staaten auch heute noch uneinheitlich beurteilt werden, artikuliert sich eine ähnliche Besorgnis in der Bundesrepublik Deutschland in der aktuellen Debatte um das Für und Wider der Beibehaltung der Wehrpflicht. Die Gegner einer vollständigen Abkehr von der Wehrpflicht verweisen u. a. auf die drohende Erosion der Bindungen zwischen Gesellschaft und Militär, der durch einen solchen Schritt Vorschub geleistet würde (Bredow 2008: 144ff.) – eine Gefahr, die bereits Morris Janowitz mit seinem Konvergenz-Modell der zivilen Kontrolle im Blick hatte.

# 1.3     Der Stellenwert des Themas in der Politikwissenschaft

Der knappe Überblick zur Entwicklung und zu den Untersuchungsgegenständen der politikwissenschaftlichen Militärforschung verdeutlicht den Facettenreichtum der Thematik und die Vielfalt der verfolgten Fragestellungen. Zumindest in der Bundesrepublik Deutschland hat sich dies jedoch nicht in einer entsprechenden Präsenz in den Fachdiskussionen niedergeschlagen. Anders als in den Vereinigten Staaten und vielen anderen europäischen Ländern findet eine politikwissenschaftliche Auseinandersetzung mit dem Militär an öffentlichen Universitäten kaum statt. Auch in den wichtigsten Zeitschriften der Disziplin kommt der Forschungsbereich nahezu nicht vor. Allenfalls in der „Nische der sozialwissenschaftlichen Ressortforschung der Bundeswehr" (Gareis/Klein 2006), in Randzonen der Beschäftigung mit den Internationalen Beziehungen und dem Politischen System der Bundesrepublik Deutschland sowie im Kontext der Regionalforschung werden Teilaspekte der zivil-militärischen Beziehungen systematisch einer politikwissenschaftlichen Analyse unterzogen. Im Grunde aber ist die Analyse des Spannungsfelds von Politik und Militär in der bundesdeutschen Politikwissenschaft ein Randphänomen.[8]

---

[7]   Auf Deutschland und andere europäische Gesellschaften lassen sich diese Befunde nur bedingt übertragen. In der Bundesrepublik etwa steigt seit der Wiedervereinigung die Zustimmung für neue Einsatzformen der Bundeswehr bei gleichzeitig hohem Desinteresse am Militär und an Sicherheitsfragen (siehe Kapitel 3).

[8]   Anlass zu ähnlichen Klagen gibt auch die im Vergleich zur politikwissenschaftlichen Militärforschung besser in der Wissenschaftslandschaft verankerte deutschsprachige Militärsoziologie (Leonhard/Werkner 2005: 15f.; Gareis/Klein 2006: 9f.).

Die Gründe für diese Enthaltsamkeit sind vielfältig. Eine Rolle gespielt hat zweifelsohne die Aversion vieler Politik- und Sozialwissenschaftler gegen die Beschäftigung mit Fragen von Militär und ziviler Politik, um nicht in den Ruch einer „ideologischen" Nähe zum Militarismus zu geraten oder den Eindruck zu erwecken, man sei bereit durch die eigene Forschung einen Beitrag zur Vorbereitung von Kriegen zu leisten. So war die große Mehrzahl der Wissenschaftler darauf bedacht, Abstand zum Militär zu halten (Gareis/Klein 2005). Eine weitere ins Feld geführte Erklärung gründet auf der Annahme von einer wechselseitigen strukturellen Unvereinbarkeit zwischen dem Wissenschaftsbetrieb und den Streitkräften (Bredow 2008: 47ff.).

Beide Faktoren haben sicher eine Rolle gespielt. Ähnliche Schwierigkeiten lassen sich aber auch für andere Forschungsthemen benennen – Totalitarismus-, Autoritarismus- und Extremismusforschung oder Korruptionsforschung – ohne dass dies ihre Verankerung in der Politikwissenschaft dauerhaft verhindert hätte. Tatsächlich finden sich die Ursachen vor allem in den Eigentümlichkeiten des Themas selbst. Zum einen erfordert die Vielschichtigkeit des Gegenstands eine multidisziplinäre Forschungsperspektive. Angesichts einer sich auch institutionell immer weiter ausdifferenzierenden und spezialisierenden Politikwissenschaft lässt sich diese Anforderung jedoch nur schwer mit den Realitäten des Forschungs- und Lehrbetriebs vereinbaren. Ein weiteres, gleichfalls im Untersuchungsgegenstand selbst begründetes Hindernis besteht darin, dass die zivil-militärischen Beziehungen – und insbesondere die Beziehungen zwischen Regierung und Parlament auf der einen Seite und den Streitkräften auf der anderen – in Westeuropa und Nordamerika zwischen dem Ende des Zweiten Weltkriegs und dem Zusammenbruch des Ostblocks stabil waren, so dass für das zentrale Thema der zivilen Kontrolle kaum Forschungsbedarf zu bestehen schien.

Vor allem aber gab die politikwissenschaftliche Militärforschung gemessen an den theoretischen und methodischen Entwicklungen auf anderen Teilgebieten der Politikwissenschaft lange Zeit ein recht blasses Bild ab. Weder kam es zum Aufbau prägender und weiterführender Denkschulen noch erfolgte eine konsequente Entwicklung einer reflektierenden Theoriebildung. Insgesamt stand lange Zeit nicht die Aufdeckung allgemeiner theoretischer Zusammenhänge, sondern die Analyse eng umschriebener Einzelthemen im Vordergrund. In methodischer Hinsicht dominierten detailreiche und dicht beschreibende Einzelfallstudien. Diese lieferten zwar empirische Erkenntnisse zum Untersuchungsgegenstand, waren jedoch für angrenzende Bereiche der Politikwissenschaft nur von begrenzter Bedeutung. Methodendiskussionen, wie sie in der vergleichenden Politikwissenschaft seit den 1980er Jahren geführt werden und neuere, aus der Ökonomie und der Soziologie auf die Politikwissenschaft ausstrahlende Theorieentwicklungen wurden in der „Militärforschung" häufig ignoriert.

Dies änderte sich in den 1990er Jahren. Zum einen haben konstruktivistische und feministische Ansätze Einzug in die politikwissenschaftliche Militärforschung gefunden (Buzan et al. 1998; Eifler/Seifert 1999). Ein weiterer neuer Trend ist die Anwendung von Theorien rationalen Handelns einschließlich spiel- und vertretungstheoretischer Ansätze (Feaver 2003).

Andere neuere Ansätze betonen die Governance-Komponente (Cottey et al. 2002a),[9] das Ineinandergreifen von institutionellen und kulturellen Faktoren sowie die Verknüpfung von struktur- und handlungsorientierten analytischen Perspektiven (Avant 1994; Desch 1999; Alagappa 2001b; Pion-Berlin 2001; Bruneau/Trinkunas 2008).

## 1.4    Zu diesem Band

Die dargestellten Aspekte und Probleme des Untersuchungsgegenstands werden in den einzelnen Abschnitten des vorliegenden Bandes aufgegriffen, vertiefend dargestellt und diskutiert. Dreierlei unterscheidet dieses Buch von anderen Bestandsaufnahmen zum Thema. Erstens beschränkt sich die Darstellung bewusst auf einen Teilbereich der zivil-militärischen Beziehungen – das Verhältnis von Militär und Politik. Zweitens gibt es sowohl einen ausführlichen Einblick in die Theorien und Methoden in der politikwissenschaftlichen Militärforschung als auch in die Empirie der zivil-militärischen Beziehungen in unterschiedlichen Weltregionen (Europa, Asien, Nord- und Südamerika) und Typen politischer Herrschaft (Demokratie, Autokratie sowie Transitionsstaaten). Drittens sind die empirischen Analysen der Methodik des Vergleichs verpflichtet. Die Auswahl der Fälle erfolgt nach systematischen Gesichtspunkten und berücksichtigt sowohl reife und konsolidierte Demokratien, junge Demokratien als auch „etablierte" Autokratien.

Entsprechend ist das Lehrbuch nachfolgend gegliedert. Kapitel 2 führt ein in die theoretischen, konzeptionellen und methodischen Grundlagen des Forschungsgebiets. Neben zentralen Begriffen und Konzepten (zivil-militärische Beziehungen, zivile Kontrolle und Militärherrschaft) wird in die älteren (Huntington, Janowitz, Finer) und neueren kulturalistischen, strukturalistischen und rationalistischen Theoriestränge der Forschung eingeführt. Zudem wird ein knapper Überblick zur Methodologie der (politikwissenschaftlichen) Militärforschung geboten. In Kapitel 3 nimmt das Lehrbuch das Verhältnis von Militär und Politik in drei etablierten demokratischen Verfassungsstaaten in den Blick: den Vereinigten Staaten von Amerika, Deutschland und Japan. Kapitel 4 bietet einen einführenden Überblick zu den zivil-militärischen Beziehungen in drei Diktaturen (China, Burma, Nordkorea). In Kapitel 5 diskutieren wir die Herausforderungen, Prozesse und Ergebnisse der Neuordnung zivil-militärischer Beziehungen in den jungen Demokratien Südeuropas, Lateinamerikas, Osteuropas und Asiens. Das sechste Kapitel bietet studienpraktische Hinweise und Hilfestellungen für die Recherche, welche den Studierenden helfen sollen, einen eigenständigen Zugang zum Studium der zivil-militärischen Beziehungen zu finden.

---

[9]  Der Governance-Begriff wird in politik- und sozialwissenschaftlichen Debatten mit sehr unterschiedlichem Bedeutungsgehalt gebraucht. Zumindest in der deutschsprachigen Politikwissenschaft weist er eine Nähe zum Steuerungsbegriff auf und hat diesen in Teilen der Forschung bereits abgelöst (Benz 2004). In der englischsprachigen Militärforschung wird der Begriff meist im Zusammenhang mit der Umsetzung bzw. Institutionalisierung bestimmter Problemlösungen in den zivil-militärischen Beziehungen verwendet, als Bezeichnung für die Muster und Strukturen, wie sie sich im System der zivil-militärischen Beziehungen als Ereignis interagierender und intervenierender Kräfte aller beteiligten Akteure darstellen.

# 2 Begriffe, Methoden und Theoretische Ansätze

Der politikwissenschaftlichen Militärforschung wird mitunter eine desolate Lage bescheinigt (so etwa Forster 2002; Nelson 2002a). Zu den häufigsten Kritikpunkten zählen die schwache methodologische Fundierung, die unzureichende konzeptuelle Reflexion sowie eine vermeintlich eklektische Theoriebildung. Das drastische Urteil hält einer systematischen Durchsicht des Forschungsstands nur bedingt stand (Feaver/Seeler 2009). Zwar dominieren empirische Fallanalysen und eine gut geprüfte Großtheorie der zivil-militärischen Beziehungen ist weiterhin nicht in Sicht (Feaver 1996: 167ff.). Auch sind zentrale Konzepte ebenso umstritten wie die Reichweite der Fragestellungen. Theorielos ist das Forschungsfeld aber freilich nicht, gibt es doch eine Fülle von „Partialtheorien" (Kennedy/Louscher 1991), die jeweils bestimmte Aspekte der zivil-militärischen Beziehungen in den Blick nehmen. Zudem wurden in den letzten Jahren eine Reihe theoretisch gehaltvoller und methodisch reflektierter Arbeiten vorgelegt. Daher lohnt der Blick auf die theoretischen Ansätze im Forschungsfeld durchaus. Die nachfolgende Diskussion ausgewählter Theorien orientiert sich an der von Mark Lichbach (1997) für die Vergleichende Politikwissenschaft herausgearbeiteten Unterscheidung kulturalistischer, strukturalistischer und rationalistischer Ansätze, die von David Pion-Berlin (2001) für die Analyse zivil-militärischer Beziehungen aufgegriffenen wurde.

*Kulturalistische Theorien* rücken subjektive und ideelle Aspekte, wie die unterschiedlichen Interpretationen der Realität und die Wirkung von Ideen auf das Handeln der Akteure, in den Mittelpunkt. Sie führen die konkreten Ausprägungen der zivil-militärischen Beziehungen vorrangig auf die politische Sozialisierung der Offiziere sowie ihre Einstellungen, Orientierungen und Werte zurück. Hier sind vor allem die verschiedenen Professionalisierungstheoreme von Samuel Huntington, Morris Janowitz, Alfred Stepan und Samuel Fitch zu nennen.

*Strukturalistische Ansätze* beschäftigen sich mit dem Einfluss langfristig stabiler struktureller Faktoren auf die zivil-militärischen Beziehungen. Einer Unterscheidung David Eastons (1990) folgend lassen sich hier nochmals zwei Theoriegruppen unterscheiden. Eine Theorierichtung fragt nach den Auswirkungen der „Strukturen höherer Ordnung", wie beispielsweise der sozioökonomischen Entwicklung oder der Strukturen des internationalen Systems. Die andere Tradition fokussiert auf die kausalen Effekte der „Strukturen niederer Ordnung", also der politischen Institutionen, auf das Verhalten individueller oder kollektiver Akteure. Vertreter der strukturalistischen Theorieströmung sind Samuel Finer, Samuel Huntington, Michael Desch, Deborah Avant und Felipe Agüero.

Das Forschungsinteresse *rationalistischer Ansätze* schließlich gilt der Mikroebene der zivil-militärischen Beziehungen, d.h. den Dynamiken, Handlungslogiken und strategischen Inter-aktionen zwischen der zivilen politischen Führung und dem Offizierskorps, die beide als rationale, nutzenmaximierende Akteure konzipiert werden. Einflussreich für diese Theorie-richtung sind Peter Feaver, Harold Trinkunas und Wendy Hunter.

Diese Theorietrias orientiert sich an idealtypischen Unterscheidungen. Die einzelnen Ansätze sind weder substanzielle Theorien zivil-militärischer Beziehungen, noch reflektieren sie einen einheitlichen Analyseansatz. Nicht jede Partialtheorie zivil-militärischer Beziehungen lässt sich gleich gut in die Systematik einfügen; die konkrete Zuordnung bestimmter Ansätze muss daher nach pragmatischen Erwägungen erfolgen. Allerdings bieten die drei Kategorien ein nützliches meta-theoretisches Raster, um die bestehenden Ansätze zu ordnen, argumenta-tive und erkenntnistheoretische Gemeinsamkeiten und Unterschiede herauszuarbeiten und so die unübersichtliche Theorienlandschaft zu strukturieren.

Die konzeptionellen und theoretischen Grundlagen der zivil-militärischen Beziehungen wer-den im Folgenden erschlossen. In Abschnitt 1 werden die drei zentralen Grundbegriffe, zivil-militärische Beziehungen, zivile Kontrolle und Militärherrschaft bestimmt. Abschnitt 2 skiz-ziert die theoretischen Erkenntnisse der frühen sozialwissenschaftlichen Militärforschung. Angelehnt an die drei Theoriekategorien präsentieren die Abschnitte 3 bis 5 einflussreiche Theoriebeiträge aus jüngerer Zeit. Die Auswahl der vorgestellten Ansätze orientiert sich an ihrem Ertrag für die Theoriebildung in den zivil-militärischen Beziehungen. Dargestellt wer-den Ansätze, die einen erheblichen Beitrag zur theoretischen Weiterentwicklung der For-schung geleistet haben *und* in der sozialwissenschaftlichen Militärforschung breit rezipiert worden sind. Abschnitt 6 bietet einen Überblick zur Methodologie der politikwissenschaftli-chen Militärforschung. Abschnitt 7 beschließt das Kapitel mit einer Zusammenfassung.

# 2.1     Grundbegriffe und -konzepte

Voraussetzung einer systematischen Analyse zivil-militärischer Beziehungen ist die Klärung der zentralen begrifflichen und konzeptionellen Grundlagen. Die hier präsentierten Überle-gungen kreisen um drei Begriffe und Konzepte: (1) den Begriff der zivil-militärischen Be-ziehungen, (2) das Konzept der zivilen Kontrolle über das Militär sowie (3) die Abgrenzung ziviler Kontrolle von anderen Formen der zivil-militärischen Beziehungen.

## 2.1.1     Zivil-militärische Beziehungen

Den analytischen Bezugspunkt unserer Ausführungen bildet das strukturfunktionalistische Systemmodell der Gesellschaft. Seinen Ursprung hat es in der soziologischen Systemtheorie Talcott Parsons' (1951). David Easton (1953), Gabriel Almond und andere (2010) haben es für spezifisch politikwissenschaftliche Fragestellungen konkretisiert (siehe Info-Box 2.1). Vom Systembegriff ausgehend lassen sich die *Streitkräfte* (bzw. das Militär) als ein soziales Teilsystem begreifen, das für die Gesamtgesellschaft spezialisierte Funktionen erfüllen soll. Das Militär ist jene gesellschaftliche Organisation, die über einen konstitutionellen Konsens mit der Durchsetzung des staatlichen Gewaltmonopols zum Schutz der Gesellschaft vor äußeren Gefahren beauftragt ist (Edmonds 1988: 26). Die Erfüllung dieser Aufgabe setzt die Ausbildung spezifischer Strukturmerkmale, normativer Grundmuster und spezialisierter Expertise voraus. Diese grenzen die Streitkräfte von anderen gesellschaftlichen Teilorganisationen und staatlichen Behörden ab (Boëne 1990). Als *zivil* können all jene Elemente des gesellschaftlichen Gesamtsystems, bzw. seiner Subsysteme gefasst werden, die nicht den Streitkräften zuzurechnen sind, deren primäre Funktionsbeschreibung und Organisationsstrukturen sich also nicht auf das Gewaltmanagement zum Schutz der Gesellschaft vor äußeren Bedrohungen beziehen.[10]

---

**Info-Box 2.1:** *Das strukturfunktionalistische Systemmodell der Gesellschaft*

Als eines der wichtigsten Modelle zur Beschreibung und vergleichenden Analyse sozialwissenschaftlicher Phänomene hat sich seit den 1960er Jahren das strukturfunktionalistische Systemmodell der Gesellschaft durchgesetzt. Darin wird die Gesellschaft als ein „System" von miteinander verbundenen Elementen begriffen, das in seiner Gesamtheit von seiner Umwelt, also anderen Gesellschaften, unterscheidbar ist. Innerhalb eines Systems finden Prozesse der Differenzierung statt, die zur Ausbildung unterschiedlicher Subsysteme führen, die spezialisierte Aufgaben für das Gesamtsystem erbringen. Diese Unterteilung der Gesamtgesellschaft in mehrere funktional differenzierte Untersysteme ist die zentrale analytische Kategorie des strukturfunktionalistischen Ansatzes. Nur wenn die Teilsysteme ihre jeweils spezifischen Funktionen für das Gesamtsystem erbringen, tragen sie dazu bei, das Gesamtsystem angesichts interner und externer Einflüsse und Wandlungsprozesse zu stabilisieren. Um diese stabilisierenden Aufgaben zu erfüllen, bilden alle Subsysteme bestimmte Strukturen, innere Abläufe und regelmäßige Handlungsformen aus. Strukturen können multifunktional sein: keine Funktion erzwingt eine bestimmte Strukturausprägung, bestimmte Strukturen in unterschiedlichen Systemen können unterschiedliche Funktionen erbringen (Schimank 2000; Almond et al. 2010).

---

Ausgehend von der analytischen Trennung zwischen ziviler und militärischer Sphäre können zivil-militärische Beziehungen *im weiteren Sinne* definiert werden als alle Interaktionen, Kommunikationsgeflechte und Austauschbeziehungen zwischen den Streitkräften und den anderen Teilsystemen einer Gesellschaft, insbesondere Ökonomie, Technologie, Kultur, Gesellschaft und Politik. Für die Stellung des Militärs in der Gesellschaft ist die Gesamtheit dieser Beziehungen relevant. Eine unmittelbare politikwissenschaftliche Relevanz besitzen jedoch vorrangig die zivil-militärischen Beziehungen *im engeren Sinne,* d.h. die Interaktionen zwischen den Streitkräften und den zivilen Akteuren, Organisationen und Einrichtungen

---

[10]  In der Literatur wird die Unterscheidung zwischen militärischen und zivilen Teilsystemen vereinzelt mit dem Verweis auf strukturelle und funktionale Ähnlichkeiten von ziviler und militärischer Sphäre kritisiert (so etwa Schiff 2009). Ferner ist das Ausmaß der Verschiedenheit sowie ihre Auswirkungen auf die Rolle, Position und Bedeutung der Streitkräfte in einer Gesellschaft umstritten. Empirisch sind diese Hinweise richtig. Eine eindeutige analytische Unterscheidung zwischen ziviler Politik und den Streitkräften ist jedoch nicht zuletzt deshalb unerlässlich, weil erst sie es erlaubt, zivil-militärische Beziehungen zu untersuchen (Feaver 1996).

des politischen Systems (siehe Info-Box 2.2). Dies betrifft besonders die politischen, administrativen und juristischen Institutionen des Staats wie Regierungen, Parlamente, Verwaltungen und Gerichte, aber auch Parteien, Verbände und andere politisch aktive Organisationen. Die Kernfragen der zivil-militärischen Beziehungen im engeren Sinne betreffen die Bedingungen, Prozesse und Ergebnisse sicherheits- und verteidigungspolitischer Entscheidungsfindung,[11] die politische Einflussnahme auf die Streitkräfte sowie die Beeinflussung der Politik durch das Militär (Kümmel 2002).

---

***Info-Box 2.2:*** *Das Politische System*

Das politische System hat die Funktion, durch die „verbindliche Allokation von Werten und Gütern" die Realisierung gesellschaftlicher Ziele zu ermöglichen (Easton 1965). Nach Easton vollzieht sich diese Funktion als Austauschprozess zwischen der Gesellschaft und dem politischen System, wobei gesellschaftliche *inputs* (Forderungen und Unterstützungsleistungen) in einem internen Willensbildungsprozess vom politischen System in *outputs* (konkrete Steuerungsleistungen, wie Gesetze, Verordnungen, etc.) umgewandelt werden. Die spezifische Wirkung der vom politischen System getroffenen Entscheidungen (*outcomes*) beeinflusst wiederum in einer Rückkoppelungsschleife (*feedback loop*) zukünftige *inputs*. Eastons Konzeption wurde von Gabriel Almond und Bingham Powell für die vergleichende Politikwissenschaft aufgegriffen. Almond und Powell definieren das politische System als jenes gegenüber seiner Systemumwelt abgrenzbare Set an Institutionen wie z.B. Parlament, Bürokratien oder Gerichte, welches die kollektiven Ziele einer Gesellschaft formuliert und implementiert. Die konkreten Institutionen und Funktionsweisen von politischen Systemen variieren von Gesellschaft zu Gesellschaft. Alle politischen Systeme weisen aber einige Gemeinsamkeiten auf. Sie verfügen immer über politische Strukturen im Sinne von regelmäßigen Handlungsformen und Rollen. In jedem politischen System sind diese Strukturen multifunktional. Zudem besitzen alle politischen Systeme eine politische Kultur als verbindendes Element zwischen den Individuen und der politischen Struktur. Alle politischen Systeme erbringen eine Reihe von grundlegenden und identischen Funktionen für 'ihre' Gesellschaften (*Systemfunktionen, Prozessfunktionen, policy-Funktionen*) (Almond et al. 2010).

---

## 2.1.2    Zivile Kontrolle

Im Zentrum der politikwissenschaftlichen Militärforschung und Theoriebildung steht seit jeher der Aspekt der zivilen Kontrolle, häufig umschrieben mit der Frage „Wer bewacht die Wächter?". Die funktionale Definition der Streitkräfte impliziert die zivile Kontrolle des Militärs als normativen Normalzustand der zivil-militärischen Beziehungen. Die Rollenverteilung zwischen Zivilen und Militärs ist eindeutig: Die zivile Gesellschaft beauftragt das Militär damit, eine bestimmte Leistung (Sicherheit) zu erbringen. Es besteht also eine klare Hierarchiebeziehung zwischen Zivilen und Militärs. Zivile Kontrolle des Militärs stellt si-

---

[11]  Verteidigungspolitik bezeichnet hier und im Weiteren die militärische Dimension der nach außen gerichteten Sicherheitspolitik eines Staates.

cher, dass die politische Entscheidungsgewalt immer in Händen der zivilen Autoritäten liegt und das Militär nicht über autonome politische Macht verfügt. Dies betrifft besonders Politikfelder wie die Verteidigungs- und Sicherheitspolitik, in denen das Militär gegenüber den Zivilen über einen Vorsprung an Information und Erfahrung verfügt. Carl von Clausewitz hat dies bereits in seiner Schrift „Vom Kriege" (1832) hervorgehoben:

> *„So wird also der politische Zweck als das ursprüngliche Motiv des Krieges das Maß sein, sowohl für das Ziel, welches durch den kriegerischen Akt erreicht werden muß, als [auch] für die Anstrengungen, die erforderlich sind [...] So sehen wir also, daß der Krieg nicht bloß ein politischer Akt, sondern ein wahres politisches Instrument ist, eine Fortsetzung des politischen Verkehrs, ein Durchführen desselben mit anderen Mitteln." (Clausewitz 1973: 200 und 210)*

Zivile Kontrolle lässt sich als ein *Zustand* der zivil-militärischen Beziehungen und als *Prozess* fassen. Als *Zustand* impliziert das Konzept, dass ausschließlich die zivilen Autoritäten politisch verbindliche Entscheidungen treffen. Sie können Entscheidungs- und Implementierungsaufgaben an das Militär delegieren. Dabei entscheiden ausschließlich zivile Autoritäten darüber, welche Politikentscheidungen vom Militär zu implementieren sind. Sie alleine definieren, wo die Grenze zwischen Politikformulierung und Politikimplementierung verläuft. Sie haben die Fähigkeit und die Möglichkeit, die Umsetzung ihrer Entscheidungen zu kontrollieren und diese jederzeit zu revidieren.[12]

Ferner kann zivile Kontrolle auch als *Prozess* begriffen werden. In diesem zweiten Sinne erfasst das Konzept all jene Maßnahmen der zivilen Autoritäten, die darauf abzielen, ihre Kontrolle als Zielzustand der zivil-militärischen Beziehungen zu realisieren und zu erhalten. Im Einzelnen bedeutet dies (a) die Durchsetzung der zivilen Entscheidungsfähigkeit, (b) die Schaffung ziviler Kontroll- und Sanktionsmöglichkeiten über das Militär sowie (c) die Institutionalisierung dieser Mechanismen.

Das Konzept der zivilen Kontrolle geht nicht von der naiven Annahme eines interessenlosen Militärs aus. Ähnlich wie andere bürokratische Organisationen bildet auch das Militär Eigeninteressen heraus (z. B. Ressourcen, Autonomie), für deren Befriedigung es nach Zugang zum politischen System strebt und die es gegenüber Gesellschaft und Politik artikuliert (Nordlinger 1977; Bland 1999; Burk 2002). Zudem kann das Militär nur dann seine Sicherheitsfunktion erfüllen, wenn es die Möglichkeit besitzt, die zivilen Entscheidungsträger in den betreffenden Politikfragen zu beraten (Edmonds 1988: 95). Für die empirische Analyse der zivilen Kontrolle ist es daher von zentraler Bedeutung, jenes Maß an politischer Einflussnahme des Militärs zu bestimmen, das mit der oben aufgeführten Definition ziviler Kontrolle vereinbar ist.

In der Frühphase der Forschung zu den zivil-militärischen Beziehungen wurde zivile Kontrolle häufig gleichgesetzt mit dem Fehlen von offenen Interventionen der Streitkräfte in die Politik, beispielsweise durch Militärerhebungen oder Militärregime. Diese Sichtweise greift jedoch zu kurz, da sie andere Modi der politischen Einflussnahme durch das Militär und der

---

[12] In Anlehnung an jüngere Diskussionen bei Kemp und Hudlin 1992, Kohn 1997 und Feaver 1999, 2003.

Verletzung der Grenzen zwischen zivilen und militärischen Kompetenzbereichen ausblendet (Desch 1999: 4). Daher bedarf es einer theoretisch differenzierenden Fassung des Begriffs der „zivilen Kontrolle", die auch andere Aspekte in den Blick nimmt.

Entsprechende Überlegungen wurden unter anderem von Colton (1979), Stepan (1988), Agüero (1995), Alagappa (2001b) und Trinkunas (2005) angestellt. Das nachfolgende mehrdimensionale Konzept ziviler Kontrolle greift dies auf. Es unterscheidet fünf Teilbereiche der Beziehungen zwischen Militär und dem politischen System: *Politische Rekrutierung, Public Policy, Innere Sicherheit, Äußere Sicherheit* und *Militärorganisation* (siehe Abb. 2.1). Die reale Verteilung der politischen Entscheidungsrechte zwischen zivilen und militärischen Akteuren kann in jedem Teilbereich zwischen „Dominanz der zivilen Autoritäten", „geteilter Autorität" sowie „Dominanz des Militärs" schwanken (Pion-Berlin 1992). Von ziviler Kontrolle (als Zustand) kann dann gesprochen werden, wenn zivile Autoritäten in allen fünf Teilbereichen dominieren, Kontroll- und Sanktionsmechanismen erfolgreich institutionalisiert wurden und so eine dauerhafte Machtverlagerung vom Militär auf die zivilen Autoritäten gesichert ist. In allen anderen Fällen ist zivile Kontrolle eingeschränkt oder nicht vorhanden (Croissant et al. 2010).

**Abb. 2.1:** *Teilbereiche ziviler Kontrolle*

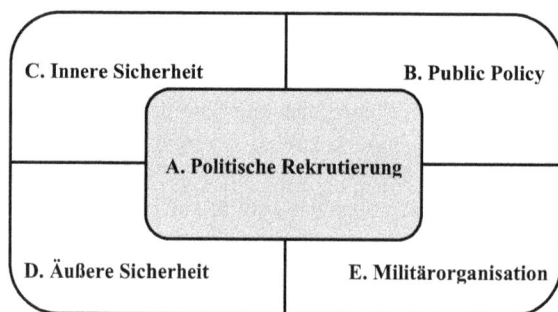

| C. Innere Sicherheit | B. Public Policy |
| A. Politische Rekrutierung | |
| D. Äußere Sicherheit | E. Militärorganisation |

Quelle: Croissant et al. 2010

(A) Der Teilbereich der *Politischen Rekrutierung* umfasst den Bereich der Rekrutierung und Legitimation der politischen Autoritäten. Die zivile Kontrolle in diesem Bereich ist eingeschränkt, wenn das Militär punktuell oder systematisch Einfluss auf die Besetzung politischer Führungspositionen nimmt, wenn aktive Militärs politische Spitzenpositionen einnehmen oder wenn die Streitkräfte institutionalisierte Vetorechte oder Privilegien für die Besetzung der politischen Spitzenämter genießen, beispielsweise Vorschlagsrechte, reservierte Kabinettsposten oder die Beeinflussung von Auswahlverfahren zur Besetzung von Positionen in der zivilen Staatsverwaltung.

(B) Der Teilbereich der *Public Policies* berührt Prozesse der Politikentscheidung und Politikimplementierung außerhalb der Politikfelder Innere Sicherheit und Verteidigung, etwa die Fiskal- und Wirtschaftspolitik, Außenpolitik oder Entwicklungs- und Sozialpolitik. Die zivile Kontrolle in diesem Bereich ist eingeschränkt, wenn das Militär autonom Außenpolitik, Modernisierungs- oder Wirtschaftspolitik betreibt und hierfür eigene Planungs- und Implementierungsstrukturen aufbaut, oder wenn Militärverwaltungen entstehen, die die Funktionen ziviler Organe wie Provinzregierungen oder Zivilgerichtsbarkeit übernehmen.

(C) *Innere Sicherheit* ist der dritte Teilbereich zivil-militärischer Beziehungen. Auch etablierte Demokratien weisen ihren Streitkräften Aufgaben bei der Bewältigung von Naturkatastrophen, Polizei- und Grenzschutzarbeiten bis hin zur Bekämpfung von Aufständischen oder Terroristen zu. Die zivile Kontrolle in diesem Bereich hängt davon ab, ob die demokratisch legitimierten Autoritäten über die Reichweite, Dauer und Häufigkeit solcher Einsätze entscheiden und ob zivile Institutionen den militärischen übergeordnet sind und deren Aktivitäten effektiv kontrollieren.

(D) Der Bereich der *äußeren Sicherheit* stellt die funktionale Kernkompetenz der Streitkräfte dar. Hier liegt ihre spezifische Expertise. Daher ist die Beteiligung des Militärs in diesem Teilbereich in Form von Bereitstellung von Informationen, Planungskapazitäten und Handlungsempfehlungen auch in den meisten reifen Demokratien ausgeprägt. Freilich ist zu fragen, wer die letztendliche Entscheidungskompetenz besitzt, ob die Entscheidung über das sicherheitspolitische Agenda-setting bei den Zivilisten liegt und inwieweit die zivilen Autoritäten die Tätigkeit des Militärs auf diesem Politikfeld beaufsichtigen und Fehlverhalten sanktionieren können.

(E) Der Teilbereich der *Militärorganisation* schließlich umfasst Entscheidungen über die Größe und Gliederung der Streitkräfte, ihre Einsatzdoktrin und Kommandostrukturen sowie Rekrutierung, Ausbildung, Offiziersernennung und Ausrüstung. Wie andere bürokratische Organisationen strebt das Militär nach weitgehender Autonomie in diesen internen Organisationsbereichen, und ein gewisses Maß an Autonomie ist für die Effizienz und Effektivität des Militärs funktional. So liegen auch in etablierten Demokratien Entscheidungsbefugnisse in diesem Teilbereich teilweise beim Militär. Für die zivile Kontrolle ist entscheidend, inwiefern die Reichweite und Grenzen dieser „institutionellen Autonomie" (Pion-Berlin 1992) von den Zivilen definiert wird, oder ob und mit welchen Mitteln das Militär versucht, seine Autonomierechte auszuweiten.

Die normative Logik des Primats ziviler Kontrolle gilt für alle politischen Systeme (Boëne 2000: 11). Besonders bedeutsam ist sie für Demokratien, da hier das Prinzip der Volkssouveränität gilt (siehe Info-Box 2.3). Für die repräsentative Demokratie folgt daraus, dass alleine die von den Staatsbürgern in allgemeinen, gleichen, freien und fairen Wahlen legitimierten politischen Autoritäten dazu befugt sind, politische Entscheidungen zu treffen. Da jeder Einschnitt in die effektive Regierungsgewalt der gewählten politischen Entscheidungsträger durch das Militär das Prinzip der Volkssouveränität verletzt, ist zivile Kontrolle eine notwendige Voraussetzung der Demokratie (Dahl 1989: 250).

Das Konzept der zivilen Kontrolle differenziert nicht zwischen Demokratien und Autokratien. Grundsätzlich ist zivile Kontrolle auch in Autokratien möglich, wie das totalitäre Regime der Sowjetunion unter Stalin und das Dritte Reich belegen (Taylor 2003; Bredow 2008: 71ff.). Um verschiedene Ausprägungsformen ziviler Kontrolle in unterschiedlichen politischen Systemen begrifflich unterscheiden zu können, wurde daher vorgeschlagen, zwischen ziviler und „demokratischer Kontrolle" zu differenzieren (so etwa bei Forster 2006). Die demokratische Kontrolle wird hierbei als umfassendes Alternativkonzept gedacht, das analytisch ergiebiger und normativ nützlicher sei als der Begriff der zivilen Kontrolle. Das Konzept sei analytisch brauchbarer, da in Demokratien die zivil-militärischen Beziehungen durch eine Vielzahl unterschiedlicher Akteure beeinflusst würden. Neben den Organen der Exekutive seien dies die Parlamente, die Justiz, unabhängige Beobachter, verschiedene Akteure der nationalen Zivilgesellschaft sowie internationale Akteure. Zudem sei das Konzept der demokratischen Kontrolle als normative Leitlinie für Systeme im Übergang von der Autokratie zur konsolidierten liberalen Demokratie geeigneter, da es die Öffnung des Militärs und der Verteidigungs- und Sicherheitspolitik für gesellschaftliche und zivile politische Akteure als konkreten funktionalen Kerngehalt des Kontrollbegriffs explizit einschließe (Lambert 2009).

---

**Info-Box 2.3:** *Demokratie und Autokratie*

Die Klassifikation politischer Ordnungen nach Formen der politischen Herrschaft gehört zu den ältesten Aufgaben der Politikwissenschaft. Entsprechend findet sich in der Literatur eine Vielzahl an Typologien. Weitgehend durchgesetzt hat sich die Dreiteilung in Demokratie, Autoritarismus und Totalitarismus, wobei die letzten beiden Formen unter dem Oberbegriff der „Autokratie" zusammengefasst werden können (Merkel 2010a: 21ff.). Eingeführt wurde diese Trias von Juan Linz in einem viel beachteten Aufsatz aus dem Jahre 1975. In der deutschsprachigen Politikwissenschaft besonders einflussreich ist Wolfgang Merkels Vorgehensweise. Er unterscheidet die drei Herrschaftsformen anhand der sechs Kriterien Herrschaftslegitimation, Herrschaftszugang, Herrschaftsmonopol, Herrschaftsstruktur, Herrschaftsanspruch und Herrschaftsweise. Demokratien sind gekennzeichnet durch einen offenen Herrschaftszugang, pluralistische Herrschaftsstrukturen, einen eng begrenzten Herrschaftsanspruch, eine rechtsstaatliche Herrschaftsweise und die Legitimation der politischen Herrschaft durch das Prinzip der Volkssouveränität. Systeme, die diese Kriterien nicht erfüllen, werden als Autokratien bezeichnet. Je nach Art und Ausmaß der Verletzung demokratischer Herrschaftskriterien lassen sie sich differenzieren in autoritäre und totalitäre Systeme (Merkel 2010a: 48ff.).

---

Wir halten dies aus mehreren Gründen nicht für zielführend. Zum einen ist nicht klar, auf welcher Grundlage die Auswahl der beteiligten Akteure getroffen wird, da eine systematische, demokratietheoretische Begründung der Definition von demokratischer Kontrolle fehlt. Zum anderen ist das Konzept nicht ausreichend systematisch strukturiert und die einzelnen Elemente stehen nicht in eindeutiger Beziehung zueinander. Unklar bleibt beispielsweise, auf welche Teilbereiche der Politik sich diese „demokratische Kontrolle" bezieht, ob demokratische Kontrolle nur gegeben ist, wenn alle genannten Akteure sich an der Aufsicht und Führung des Militärs beteiligen oder ob etwa ein Mehr an parlamentarischer Aufsicht der Verteidigungspolitik ein Weniger an gesellschaftlicher Mitbestimmung in diesem Bereich aufwiegen kann. Schließlich sind zivilgesellschaftliche Gruppen und internationale Akteure streng genommen nicht Teil des Konzepts der Kontrolle des Militärs, sondern lediglich eine von mehreren Handlungsressourcen demokratisch legitimierter Akteure, welche zivile Eliten nutzen können, um ihren Einfluss über das Militär und die Sicherheitspolitik zu erweitern.

Im Gegensatz dazu ist der Begriff „zivile Kontrolle" eindeutig theoretisch begründet, ausreichend spezifisch und zugleich umfassend genug, um auch Kontrollformen in unterschiedlichen Herrschaftstypen mit ihren jeweiligen Besonderheiten zu erfassen. Folglich wird „demokratische Kontrolle" des Militärs hier lediglich als eine bestimmte Form der zivilen Kontrolle gefasst. Dieser Subtyp setzt voraus, dass die staatlichen Träger der Kontrolle direkt oder indirekt demokratisch legitimiert sind. Zivilgesellschaft und internationale Akteure sind nicht Teil des Konzepts, wenngleich es in konkreten Analysen sinnvoll sein kann zu untersuchen, ob die staatlichen Akteure wie Regierungen, Parlamente oder Gerichte auf die Erfahrung, Kenntnis und Unterstützung zivilgesellschaftlicher oder internationaler Akteure zurückgreifen können.

## 2.1.3    Andere Formen zivil-militärischer Beziehungen

Zivile Kontrolle unter demokratischen oder autokratischen Systembedingungen ist nur eine von mehreren theoretisch und empirisch möglichen Formen der zivil-militärischen Beziehungen. Das Gegenstück zur zivilen Kontrolle ist die Dominanz des Militärs über das politische System, beispielsweise in Form eines Militärregimes. Dabei gehört es zu den Eigentümlichkeiten der politikwissenschaftlichen Militärforschung, dass die empirische Analyse von Militärherrschaft zwar eines der Hauptanliegen der wissenschaftlichen Forschung über zivil-militärische Beziehungen gerade in den ersten Jahrzehnten nach dem Ende des Zweiten Weltkriegs war, Überlegungen zur theoretisch-konzeptionellen Erfassung dieser Herrschaftssysteme jedoch kaum über Ansätze hinaus gingen (Remmer 1989: 24; Pion-Berlin 2001: 8f.).

Grundsätzlich handelt es sich bei allen Typen von Militärregimen um eine Sonderform autokratischer Herrschaft. Anders als demokratische Systeme legitimieren sie sich nicht über das Prinzip der Volkssouveränität. Im Unterschied zu totalitären Regimen fehlt ihnen aber meist auch eine umfangreiche Ideologie, welche als „Weltanschauung" Organisation, Reichweite und Ausübung der autokratischen Herrschaft legitimiert und anleitet. Typisch für Militärregime ist vielmehr der Rekurs auf mehr oder weniger diffuse „Mentalitäten" (Linz 1975). In der Regel begründen Militärs ihre Machtergreifung mit dem Verweis auf eine (von ihnen selbst definierte) Gefährdung von Staat und Nation und dem Schutz traditioneller, militärische oder gesellschaftlicher Werte (Loveman 1999; Merkel 2010a: 44f.). Der Anspruch des Militärs, als Retter oder Bewahrer von Staat und Nation zu agieren, wird zudem häufig mit der Rechtfertigung der Machtergreifung als einer zeitlich begrenzten Maßnahme zur Bewältigung einer gesellschaftlichen Notsituation untermauert.

Freilich bestehen erhebliche Unterschiede in der konkreten Zielsetzung militärischer Herrscher, die von sozio-ökonomischer Modernisierung über die Abwehr nationaler Bedrohungen bis hin zur persönlichen Bereicherung der Generäle reichen kann (Merkel 2010a: 44f.). Die Definition von Militärherrschaft auf der Grundlage der Legitimation autokratischer Herrschaft ist daher nicht weiterführend. Zentrales Definitionsmerkmal aller militärischen Regime – und namensgebend – ist das Kriterium der Herrschaftsträger: In Militärregimen liegt die politische Entscheidungsgewalt nicht bei zivilen Akteuren, sondern bei den Streitkräften. Ein Militärregime kann folglich definiert werden als jene Form politischer Herrschaft, in der „das Militär und nur das Militär darüber entscheidet, welche Ziele es verfolgt, welche sozialen Kräfte es als Komplizen einbindet, wie die Macht im System verteilt wird und wie die Institutionen politischer Autorität zwischen der Regierung und den Streitkräften beschaffen sein sollen" (Arceneaux 2001: 8f.; eigene Übersetzung). Das Kriterium der Herrschaftsträger ermöglicht die Unterscheidung zwischen militärischen und anderen Typen autokratischer Herrschaft. Für eine Feindifferenzierung unterschiedlicher Formen von Militärregimen ist sie jedoch ungeeignet. Tatsächlich treten Militärregime in der Empirie aber in sehr unterschiedlichen Organisationsformen auf. Typologien von Militärdiktaturen, wie sie vor allem in den 1960er und 1970er Jahren entworfen wurden, stellen dies in Rechnung, so Finer (1962, 1985), Huntington (1968) und Perlmutter (1977).

Den bislang überzeugendsten Versuch einer Typologie militärischer Herrschaft hat Eric Nordlinger in seinem 1977 erschienenen „Soldiers in Politics" vorgelegt. Seine Typologie des Prätorianismus orientiert sich an zwei Kriterien: (1) die Reichweite der politischen und ökonomischen Ziele, welche Militärs verfolgen, wenn sie an der Macht sind sowie (2) der Grad an Regierungsmacht, die das Militär ausübt (Nordlinger 1977: 22ff.).[13] Daraus leitet Nordlinger drei Idealtypen der Militärherrschaft ab. Im ersten Typ („Militär als Herrscher") verfolgt das Militär sehr weitreichende politische und wirtschaftliche Ziele und übt ein hohes Maß an direkter Regierungsmacht aus. Das Militär „kontrolliert [...] nicht nur die Regierung, sondern dominiert das Regime, und versucht bisweilen, große Teile des politischen, wirtschaftlichen und sozialen Lebens zu kontrollieren" (Nordlinger 1977: 24; eigene Übersetzung). In den beiden anderen Herrschaftsformen verfolgt das Militär hingegen eng umgrenzte Ziele. Im Unterschied zu der reformerischen oder gar revolutionären Agenda des „Militärs als Herrscher" geht es den Streitkräften hier um die Bewahrung der bestehenden Verhältnisse. Die Typen unterscheiden sich jedoch mit Blick auf den Grad der direkten Kontrolle über das politische System. Militärs in sogenannten „Wächter"-Regimen sind „überzeugt, dass [ihre] Ziele am besten realisiert werden können, wenn sie selbst an der Regierung sind" (Nordlinger 1977: 24; eigene Übersetzung). Im Typ des „Vermittler"-Regimes agieren die Streitkräfte hinter der Fassade einer zivilen Ordnung. Hier sieht sich das Militär als Vermittler zwischen widerstreitenden gesellschaftlichen Interessen und behält sich politische Vetorechte vor, um die eigenen Ziele und Interessen durchzusetzen. Anstatt direkt die Regierung auszuüben, bedient sich das Militär subtilerer Formen wie Druck auf die zivilen Behörden oder Kontrolle der politischen Agenda im Vorfeld von Entscheidungen.

Trotz ihrer Vorzüge steht auch Nordlingers Typologie vor dem Problem, verdeckte Formen militärischer Herrschaft („Militär als Vermittler") nur schwer von genuin zivilen Autokratien abgrenzen zu können. Häufig kooptieren Militärmachthaber zivile Bürokraten und Politiker in einflussreiche Positionen (Nordlinger 1977: 28f.; ähnlich Finer 1962: 255ff.). Umgekehrt gehören die Spitzen des Militärs auch in zivilen autoritären Regimen in aller Regel zur herrschenden Koalition. Die Frage, ob es sich bei einem bestimmten politischen Regime um ein (indirektes) Militärregime oder (noch) um eine zivile Form nicht-demokratischer Herrschaft handelt, lässt sich letztlich nur durch eine genaue Analyse der autokratischen Strukturen und Elitenkonfigurationen entscheiden.

---

[13]  Der Begriff „Prätorianismus" leitet sich von der römischen Prätorianergarde ab. Er bezeichnet das Phänomen der wiederholten und anhaltenden militärischen Intervention in die Innenpolitik (Perlmutter 1977).

# 2.2 Die Anfänge sozialwissenschaftlicher Militärforschung

Die politische Philosophie beschäftigt sich seit der Antike mit den Grundfragen von Militär, Krieg und Politik. Die Ursprünge einer genuin an gesellschaftswissenschaftlichen Fragestellungen interessierten Militärforschung sind jedoch jüngeren Datums. Erste Grundzüge finden sich bei Auguste Comte und Alexis de Tocqueville.

Unter dem Eindruck des rapiden wirtschaftlichen und sozialen Wandels europäischer Gesellschaften in der ersten Hälfte des 19. Jahrhunderts entwirft Auguste Comte (1798-1857) in seinen „Cours de Philosophie Positive" ein geschichtsphilosophisches Dreistadien-Modell gesellschaftlicher Entwicklung. Danach durchlaufen alle Gesellschaften in Analogie des menschlichen Erwachsenwerdens drei Stufen ihrer institutionellen und intellektuellen Entwicklung: vom „theologischen" Stadium der Antike über die „metaphysische" Epoche des Mittelalters zur „positiven" Stufe der bürgerlichen, auf den Grundsätzen von Wissenschaft und Rationalität fundierten Gesellschaft der Nachaufklärungszeit. In den früheren Epochen gesellschaftlicher Evolution waren Waffen, Krieg und organisierte Gewalt wichtige zivilisatorische Antriebe, da erst die Notwendigkeit zur Verteidigung des Lebens und der Freiheit des Einzelnen und seiner Familie zur Vergesellschaftung sowie zur Ausbildung von sozialen Hierarchien und Moralität geführt hat. In der Moderne jedoch verlieren Streitkräfte ihre Daseinsberechtigung, so Comte. Mit der Durchsetzung des rationalen Denkens sowie der Industrialisierung und Ökonomisierung moderner Gesellschaften verdrängen friedliches Wirtschaften und ungestörter Warenaustausch die bislang auf Krieg und Gewalt begründeten Herrschafts- und Beziehungsmuster zwischen Menschen und Gesellschaften. Zudem fördert die Demokratisierung der Gesellschaft die Zivilisierung des Militärs. Insbesondere die allgemeine Wehrpflicht, deren Einführung für Comte ein notwendiger Entwicklungsschritt der modernen Gesellschaft war, führt zum Verschwinden genuin militärischer Normen und Gewohnheiten und damit auch der professionellen Spezialisierung, die das Militär auszeichnet und von der zivilen Gesellschaft abgrenzt. Am Ende dieser Entwicklung sieht Comte eine friedliche Gesellschaft heraufziehen, in der das Militär zu einem Relikt früherer Zeiten geworden ist und die ohne stehendes Heer auskommt (Caforio 2006: 8f.).

Obschon Comte seine geschichtsphilosophischen Überlegungen als eine „positive" (im Sinne einer rein auf systematischer und erfahrungswissenschaftlicher Grundlage basierenden) Gesellschaftstheorie bezeichnet, bleiben seine Ausführungen letztlich spekulativ (Bredow 2008: 36ff.). Dennoch hat der französische Soziologe fundamentale Weichenstellungen für die militärsoziologische Theorieentwicklung des 20. Jahrhunderts vorgenommen. So argumentiert beispielsweise der Nationalökonom Joseph Schumpeter, dass die Ausrichtung der kapitalistischen Wirtschaftsweise auf Rentabilität und Produktivität die Bedeutung von Krieg und Militär immer weiter reduzieren wird, bis beide schlussendlich verschwinden, wenn nur „der Kapitalismus in die Wirtschaft eingedrungen und durch die Wirtschaft in die Psyche der modernen Völker eingedrungen ist" (Schumpeter 1918: 287). Besondere Relevanz hat Comtes militärsoziologisches Erbe aber für die Debatte um das Inkompatibilitätstheorem (siehe Info-Box 2.4).

---

***Info-Box 2.4:*** *Inkompatibilitätstheorem*

Comtes ursprüngliche Fassung des Inkompatibilitätstheorems ist in den 1960er Jahren von Vertretern der Friedens- und Konfliktforschung um Überlegungen zu den Auswirkungen der politischen und waffentechnologischen Entwicklung nach dem zweiten Weltkrieg ergänzt worden. Die Kernthese des neu gefassten Theorems lautet, dass in der modernen, demokratischen Gesellschaft Krieg und Militär dysfunktional werden, da die wichtigsten gesellschaftlichen Leistungen durch das Wirtschaftssystem erbracht werden und die Aufrechterhaltung militärischer Kapazitäten die Leistungsfähigkeit des Wirtschaftssystems reduziert. Zudem lässt die Verfügbarkeit von nuklearen Massenvernichtungswaffen den Krieg „nicht nur unter politischen und ökonomischen (Kalkül-) Gesichtspunkten in höchstem Maße unvernünftig und widersinnig […], sondern Militär und Krieg […] auch unter ethisch-normativen (Moral-) Aspekten zunehmend mehr als unverantwortlich und verwerflich" erscheinen (Vogt 1983: 39). Hinzu tritt nach dem Inkompatibilitätstheorem eine strukturelle und normative Unvereinbarkeit von Militär und ziviler Gesellschaft, da deren organisationsspezifische und kulturelle Grundlagen immer weniger miteinander vereinbar sind. Militärische Hierarchie, Disziplin und Befehl-Gehorsam-Beziehungen erweisen sich als zunehmend inkompatibel mit den Orientierungen von Gesellschaften an liberalen und demokratischen Normen von Partizipation und Selbstentfaltung (Vogt 1983).

Wie Comte, so erkannte auch sein Landsmann Alexis de Tocqueville (1805-1859) in modernen Gesellschaften eine inhärente Spannung zwischen Gesellschaft und Militär. In seinem Hauptwerk „Über die Demokratie in Amerika" benennt Tocqueville bereits einige der Kernprobleme der sozialwissenschaftlichen Militärforschung, wie die Gefahr der schleichenden Ermächtigung von Regierungen im Zuge langwieriger Konfliktbeteiligung und die Problematik der Konvergenz und Divergenz der Streitkräfte und der zivilen Gesellschaft. Seine Hauptsorge gilt jedoch der grundlegenden „zivil-militärischen Problematik" der Kontrolle des Militärs durch das Politische (Caforio 2006: 10). Nach Tocqueville erzeugt die Gleichheit der Bürger in der Demokratie unweigerlich einen Interessengegensatz zwischen Militär und ziviler Gesellschaft. Die Mehrheit der Bevölkerung wünscht nichts sehnlicher, als friedlich ihrem Leben und Wirtschaften nachzugehen. Zugleich rekrutiert sich das Offizierskorps in der demokratischen Gesellschaft nicht mehr aus einer kleinen Schicht von Aristokraten, sondern aus der Masse des einfachen Volkes.

Da die Aufstiegschancen der Offiziere in einer demokratischen Armee beschränkt sind, zugleich jedoch „die Grenzen des Ehrgeizes sich fast schrankenlos erweitern, […] wünschen [die Offiziere demokratischer Armeen] also leidenschaftlich den Krieg herbei, weil der Krieg Stellen frei macht" (Tocqueville 1976: 758). Daher müssen demokratische Gesellschaften Vorkehrungen treffen, welche verhindern, dass „die übergroße Ruheliebe aller Bürger […] die Verfassung täglich dem Belieben der Soldaten" ausliefert (ebd.: 759). Deshalb plädiert Tocqueville für eine zeitlich beschränkte und allgemeine Wehrpflicht, welche dem Entstehen eines von der zivilen Gesellschaft getrennten, von den eigenen Interessen und Wertvorstellungen getriebenen Militärs entgegenwirkt, indem sie die Angehörigen der Streitkräfte an die in der Gesellschaft vorherrschenden Werte bindet. Damit hat Tocqueville bereits den argumentativen Grundstein für jenen Strang der „amerikanischen Schule" (siehe Kapitel 2.3) der Militärsoziologie gelegt, der sich mit Morris Janowitz verbindet.

Nachfolgende Soziologen beschäftigten sich um die Jahrhundertwende gleichfalls mit dem Verhältnis von Militär und Gesellschaft. Neben der Weiterentwicklung des Inkompatibilitätstheorems, beispielsweise bei Herbert Spencer, wurde auch die Frage der Kontrolle des Militärs weiter diskutiert. Der italienische Sozial- und Politikwissenschaftler Gaetano Mosca (1858-1941) hat in seinem 1896 erschienenen Werk „Die herrschende Klasse" treffsicher die grundlegenden Dilemmata der Beziehung von Militär und Politik herausgearbeitet. Nach Mosca sind Krieg und Gewalt zentrale Kennzeichen der menschlichen Natur, weswegen das von Comte und seinen Nachfolgern prognostizierte „Absterben" der militärischen Institution in den modernen bürgerlichen Gesellschaften nicht zu erwarten ist. Vielmehr lässt gerade die fortschreitende Diversifizierung und Spezialisierung moderner Gesellschaften das Militär zur Gefahr für die Freiheit der Bürger werden. Da mit der ökonomischen und gesellschaftlichen Entwicklung sowohl die zivilen als auch die militärischen Aufgaben in der Gesellschaft immer komplexer werden, kann das Heer nicht mehr aus Bürgersoldaten bestehen, die in Friedenszeiten ihrem zivilen Beruf nachgehen und in Kriegszeiten die Verteidigung der Gesellschaft übernehmen. Stattdessen entsteht ein professionelles, bürokratisch organisiertes stehendes Heer mit Monopol über die Mittel der physischen Gewaltsamkeit. Die gesellschaftliche Arbeitsteilung spielt somit „alle Macht in die Hand jener Gruppen, die [...] die unentbehrlichsten Funktionen ausüben und sich dadurch über alle anderen erheben können. Die militärische Tätigkeit ist gerade eine solche Funktion" (Mosca 1950: 205). Daher, folgert Mosca, ist es nicht verwunderlich, dass im geschichtlichen Rückblick „in der Regel die Klasse, die den Speer und die Flinte führt, ihre Herrschaft der Klasse aufzwingt, die den Spaten oder den Webstuhl handhabt" (Mosca 1950: 193). Die voranschreitende Zentralisierung und Bürokratisierung politischer Herrschaft verschärft diese Gefahr noch, da erst der moderne „Beamtenstaat" es einer straff organisierten Gruppierung ermöglicht, rasch und umfassend die Kontrolle über den Staatsapparat zu übernehmen.

Aus dieser pessimistischen Einschätzung heraus wird für Mosca erklärungsbedürftig, wie es den zivilen Gesellschaften Westeuropas überhaupt gelingen konnte, ihre stehenden Heere zu „strenge[n] Wächter[n] des Gesetzes" zu machen, die die „Befehle ziviler Behörden befolgen, während ihr politischer Einfluss gering ist und nur indirekt zur Geltung kommt" (Mosca 1950: 194). Als Grund für diese „große Neuerung und glückliche Ausnahme" (ebd.) führt Mosca neben dem Ethos der Unterordnung unter Recht und Gesetz insbesondere die Rekrutierungsmuster des Offizierskorps an. Denn die militärische Führungselite gehört „nach Geburt und Gesinnung" (ebd.) derselben gesellschaftlichen Minderheit an, die auch die zivilen politischen Institutionen dominiert. Die Identität der zivilen und militärischen Machteliten bringt die Konvergenz der Werte und Interessen mit sich, die schlussendlich die zivile Kontrolle gewährleistet. Mit seinen Ausführungen zur Kontrolle stehender Heere durch den soldatischen Ethos der Unterordnung und die Identität der Interessen der zivilen und militärischen Eliten nimmt Mosca die beiden dominierenden Stränge der späteren kulturalistischen Militärforschung vorweg: das Separations-Modell Samuel Huntingtons sowie das Konvergenz-Modell von Morris Janowitz.

Das Erkenntnisinteresse der frühen soziologischen Militärforschung gilt jedoch nicht nur der Bedrohung des bürgerlichen Staates durch das stehende Heer. Max Weber (1864-1920) etwa sah das neuzeitliche, professionalisierte Militär als modernisierende Kraft der zivilen Gesellschaft und ihrer politischen und administrativen Institutionen. Die Streitkräfte als Träger des legitimierten Monopols über die physischen Zwangsmittel sind nicht nur ein Instrument des modernen Staates zur Gewährleistung von Sicherheit, sondern eines seiner bedeutendsten Symbole. Sie haben Vorbildcharakter und katalytische Wirkung für die Rationalisierung politischer Herrschaft. Nach Weber vollziehen sich die historischen Prozesse der Ablösung der auf persönlicher Loyalität, Tradition und Charisma gründenden Legitimationen von Führung und Gefolgschaft zunächst im Militär. Hier entstehen die für den modernen Staat kennzeichnenden „rationalen", das heißt regelgebundenen und formal institutionalisierten, Ordnungsstrukturen. Militärische Hierarchie und Disziplin gründen nun nicht mehr auf dem Stand oder persönlichen Ansehen des Kriegsherrn, sondern auf abstrakten Normen und Rollendefinitionen.

Diese militärinterne Disziplinierung und Versachlichung überträgt sich anschließend aus dem Militär heraus auf die übrige Gesellschaft, insbesondere aber die Organe der politischen Herrschaft, übertragen. In der sozialen Evolutionsgeschichte kommt dem Militär damit eine historische Bedeutung zu: Das Militär wird zum Rollenmodell für die Rationalisierung der gesellschaftlichen Machtstrukturen und der administrativen Bürokratisierung in der modernen Gesellschaft (Wachtler 1983: 107f.). Damit legt Weber den Grundstein für die modernisierungstheoretisch ausgerichtete Forschung zur Rolle des Militärs in den postkolonialen Gesellschaften des 20. Jahrhunderts, wie sie sich in Samuel Huntingtons Werk „Political Order in Changing Societies" widerspiegelt. Gleichfalls knüpfen die Ausführungen von Charles Moskos zur Anpassung des Militärs an gesellschaftliche Veränderungen an Webers Aussagen zum Zusammenhang von ökonomisch-gesellschaftlich-politischer Entwicklung und der Militärorganisation an (Moskos et al. 2000).

Nach Max Weber verlagerte sich der Schwerpunkt der sozialwissenschaftlichen Militärforschung in die USA. Hier kam es insbesondere nach dem Eintritt der Vereinigten Staaten in den Zweiten Weltkrieg zu einer verstärkten Beschäftigung mit dem Thema. Während Harold Lasswell mit seinem Konzept des Garnisonsstaates (1937, 1941) einer kategorisierenden, empiriefernen politischen Philosophie verhaftet blieb, läuteten organisationssoziologische und sozialpsychologische Arbeiten der Soziologen, Anthropologen und Psychologen um Samuel A. Stouffer (siehe Info-Box 2.5) den Beginn einer empirischen sozialwissenschaftlichen Militärforschung ein (Caforio 2006: 13ff.). Ziel dieser zunächst praxisorientierten „Kriegsforschung" (Kernic 2001: 566) war vorrangig die Steigerung der militärischen Effizienz durch Übertragung ihrer Forschungserkenntnisse auf die militärische Praxis.

---

**Info-Box 2.5:** *The American Soldier*

Während des Zweiten Weltkrieges wurde im US-amerikanischen Verteidigungsministerium eine Abteilung unter der Leitung des Soziologen Samuel A. Stouffer damit beauftragt, empirische Studien zu den Einstellungen amerikanischer Soldaten durchzuführen. Es ging primär darum, solide empirische Daten über die Erfahrungen, Einstellungen und Verhaltensmuster der Soldaten zu erheben, auf deren Grundlage politische Entscheidungen über die militärinternen Strukturen und Abläufe vorbereitet und gefällt werden konnten. Für die sozialwissenschaftliche Militärforschung war „The American Soldier" in zweifacher Hinsicht wegweisend. Zum einen leitete sie eine methodologische Neuausrichtung der Disziplin auf das empirisch-szientistische Ideal der Naturwissenschaften ein und markiert somit die Abkehr von den stärker kategorial-typologisch vorgehenden Soziologien Comtes, Spencers und Webers. Zum anderen legte sie den Grundstein für die sozialpsychologische und die organisationssoziologische Untersuchung des Militärs. Die sozialpsychologische Forschung betrachtet den einzelnen Soldaten in seinem militärischen Tätigkeitsbereich, seine Einstellungen und Verhaltensmuster sowie die gruppendynamischen Prozesse innerhalb der Primärgruppe Kampfeinheit. Zentrale Analyseobjekte sind Gruppenkohäsion, Einsatzbereitschaft und Motivation, die Bewältigung von Angst und Stress im Kampfeinsatz sowie die Möglichkeiten der Reintegration von Soldaten nach dem Krieg. Die organisationstheoretischen Fragestellungen gelten den Strukturen und Organisationsabläufen innerhalb des Militärs, ihrer Anpassung an den raschen Wandel der Wehrtechnik sowie ihren Auswirkungen auf die Effizienz und Effektivität der Streitkräfte (Stouffer 1949; Caforio 2006).

---

Der theoriebildende Ertrag dieser anwendungsorientierten Forschung war jedoch gering (Shanas 1950). Die Anbindung der Militärforschung an die breitere soziologische und politikwissenschaftliche Debatte zu leisten blieb den beiden wichtigsten Vertretern der „amerikanischen Schule", Samuel Huntington und Morris Janowitz, vorbehalten.

## 2.3    Kulturalistische Ansätze

Mit ihren Hauptwerken „The Soldier and the State" (Huntington 1957) und „The Professional Soldier" (Janowitz 1960) haben die beiden Doyens der soziologischen und politikwissenschaftlichen Militärforschung theoretische und methodische Maßstäbe für die nachfolgenden Forschergenerationen vor allem in der amerikanischen Politikwissenschaft und Militärsoziologie gesetzt (Feaver/Seeler 2009). Angelehnt an die Systematik von Lichbach (1997) lassen sich die Beiträge von Huntington und Janowitz dem kulturalistischen Paradigma zuordnen.[14] Das gemeinsame Charakteristikum dieser Ansätze besteht in der Rückführung der konkreten

---

[14]  Neben den hier diskutierten Professionalismusansätzen umfasst das Spektrum der kulturalistischen Theorien natürlich noch eine Zahl an anderen Ansätzen (vgl. zur Übersicht Desch 1998).

Ausprägungen und Interaktionsdynamiken zwischen Militär und ziviler Politik auf die normativen und ideellen Wertestrukturen innerhalb der Streitkräfte. Die Betonung subjektiver Attribute als eigenständige Erklärungsfaktoren markiert die zentrale Differenz zwischen kulturalistischen und strukturalistischen oder rationalistischen Theorieschulen in der Militärforschung. So sind Strukturalisten überzeugt, dass Ideen sich mehr oder minder zwingend aus den objektiven, materiellen Realitäten der Welt ergeben. Rationalisten hingegen fokussieren auf die strategischen Wahlhandlungen rationaler Akteure. Normative Grundlagen politischen Handelns sind demnach das Ergebnis vorangegangener Entscheidungen von Akteuren, welche den strategischen Nutzenmaximierungsinteressen des Individuums dienen.

Demgegenüber betonen Kulturalisten die eigenständige Bedeutung von Ideen für das Verständnis der politischen Realität. Werte, Normen und ideelle Leitvorstellungen existieren nicht abgekoppelt von „materiellen" Bedingungen, sind ihnen aber übergeordnet: Makrosoziologische und internationale Strukturfaktoren erlangen ihre handlungsleitende Bedeutung erst im Prozess der Interpretation durch Akteure auf der Folie ihrer subjektiven Einstellungs- und Wertemuster. Interessen und Präferenzordnungen der Akteure lassen sich nicht ohne Rückbezug auf ideelle Faktoren erkennen oder gar erklären. Vielmehr gehen die Ideen und Interpretationsmuster der Akteure ihren Präferenzen logisch voraus, da Akteure ihre Präferenzen überhaupt erst aufgrund bestimmter ideeller Vorstellungen von der Welt ordnen könnten und wichtige Akteursinteressen erst durch individuell oder kulturell definierte Normen und Werte entstehen (Lichbach 1997: 246f.).

Eine herausragende Bedeutung kommt dabei der politischen Sozialisation der Akteure zu, also jenen Anpassungs- und Integrationsprozessen, durch die der Einzelne die politischen Einstellungen, Normen und Werte seiner gesellschaftlichen Bezugsgruppen internalisiert. Durch die Sozialisation nimmt das Individuum bestimmte ideelle Normen auf, die von einer größeren Gruppe geteilt werden. Erst durch die Sozialisation wird Gruppenidentität erzeugt und somit aus einer Anzahl von Individuen eine kollektiv handlungsfähige Gruppe geformt. Die internalisierten Normen, Weltanschauungen und Traditionen definieren die Ziele und Interessen der Gruppe und stellen Handlungsrichtlinien und Muster für die Interaktion mit anderen Gruppen bereit (Apelt 2006).

Die militärinterne Sozialisierung und Professionalisierung sowie ihre Auswirkungen auf die Gesellschaft, insbesondere mit Blick auf die Frage der konkreten Modi, Strategien und Formen der zivilen Kontrolle über das Militär, stehen im Mittelpunkt der von Huntington und Janowitz begründeten „amerikanischen Schule" der Militärforschung. Ausgehend von der Situation der Blockkonfrontation und des nuklearen Rüstungswettlaufs versucht Samuel Huntington in seinem Werk „The Soldier and the State" (1957), jene sozialen und politischen Bedingungen zu identifizieren, unter denen für die Vereinigten Staaten von Amerika ein Maximum an militärischer Sicherheit und ziviler Kontrolle gewährleistet werden kann. Seine Hauptthese lautet, dass dies nur möglich ist, wenn die zivilen und militärischen Verantwortungsbereiche strikt voneinander getrennt sind und diese Trennung von Militär und Zivilen gleichermaßen akzeptiert wird.

*Samuel Huntington: Professionalismus und Separationsmodell*

Im Zentrum seines Separations-Modells steht das Konzept des militärischen Professionalismus. Nach Huntington fördern der technologische Fortschritt, die Herausbildung von Nationalstaaten und die Konsolidierung des staatlichen Gewaltmonopols sowie die Erosion von Standesgrenzen in den Streitkräften seit dem 19. Jahrhundert die funktionelle Ausdifferenzierung und Spezialisierung des Offiziersstandes. Diese Entwicklung führt zur Professionalisierung des Offizierskorps. Die Profession des Offiziers ist durch drei Besonderheiten gekennzeichnet. Erstens erfüllt sie eine exklusive und für das Überleben der Gesellschaft zentrale Funktion, nämlich „die Leitung, Operation und Kontrolle einer menschlichen Organisation, deren primäre Funktion die Anwendung von Gewalt ist" (Huntington 1957: 11, eigene Übersetzung). Zweitens besteht eine besondere Verantwortung gegenüber Staat und Gesellschaft, symbolisiert in der moralisch überhöhten Bereitschaft zur Selbstaufopferung im Dienst für die Gemeinschaft. Drittens besitzt der Offiziersstand ein korporatives Selbstverständnis, wonach Offiziere Mitglieder einer nach außen hin abgegrenzten und im Inneren durch eigene Werteordnungen, Strukturen und Verhaltensnormen geprägten Organisation sind.

Nach Huntington führt die Professionalisierung des Offizierskorps dazu, dass das Militär jene hoch spezialisierte Expertise und differenzierten Organisationsstrukturen ausbilden und bewahren kann, die angesichts der modernen Bedrohungen der nationalen Sicherheit notwendig sind, um seine Funktion zu erfüllen. Inwieweit es dem Militär jedoch möglich ist, diesen Professionalismus auszubilden, hängt von den Strategien ab, mit denen die zivile politische Führung versucht, den politischen Einfluss des Offizierskorps zu kontrollieren. Zivile Kontrolle versteht Huntington als Steuerung des Militärs durch die Regierung und definiert sie als einen Zustand, in dem das Offizierskorps und „die Streitkräfte als Ganze den Anweisungen der zivilen Regierungsspitze Folge leisten" (Huntington 1957: 380, eigene Übersetzung). Nach Huntington kann eine zivile Regierung dies durch zwei unterschiedliche Kontrollformen erreichen: durch „subjektive Kontrolle", das heißt, die – gegebenenfalls durch Sanktionen forcierte – Angleichung militärischer Werte an die Werte der zivilen Regierung und die Fusion von ziviler und militärischer Sphäre, wie etwa im Nationalsozialismus oder in kommunistischen Einparteienstaaten; oder durch „objektive" Kontrolle, also eine strikte Separation der zivilen und militärischen Bereiche autonomer Entscheidungsgewalt (Huntington 1957: Kap. 4). Sie findet sich in demokratischen Verfassungsstaaten wie Großbritannien oder den Vereinigten Staaten. Während subjektive Kontrolle auf Maximierung ziviler Macht durch Herstellung von Interessenkonvergenz zwischen Zivilen und Militärs zielt, minimiert objektive Kontrolle die politische Macht des Militärs, indem die Offiziere sich auf die eigenen Aufgaben und Werte konzentrieren und so indifferent gegenüber den konkreten zivilen Wertmustern werden.

Bereits hier wird deutlich, dass Huntington zufolge nur unter den Bedingungen objektiver Kontrolle militärischer Professionalismus entstehen und sich ausbilden kann: Das Wesen der objektiven zivilen Kontrolle ist die Anerkennung einer autonomen Sphäre des militärischen Professionalismus; das Merkmal der subjektiven Kontrolle ist die Verneinung einer unabhängigen militärischen Sphäre (Huntington 1957: 83). Objektive Kontrolle führt somit zur Professionalisierung des Offizierskorps und dies wiederum ist die Grundlage dafür, dass das Militär zu einem apolitischen Instrument der Zivilen wird. Unter objektiver Kontrolle folgen die Offiziere den Anweisungen der zivilen Regierung nicht weil sie mit ihren politischen Entscheidungen übereinstimmen, sondern weil es ihre professionelle Pflicht ist. Daraus folgert Huntington, dass die gleichzeitige Maximierung von militärischer Sicherheit und Führung des Militärs durch die zivile Regierung nur unter den Bedingungen objektiver Kontrolle gewährleistet werden kann.

*Morris Janowitz: Professionalismus und Konvergenzmodell*

Huntingtons Ansatz ist vorrangig von der Politikwissenschaft rezipiert worden. In der Soziologie erwies sich die Theorieschule von Morris Janowitz als wirkungsmächtiger. Ähnlich wie bei Huntington ist auch in seinem „The Professional Soldier" (1960) das professionelle Offizierskorps der zentrale analytische Bezugspunkt. Jedoch werden die grundlegenden Werte und Handlungsmuster der professionellen Offiziere nicht auf ein bestimmtes, einheitliches normatives Ideal bezogen oder als unveränderliches Ergebnis ihrer gesellschaftlichen Funktion und der idealtypischen Arbeitsteilung von Militärs und Zivilen konzipiert. Vielmehr geht Janowitz von einem kontinuierlichen Anpassungsdruck aus, der aus der zivilen Gesellschaft auf die militärische Institution einwirkt. So konstatiert Janowitz schon Anfang der 1960er Jahre einen deutlichen Funktionswandel des Militärs von der traditionellen Form der Kriegführung und des Abschreckungsfriedens zu Aufgaben der internationalen Kriseneindämmung, Friedenserzwingung und -erhaltung. Janowitz prophezeite, dass die Massenarmeen des Zweiten Weltkriegs zukünftig abgelöst werden von „Polizeiarmeen", die sich aus gut ausgebildeten Freiwilligen rekrutieren und jederzeit dazu bereit und fähig sind, im Rahmen von zeitlich und räumlich eng begrenzten Einsätzen eng umrissene Ziele mit einem Minimum an physischer Gewalt durchzusetzen (Janowitz 1960: Kap. 20).

Technologische, gesellschaftliche, wirtschaftliche und weltpolitische Veränderungen führen also zur Transformation des Militärs, so die These von Janowitz. In den demokratischen Staaten des Westens treten Überzeugung und Konsens an die Stelle von Autorität und Disziplin; die Rekrutierungsmuster des Offizierskorps passen sich den gesellschaftlichen Verhältnissen immer mehr an und militärisch relevante Fähigkeiten werden denen der zivilen Gesellschaft immer ähnlicher. Damit werden auch jene Ideale und Wertemuster tradiert, welche der professionellen Ethik des Militärs zugrunde liegen. Das traditionelle Leitbild des apolitischen „heroischen Kriegers" wird verdrängt vom Ideal des (militärischen) „Managers" und „Technokraten". Letztlich kommt es zur „Zivilisierung des Militärs", der Nivellierung von Unterschieden zwischen Gesellschaft und Streitkräften sowie zur Ausweitung des militärischen Einflusses in der Politik. Als Lösung für die damit verbundenen Probleme entwirft Janowitz eine Variante des militärischen Professionalismus, die anders als bei Huntington auf der systematischen Integration des Militärs in die zivile Gesellschaft basiert. Sie sichert die gesellschaftliche Legitimation des Militärs und garantiert die Konvergenz der militärischen Werte und der „professionellen Ethik" der Offiziere mit der politischen Kultur ihrer Gesellschaft. Trotz der Unterschiede zu Huntington sind es also auch in Janowitz' Konvergenzmodell letztlich militärinterne Normen und Überzeugungen, die die Unterordnung des Militärs unter die zivile Führung gewährleisten.

*Alfred Stepan: „Neuer" Professionalismus*

Huntington und Janowitz argumentieren vor dem Erfahrungshintergrund der westlichen Industrienationen und insbesondere der USA. Die Übertragbarkeit ihrer Professionalismuskonzepte auf nicht-westliche Länder ist mit guten Gründen hinterfragt worden. So argumentierte Eric Nordlinger, dass die Professionalisierung des Militärs in zahlreichen jungen Staaten außerhalb von Nordamerika und Europa eine notwendige Voraussetzung für den Prätorianismus war, da erst die Herausbildung moderner, „professioneller" Militärorganisationen zum Entstehen genuin militärischer Werteordnungen und korporativer Interessen geführt hat, welche dann – notfalls auch mit Gewalt – gegenüber der Politik verteidigt wurden (Nordlinger 1977: 13). Ähnlich konzedierte Stanislav Andreski, dass „immer professionelle Soldaten die treibende Kraft hinter prätorianischen Erhebungen sind, nicht etwa Wehrpflichtige oder Milizionäre" (Andreski 1968: 105; eigene Übersetzung).

Vor diesem Hintergrund hat Alfred Stepan Anfang der 1970er Jahre eine Weiterentwicklung des Professionalismuskonzeptes von Huntington präsentiert. Ausgangspunkt seines Konzepts des „neuen Professionalismus" war die Beobachtung, dass in Lateinamerika gerade die am stärksten professionalisierten Armeen gegen die zivilen Regierungen putschten. Anders als in den westlichen Industriegesellschaften beschränken sich die Aufgaben der Streitkräfte in Lateinamerika nicht auf die Abwehr äußerer Bedrohungen. Vielmehr führte die Professionalisierung der Streitkräfte dazu, dass die Militärführungen in vielen Staaten der Region neben der klassischen Aufgabe der Landesverteidigung auch Kompetenzen in Bereichen wie Polizeiarbeit, Aufstandsbekämpfung sowie Wirtschafts- und Entwicklungspolitik für sich beanspruchten. Das Leitbild eines „neuen Professionalismus innerer Kriegführung und nationaler Entwicklung" beinhaltet zwar Kernelemente des „alten" Professionalismus – Korpsgeist, Expertise und gesellschaftliche Verantwortung. „Anstatt wachsender funktionaler Spezialisierung", so Stepan, sind die Streitkräfte z.B. in Brasilien und Peru aber dazu übergegangen, „ihre Offiziere in Belangen der inneren Sicherheit auszubilden, die alle Aspekte des sozialen, ökonomischen und politischen Lebens umfassten" (Stepan 1973: 51; eigene Übersetzung). Dies hat „die Reichweite militärischer Beschäftigung mit, und Kenntnis über, die Politik soweit ausgedehnt, dass der ‚neue professionelle' Offizier hochgradig politisiert war" (ebd.). Da sich die zivilen politischen Institutionen aus Sicht des Militärs als unfähig erwiesen, die Mobilisierung der politischen Linken zu verhindern, übernahmen die professionalisierten Armeen Lateinamerikas selbst die Macht, um die nationale Sicherheit und territoriale Integrität des Staates zu bewahren. Somit seien die „hochgradig bürokratisierten, hochgradig geschulten, und dennoch hochgradig politisierten Armeen Brasiliens und Perus nicht als Abweichungen vom Paradigma des ‚alten' Professionalismus zu sehen, sondern als eine logische Konsequenz des ‚neuen' Professionalismus" (Stepan 1973: 48; eigene Übersetzung).

*Samuel Fitch: Demokratischer Professionalismus*

Stepans Konzept des „neuen Professionalismus" hat maßgeblich zum Verständnis der militärischen Rollenexpansion in Entwicklungsländern beigetragen. Mit Blick auf die Analyse des Verhältnisses von Militär und Politik nach dem Ende der meisten Militärdiktaturen in Lateinamerika und anderen Weltregionen in Folge der sogenannten „Dritten Demokratisierungswelle" seit Mitte der 1970er Jahre (Huntington 1991) ist es jedoch in den letzten Jahren zu einer Neuorientierung der Professionalismusforschung durch Samuel Fitch gekommen. In seiner Studie „The Armed Forces and Democracy in Latin America" untersucht Fitch (1998) die Frage, wie sich Normen und Ideologien der Streitkräfte wandeln müssen, um demokratiekompatible zivil-militärische Beziehungen in Lateinamerika zu gewährleisten.

Die Vorstellung einer Entwicklung hin zum klassischen Professionalismus nach Huntington hält Fitch aus zwei Gründen für unrealistisch. Zum einen seien die Erfahrungen westlicher Gesellschaften nicht ohne weiteres übertragbar auf die jungen Demokratien in Lateinamerika. Zum anderen hält er die Förderung politischer Neutralität im Sinne von Huntington als nicht geeignet, um die Unterordnung des Militärs unter die Autorität ziviler Regierungen zu erreichen (Fitch 1998: 4ff.). Notwendig ist vielmehr, dass die Streitkräfte die Prinzipien und Grundwerte der liberalen Demokratie übernehmen. Als normativen Orientierungspunkt schlägt Fitch den „demokratischen Professionalismus" vor. Im Zentrum steht die Transformation der Selbstdefinition des Militärs vom überpolitischen „Retter der Nation […] und einzigen Bewahrer nationaler Werte" zu einem „Instrument zur Verteidigung der Nation und zum Schutz ihres Rechts auf Selbstregierung" (Fitch 1998: 176; eigene Übersetzung). Da unter demokratischen Bedingungen das nationale Interesse durch demokratische Verfahren und Institutionen definiert wird, hat die unbedingte Loyalität der Offiziere zur demokratisch gewählten politischen Führung im Zentrum der professionellen militärischen Normen zu stehen. Daneben beinhaltet der „demokratische Professionalismus" die Verpflichtung auf den Rechtsstaat, die Wahrung der Menschenrechte und die Fokussierung auf genuin militärische Aufgaben der Verteidigung der legitimen demokratischen Führung und der Gesellschaft nach innen und außen. Daher muss, so Fitch, „die militärische Ausbildung, insbesondere in Militärakademien und Militärhochschulen, Unterricht in Demokratietheorie und demokratischen Normen zivil-militärischer Beziehungen umfassen" (Fitch 1998: 184f.).

*Zusammenfassung*

Der „demokratische Professionalismus" von Fitch bildet den vorläufigen Endpunkt der Entwicklung des Professionalismuskonzepts, die mit Huntington begann und unter anderem von Janowitz und Stepan fortgesetzt wurde. Wie die nachfolgende Tabelle 2.1 zeigt, unterscheiden sich die Ansätze in vielerlei Hinsicht. Gemeinsam ist den Professionalismustheorien jedoch, dass die Unterordnung des Militärs unter den zivilen Supremat (oder aber ihr Fehlen) im professionellen Ethos des Offizierskorps begründet ist. „Culture matters" lautet die gemeinsame Quintessenz dieser Ansätze. Dies hat Konsequenzen für die wissenschaftliche Analyse und politische Praxis. Reformen der zivil-militärischen Beziehungen in jungen Demokratien, wie sie in Osteuropa im Zuge der Transformation der kommunistischen Parteiendiktaturen und der Integration der ehemaligen Mitgliedsstaaten des Warschauer Paktes in die NATO zu beobachten waren, können sich nicht auf die institutionelle Oberflächenstruktur zivil-militärischer Beziehungen beschränken. Vielmehr, so die kulturalistische Schlussfolgerung, müssen sie vor allem auf der Ebene der politischen und organisatorischen Kultur von Gesellschaft und Militär ansetzen (Bland 2001).

*Tab. 2.1:* Vier Typen des Professionalismus im Vergleich

|  | Huntington | Janowitz | Stepan | Fitch |
|---|---|---|---|---|
| **Objekt militäri-scher Loyalität** | Staat | Gesellschaft | Eigene Idee der „Nation" | Demokratisch gewählte Autoritä-ten |
| **Funktion des Militärs** | Äußere Sicherheit | Äußere und Innere Sicherheit | „Nationale Sicher-heit" | Äußere und Innere Sicherheit |
| **Expertise des Militärs** | Gewaltmanagement | Gewaltmanagement und politische Fähigkeiten | Gewaltmanage-ment, politische, ökonomische und soziale Fähigkeiten | Gewaltmanagement |
| **Reichweite des Professionalismus** | Eng beschränkt auf Landesverteidigung | Umfassende Sicherheitsaufga-ben | Unbeschränkt | Abhängig von den politischen Zielen der demokratischen Regierung |
| **Verhalten und Einstellung ge-genüber zivilen Autoritäten** | Unterordnung, da Desinteresse an politischen Fragen | Unterordnung, da Identität von Wer-ten | Widerstand, da Ablehnung der zivilen politischen Ordnung | Unterordnung, da Anerkennung der demokratischen Ordnung |

Quelle: eigene Zusammenstellung

Der nachhaltige Einfluss von Huntingtons Ansatz, vor allem in der angelsächsischen Militär-forschung, kontrastiert eigentümlich mit den Schwächen seiner und anderer Professiona-lismustheorien. Zum einen ist seine Begründung der Kausalbeziehung zwischen Professiona-lismus und ziviler Kontrolle logisch inkonsistent. An manchen Stellen bezeichnet Huntington den Professionalismus als eine notwendige Voraussetzung für „objektive" zivile Kontrolle, während er an anderer Stelle objektive Kontrolle als Bedingung für einen fest im Militär verankerten Professionalismus anführt.[15] Zum anderen ist von Kritikern zu Recht darauf hingewiesen worden, dass in Huntingtons Professionalismusverständnis die Analyseebenen der institutionellen Attribute des Militärs und der Wertestruktur seiner Offiziere verwischen und die Gleichsetzung von militärischem Professionalismus mit politischem Absentismus empirisch nicht haltbar ist (Stepan 1973; siehe oben). Zudem, so schon Janowitz, beschränkt sich die Reichweite professioneller Handlungen des Militärs weder in westlichen Demokra-tien, noch in sogenannten Entwicklungsländern auf die Expertise im „Gewaltmanagement". Vielmehr kombiniert das moderne Militär in der Regel militärische, sozialtechnische und politische Fähigkeiten (Janowitz 1960: xi). Schließlich, so die Kritik von Feaver (1996), bieten die älteren Professionalismuskonzepte streng genommen keine Antwort auf die Kern-frage der zivil-militärischen Beziehungen nach den Ursachen für erfolgreiche oder geschei-terte zivile Kontrolle. Denn selbst wenn man Janowitz' Annahme akzeptiert, dass zivile

---

[15]   Vergleiche: „Voraussetzung für objektive zivile Kontrolle ist die Existenz einer autonomen militärischen Pro-fession, die eine anerkannte besondere Verantwortung für die militärische Sicherheit des Staates trägt" (Hun-tington 1956: 383; eigene Übersetzung) vs. „Zivile Kontrolle im objektiven Sinne ist die Maximierung des mili-tärischen Professionalismus. Präziser noch, sie ist jene Verteilung politischer Macht zwischen Militär und zivi-len Gruppen, die am förderlichsten für das Entstehen professioneller Einstellungen und Verhalten unter den Mitgliedern des Offizierskorps [ist]" (Huntington 1957: 83; eigene Übersetzung).

Kontrolle in einer Demokratie letztlich davon abhängt, ob das Militär dem Prinzip des zivilen Supremats normativ zustimmt und die zentralen Prinzipien, Ideen und Verhaltensnormen der liberalen Demokratie übernimmt – eine Annahme, die etwa von Huntington nicht geteilt wird, da er eine tendenzielle Unvereinbarkeit von militärischem Professionalismus und liberalen Werten der amerikanischen Gesellschaft konstatiert (1957: 456) – müssen sich diese Werte, Orientierungen und Einstellungen im Verlaufe der demokratischen Entwicklung erst herausbilden, durch Einübung durchgesetzt und immer wieder reproduziert werden (Feaver 1996; Herspring 2001). Weder Huntington, noch Janowitz (oder Samuel Fitch mit seinem Konzept des „demokratischen Professionalismus) können jedoch erklären, wie es etwa jungen Demokratien gelingt, ihrem Herrschaftsanspruch Geltung zu verschaffen, wenn das Militär diese Normen (noch) nicht internalisiert hat.

## 2.4    Strukturalistische Ansätze

Ob sich die divergierenden Muster zivil-militärischer Beziehungen in gefestigten liberalen Demokratien, in Transformationsstaaten oder in Autokratien alleine mit der Wirkung kultureller Faktoren erklären lassen, kann getrost bezweifelt werden. Ein Theoriestrang in den zivil-militärischen Beziehungen, der sich explizit von der kulturalistischen Perspektive abhebt und stattdessen die gesellschaftlichen und politischen Strukturbedingungen zivil-militärischer Beziehungen untersucht, ist der Strukturalismus. Das Strukturparadigma umfasst sehr unterschiedliche Ansätze. Als einigende Klammer wirkt der analytische Fokus auf makrostrukturelle und sich nur langsam ändernde Hintergrundfaktoren konkreter politischer Handlungen, Entscheidungen innerhalb der zivilen Gesellschaft oder aus dem internationalen Umfeld (Skocpol 1979). Dabei können mit David Easton zwei Varianten des Strukturalismus unterschieden werden: erstens die Analyse der „Strukturen höherer Ordnung", also makrosozialer und makropolitischer Faktoren, und zweitens die Beschäftigung mit politischen Institutionen, den „Strukturen niederer Ordnung" und ihrer strukturierenden Wirkung auf die Beziehungen zwischen Militär und Politik (Easton 1990). In beiden Varianten hat der Strukturalismus großen Anteil an der theoretischen und empirischen Weiterentwicklung des Forschungsgebietes.

*Samuel Finer: Opportunität und Disposition von Militärinterventionen*

Nur fünf Jahre nach dem Erscheinen von „The Soldier and the State" arbeitete *Samuel Finer* in „The Man on Horseback" die wichtigsten theoretischen und empirischen Probleme der Huntingtonschen Argumentation heraus und legte einen umfassenden Gegenentwurf vor. Finer wollte die Bedingungen erklären, unter denen das Militär „die politischen Ziele und/oder Personen der zivilen Autoritären mittels Zwangsanwendung durch die eigenen ersetzt" (Finer 1962: 23; eigene Übersetzung). Finers Hauptthese lautet dabei, dass Militärs nur dann mit Erfolg in die Politik intervenieren, wenn sie zum einen die entsprechende „Disposition", also hinreichenden Willen und Antrieb zur politischen Einflussnahme besitzen, und wenn zum anderen die „Opportunität" zum Staatsstreich besteht. Die Disposition kann sich aus den korporativen Interessen des Militärs ergeben als auch aus einem Selbstverständnis als Retter der Nation oder Träger einer historischen Verantwortung (Finer 1962: 23ff.).

Die Opportunität zur Intervention hängt ab von den gesellschaftlichen Bedingungen: militärische Einflussnahme wird begünstigt, wenn die öffentliche Zustimmung für das politische System abnimmt oder ohnehin schwach ist: „Je größer die ‚öffentliche Anteilnahme an den zivilen Institutionen' ist, desto kleiner ist die Opportunität und desto kleiner ist die Erfolgswahrscheinlichkeit" für eine militärische Intervention (Finer 1962: 84; eigene Übersetzung).

Finer fasst den Grad der öffentlichen Zustimmung und der Partizipation an zivilen politischen Institutionen mit dem Begriff der „politischen Kultur" und unterscheidet vier Abstufungen oder „Reifegrade". Je nach Entwicklungsstand der politischen Kultur bieten sich dem Militär verschiedene Modi der politischen Einflussnahme. In der „reifen" politischen Kultur (Typ 1), wie sie laut Finer in westlichen Industriestaaten existiert, ist die Legitimität der zivilen Institutionen akzeptiert. In diesen Gesellschaften ist es demnach nicht möglich, Militärinterventionen gegen die zivile politische Ordnung zu rechtfertigen. Dem Militär stehen daher nur die verfassungsgemäßen Wege zur Durchsetzung seiner Interessen offen. Auch in der „entwickelten" politischen Kultur (beispielsweise in Japan und Deutschland in der Zwischenkriegszeit und in der Sowjetunion), ist Finer zufolge die Zustimmung gegenüber den zivilen Institutionen stark. In diesen Gesellschaften gibt es jedoch alternative Legitimationsquellen für politische Akteure, die es dem Militär ermöglichen, Druck auf die zivilen Autoritäten auszuüben, beispielsweise durch die Drohung, eine Regierung nicht gegen Aufständische zu verteidigen. In postkolonialen Gesellschaften mit „niedriger" und „minimaler" politischer Kultur (Typ 3 und 4) sind zivile Regierungen mit massiven Herausforderungen ihrer Legitimität konfrontiert. Hier kann das Militär zu einem zentralen politischen Machtfaktor werden, indem es die zivile Regierung durch eine andere ersetzt, oder gar selbst die Regierung übernimmt (Finer 1962: 86ff.)

***Tab. 2.2:*** *Zusammenhang von Politischer Kultur, Legitimität und Militärintervention*

| Politische Kultur | Legitimität ziviler Institutionen | Form der militärischen Intervention |
|---|---|---|
| Reif | Unhinterfragt; alternative Institutionen sind nicht zu legitimieren | Einflussnahme über die normalen konstitutionellen Wege |
| Entwickelt | Ausgeprägt; alternative Institutionen lassen sich nur schwer legitimieren | Erpressung und Einschüchterung der zivilen Autoritäten |
| Niedrig | Umstritten; alternative Institutionen existieren und können soziale Geltung beanspruchen | Austausch der zivilen Regierung durch eine andere zivile Regierung |
| Minimal | Fehlt; alternative Institutionen genießen breite Anerkennung als rechtens | Ersetzen der zivilen Regierung durch eine Militärregierung |

Quelle: eigene Adaption nach Finer 1962

Zwar argumentiert Finer mit militärinternen und militärexternen Faktoren und bewegt sich damit in einer Grauzone von kulturalistischen und strukturalistischen Erklärungsmustern. Die zentralen Erklärungsfaktoren bleiben jedoch die Legitimität der Regierung und die Partizipationschancen der Bevölkerung. Unklar bleibt hingegen, welche Rolle die Disposition

schlussendlich spielt, zumal Militärs auch gegen ihren Willen in die Politik „hineingezogen"
werden können, wenn die Legitimität der Regierung so gering ist, dass Staat und Gesellschaft zu zerbrechen drohen (Finer 1962: 72ff.).

*Samuel Huntington: Prätorianischer Staat und Militärintervention*

Auch Samuel Huntington analysiert in seinem 1968 erschienenen Werk „Political Order in
Changing Societies" die Voraussetzungen und Ursachen militärischer Macht in postkolonialen und sich modernisierenden Gesellschaften. In brachialer Umkehrung seiner früheren Annahmen, betont Huntington nun den Zusammenhang zwischen der Stärke politischer
Institutionen und der politischen Rolle des Militärs in Entwicklungsländern. Ob das Militär
in die Politik interveniert oder nicht, hängt nun davon ab, ob und in welchem Maße die zivilen politischen Institutionen in der Lage sind, die politische Mobilisierung gesellschaftlicher
Interessen und Konflikte friedlich zu bearbeiten. Huntington argumentiert modernisierungstheoretisch: Die Stabilität eines politischen Systems, so Huntington im Rückgriff auf Seymour Martin Lipset (1960), hängt ab von der Beziehung zwischen dem Niveau der politischen Partizipation in einer Gesellschaft und dem Institutionalisierungsgrad des politischen
Systems. Modernisierungsprozesse führen zu sozialem Wandel und politischer Mobilisierung. Mit zunehmender politischer Partizipation steigen die Anforderungen an politische
Institutionen einer Gesellschaft. Zur Bewältigung der neuen politischen Anforderungen müssen sich die Institutionen modernisieren, d.h. ein Mehr an Komplexität, Autonomie, Adaptionsfähigkeit und Kohärenz ausbilden (Huntington 1968: 79).

Politische Gewalt und Instabilität in Entwicklungsländern ist in erster Linie das Produkt
ungleicher politischer Entwicklung: Sozialer und wirtschaftlicher Wandel (Urbanisierung,
Alphabetisierung und Bildungsexpansion, Industrialisierung und Ausbreitung von Massen-
medien) erweitern das politische Bewusstsein gesellschaftlicher Gruppen, multiplizieren
politische Forderungen und verbreitern politische Partizipation. Diese Veränderungen unter-
minieren die traditionellen Quellen politischer Autorität und die bestehenden Institutionen
der politischen Ordnung. Der Grad der politischen Mobilisierung und die Expansion politischer Partizipation überschreiten somit zwangsläufig den Grad der politischen Institutionalisierung. Das Ergebnis ist politische Instabilität (Huntington 1968: 5).[16]

Schwach institutionalisierte politische Systeme mit hoher politischer Partizipation werden
von Huntington als „prätorianische Staatswesen" bezeichnet. Im Unterschied hierzu klassifiziert er Systeme mit einem hohen Grad an Institutionalisierung im Vergleich zum Niveau der
politischen Partizipation als bürgerschaftliche Systeme („civic polities") (Huntington 1968:
80). In zahlreichen Entwicklungsländern in Asien, Afrika und Lateinamerika überfordert die
rasante politische Mobilisierung großer Bevölkerungsteile in Folge des sozioökonomischen

---

[16]   Huntington grenzt sich klar vom naiven Optimismus der frühen Modernisierungstheorie ab. Zwar bleibt er
       Modernisierungstheoretiker, da Modernisierung entlang der in westlichen Gesellschaften historisch gewachse-
       nen Pfade des sozialen, wirtschaftlichen und politischen Wandels auch für Huntington ein universales Phäno-
       men ist und langfristig zu einem stabilen Gleichgewichtszustand des gesellschaftlichen Systems führt. Doch
       kurz- und mittelfristig erzeugt Modernisierung instabile Verhältnisse: „[...] Modernität gebiert Stabilität, doch
       Modernisierung gebiert Instabilität" (Huntington 1968: 41; eigene Übersetzung).

Wandels die Integrationsfähigkeit der politischen Institutionen, Parteien und intermediären Organisationen (Huntington 1968: 47ff.). Da die vorhandenen Institutionen zu schwach zur Konfliktregulierung sind, verlagern gesellschaftliche Gruppen die Interessendurchsetzung auf die Straße und nutzen alle ihnen zur Verfügung stehenden Machtmittel und Organisationsformen, um ihre politischen Forderungen zu verwirklichen: „Die Reichen bestechen, die Studenten begehren auf, die Arbeiter streiken, der Mob randaliert und das Militär putscht" (Huntington 1968: 196; eigene Übersetzung). Für Huntington geht die Frage, welche Merkmale des Militärs verantwortlich sind für seine Machtergreifung, am Kern des Problems vorbei. Für ihn sind „die wichtigsten Gründe militärischer Intervention in die Politik nicht militärischer, sondern politischer Art und reflektieren nicht die sozialen und organisatorischen Charakteristika der Institution Militär, sondern die politischen und institutionellen Strukturen der Gesellschaft" (Huntington 1968: 194; eigene Übersetzung).

*Harold Lasswell: Internationales System und Garrison State*

Inspiriert durch Comte und Spencer entwickelt Lasswell in seinem einflussreichen Essay „The Garisson State" von 1941 die These von der Erosion ziviler Suprematie und dem Primat der militärischen Notwendigkeit in modernen westlichen Gesellschaften. Dies sieht er als eine direkte Folge langanhaltender internationaler Spannungen und Krisen sowie der Totalisierung des Krieges (Lasswell 1941). Unter den Bedingungen des „Totalen Krieges" kommt es zur umfassenden Militarisierung von Gesellschaften. Dies führt zu einer Expansion militärischer Aufgaben und Qualifikationen, in deren Folge das Militär zunehmend politische und ökonomische Führungsfähigkeiten entwickelt. Den Endpunkt dieser Entwicklung bildet die Ablösung der zivilen Führungseliten durch die „Spezialisten der Gewaltsamkeit" und die Institutionalisierung einer autokratischen Militärherrschaft: der „Garnisonsstaat".

Lasswell benennt die rapiden militärtechnologischen Entwicklungen, insbesondere die „Sozialisierung der Gefährdung" (Lasswell 1941: 459; eigene Übersetzung) durch den strategischen Luftkrieg als notwendige Bedingung für die Entstehung des Garnisonsstaates. Das zentrale Moment, das zur Ermächtigung der militärischen Eliten führt, ist jedoch nicht der technologische Wandel, sondern ergibt sich aus dem internationalen System. Ein hohes Maß an dauerhaft bestehender internationaler Unsicherheit führt dazu, dass Gesellschaften sukzessive alle sozialen Bereiche einer militärischen Logik unterordnen, so dass schließlich „jeder Aspekt des Lebens der Kontrolle durch die militärischen Autoritäten unterworfen wird" (Lasswell 1950: 325; eigene Übersetzung). Als Reaktion auf die permanente und umfassende militärische Bedrohung werden die westlichen Gesellschaften letztlich „'alle Macht den Generälen' übertragen" (Lasswell 1937: 649; eigene Übersetzung). Lasswells düstere Prognose hat sich als unzutreffend erwiesen. Weder sind die Demokratien des Westens zu autoritären Militärregimen degeneriert, noch haben waffentechnologische Entwicklung und die „Demokratisierung des Kriegsrisikos" (Stanley 1997: 23) zur Rollenexpansion der „Gewaltexperten" geführt. Wie Aaron Friedberg anmerkt, liegt Lasswells Fehleinschätzung in seiner konsequenten Vernachlässigung innergesellschaftlicher Faktoren begründet. Danach hat Lasswell die Beharrungskraft liberaler Ideen und die Legitimität der politischen Institutionen in den westlichen Demokratien schlicht übersehen. Diese haben der demokratischen politischen Ordnung ein ausreichendes Maß an Beharrungskraft verliehen, um Tendenzen zum Garnisonsstaat während der Zeit des Kalten Krieges zu überstehen (Friedberg 1992).

*Michael Desch: Eine strukturelle Theorie zivil-militärischer Beziehungen*

Eine alternative Erklärung der Persistenz ziviler Kontrolle in den USA, den westlichen Demokratien sowie in den sozialistischen Systemen im sowjetischen Machtbereich während des Kalten Krieges wird von jenen Autoren vertreten, die eine grundsätzliche andere Sicht der Kausalbeziehung von externer Bedrohung und ziviler Kontrolle teilen. So betont Stanislav Andreski in seinem 1968 erschienen Werk „Military Organization and Society", dass die Existenz einer militärischen Bedrohung der nationalen Sicherheit in der Tendenz die „Monokratisierung" des politischen Systems bewirkt, d.h. dass die politische Autorität sich auf ein legitimes Zentrum fokussiert (Andreski 1968: 92). Die zivile Zentralgewalt wird geeint und damit widerstandsfähiger gegenüber politischen Forderungen und Angriffen aus der eigenen Gesellschaft (und damit auch dem Militär). Zudem fördert die externe Bedrohung die Konzentration der Streitkräfte auf ihre Aufgabe und professionelle Mission der Landesverteidigung nach außen. Umgekehrt wirken friedliche Außenbeziehungen unter bestimmten Bedingungen sogar negativ auf die zivil-militärischen Beziehungen: „'Müßiggang ist aller Laster Anfang': Soldaten, die keinen Krieg zu führen oder vorzubereiten haben, werden versucht sein, sich in die Politik einzumischen. In langfristiger Perspektive erscheint eine umgekehrte Verbindung zu bestehen zwischen angestrengter Kriegführung und Prätorianismus" (Andreski 1968: 189; eigene Übersetzung).

In seiner „strukturellen Theorie zivil-militärischer Beziehungen" greift Michael Desch diese Überlegungen auf. Darüber hinaus verknüpft Desch in seinem Hauptwerk „Civilian Control of the Military" interne und externe Faktoren zu einem umfassenden Modell der zivilmilitärischer Beziehungen. Danach wird die „Stärke ziviler Kontrolle des Militärs in den meisten Ländern grundsätzlich durch strukturelle Faktoren, insbesondere Bedrohungslagen, geformt, die einzelne Führungspersönlichkeiten, das Militär, den Staat und die Gesellschaft beeinflussen" (Desch 1999: 11; eigene Übersetzung). Allerdings sind es nicht die „materiellen" Strukturen (also Bedrohungslagen) an sich, sondern ihre Wahrnehmung durch die Akteure, welche auf die Form der zivil-militärischen Beziehungen einwirken. Damit aber greift Desch schon bei seinen zentralen Annahmen auf ein konstruktivistisches Argument zurück und verlässt das rein strukturalistische Argumentationsgefüge (Feaver 2000: 506).

In der Tradition der neorealistischen Theorie internationaler Beziehungen (Waltz 1979) argumentiert Desch, dass andere Faktoren zwar nicht bedeutungslos für die Entwicklungen der zivil-militärischen Beziehungen sind. Sie werden aber durch die strukturierende Wirkung der Sicherheitslage geformt, und entfalten ihre kausale Wirkung nur unter den Bedingungen der strukturellen Ausgangsbedingungen. Deschs zentrale Annahme lautet, dass externe Bedrohungen vorteilhaft für die zivile Kontrolle des Militärs sind, während Herausforderungen der politischen Ordnung von Innen das Militär in die Lage versetzen, seine Interessen gegen die der Zivilen durchzusetzen. Danach führt die Bedrohung der Gesellschaft durch einen externen Gegner dazu, dass die zivilen Politiker militärpolitische Expertise entwickeln und „objektive" Kontrollmechanismen bevorzugen. Dies erleichtert die Kommunikation zwischen den zivilen und militärischen Akteuren und verringert das Potenzial für Konflikte in den zivil-militärischen Beziehungen. Im Militär fördert die externe Bedrohung die Konzentration auf die eigene professionelle Kernfunktion. Im Gegensatz dazu schwächen innerstaatliche Gewaltkonflikte und Bedrohungen der staatlichen Integrität die zivile Kontrolle: Interne

Konflikte untergraben die Legitimation der zivilen Politik, stärken die Bedeutung des Militärs für das Überleben des politischen Regimes, verringern die Anreize zur Ausbildung ziviler verteidigungspolitischer Institutionen und führen zur Konkurrenz politischer Gruppen um die Unterstützung des Militärs. Zudem greifen Regierungen in diesen Situationen eher auf „subjektive" Kontrollformen (Huntington 1957) zurück, was das Militär politisiert und schließlich zu einem „ernsthaften Rivalen um die Kontrolle der Gesellschaft" werden lässt (Desch 1999: 13; eigene Übersetzung).

Die besten Voraussetzungen für eine robuste zivile Kontrolle sind nach Desch dort gegeben, wo die externe Bedrohung hoch und die interne Bedrohung gering ist. Umgekehrt sind sie dort am schlechtesten, wo innere Bedrohungen mit einem friedlichen internationalen Umfeld einhergehen. Weniger eindeutig ist die Wirkung struktureller Faktoren jedoch in jenen Fällen, in denen externe und interne Bedrohungen ähnlich ausgeprägt sind. In diesen Fällen determinieren die Strukturen der Bedrohungssituation (genauer: deren Perzeption durch die relevanten Akteure) nicht die Form der Beziehungen von Streitkräften und Politik.

*Tab. 2.3: Bedrohungslage und Bedingungen ziviler Kontrolle*

|  |  | Äußere Bedrohung | |
|  |  | Hoch | Niedrig |
| --- | --- | --- | --- |
|  | *Hoch* | Schlecht | Sehr schlecht |
| **Innere Bedrohung** |  |  |  |
|  | *Niedrig* | Gut | Gemischt |

Quelle: Desch 1999: 14

Zur Auflösung der Ambiguität dieser „nicht determinierten Szenarien" führt Desch zunächst mit der Militärdoktrin eine weitere Variable ein, die das Verhalten von Militärs und Zivilen in diesen unbestimmten Situationen erklären soll. Dieser Faktor „bestimmt, welche militärischen Ressourcen zum Einsatz kommen, wie sie eingesetzt werden und wo" (Desch 1999: 17; eigene Übersetzung). Die Militärdoktrin prägt die Missionsprofile des Militärs, seine Organisationsstrukturen und normativen Wertmuster und gibt vor, ob das Militär seine Kernfunktion eher in der Landesverteidigung oder in der Durchsetzung des staatlichen Gewaltmonopols nach Innen sieht und inwiefern das Militär das Prinzip des zivilen Supremats akzeptiert (Desch 1999: 18f.). Aber auch Variablen wie die militär- und sicherheitspolitische Erfahrung der zivilen Führung, der Zusammenhalt der zivilen Parteien (gegenüber dem Militär) und die vorhandenen Kontrollmöglichkeiten spielen eine Rolle. Schlussendlich hängen Ausmaß und Stärke der zivilen Kontrolle in diesen strukturell unterdeterminierten Situationen also genau von jenen militärinternen Normen ab, die Huntington als „militärischen Professionalismus" bezeichnet.

*Deborah Avant: Politische Institutionen und militärpolitischer Wandel*

An innergesellschaftlichen Bedingungen und makrosoziologischen Wirkfaktoren interessierte Ansätze zielen vorrangig auf die Erklärung prätorianischer Pathologien in sogenannten Entwicklungs- und Schwellenländern. Für die Analyse der zivil-militärischen Beziehungen in demokratischen Verfassungsstaaten der Industrienationen hat sich eine andere Variante strukturalistischer Theorien herausgebildet. Sie steht in der Tradition des politikwissenschaftlichen (Neo-)Institutionalismus (vgl. dazu Hall/Taylor 1996) und betont die Bedeutung von „Strukturen niederer Ordnung", also der politischen Institutionen für die zivil-militärischen Beziehungen im engeren Sinne (siehe Info-Box 2.6).

---

**Info-Box 2.6:** *Politische Institutionen*

Politische Institutionen als Sonderfall sozialer Institutionen sind jene dauerhaften „Prozeduren, Routinen, Normen und Konventionen, die in die Organisationsstruktur des politischen Systems und der politischen Ökonomie eingebettet sind" (Hall/Taylor 1996: 938; eigene Übersetzung). Als „universelle Techniken der Entscheidungsfindung" (Lepsius 1990: 56) produzieren Institutionen Erwartungssicherheit, indem sie die Zahl der Akteure und die Bandbreite ihrer Handlungsoptionen verringern, die möglichen Handlungsverläufe strukturieren und somit die möglichen Ergebnisse von Akteurshandeln begrenzen). Als Institutionen werden nicht nur die formalen, durch den Staatsapparat sanktionierten, rechtlichen Regeln verstanden, sondern auch informelle Arrangements, deren Durchsetzung vorrangig auf sozialer Sanktionierung beruht (Merkel/Croissant 2000). Neo-Institutionalismus ist ein in den Sozialwissenschaften weitläufig gebrauchter Begriff zur Abgrenzung neuerer Institutionentheorien von älteren und in der Tradition des Staatsrechts und der vergleichenden Verfassungslehre stehenden Ansätzen (Peters 1998).

---

Eine Variante des neo-institutionalistischen Ansatzes in der Militärforschung hat Deborah Avant (1994) vorgelegt. Ihre Schrift „Political Institutions and Military Change" untersucht, wie in etablierten Demokratien militärpolitische Entscheidungen beschlossen und durchgesetzt werden. Die zentrale Fragestellung lautet: „Warum entwickeln einige Streitkräfte Doktrinen, die angemessene Instrumente für die Erreichung nationaler sicherheitspolitischer Ziele sind, während andere dies nicht tun?" (Avant 1994: 1; eigene Übersetzung). Der Begriff „Doktrin" umfasst jene Richtlinien über die konkrete Ausrichtung der militärischen Kriegführung, die die Mittel und Maßnahmen zur Bekämpfung des Feinds vorschreiben und in der Regel auch den Feind selbst identifizieren. Doktrinen sind theoretische Einsatzkonzepte, die das Militär in die Lage versetzen sollen, politisch definierte, übergeordnete Ziele zu erreichen (Avant 1994: 3).

Avants Studie analysiert die Auswirkungen des Missionswandels vom hoch technisierten und umfassenden Krieg gegen einen ebenbürtigen Gegner hin zum begrenzten Einsatz gegen kleinere Bedrohungen außerhalb des eigentlichen Staatsterritoriums, sogenannte „periphere Kriege" (Avant 1994: 4). Dabei wird die Fähigkeit der britischen und US-amerikanischen Streitkräfte verglichen, ihre Doktrinen an veränderte politische Zielvorstellungen anzupassen. Für die Vereinigten Staaten konstatiert Avant, dass es der U.S. Armee im Vietnamkrieg nicht gelungen ist, sich ausreichend an die Erfordernisse der Aufstandsbekämpfung anzupassen, da sie den alten Doktrinen des konventionellen Krieges in Europa verhaftet blieb. Im Gegensatz dazu haben die britischen Kolonial- und Expeditionstruppen ihre Doktrinen während des Burenkrieges (1899) und im Kampf gegen den kommunistischen Aufstand in Britisch-Malaya (1948-1960) erfolgreich reformiert. Als Erklärung nennt Avant die institutionellen Strukturen der beiden Demokratien und die sich daraus ergebenden Interaktionsdynamiken zwischen der politischen Führung und der Militärspitze. Demnach beeinflusst „die Struktur der zivilen Institutionen sowohl, ob die Zivilen darin übereinstimmen, was sie dem Militär auftragen [...], als auch wie die Zivilen das Militär beaufsichtigen, um sicher zu gehen, dass es ihren Anweisungen folgt" (Avant 1994: 10; eigene Übersetzung). Für das Durchsetzen verteidigungspolitischer Neuerungen ist vor allem wichtig, ob das Militär einem oder mehreren zivilen Akteuren gegenüber verantwortlich ist. Im amerikanischen Präsidialsystem liegt die verteidigungspolitische Verantwortung sowie die Kontrolle und Aufsicht über das Militär bei zwei Akteuren. Der Präsident als Oberbefehlshaber der Streitkräfte bestimmt die sicherheits- und verteidigungspolitischen Richtlinien. Ihm steht der Kongress gegenüber, der über das Haushaltsrecht verfügt und dadurch Einfluss auf die übergeordneten politischen Ziele der Militärstrategie nehmen kann. Anders verhält es sich in Großbritannien: Der Westminister-Parlamentarismus beruht auf der politischen Handlungseinheit von Parlamentsmehrheit und Regierung. Hier ist die verteidigungspolitische Verantwortlichkeit in der Exekutive und beim Premierminister konzentriert (siehe Info-Box 2.7).

---

**Info-Box 2.7:** *Parlamentarische und Präsidentielle Regierungssysteme*

Regierungssysteme beschreiben die konkreten institutionellen Arrangements, nach denen die politische Herrschaft in einem demokratischen System organisiert ist. Zentral sind hierbei Fragen der Machtverteilung, Machtkontrolle und Machtbegrenzung zwischen den Institutionen der politischen Ordnung sowie deren innere Struktur und ihr Zusammenwirken. Grundlegend ist die Unterscheidung zwischen präsidentiellen und parlamentarischen Systemen. Nach Steffani (1979) können beide Typen anhand des Kriteriums der Abberufbarkeit der Regierung durch das Parlament unterschieden werden. In parlamentarischen Systemen kann die Versammlung die Regierung aus politischen Gründen abberufen (Misstrauensvotum). In Präsidialsystemen kann sie es nicht. Der Typ des Regierungssystems und seine konkrete institutionelle Ausgestaltung beeinflussen das Profil der Staatstätigkeit, die Regimestabilität und die Entwicklung anderer Institutionen wie beispielsweise das Parteiensystem.

---

Den Zusammenhang zwischen der konkreten Institutionenstruktur des demokratischen Systems und der Militärpolitik leitet Avant ab von einigen grundlegenden handlungstheoretischen Prämissen der neueren institutionenökonomischen Literatur zu den Problemen von Prinzipal-Agent Beziehungen (siehe auch Kapitel 2.5). Zivile und Militärs haben zwar ein gemeinsames Interesse an einer erfolgreichen Verteidigungspolitik, jedoch können die Auffassungen darüber, wie diese auszusehen hat, auseinander gehen. Im amerikanischen Fall unterscheiden sich zusätzlich die „elektoralen Anreize" und Präferenzen von Parlament und Regierung aufgrund ihrer unterschiedlichen Wählerschaft und Amtsdauer (Avant 1994: 11).

Aus dieser institutionell begründeten Interessendivergenz zwischen Legislative und Exekutive folgert Avant, dass amerikanische Präsidenten verteidigungspolitische Richtungsentscheidungen nicht durch effektive, aber möglicherweise unpopuläre „Interventionen" wie der Entlassung von Kritikern im Militär und der Förderung von Unterstützern durchsetzen können. Vielmehr besteht für das Militär die Möglichkeit, im Kongress um Unterstützung zu werben und so eine zivile Institution gegen die andere auszuspielen. Daher müssen Präsidenten „weichere", d.h. weniger konfrontative und weniger effektive Instrumente einsetzen, um ihre verteidigungspolitischen Ziele durchzusetzen, beispielsweise das Mikromanagement konkreter militärischer Missionen. Dies verhindert einen umfassenden und raschen Wandel von Ideen und Strukturen im Militär und führt zur Divergenz zwischen verteidigungspolitischen Zielen und Militärdoktrinen. Im parlamentarischen Regierungssystem Großbritanniens kann die Regierung einen Wandel der Militärdoktrinen erzwingen, indem sie ihre Ernennungs- und Beförderungspolitik entsprechend ausrichtet (Avant 1994: 14).

*David Pion-Berlin: Institutionen der zivil-militärischen Beziehungen in jungen Demokratien*

Die (neo-)institutionalistische Theorieschule beschränkt sich nicht auf die Untersuchung zivil-militärischer Beziehungen in etablierten Demokratien. So untersucht David Pion-Berlin in „Through Corridors of Power" die Bedingungen, Möglichkeiten und Grenzen ziviler Militärpolitik in den ehemaligen Militärregimen Argentiniens, Uruguays und Chiles. Sein Erkenntnisinteresse gilt den Bedingungen, die es zivilen politischen Führern in den jungen Demokratien Südamerikas ermöglichen, verteidigungs- und militärpolitische Reformen durchzusetzen (Pion-Berlin 1997: 1). Ausgehend von der Feststellung, dass nach dem Ende der Militärregime in allen drei Untersuchungsfällen demokratische Institutionen eingeführt wurden und sich mehr oder minder gefestigt haben, argumentiert Pion-Berlin, dass zivile Politiker und Militärs ihre Interessen innerhalb der offiziellen, konstitutionellen Kanäle zu verwirklichen suchen. Damit grenzt Pion-Berlin seinen Ansatz explizit von älteren Theoremen ab, die zur Erklärung zivil-militärischer Beziehungen in Lateinamerika vorrangig militärinterne Faktoren herangezogen oder sich auf die Interessenunterschiede und Machtbalancen zwischen Zivilen und Generälen gestützt haben. Dies ist nach Pion-Berlin unter den demokratischen Bedingungen in der Region nicht mehr plausibel. Vielmehr müssen „die zivil-militärischen Beziehungen durch das Prisma der demokratischen Regierungsinstitutionen und ihrer politischen Entscheidungsfindungsmaschinerie" betrachtet werden (Pion-Berlin 1997: xiii; eigene Übersetzung).

Zwar unterstreicht Pion-Berlin, dass Zivile und Militärs unterschiedliche Präferenzen haben, die sich aus ihren institutionell definierten Interessen ergeben. So wollen zivile Politiker vor allem (wieder-)gewählt werden, während das Militär vorrangig seine institutionelle Autonomie bewahren möchte (Pion-Berlin 1997: 22f.). Den Inhalten und Formen militärischer Interessenartikulation sind jedoch durch die Institutionen des politischen Systems von außen relativ veränderungsresistente Grenzen gesetzt. Demnach ist „militärischer Druck nur so effektiv, wie die Institutionen es erlauben" (Pion-Berlin 1997: 213; eigene Übersetzung). Nach Pion-Berlin begrenzen zwei institutionell definierte Dimensionen den Handlungskorridor militärischer Interessendurchsetzung: der „Konzentrationsgrad" und die „Autonomie" politischer Entscheidungsgewalt. Die Institutionen der ersten Dimension legen fest, wie viele Akteure an der politischen Entscheidungsfindung und -durchsetzung beteiligt sind.

Ähnlich wie Avant argumentiert Pion-Berlin, dass die Durchsetzungskraft ziviler Akteure gegenüber dem Militär mit der Zahl der beteiligten (zivilen) Akteure abnimmt, denn „je größer die Konzentration, desto mehr Macht liegt in den Händen eines einzelnen Entscheidungsträgers oder einer Behörde, die seine (oder ihre) Präferenzen und Wünsche dem [politischen; die Autoren] Ergebnis aufzwingen kann" (Pion-Berlin 1997: 36; eigene Übersetzung). Die zweite Dimension bezieht sich auf die strukturellen, prozeduralen, legalen und funktionalen Kapazitäten einer zivilen Behörde, verteidigungspolitische Entscheidungen unabhängig vom Militär zu planen, zu entwickeln und zu implementieren. Die Durchsetzungsfähigkeit der zivilen Akteure gegenüber dem Militär sinkt, wenn die Offiziere in die politische Entscheidungsfindung involviert sind. Aus diesen theoretischen Überlegungen leitet Pion-Berlin schließlich seine zentrale Hypothese ab: „Je höher die Konzentration von Autorität und je höher die Autonomie der Entscheidungsgewalt, desto wahrscheinlicher ist es, dass zivile Politiker ihre militärpolitischen Programme durchsetzen können" (Pion-Berlin 1997: 41; eigene Übersetzung). Sehen die politischen Institutionen dagegen einen fragmentierten Entscheidungsprozess unter Mitwirkung des Militärs vor, sind militärpolitische Reformprogramme ohne Erfolgsaussichten. In den mittleren Fällen, in denen jeweils eine Dimension stark, die andere schwach ausgeprägt ist, ist ein „moderater Erfolg", also ein zivil-militärischer Kompromiss zu erwarten.

Pion-Berlin hält zudem fest, dass die jeweilige Ausprägung der institutionellen Grenzen und somit die Möglichkeit militärpolitischer Reformen auch innerhalb eines politischen Systems je nach Entscheidungsbereich (Militärhaushalt, Neuausrichtung der Verteidigungspolitik, Verfolgung von Menschenrechtsverletzungen in der Zeit des Militärregimes) erheblich variieren kann (Pion-Berlin 1997: 35). Als erste systematische Übertragung der neo-institutionalistischen Überlegungen auf die zivil-militärischen Beziehungen in jungen Demokratien leistet Pion-Berlins „Through Corridors of Power" einen wichtigen Beitrag. Seine Theorie ist klar spezifiziert und führt zu eindeutigen Hypothesen über die Möglichkeiten und Grenzen militärpolitischer Reformen in Ländern, in denen demokratische politische Institutionen bestehen, das Militär sich jedoch noch nicht vollständig dem Primat der zivilen Kontrolle unterworfen hat.

*Zusammenfassung*

Im Gefolge von Finer und Huntington sind in den 1960er und 1970er Jahren eine Reihe von Studien zur Bedeutung innergesellschaftlicher Strukturvariablen für die Erklärung zivilmilitärischer Beziehungen erschienen. Besonders die frühe Putschforschung hat die Auswirkungen innergesellschaftlicher Konflikte, politischer Massenmobilisierung und innerstaatlicher Gewalt als erklärende Faktoren militärischer Intervention hervorgehoben und empirisch gut belegt. Die meisten Studien konstatieren, dass eine anhaltende Bedrohung der politischen Ordnung durch innergesellschaftliche Gruppen die Grundlagen ziviler Kontrolle untergräbt, indem sie die Politisierung der Streitkräfte fördert und die Machtposition der staatlichen Zwangsorgane stärkt (Luckham 1971: 15). Indem das politische Überleben der zivilen Autoritäten von der Unterstützung des Militärs abhängt, verschieben sich die Machtdifferentiale zwischen Politik und Militär und die Streitkräfte können den Zivilen ihren Willen aufzwingen (Thompson 1975: 485).

Weniger eindeutig sind die Befunde im Zusammenhang mit internationalen Strukturfaktoren, insbesondere externen Bedrohungslagen und ziviler Kontrolle. Hier stehen sich die theoretischen Annahmen diametral entgegen. Am einen Ende des Spektrums steht Harold Lasswells düstere Vision des Garnisonsstaats, in dem das Fortbestehen externer Konfliktsituationen zur Unterordnung der zivilen Politik unter die militärische Organisations- und Handlungslogik führt. Die Gegenposition besetzt Michael Desch mit seiner These, dass internationale Bedrohungen die Entpolitisierung des Militärs unterstützen, zivil-militärische Konflikte minimieren und eine robuste zivile Kontrolle begünstigen. Die vorliegenden empirischen Untersuchungen scheinen eher Deschs Theorem zu stützen, nicht zuletzt da Lasswells Szenario von der Militarisierung von Gesellschaft, Wirtschaft und Innenpolitik in den USA nicht eingetreten ist (Friedberg 1992). Ein autoritativer Test der konkurrierenden Hypothesen zum Zusammenhang von ziviler Kontrolle und externer Bedrohung steht bislang jedoch noch aus.

Doch nicht nur den makrosozialen und makropolitischen Strukturen wird Bedeutung für die zivil-militärischen Beziehungen zugesprochen. Insbesondere zur Erklärung militärisch-politischen Wandels in jungen und etablierten Demokratien rücken die „Strukturen zweiter Ordnung", also politische Institutionen im engeren Sinne, ins Zentrum der sozialwissenschaftlichen Theoriebildung. Avant und Pion-Berlin argumentieren, dass die Fähigkeit ziviler Politiker zur Durchsetzung militärpolitischer Neuerungen maßgeblich von den institutionellen Ressourcen der zivilen und militärischen Akteure bestimmt wird. Damit greifen sie einen Zusammenhang auf, den Samuel Huntington bereits in „The Soldier and the State" diskutiert hat: Sind die institutionellen Entscheidungsstrukturen fragmentiert und auf mehrere Akteure verteilt, so kann das Militär die eigenen Interessen besser durchsetzen als in stark konzentrierten Entscheidungsverfahren (1957: 87). Diese These wird handlungstheoretisch unterfüttert und mit neo-institutionalistischen Argumenten deutlich erweitert. Die Verknüpfung von Institutionen und Akteursverhalten bereitet zudem die theoretische Entwicklung in Richtung rationalistischer Handlungstheorien argumentativ vor (siehe Kapitel 2.5).

Allerdings sind institutionelle Mechanismen ziviler Kontrolle zwar notwendige, aber noch keine hinreichende Bedingung für stabile militärische Beziehungen unter demokratischen Systembedingungen, wie Pion-Berlin selbst betont. Vielmehr sind die Stabilität zivil-militärischer Beziehungen und die Legitimität ziviler Kontrolle immer auch an die Stabilität und Legitimität des politischen Systems gebunden (Pion-Berlin 1992: 99), wie bereits Finer (1962) und Huntington (1968) festgestellt haben.

Insgesamt lässt sich zusammenfassen, dass der Nutzen strukturalistischer Ansätze darin besteht, die gesellschaftlichen und internationalen Rahmenbedingungen zivil-militärischer Beziehungen zu beleuchten. Desch etwa kann mit seiner strukturalistischen Theorie gut erklären, warum – entgegen der Annahmen von Huntington (1957) und Lasswell (1941) – äußere Bedrohungen der nationalen Sicherheit wie im Kalten Krieg stabile zivile Kontrolle begünstigen und weshalb innere Unruhen sie belasten. Spätestens aber bei der Betrachtung der „uneinheitlichen" Fälle mit einer nicht-determinierten Wirkung des Sicherheitsumfelds ist Desch gezwungen, auf weitere institutionelle, kulturelle und ideelle sowie akteursbezogene Faktoren zurückzugreifen. Trotz dieser Modifikationen und der unbestreitbaren Einsichten in die Rahmenbedingungen zivil-militärischer Beziehungen, die der Strukturalismus bietet, bleibt die Komplexität der Interessenlagen von Militär und Politik unterbeleuchtet. Strategisches Handeln von Akteuren wird von strukturalistischen Ansätzen nicht hinreichend erfasst. Letztlich beschreiben diese Ansätze eher die Kontexte, in denen Interaktion stattfindet und die Faktoren, welche die Präferenzen der Akteure bzw. ihre Fähigkeit zur Interessendurchsetzung beeinflussen, als dass sie das politische Handeln zivil-militärischer Akteure wechselseitig aufeinander bezogen analysieren. Dies zu leisten, ist der Anspruch von entscheidungs- und spieltheoretischen mikro-politologischen Ansätzen.

# 2.5     Rationalistische Ansätze

Rationalistische (oder akteurstheoretische) Ansätze erklären zivil-militärische Beziehungen unter Bezug auf interessengeleitetes, strategisches Handeln. Die verschiedenen Stränge und Varianten rationalistischer Theorien (siehe Info-Box 2.8) sind dem methodologischen Individualismus verpflichtet, einer metatheoretischen Grundannahme, die betont, dass gesellschaftliche und politische Phänomene nur durch Rückbezug auf das Handeln von individuellen oder kollektiven Akteuren erklärt werden können. Rationalisten fragen daher vorrangig nach den Prozessen und Ergebnissen von willentlichen und strategischen Entscheidungen (Lichbach 1997: 246). Das Interesse rationalistischer Theoriebildung gilt daher nicht den mehr oder minder stabilen, sozialen oder ideellen Grundbedingungen zivil-militärischer Beziehungen, sondern den konkreten Handlungen und Interaktionen der beteiligten Akteure.

---

**Info-Box 2.8:** *Rationalistische Theorien*

Die aus den Wirtschaftswissenschaften übernommenen rationalistischen Theorien lassen sich in Entscheidungstheorien und Spieltheorien unterscheiden. Beide gehen von den gleichen Grundannahmen rationaler Wahl aus. Sie unterscheiden sich darin, inwieweit sie strategische Interaktionen zwischen Akteuren abbilden. Entscheidungstheorien erklären, wie einzelne Akteure unter gegebenen Kontextbedingungen ihre Handlungen so auswählen, dass sie damit den größtmöglichen Nutzen erzielen. Da die Entscheidungstheorie aber nur Optimierungsprobleme einzelner Akteure beschreibt, kann sie die strategischen Interaktionen mehrerer Akteure nicht fassen. Hier kommt die Spieltheorie zum Einsatz. Sie modelliert Situationen, in denen sich der Nutzen einer Handlung nicht allein aus den Kontexten der Entscheidung ergibt, sondern darüber hinaus auch durch das Handeln eines anderen Akteurs beeinflusst wird, der wiederum seine Handlung rational danach auswählt, welchen Nutzen sie ihm erbringt (Etzrodt 2003).

---

Dabei wird von rationalen Akteuren ausgegangen: Akteure haben bestimmte Interessen und Ziele und wählen ihre Handlungen danach aus, ob sie diese Ziele erreichen. Des Weiteren wird angenommen, dass Akteure stabile Handlungsziele aufweisen, ihre Ziele in eine Reihenfolge (eine sogenannte Präferenzordnung) bringen können und dass sie einschätzen können, welche Handlung unter den gegebenen Bedingungen zur Erreichung ihrer Ziele am besten geeignet ist (Braun 1999). Faktoren der Sozialisierung, innergesellschaftliche Strukturen und die Strukturzwänge des internationalen Systems haben aus dieser Theorieperspektive keine eigenständige Erklärungskraft. Sie spielen nur insofern eine Rolle, als dass sie das Handeln der Akteure beeinflussen. Da Politik per Definition zielgerichtetes und strategisches Handeln von zielorientierten Akteuren ist, kann sie nicht dadurch erklärt werden, dass Akteure vorrangig kulturellen Normen oder institutionellen Regeln folgen (Scharpf 2000: 74).

Vielmehr gehen Rationalisten davon aus, dass Akteure aus einer Vielzahl von Handlungsalternativen jene auswählen, die am ehesten zur Verwirklichung ihrer Interessen beitragen. Akteurszentrierte Ansätze behaupten nicht, dass Normen, Institutionen und strukturelle Bedingungen bedeutungslos sind. Schließlich können Akteurstheorien „weder individuelle Wahlhandlungen, noch deren soziale Folgen erklären ohne Rückbezug auf die größeren sozialen institutionellen Kontexte dieser individuellen Handlungen" (Goodin 1996: 15; eigene Übersetzung). Allerdings definieren strukturelle Faktoren lediglich positive und negative Anreize und reduzieren (oder ermöglichen) so die Handlungsoptionen der Akteure, ohne jedoch deren tatsächliche Handlungen zu determinieren. Schlussendlich ist es daher immer der Akteur selbst, der aus den möglichen Alternativen auswählt und – unter Berücksichtigung der jeweiligen strukturellen und kulturellen Kontexte – entsprechend seiner Interessen handelt. Folglich besteht der analytische Nutzen akteursbezogener Ansätze in den zivilmilitärischen Beziehungen in erster Linie darin, dass sie „uns ein tieferes Verständnis davon vermitteln, welche zugrunde liegenden Interessen, Ziele und Stärken Politiker und Soldaten dazu motivieren, so zu handeln, wie sie es tun" (Pion-Berlin 2001: 20; eigene Übersetzung).

Die Übertragung akteurstheoretischer Elemente auf Probleme der zivil-militärischen Beziehungen findet sich vereinzelt schon in älteren Ansätzen. So enthält Huntingtons „The Soldier and the State" auch theoretische Aussagen zu den Auswirkungen von Akteurshandeln. Seine Unterscheidung objektiver und subjektiver Kontrollstrategien und ihrer Auswirkungen auf die zivil-militärischen Beziehungen trägt jedoch keine von militärinternen Normen unabhängige Erklärungskraft. Erst mit der Renaissance der politikwissenschaftlichen Analyse zivilmilitärischer Beziehungen ab Mitte der 1990er Jahre wurden Anstrengungen unternommen, die Entwicklungen rationalistischer Theoriebildung in anderen politikwissenschaftlichen Teildisziplinen für die Forschungsfragen zivil-militärischer Beziehungen aufzugreifen.

*Peter Feaver: Zivil-militärische Beziehungen als Prinzipal-Agent-Beziehung*

Eine herausragende Rolle spielt hierbei Peter Feaver. Mit seinem 2003 erschienenen Werk „Armed Servants" hat der Politologe und Politikberater den derzeit wichtigsten Beitrag zur Theorieentwicklung geleistet. Empirischer Ausgangspunkt seiner Untersuchung ist die Erkenntnis, dass Professionalismustheorien die Entwicklung der amerikanischen zivilmilitärischen Beziehungen nach dem Zweiten Weltkrieg bis zur Jahrtausendwende nicht befriedigend erklären können. Statt der von Huntington geforderten Trennung hat es während des Kalten Krieges zahlreiche Überschneidungen zwischen militärischer und ziviler Sphäre gegeben. Infolgedessen wurden die Spitzen der Streitkräfte politisiert und die zivile Politik intervenierte häufig und tief in die Autonomie des Militärs. Obschon die Zivilisten keineswegs auf Strategien der „objektiven Kontrolle" vertraut haben, um militärische Unterordnung und Effektivität zu maximieren, haben die USA die Blockkonfrontation als Sieger überstanden. Aus der Divergenz von Huntingtons theoretischer Vorhersage und der empirischen Entwicklung folgert Feaver, dass der Professionalismus-Ansatz ungeeignet für das

Verständnis zivil-militärischer Beziehungen in den USA ist (Feaver 2003: 22ff.). Um die Bedingungen, Prozesse und Ergebnisse ziviler Kontrolle in den Vereinigten Staaten systematisch erfassen zu können, bedarf es nach Feaver einer anderen Theorie. Als Ausgangspunkt für eine solche neue Theorie wählt er einen vertretungstheoretischen Ansatz.

Vertretungstheorien, die auch als Agentur- oder Prinzipal-Agent-Theorien bezeichnet werden, sind Varianten der ökonomischen Spieltheorie, die entwickelt wurden, um das Handeln von Individuen in hierarchischen Beziehungen zu erklären (Miebach 2007: 47ff.). Agenturtheoretische Modelle analysieren, wie ein Auftraggeber (der so genannte „Prinzipal") sicherstellen kann, dass ein Auftragnehmer (der „Agent") die ihm übertragenen Aufgaben nach den Wünschen des Auftraggebers ausführt. Theoretisch interessant ist diese hierarchische Beziehung aufgrund der Interessengegensätze zwischen Prinzipal und Agent sowie des Informationsvorsprungs, den der Agent gegenüber dem Prinzipal besitzt. Feaver überträgt diese Problemkonstellation auf die zivil-militärischen Beziehungen. Die zivile Regierung ist der Prinzipal, der die Herstellung nationaler Sicherheit an einen Agenten, das Militär, delegiert. Feaver begründet die Grundannahme einer hierarchischen Beziehung zwischen Zivilen als Auftraggeber und Militärs als Auftragnehmer mit dem in den USA unhinterfragten normativen Primat der zivilen Politik (Feaver 2003: 58ff.).

Allerdings sind die zivil-militärischen Beziehungen auch in etablierten Demokratien wie den USA konfliktanfällig, da die Akteure unterschiedliche, teils konträre Interessen haben. So können beispielsweise die Einschätzungen darüber auseinander gehen, welche konkreten sicherheitspolitischen Entscheidungen der nationalen Sicherheit am meisten nutzen. Interessendivergenzen können dazu führen, dass das Militär seine eigenen Präferenzen über die des Prinzipals stellt und seine Aufgaben nicht nach den Maßgaben der zivilen Auftraggeber erfüllt. Die Spannbreite dieses als „shirking" (zu Deutsch etwa „ausweichen") bezeichneten Verhaltens reicht von Versuchen, die sicherheits- und verteidigungspolitische Entscheidungsfindung durch absichtliche Falschinformationen oder öffentliche Kritik an zivilen Politikern und ihren Entscheidungen zu manipulieren bis hin zu mehr oder minder offenem Widerstand und Verzögerungstaktiken, um die Umsetzung einer beschlossenen Entscheidung zu behindern (Feaver 2003: 68). Da nie vollends ausgeschlossen werden kann, dass Interessendivergenzen bestehen, müssen die Zivilen Kontroll- und Bestrafungsmechanismen institutionalisieren, die sicherstellen sollen, dass das Militär seine Aufgaben nach den Vorgaben der Zivilen verfolgt. Die Bandbreite der Kontroll- und Aufsichtsinstrumente reicht von weichen Anreizen für korrektes Verhalten bis hin zu harten Eingriffen in die operative Autonomie des Militärs (Feaver 2003: 86).

Nach Feaver stehen die Zivilen vor der Entscheidung, das Militär mehr oder weniger „intrusiv", das heißt in die militärische Autonomie eindringend, zu kontrollieren. Je „intrusiver" die Kontrolle, desto wahrscheinlicher ist die Entdeckung von militärischem Fehlverhalten. Zugleich sind intrusivere Kontrollformen aber mit höheren Kosten verbunden, beispielsweise in Form von politischer Aufmerksamkeit oder finanziellem Aufwand. Darüber hinaus müssen die Zivilen entscheiden, ob und wie beobachtetes Fehlverhalten bestraft werden soll. Hierzu stehen ihnen verschiedene Instrumente zur Verfügung, die von der Ausdehnung der Kontrolle über Gerichtsverfahren bis – zumindest theoretisch – hin zu außergerichtlichen Maßnahmen reichen und deren Einsatz wiederum Kosten verursacht.

Auf der anderen Seite muss sich das Militär entscheiden, ob es seine Präferenzen verfolgt und „shirking" betreibt, oder ob es nach den Wünschen und Vorgaben der zivilen Politiker handelt („working"). Feaver argumentiert, dass das konkrete Handeln des Militärs davon abhängig ist, wie viel „Nutzen" es durch seine Handlungsalternativen erzielen kann. Der erwartete Nutzen hängt ab von der Größe der Interessendivergenz, der Wahrscheinlichkeit der Entdeckung von „shirking" und den zu erwartenden Kosten der Bestrafung. Je größer der Interessengegensatz, je geringer die Wahrscheinlichkeit entdeckt zu werden und je schwächer die Sanktionsinstrumente der zivilen Akteure, desto eher wird das Militär seine eigenen Interessen zulasten seines zivilen Auftraggebers verfolgen (Feaver 2003: 96ff.).

Feavers vertretungstheoretischer Zugang stellt eine bahnbrechende Neuerung in den Theorien zivil-militärischer Beziehungen dar. Sein Ansatz erlaubt es, die Statik früherer Konzepte zu verlassen indem er zivile Kontrolle als dynamische, „andauernde Entscheidung darüber [begreift; die Autoren], wie die Übertragung von Verantwortlichkeit an das Militär überwacht werden soll" (Feaver 2003: 114; eigene Übersetzung). Seine Theorie basiert auf plausiblen Grundannahmen über die Interessen und Beziehungen der beteiligten Akteure. Es lassen sich klare Hypothesen über das Verhalten von zivilen und militärischen Akteuren ableiten, die wiederum der empirischen Überprüfung unterzogen werden können.

Feavers Theorie gelangt jedoch an die Grenzen ihrer Anwendbarkeit, wenn die zivil-militärischen Beziehungen nicht dem Ideal einer etablierten und allseits akzeptierten Hierarchie zwischen zivilem Prinzipal und militärischem Agenten entsprechen. Dies jedoch ist in vielen Autokratien und jungen Demokratien der Fall. Hier sind oftmals signifikante politische Entscheidungsbereiche der Autorität ziviler Akteure entzogen; das Militär beansprucht autonome Entscheidungsgewalt in sicherheits- und verteidigungspolitischen Fragen oder tritt als Veto-Macht auf, von deren Zustimmung politische Entscheidungen oder gar die Existenz des demokratischen Systems abhängt. Unter diesen Bedingungen lässt sich Feavers Heuristik kaum sinnvoll einsetzen. In vielen jungen Demokratien ist beispielsweise weniger die Frage relevant, wie die Zivilen das Militär so überwachen können, dass es seine Aufgabe nach ihren Vorgaben erfüllt. Stattdessen geht es darum, wie die Zivilen ihre eigene politische Entscheidungsgewalt ausdehnen und die politische Macht des Militärs einschränken können.

*Harold Trinkunas: Strategien der Durchsetzung ziviler Kontrolle*

Mit dieser Frage beschäftigt sich Harold Trinkunas in seinem Werk „Crafting Civilian Control of the Military in Venezuela". Trinkunas sieht die Chancen und Grenzen der Institutionalisierung ziviler Kontrolle in jungen Demokratien nicht durch militärinterne Normen oder die Erblasten des autoritären Regimes determiniert. Der Übergang von der Diktatur zur Demokratie und der Grad der ideologischen Fragmentierung des Offizierskorps beeinflussen zwar die Bedingungen für die Ausweitung ziviler Entscheidungsgewalt, doch den zivilen Demokratisierern bleibt „erheblicher Spielraum für eigenständiges Handeln und Strategie" (Trinkunas 2005: 9; eigene Übersetzung). Entscheidend für die Institutionalisierung ziviler Kontrolle ist, wie die zivilen Akteure mit diesen Opportunitätsstrukturen umgehen und ob sie die sich bietenden Möglichkeiten nutzen. Ziel des strategischen Handelns ist es, „durch Kooptierung, Rekrutierung oder Einschüchterung eine ausreichend große Zahl von Offizieren dazu zu bringen, die Agenda der Regierung zu unterstützen, so dass sich die Streitkräfte in jungen Demokratien nicht geschlossen der zivilen Kontrolle widersetzen können" (Trinkunas 2005: 10; eigene Übersetzung). Seine Kernannahme lautet, dass der Einfluss der Zivilen umso stärker sein wird, je „robuster" die von ihnen eingesetzten Kontrollstrategien sind. Idealtypisch unterscheidet er vier mögliche Strategien, mit denen Zivile den politischen Einfluss des Militärs begrenzen können:

1. „Beschwichtigung" ist die schwächste Form ziviler Kontrolle. Zivile gewähren den Militärs institutionelle Vorrechte und „erkaufen" sich so politisches Stillhalten der Offiziere.
2. „Beaufsichtigung" umfasst die Überwachung des Militärs durch interne oder externe Organe, um die Zivilen rechtzeitig über mögliche Bedrohungen innerhalb des Militärs zu informieren.
3. Mit „Teile und Herrsche"-Strategien nutzen die Zivilen militärinterne Spaltungen und Divergenzen, um das Entstehen einer stabilen militärischen Opposition zu verhindern.
4. „Sanktionierung", also die Kontrolle des Militärs durch Bestrafung unangemessenen Verhaltens und Belohnung von Unterordnung, ist die robusteste Strategie.

Der Blick auf die Strategien allein reicht aber nicht aus, um die Institutionalisierung ziviler Kontrolle zu erklären. Vielmehr muss auch die Kapazität der zivilen Akteure zur umfassenden Kontrolle des Militärs berücksichtigt werden (Trinkunas 2005: 15ff.). Als „Regimekapazität" definiert Trinkunas Faktoren wie Führungsstärke der zivilen Eliten, die Stärke der zivilen Institutionen sowie das Ausmaß ziviler verteidigungspolitischer Expertise. Nur wenn die zivilen Akteure robuste Strategien verfolgen und eine hohe Regimekapazität besitzen, lässt sich das demokratietheoretische Ideal einer „zivilen Kontrolle durch Aufsicht" erzielen, unter der die Zivilen die letztendliche Entscheidungsgewalt über alle politisch relevanten Bereiche besitzen.

Das andere Extrem, das „bedrohte Regime", ergibt sich, wenn die Zivilen weder robuste Strategien verfolgen, noch ausreichende Kontrollmöglichkeiten besitzen (Trinkunas 2005: 17ff.). Unter diesen Bedingungen kann sich das Militär weitreichende Autonomien und politische Einflussmöglichkeiten bewahren und die zivile demokratische Regierung ist beständig von militärischer Intervention bedroht. Intermediäre Fälle lassen sich in zwei Formen der zivilen Kontrolle differenzieren. „Eindämmung" liegt vor, wenn Zivilisten robuste Strategien verfolgen, aber nur über geringe Aufsichtskapazitäten verfügen, so dass das Militär nahezu freie Hand im Bereich der Sicherheitspolitik hat, die zivilen Autoritäten aber die politische Sphäre kontrollieren. Das sogenannte „Regimefortbestehen" tritt in den seltenen Fällen ein, in denen die Regimekapazität zur effektiven Kontrolle der Sicherheitspolitik hoch ist, die zivilen Eliten aber nur weiche Strategien verfolgen. Auch unter diesen Bedingungen kann sich das Militär einer effektiven Kontrolle entziehen und Autonomierechte bewahren.

Mit seinem Ansatz entwickelt Trinkunas ein schlüssiges entscheidungstheoretisches Instrumentarium zur Analyse zivil-militärischer Beziehungen. Die systematische Verbindung struktureller und institutioneller Faktoren (der Regimekapazität der zivilen Akteure) mit einer akteurstheoretischen Konzeption ziviler Kontrollstrategien erlaubt eine umfassende und differenzierte Betrachtung der Bedingungen, Möglichkeiten und Grenzen ziviler Kontrolle in jungen Demokratien. Allerdings versäumt es Trinkunas, den Blick auch auf das Militär und seine antizipierten Reaktionen zu richten. Gerade in jungen Demokratien, in denen die zivile

Kontrolle des Militärs noch nicht vollständig institutionalisiert ist, werden Zivilisten ihre verteidigungs- und militärpolitischen Entscheidungen auch unter Abwägung möglicher Gegenreaktionen des Militärs treffen. Die strategische Interdependenz zwischen den Optionen der beteiligten Akteure, die bei Feavers Prinzipal-Agent-Modell eine zentrale Rolle spielt, kann der entscheidungstheoretische Zugang nicht fassen. Hierfür sind spieltheoretische Modellierungen notwendig.

*Wendy Hunter: Spieltheorie und zivil-militärische Beziehungen in jungen Demokratien*

Einen entsprechenden Vorschlag hat Wendy Hunter 1998 vorgelegt. Hunter entwickelt ein einfaches, spieltheoretisches Modell, um zu erklären, unter welchen Bedingungen es zivilen Eliten in jungen Demokratien gelingt, ihren Einfluss auf militärische Prärogativen auszudehnen. Die zivil-militärischen Beziehungen in jungen Demokratien werden von Hunter als Ergebnis von Aushandlungsprozessen zwischen Zivilen und Militärs modelliert. Der Prozess ist von den jeweiligen Interessen der beteiligten Akteure geprägt. Aufgrund wahltaktischer Erwägungen haben zivile Regierungen sowohl ein Interesse daran, unter dem autoritären Regime begangene Menschenrechtsverletzungen aufzuarbeiten, als auch die politischen und institutionellen Privilegien der Streitkräfte einzuschränken. Das Militär wiederum möchte den Status quo und seine Privilegien erhalten, und insbesondere verhindern, dass Offiziere für begangene Menschenrechtsverletzungen zur Rechenschaft gezogen werden. Beide Akteure haben ein Interesse daran, „ernsthafte Konsequenzen, insbesondere aber die Gefährdung des neu etablierten demokratischen Systems durch eine Eskalation des [zivil-militärischen; die Autoren] Konflikts, zu vermeiden" (Hunter 1998: 297; eigene Übersetzung).

In Hunters spieltheoretischem Modell haben zivile Regierungen drei Handlungsoptionen: (1) sie verzichten auf Reformen der zivil-militärischen Beziehungen und akzeptieren den Status quo; (2) sie fordern eine Verringerung der bisherigen Privilegien des Militärs; (3) sie streben eine Aufarbeitung der Menschenrechtsverletzungen unter dem autoritären Regime an. Das Militär kooperiert, indem es die Änderungen stillschweigend akzeptiert, oder es leistet Widerstand. Da die Regierung die Präferenzen des Militärs kennt, kann sie seine Reaktion antizipieren und in der eigenen Entscheidung berücksichtigen. Für welche Handlungen sich die beteiligten Akteure schließlich entscheiden, ist daher abhängig davon, wie das Militär die Kosten seiner Handlungen einschätzt. Perzipiert es die möglichen Kosten einer Zustimmung zu den zivilen Forderungen als zu hoch bzw. die Kosten von Widerstand als gering, wird es sich den Wünschen der Zivilen widersetzen. Da die Zivilen dies jedoch vorausahnen, werden sie im Vorhinein darauf verzichten, das Militär mit Forderungen zu konfrontieren. Umgekehrt werden die Zivilen maximale Forderungen stellen, wenn die daraus entstehenden Folgen für das Militär gering oder die möglichen Kosten einer Insubordination der Offiziere zu hoch sind (Hunter 1998: 299ff.). Die Kosten der unterschiedlichen Handlungsoptionen hängen ab von gesellschaftlichen und internationalen Faktoren, die modellexogen sind. Eine explizite Heuristik relevanter struktureller und kultureller Faktoren diskutiert Hunter folglich nicht, wenngleich einige Aspekte angesprochen werden. So betont Hunter, dass eine aktive und starke Zivilgesellschaft die Kosten für den militärischen Widerstand ebenso erhöht wie die Sorge des Militärs um gesellschaftliches Ansehen, professionelle Ehre und institutionelle Geschlossenheit. Ferner hebt sie hervor, dass es mit dem Ende des Kalten Krieges schwieriger geworden ist, Militärrevolten und Militärherrschaft zu legitimieren (Hunter 1998: 296ff.).

Hunters Ansatz ist schlank modelliert. Diese theoretische Sparsamkeit bringt jedoch Schwächen mit sich: Weder geht der Ansatz auf Probleme ein, die sich aus unvollständigen Informationen der beteiligten Akteure ergeben, noch sind iterative (sich wiederholende) Spielsituationen vorgesehen. Dies ist problematisch, da Aushandlungsprozesse zwischen Militär und Zivilisten keine singuläre historische Situation darstellen. Vielmehr verlaufen Reformprozesse in jungen Demokratien zeitlich gestreckt. Die Abfolge von „Spielzügen" gibt den Akteuren die Möglichkeit, eine langfristige Strategie zu verfolgen, die sich nicht mit einer einmaligen Spielsituation modellieren lässt. Zudem fehlt eine systematische und theoriegeleitete Diskussion der ermöglichenden und begrenzenden Strukturfaktoren, die die Kosten- und Nutzenrechnungen der beteiligten Akteure beeinflussen.

Nichtsdestotrotz ist das Modell hilfreich für die Theoriebildung in der Teildisziplin. Es ist der bislang einzige spieltheoretische Ansatz zur systematischen Erfassung der strategischen Probleme zivil-militärischer Interaktion in jungen Demokratien. Darüber hinaus beleuchtet das Modell theoretisch interessante und empirisch relevante Aspekte, die beispielsweise in dem entscheidungstheoretischen Ansatz von Trinkunas zu wenig Beachtung finden: Zum Beispiel die Frage, warum zivile Eliten dem Militär nicht immer mit „robusten" Maßnahmen begegnen. Hunters Modell legt nahe, dass zivile Akteure dies nur dann tun, wenn sie davon ausgehen können, dass die Streitkräfte darauf nicht mit Verweigerung, Widerstand oder Vergeltung reagieren (vgl. Kapitel 5).

*Zusammenfassung*

Rationalistische Theorien zivil-militärischer Beziehungen rücken das Handeln der Akteure, ihre Interessen und Wahlmöglichkeiten ins Zentrum der Analyse. Zivil-militärische Beziehungen lassen sich nicht aus kulturellen und strukturellen Bedingungen ableiten, da diese lediglich die Kontexte darstellen, die auf die Kosten- und Nutzenerwartungen der Akteure einwirken. Die zentrale Kategorie zur Erklärung zivil-militärischer Beziehungen ist das Handeln von rational kalkulierenden Akteuren, die sich angesichts der gegebenen Umweltbedingungen für jene Handlungsalternative entscheiden, die ihnen den größten relativen Nutzen erbringt. In der Forschung zu zivil-militärischen Beziehungen wurden Akteursansätze erst spät und nur vereinzelt aufgegriffen. Die Anwendung des handlungstheoretischen Instrumentariums beschränkt sich bislang auf die Untersuchung zivil-militärischer Beziehungen in etablierten Demokratien und Transformationssystemen. Eine Übertragung auf die Bedingungen in stabilen Autokratien oder zur Erklärung von Militärinterventionen steht noch aus.

Am einflussreichsten ist Peter Feavers vertretungstheoretischer Ansatz. Er erklärt die zivil-militärischen Beziehungen in den USA mit den wechselseitigen Erwartungen der zivilen und militärischen Akteure. Militärs werden dann versuchen, ihre Interessen gegen den Willen der Zivilen durchzusetzen, wenn die Wahrscheinlichkeit entdeckt und bestraft zu werden gering ist. Umgekehrt werden Zivile dann die Kontroll- und Sanktionsinstrumente stärken, wenn sie die Gefahr einer militärischen Insubordination als bedeutsam einschätzen. Harold Trinkunas' und Wendy Hunters Erkenntnisinteresse gilt dagegen Entscheidungssituationen in jungen Demokratien. Trinkunas schlägt einen entscheidungstheoretischen Ansatz vor, nach dem das Ausmaß ziviler Kontrolle in jungen Demokratien von den Strategien und Fähigkeiten ziviler Akteure abhängt: Robuste Kontrollstrategien führen zu einer Unterordnung des Militärs unter die zivilen Autoritäten. Schwache Kontrollstrategien bewahren die politische Macht des Militärs oder weiten sie aus. Während Trinkunas also allein auf die zivile Seite der Gleichung abzielt, bezieht Hunters spieltheoretischer Zugriff das Militär als Akteur in die Modellierung mit ein. In ihrem Modell zivil-militärischer Beziehungen in ehemaligen Militärregimen Lateinamerikas sind die Entscheidungen der Akteure abhängig von den erwarteten Entscheidungen des jeweils anderen Spielers.

Die Vertreter rationalistischer Theorien lehnen den Determinismus strukturalistischer und kulturalistischer Argumente ab. Dies ist plausibel: Ohne eine Rückführung der kausalen Wirkungsmechanismen auf das zielgerichtete Handeln von Zivilen und Militärs bleibt eine Theorie zivil-militärischer Beziehungen lückenhaft. Rationalistischen Theorien kommt eine bedeutsame Aufgabe zu, indem sie die „Logik der Selektion" (Esser 1999: 93ff.) in den Blick nehmen. Sie beleuchten also jene Prozesse, in denen die relevanten Akteure gegebene Umweltzustände wahrnehmen und sich für eine bestimmte Handlung entscheiden, die schlussendlich zum beobachteten Ergebnis führt. Allerdings muss eine allein auf unmittelbare Wahlhandlungen beschränkte Perspektive das Ziel einer sozialwissenschaftlichen Erklärung verfehlen, da sie keine Aussagen über die „Logik der Situation" (ebd.) treffen kann. So führt etwa die Exklusivität der spieltheoretischen Perspektive dazu, dass die Kontextfaktoren zivil-militärischer Interaktionen ausgeblendet werden und zivile Kontrolle in einem historischen und sozialen Vakuum stattfindet (Bacevich 1998: 452). Bei Feaver fehlen etwa Aussagen darüber, welche Faktoren auf die Präferenzen, Handlungskorridore und strategischen Entscheidungen der Akteure einwirken. Darüber hinaus beruht die Sparsamkeit der spieltheoretischen Modellbildung auf einer problematischen Reduktion der Komplexität zivil-militärischer Beziehungen. Zivile und militärische Akteure sind in der Regel nicht homogen: Parlamente, Regierungen, Ausschüsse, Parteien und einzelne Politiker auf Seiten „des Prinzipals" stehen den Teilstreitkräften, konkurrierenden Faktionen oder Cliquen auf Seiten „des Agenten" gegenüber (Burk 1998: 459). Folglich sind zivil-militärische Beziehungen in gewaltenteilig organisierten Demokratien als „nested games" (etwa „ineinander geschachtelte Spiele", Tsebelis 1990) zu verstehen. Am Beispiel Japans lässt sich dies veranschaulichen (siehe Kapitel 3): die Wähler (Prinzipal 1) interagieren mit Politikern (Agent 1). Gewählte Politiker agieren als Prinzipal (2) der zivilen Bürokratie (Agent 2) und diese wiederum handelt als Prinzipal (3) des Militärs (Agent 3).

Schließlich setzt Feaver (2003: 57f.) die Anerkennung der zivilen Suprematie durch das Militär als gegeben voraus und nimmt an, dass zivile Regierungen jederzeit die Option haben, die Spielregeln der zivil-militärischen Beziehungen zu verändern. Für reife Demokratien ist das eine plausible Annahme, für Transformationssysteme jedoch lässt sie sich kaum halten (Hunter 1994: 634). Zwar hat Feaver mit seinem Vertretungsmodell einen wichtigen Theoriebeitrag geliefert. Der Nutzen seines Modells liegt aber vor allem in der Analyse einiger Teilbereiche zivil-militärischer Beziehungen in etablierten Demokratien.

# 2.6 Methodologie der politikwissenschaftlichen Militärforschung[17]

Oftmals wird der politikwissenschaftlichen Militärforschung in Fragen der konzeptionellen und methodologischen Reflexion ein äußerst schlechtes Zeugnis ausgestellt.[18] Demnach sei das Feld lange dominiert gewesen von einem naiven kultur- und regionalwissenschaftlichen Ansatz, der die erkenntnistheoretischen und methodologischen Regeln sozialwissenschaftlicher Forschung zu wenig beachtet habe. Länderstudien und dichte Beschreibungen von Einzelfällen leisten zwar detailreiche Darstellungen zivil-militärischer Beziehungen und generieren empirisches Wissen, tragen jedoch kaum zur Theoriebildung bei, so die Kritik (Kennedy/Louscher 1991: 1; Lowenthal 1974: 110). Da ihnen eine vergleichende Perspektive fehlt, sei vom Großteil der Studien weder eine robuste Klassifikation und Messung empirischer Phänomene zu erwarten noch eine verlässliche Ermittlung von Kausalbeziehungen. Daher, so die Schlussfolgerung, sind die Ergebnisse der politikwissenschaftlichen Militärforschung bislang wenig überzeugend (Valenzuela 1985: 137). Zudem würden zentrale Konzepte oftmals nicht ausreichend spezifiziert und die Kriterien, anhand derer die empirischen Daten klassifiziert und interpretiert werden, blieben häufig diffus. Dies verhindere eine systematische Überprüfung von Hypothesen und die Kumulation wissenschaftlich gesicherter Erkenntnis (Feaver 1999: 234).

Dem halten einige Wissenschaftler entgegen, dass sich die politikwissenschaftliche Militärforschung seit den 1990er Jahren gewandelt habe. Die „neuen zivil-militärischen Beziehungen" (Forster 2002) zeichneten sich demnach aus durch eine Abkehr vom kultur- und regionalwissenschaftlichen Paradigma und einer Hinwendung zu den strengeren sozialwissenschaftlichen Standards des politikwissenschaftlichen Mainstreams. Der ehemalige Fokus auf das detaillierte Durchdringen von einzelnen Fällen und Ländern werde zunehmend abgelöst vom Anspruch der Generalisierung, der systematischen Theorieentwicklung und der methodologisch differenzierten Analyse empirischer Daten (Feaver 1999; Feaver/Seeler 2009). Eine systematische Durchsicht der führenden Zeitschriften der politikwissenschaftlichen Militärforschung lässt jedoch keine derart eindeutigen Schlussfolgerungen zu.[19] Stattdessen zeigt die Methodenanwendung sowohl Kontinuität zu den „alten" zivil-militärischen Beziehungen als auch einen Wandel hin zu einer reflektierten Sozialwissenschaft. Dies wird bereits mit Blick auf die primären Forschungsinteressen der Beiträge deutlich. Hier stechen zwei Muster ins Auge. Erstens interessieren sich Autoren sowohl für empirisch-deskriptive als auch für kausal-analytische Fragestellungen. Nur etwa ein Fünftel der untersuchten Artikel beschränkt sich auf die Beschreibung zivil-militärischer Beziehungen in einem oder mehreren Ländern ohne dies mit einem analytischen Forschungsinteresse zu verbinden.

---

[17]  Dieser Abschnitt basiert auf Kühn 2009a.

[18]  So bereits Lyons 1961. Jüngst haben Feaver und Seeler (2009) diese Kritik erneuert und darauf hingewiesen, dass die methodischen Defizite die Theorieentwicklung im Forschungsfeld zusätzlich erschweren.

[19]  Für die Untersuchung wurden die Jahrgänge von 1992 bis 2008 der Zeitschriften *Armed Forces and Society*, *Journal of Military and Political Sociology* und *Security and Defense Analysis* inhaltsanalytisch untersucht. Eine ausführliche Dokumentation der Kriterien und abgeprüften Fragen findet sich bei Kühn 2009b.

Ein ähnlich hoher Anteil der Beiträge ist vorrangig oder ausschließlich analytisch ausgerichtet. Der Großteil der Forschung kombiniert jedoch deskriptive und kausalanalytische Perspektiven in dem Versuch, kausale Schlussfolgerungen mit dichten Beschreibungen empirischer Phänomene zu unterlegen. Zweitens dominieren empirische Arbeiten die Forschung zu zivil-militärischen Beziehungen: Weniger als acht Prozent aller Artikel sind rein theoretische Abhandlungen. Dies bedeutet allerdings nicht, dass „theorielose", rein empirische Arbeiten dominieren. Vielmehr kombinieren drei Viertel aller Studien empirische und theoretische Elemente. Von einer Kultur eines systematischen Aufstellens und Testens von theoretischen Kausalaussagen, wie sie in anderen politikwissenschaftlichen Teilbereichen vorzufinden ist, ist die Erforschung zivil-militärischer Beziehungen noch immer weit entfernt: Theorien haben vorrangig die Aufgabe, die empirische Analyse zu strukturieren und die ausgewählten Fälle zu erklären.

*Tab. 2.4: Analysemethode und Fallzahl*

|  | Zahl der Artikel | Anteil |
|---|---|---|
| *Analysemethode* | | |
| Statistische Analyse | 3 | 4,1 |
| QCA/Fuzzy Set | 0 | 0,0 |
| Vergleichende Fallstudie | 30 | 41,1 |
| Einzelfallstudie | 40 | 54,8 |
| Methoden-Mix | 0 | 0,0 |
| Gesamt | 73 | 100,0 |
| | | |
| *Fallzahl* | | |
| 1 | 40 | 54,8 |
| 2 | 20 | 27,4 |
| 3-5 | 8 | 11,0 |
| 6-19 | 3 | 4,1 |
| 20+ | 2 | 2,7 |
| Gesamt | 73 | 100,0 |

Anmerkung: N=73. Es wurden nur die Artikel gezählt, die ein empirisches Erkenntnisinteresse verfolgen.

Dabei gehen die meisten Studien durchaus systematisch vor. Nur eine kleine Minderheit der ausgewerteten Artikel lassen eine eindeutige Definition und Konzeptualisierung der relevanten Phänomene und Variablen vermissen. Zudem fließt die steigende Komplexität und Mehrdimensionalität zivil-militärischer Beziehungen in die Definitionen und Konzeptbildung ein: Gut die Hälfte der untersuchten Zeitschriftenartikel konzeptualisiert zivil-militärische Beziehungen als ein mehrdimensionales Phänomen, das verschiedene Teilbereiche und Entscheidungsebenen umfasst. Die Behauptung, dass es der politikwissenschaftlichen Militärforschung an dem nötigen Bewusstsein für die Relevanz eindeutiger Begriffe und Konzepte fehle und eine unterkomplexe Sicht auf die Realität vorherrsche, lässt sich aus der Auswertung der jüngeren Forschung nicht begründen. Allerdings tun sich die Forscher schwer mit konzeptionellen Innovationen und neuen analytischen Perspektiven. Nur eine Handvoll von Artikeln hat das explizite Ziel, das bestehende konzeptionelle Instrumentarium durch neue Definitionen und Konzepte zu erweitern. Der bei weitem größte Teil der Forschung scheint stattdessen dem Argument Morris Janowitz' zu folgen, nachdem eine allzu große Anzahl von alternativen Konzepten, Begrifflichkeiten und Definitionen den wissenschaftlichen Erkenntnisprozess eher behindert (Janowitz 1977).

Ähnlich konservativ zeigt sich das Feld in Fragen des konkreten Forschungsdesigns und der Methodenauswahl (siehe Tabelle 2.4). Über die Hälfte der ausgewerteten Beiträge sind Einzelfallstudien zu zivil-militärischen Beziehungen in einem bestimmten Land zu einem bestimmten Zeitpunkt oder über einen Zeitraum hinweg. Die übrigen Artikel sind meist als vergleichende Fallstudien angelegt, in denen 2 bis 10 Fälle in Längs-, Quer- und kombinierten Längs- und Querschnittsvergleichen untersucht werden, um theoretisch relevante Schlussfolgerungen zu ziehen. Statistische Studien mit großer Fallzahl hingegen sind selten. Besonders auffällig ist, dass der jüngste Trend in der Methodologie der Politikwissenschaften hin zur systematischen Kombination von quantitativen und qualitativen Methoden (so etwa Lieberman 2005) vollständig ignoriert wird. Ebenso verhält es sich mit den Ansätzen, die Charles Ragin jüngst unter den Schlagworten *Qualitative Comparative Analysis (QCA)* und *Fuzzy Set Social Science* (Ragin 2008) in die sozialwissenschaftliche Methodendebatte eingebracht hat.

**Tab. 2.5:** *Vergleich Fallzahl und Variablenzahl*

| | Zahl der Artikel | Anteil* |
|---|---|---|
| *Anzahl der unabhängigen Variablen übersteigt Anzahl der Fälle* | | |
| bei Fallzahl = 1 | 31 | 91,2 |
| bei Fallzahl = 2 | 15 | 71,4 |
| bei Fallzahl = 3-5 | 1 | 50,0 |
| bei Fallzahl = 6-19 | 0 | 0,0 |
| bei Fallzahl = 20+ | 0 | 0,0 |
| Gesamt | 47 | 77,1 |

Anmerkung: N=61. Es wurden nur die Artikel gezählt, die ein empirisches Erkenntnisinteresse verfolgen und explizite Aussagen zu theoretischen Variablen machen. *Der Anteil bezieht sich auf den Zeilenanteil, d.h. den Prozentsatz der Artikel, in denen die Zahl der Variablen die Zahl der Fälle übersteigt, an allen Studien mit einer bestimmten Fallzahl.

Die Robustheit und Aussagekraft empirischer Analysen hängt vom konkreten Forschungsdesign ab (King et al. 1994). Angesichts der großen Bedeutung von Fallstudien und Analysen mit kleiner Fallzahl sind hier insbesondere zwei Fragestellungen interessant: das Verhältnis der Anzahl der untersuchten Variablen zur Anzahl der untersuchten Fälle sowie die Begründung der Fallauswahl. In der sozialwissenschaftlichen Methodenlehre wird die erste Frage als Problem der fehlenden Freiheitsgrade diskutiert. Danach sind Schlussfolgerungen aus einer empirischen Analyse dann problematisch, wenn die Anzahl der überprüften Variablen die Anzahl der Fälle übersteigt (vgl. Westle 2009). Daher sind Fallstudien und Vergleiche mit kleiner Fallzahl besonders anfällig für das Problem nicht eindeutiger Aussagen über

Zusammenhänge zwischen der abhängigen und unabhängigen Variablen. Auch in der Forschung zu zivil-militärischen Beziehungen zeigt sich dieses Problem, denn in mehr als drei Viertel der ausgewerteten Zeitschriftenbeiträge übersteigt die Anzahl der Variablen die Anzahl der Fälle (vgl. Tabelle 2.5).

Neben der Anzahl der Freiheitsgrade kommt der Fallauswahl eine zentrale Bedeutung für die Robustheit von Schlussfolgerungen aus empirischen Untersuchungen zu. Dies ist besonders für Analysen mit kleiner Fallzahl von Bedeutung, da hier in der Regel keine Vollerhebung oder Zufallsauswahl stattfinden kann. Stattdessen muss die Auswahl der Fälle systematisch erfolgen und sich an bestimmten Auswahlkriterien orientieren (Gerring 2007). Die Forschung erkennt dies zum größten Teil an, allerdings versäumt es nahezu ein Drittel aller ausgewerteten Artikel, die Fallauswahl zu begründen (Tabelle 2.6).

**Tab. 2.6:** *Fallauswahl*

|  | Zahl der Artikel | Anteil |
|---|---|---|
| ***Begründung der Fallauswahl\**** |  |  |
| Der Artikel begründet die Fallauswahl | 50 | 68.5 |
| Der Artikel begründet die Fallauswahl nicht | 23 | 31.5 |
| Gesamt | 73 | 100.0 |
|  |  |  |
| ***Regeln für die Fallauswahl\*\**** |  |  |
| Gesamterhebung | 2 | 4.0 |
| Zufallsauswahl | 1 | 2.0 |
| Kontrollierter Vergleich nach Mill | 13 | 26.0 |
| "Deviant Cases" | 11 | 22.0 |
| Empirische Bedeutung des Falls | 23 | 46.0 |
| Verfügbarkeit von Datenmaterial | 0 | 0.0 |
| Vertrautheit des Autors mit dem Fall | 0 | 0.0 |
| Gesamt | 50 | 100.0 |

Anmerkung: *N=73. Es wurden nur die Artikel gezählt, die ein empirisches Erkenntnisinteresse verfolgen. **N=50, es wurden nur die Artikel gezählt, die die Fallauswahl explizit begründen.

Wie zu erwarten war, folgen nur die drei statistischen Analysen einer Strategie der Gesamterhebung oder zufälligen Fallauswahl. Der weitaus größte Teil der Studien begründet die Fallauswahl systematisch, entweder aufgrund ihres theoretischen Werts oder ihrer besonderen empirischen Bedeutung. Rund ein Viertel der Artikel begründet die Fallauswahl auf einer von Mills Methoden zur kontrollierten Vergleichsanordnung, den sogenannten „Most Similar" und „Most Dissimilar Cases" Designs (vgl. Lauth et al. 2009). Eine weitere, häufig angewandte Auswahlmethode, ist die Untersuchung so genannter „deviant cases" (Gerring 2007), also empirischer Fälle, die den Erwartungen einer etablierten Theorie widersprechen. Am häufigsten jedoch werden Fälle ausgewählt, weil die Forscher davon ausgehen, dass die Erforschung der zivil-militärischen Beziehungen in einem bestimmten Land und zu einer bestimmten Zeit besonders wichtig ist, da der Fall selbst von herausragender Bedeutung ist.

Abschließend ist festzuhalten, dass der Stand der Methodenanwendung in der jüngeren politikwissenschaftlichen Militärforschung zwar einige erfreuliche Entwicklungen zu verzeichnen hat. So hat sich insbesondere das Bewusstsein durchgesetzt, dass die Komplexität zivilmilitärischer Beziehungen sich auch in den verwendeten Konzepten und Begrifflichkeiten widerspiegeln muss. Allerdings sind methodologische Ansätze wie QCA oder die systematische Kombination von statistischen Verfahren und Fallstudien bislang noch nicht aufgegriffen worden. Stattdessen dominieren weiterhin qualitative Forschungsdesigns mit kleiner Fallzahl. Angesichts der angesprochenen Komplexität des Forschungsgegenstands ist dies zielführend. Jedoch werden die zentralen Probleme von kleinen Analysen zu wenig beachtet. Zu oft wird das Problem mangelnder Freiheitsgrade ignoriert und eine systematische Begründung der ausgewählten Fälle vernachlässigt. Aber selbst wenn die Fallauswahl explizit begründet wird, steht zu selten der theoretische Wert der Analyse im Vordergrund. Diese Defizite stehen der Fortentwicklung der Forschung im Weg, da die Ergebnisse strenggenommen weder robuste Schlussfolgerungen aus dem analysierten empirischen Material erlauben, noch helfen, den Stand der Theorieentwicklung signifikant voranzubringen.

# 2.7    Zusammenfassung

Die großen Paradigmen sozialwissenschaftlicher Theoriebildung – Kultur, Struktur und Handlung – haben auch die Theoriebildung in den zivil-militärischen Beziehungen in den vergangenen fünf Jahrzehnten maßgeblich geprägt. Folgte die theorieorientierte Militärforschung in den späten 1950er Jahren mit Huntington (1957) und Janowitz (1960) insbesondere dem Professionalismusansatz, ergänzten seit den 1960er Jahren institutionalistische und strukturalistische Überlegungen die Theorielandschaft – ohne allerdings ältere Professionalismuskonzeptionen zu verdrängen. Zunächst Finer und Huntington sowie, in den 1990er Jahren, Michael Desch wurden zu nicht mehr hintergehbaren konzeptionellen Referenzen der politikwissenschaftlichen Militärforschung. In den 1990er Jahren kamen mikropolitologisch-akteurstheoretische Überlegungen hinzu. Vor allem die Arbeiten von Peter Feaver setzen hier theoretische Standards.

Keines der drei Paradigmen und erst recht keine der ihnen zuzuordnenden Theorien kann heute eine hegemoniale Stellung im Theoriegefüge des Forschungsgebiets beanspruchen, wenngleich Huntingtons Professionalismusansatz diesem Status für einige Zeit zumindest nahe kam. Zwar führten die 1990er Jahre (entgegen der Kuhnschen Vermutung über die Dynamik wissenschaftlicher Revolutionen) zu einer gleichgewichtigeren Koexistenz der drei Paradigmen. Die Verbindung von realistischer Theorieschule in den Internationalen Beziehungen und älteren, institutionalistischen und kulturalistischen Überlegungen der komparativ-politikwissenschaftlichen Militärforschung zu einer „strukturellen Theorie ziviler Kontrolle" bei Desch sowie die Anwendung mikroökonomischer (Hunter, Feaver) und deskriptiv-empirischer Akteurstheorien (Trinkunas) sind signifikante und notwendige Innovationen für die Theoriebildung in den zivil-militärischen Beziehungen. Von einer systematischen Vernetzung rationalistischer, kulturalistischer und strukturalistischer Theorien in einem synthetischen Ansatz kann jedoch nicht gesprochen werden. Eine „unified theory", wie sie von Bland (1999) gefordert wird, die (1) in der Lage wäre, alle relevanten Problemstellungen der zivil-militärischen Beziehungen innerhalb eines einzigen (kohärenten) Modells zu erfassen, (2) die sowohl auf Demokratien als auch auf andere politische Ordnungsmodelle übertragbar wäre, (3) gleichzeitig die im Laufe der Zeit eintretenden Veränderungen real bestehender zivil-militärischer Beziehungen erfassen und (4) eine über alle Grenzen, Zeiten und Ereignisse hinausgehende signifikante Prognosefähigkeit bieten könnte, dabei (5) deduktiv vorgeht und (6) empirisch falsifizierbar (nicht aber bereits widerlegt) wäre, gibt es nicht – und sie ist auch kaum vorstellbar.

Als Konsequenz ergibt sich ein Plädoyer für den problemorientierten und reflektierten – d.h.: am Erkenntnisinteresse des Forschers – orientierten Theorienpluralismus. In konkreten empirischen Untersuchungen bedeutet dies, dass (jeweils bezogen auf das spezifische Analyseobjekt) sowohl die Strukturbedingungen, institutionelle Handlungsressourcen und ideelle Faktoren zu berücksichtigen sind. Für Politikwissenschaftler, deren Analyseobjekt etwa Zustand und Prozess ziviler Kontrolle (in jungen oder etablierten Demokratien, in demokratischen Verfassungsstaaten oder in Autokratien) ist, bietet es sich an, von den Akteuren auszugehen, die innerhalb bestimmter sozialer, ökonomischer, kultureller und institutioneller Möglichkeitskontexte interagieren. Denn – so legen es letztlich auch die Ausführungen von Huntington, Janowitz, Finer und Desch nahe – die Dynamik und der Status zivil-militärischer Beziehungen ist immer das Resultat konkreter Handlungen. Ohne ihre Analyse lassen sich zivil-militärische Beziehungen nicht erklären.

# 3 Militär und Politik in etablierten Demokratien

Dieses Kapitel untersucht die zivil-militärischen Beziehungen in den Vereinigten Staaten von Amerika, der Bundesrepublik Deutschland und Japan. Im zweiten Kapitel des Bandes haben wir argumentiert, dass die zivile Kontrolle über die Streitkräfte eine notwendige Bedingung für die Stabilität und Konsolidierung demokratischer Systeme ist. Die drei genannten Demokratien erfüllen diese Bedingung. Aufgrund des Fehlens spektakulärer Versuche des Militärs zur Durchsetzung eines eigenständigen politischen Gestaltungsanspruchs, hatte die Analyse der zivil-militärischen Beziehungen in diesen und anderen etablierten Demokratien in der vergleichenden Politikwissenschaft lange Zeit nur geringe Bedeutung. Statt sich mit der prosaischen Routine zivil-militärischer Interaktion in konsolidierten Demokratien auseinanderzusetzen, erschien es vielen Politikwissenschaftlern attraktiver, die turbulenten zivil-militärischen Beziehungen in so genannten Entwicklungs- und Schwellenländern in den Blick zu nehmen. Entsprechend überschaubar ist der politikwissenschaftliche Diskurs über die zivil-militärischen Beziehungen, insbesondere in der Bundesrepublik Deutschland und in Japan. So blieb dieses Forschungsgebiet bis Anfang der 1990er Jahre vor allem eine Domäne der Militärsoziologie sowie der primär im Teilbereich der Internationalen Beziehungen angesiedelten Forschung zu Fragen der nationalen und internationalen Sicherheitspolitik.

Dennoch lohnt die Beschäftigung mit zivil-militärischen Beziehungen auch in Gesellschaften mit einer gefestigten politischen Kontrolle der Streitkräfte. Zum einen ist dies für sich betrachtet schon erklärungsbedürftig, zumal es sich in manchen Fällen – z.B. in Japan – um ein historisch junges Phänomen handelt. Zum anderen unterscheiden sich die Prinzipien, Institutionen und Praktiken der zivilen Kontrolle auch in konsolidierten demokratischen Verfassungsstaaten mitunter erheblich. Dies hat Konsequenzen sowohl für die Stellung der Streitkräfte in Politik und Gesellschaft, als auch für die Funktionsweise verteidigungs- und sicherheitspolitischer Prozesse. Entsprechend lässt sich die politische Performanz von demokratischen Verfassungsstaaten in diesen Politikbereichen ohne die Analyse der zivil-militärischen Beziehungen nicht nachvollziehen, erklären und bewerten. Schließlich ist die Analyse der konkreten Ausformungen zivil-militärischer Beziehungen in entwickelten Demokratien wie den USA auch deshalb politikwissenschaftlich relevant, da sie häufig den Referenzpunkt für Reformen im Sicherheitssektor junger Demokratien bilden. Damit stellt sich jedoch die Frage, unter welchen gesellschaftlichen und politischen Bedingungen unterschiedliche Modelle der zivilen Kontrolle entstehen und sich erfolgreich institutionalisieren.

Die Fallauswahl in diesem Kapitel beruht sowohl auf der besonderen empirischen Bedeutung der Vereinigten Staaten, Deutschlands und Japans als zentrale Akteure der internationalen Politik, als auch auf dem theoretischen Wert der Fälle. Sie stehen stellvertretend für drei unterschiedliche historische Entwicklungspfade zivil-militärischer Beziehungen und Modi der zivilen Kontrolle:

1. die historisch gewachsene und für viele junge Transformationssysteme modellbildende Form der „assertive civilian control" (Feaver 2003) in den USA;
2. das in der doppelten Signatur von Westintegration und post-totalitärer Demokratisierung stehende System der zivilen Kontrolle durch Integration der Streitkräfte in die Demokratie in der Bundesrepublik Deutschland;
3. der radikale Bruch mit der Dominanz des Militärischen und dem Dualismus von politischer und militärischer Führungsmacht der Vorkriegszeit durch Institutionalisierung eines Modells der „bürokratischen Kontrolle" über die Streitkräfte im Japan der Nachkriegszeit.

Wie im Weiteren gezeigt werden soll, unterscheiden sich diese Formen der zivil-militärischen Beziehungen hinsichtlich ihrer historischen Genese, dem ihnen zugrunde liegenden Verständnis von „guten" zivil-militärischen Beziehungen und den institutionellen Ausformungen der zivilen Suprematie. Darüber hinaus differieren sie auch in den Konsequenzen für die gesellschaftliche Stellung der Streitkräfte, in den Auswirkungen auf den sicherheits- und verteidigungspolitischen Entscheidungsprozess sowie im Hinblick auf die aktuellen Herausforderungen der zivil-militärischen Beziehungen.

# 3.1    Militär und Politik in den Vereinigten Staaten von Amerika[20]

Die Vereinigten Staaten von Amerika sind die erste moderne Repräsentativdemokratie der Welt. Ihre Verfassungsordnung ist geprägt von der Furcht vor freiheitsbedrohenden Machtakkumulationen und dem Bemühen, diesen durch die Betonung von *checks and balances* entgegen zu wirken (Heideking/Sterzel 2001: 45ff.). In diese Bestrebungen wurde seitens der Gründerväter der amerikanischen Demokratie bereits früh das Problem der Kontrolle der Streitkräfte einbezogen. Ungeachtet der zahlreichen institutionellen Veränderungen, die in den vergangenen mehr als zweihundert Jahren stattgefunden haben, gilt bis heute die ursprüngliche Intention der Verfassung, zivile Kontrolle über die Mechanismen der Machtverteilung und überlappende Verantwortungsbereiche zu gewährleisten (Kohn 1991).

In Anbetracht des mehr als 200-jährigen „dauerhaften Bekenntnisses zur zivilen Kontrolle" (Trask 1997: 14; eigene Übersetzung) gelten die USA als Musterbeispiel der gelungenen Institutionalisierung ziviler Kontrolle. Ein genauerer Blick auf die historische Entwicklung

---

[20]    Dieser Abschnitt wurde gemeinsam mit Christian Bruder verfasst und beruht in Teilen auf den Ergebnissen seiner Forschung zu „Clinton und das Militär" (Manuskript, Heidelberg 2011).

und den aktuellen Zustand zeigt jedoch, dass Friktionen zwischen zivilen und militärischen Eliten keine Seltenheit waren. Insbesondere nach dem Ende des Ost-West-Konflikts hat die Debatte um eine „Krise der zivil-militärischen Beziehungen" (vgl. Johnson/Metz 1995b) die amerikanische Forschung dominiert. Einige Autoren konstatierten insbesondere für die Clinton-Ära sogar die Verletzung des Primats der Politik sowie eine Abkehr der Militärführung von diesem Kernprinzip des amerikanischen Professionalismus (McLaughlin 2008: 2). Ein Großteil der Probleme wurde an der Person Clintons festgemacht (Perlez 2000). Tatsächlich verlief aber auch die Präsidentschaft von George W. Bush (2001-2009) spannungsreich (Herspring 2008; Woodward 2008). Unter Präsident Barack Obama (seit 2009) bestehen zahlreiche Konflikte fort, wie die Strategie für den Irak und in Afghanistan, geplante Einsparungen im Militärhaushalt und die Streitkräftetransformation. Insbesondere die Differenzen zwischen politischer Führung und Generalität hinsichtlich des weiteren Vorgehens in Afghanistan (Woodward 2010) besitzen nach Ansicht mancher Experten das Potenzial für einen "slow motion civil-military crash" (Feaver 2009).

## 3.1.1 Militär und Politik in den USA vor 1990

Die Entwicklung der zivil-militärischen Beziehungen in den USA von der Revolution bis zum Ende des Ost-West-Konflikts kann in drei Perioden unterteilt werden. In der kurzen Gründungsphase von der Unabhängigkeitserklärung der Vereinigten Staaten von Amerika (1776) bis zur Verabschiedung der ersten zehn Zusatzartikel zur amerikanischen Verfassung (1791) wurden die bis heute gültigen Grundregeln zum Verhältnis von politischer und militärischer Macht und zur Aufgabenverteilung zwischen Exekutive und Legislative festgelegt. Die zweite lange Phase erstreckt sich über das gesamte 19. Jahrhundert bis zum Zweiten Weltkrieg. Sie ist gekennzeichnet durch die rasche Durchsetzung des Primats der Politik, die gesellschaftliche und politische Isolation des Militärs sowie die sukzessive Professionalisierung des amerikanischen Offizierskorps. Die dritte Phase umfasst den Zeitraum vom Beginn des Kalten Krieges bis zum Ende des Ost-West-Konflikts 1990. Charakteristisch für diese Epoche sind der Aufbau eines permanenten und ressourcenintensiven Militärapparats, institutionelle Reformen, die zur Zentralisierung der Kommandogewalt innerhalb des Militärs sowie der zivilen Kontrolle in der Exekutive führten sowie ein genereller Bedeutungs- und Einflussgewinn der Militärführung in Fragen der nationalen Sicherheit.[21]

*Die Gründungsphase der zivil-militärischen Beziehungen*

Die historischen Wurzeln der zivil-militärischen Beziehungen in den Vereinigten Staaten reichen weit zurück vor die Phase des Unabhängigkeitskriegs der dreizehn amerikanischen Staaten gegen die Britische Krone. Die konkreten institutionellen Weichenstellungen zur Ausgestaltung des Verhältnisses von Militär und Politik wurden jedoch im Rahmen der Ausarbeitung und Verabschiedung der amerikanischen Verfassung vorgenommen. Sie waren

---

[21]  Natürlich ist diese Phaseneinteilung diskutabel. Insbesondere die zweite lange Phase bietet Ansatzpunkte für eine feinere Sequenzierung. Uns geht es mit dieser Unterscheidung um das Offenlegen der charakteristischen Merkmale und Tendenzen der zivil-militärischen Beziehungen in einem historischen Zeitabschnitt in Abgrenzung zu anderen Zeiträumen.

durch die Furcht vor der drohenden Despotie eines stehenden Heeres geprägt. Das enorme Misstrauen gegenüber einem starken Militärapparat und dem Soldatenberuf an sich speiste sich aus den Erfahrungen des englischen Bürgerkriegs im 17. Jahrhundert sowie aus dem missbräuchlichen Einsatz militärischer Gewalt in den amerikanischen Kolonien unter König Georg III. (Wright/MacGregor 1987; Kohn 1991).

Die Furcht vor dem willkürlichen Einsatz zentralistisch kontrollierter Militärgewalt und die Erfahrungen der Siedlerkolonien mit der Selbstverteidigung durch nicht-professionelle Milizsoldaten begründeten den lange Zeit großen Einfluss des Ideals der „Bürgersoldaten" (*citizen soldier*) in der amerikanischen Gesellschaft. Diese Idealvorstellung, die sich politisch in der Forderung nach einem Milizsystem anstelle eines stehenden Berufsheers manifestierte, beruhte auf der Annahme von der Bürgerpflicht zur gemeinsamen Verteidigung der Freiheit und des Besitzes der Mitglieder in einer Gesellschaft. Hierzu habe sich jeder waffenfähige und freie Mann temporär und aufgabenspezifisch eng begrenzt den lokalen Autoritäten zu unterstellen (Millett 1991; Wright/MacGregor 1987: 4ff.). Die Einsicht in militärische Zwänge während des Unabhängigkeitskriegs sowie die Notwendigkeit, die gemeinsame Verteidigung als Aufgabe der Regierung auf zentralstaatlicher Ebene anzusiedeln, führten auf der praktischen Ebene schon früh zur Abkehr von der Idee eines reinen Milizheeres (Millett 1991; Wright/MacGregor 1987: 14). Allerdings war die Ablehnung gegenüber der dauerhaften Einrichtung umfangreicher spezialisierter Wehrstrukturen bis weit in das 20. Jahrhundert hinein weit verbreitet.

Die für das Verhältnis von Militär und Politik bis heute wichtigste Entwicklung betrifft die verfassungsrechtliche Ausgestaltung der politischen Organisations- und Leitungskompetenzen in militärischen Angelegenheiten. Die Verfassung der Vereinigten Staaten setzt umfangreiche Sicherungen zur Durchsetzung der zivilen Suprematie und der zivilen Kontrolle. Ihre gesamte Architektur ist angelegt auf Machtverteilung, -verschränkung und -kontrolle, um den Missbrauch militärischer Gewalt von vornherein auszuschließen. So verteilt die amerikanische Verfassung die Überwachung des Militärs auf die Legislative (Kongress) und die Exekutive (Präsident). Beide werden mit zivilen Amtsträgern besetzt. Der aktive Militärdienst ist unvereinbar mit diesen Ämtern. Zugleich haben die Gründungsväter, ganz dem Denken ihrer Zeit verhaftet, in den (seit 1903 als Nationalgarde organisierten) Milizen einen Schutzwall gegen eine stehende Armee gesehen, da im Falle einer Revolte die „Bürgersoldaten" zur Sicherung der Freiheit gegen die Tyrannei des Zentralstaats mobilisiert werden konnten (Kohn 1991: 84f.).

Der Kongress ist jene verfassungsrechtliche Instanz, welche die Etablierung und Unterhaltung des Militärs ermöglicht, autorisiert und kontrolliert. Neben seiner dominanten Rolle in der Gesetzgebung, die sich auch auf die Wehrgesetzgebung und Militärorganisation erstreckt, ist die Finanzhoheit (*power of the purse*) das Mittel schlechthin, um die Macht der Exekutive auch in Fragen des Militärs zu zügeln. So verfügt der Kongress über das alleinige Recht, Land- und Seestreitkräfte aufzustellen und zu unterhalten. Die Bewilligung der Gelder für die Armee muss auf einer fortlaufenden Basis erfolgen. Die Einrichtung stehender Streitkräfte ist insofern, zumindest laut Verfassungsrecht, nicht auf Ewigkeit angelegt (Kohn 1991: 83f. Ferner hat die Legislative das Recht, jedwede als nötig erachteten Schritte zu unternehmen, die zur prinzipiellen Funktionsfähigkeit der Streitkräfte notwendig sind, wie die Entscheidung über Fragen der Bezahlung, Versorgung und Ausrüstung. Außerdem steht der Legislative das Vorrecht zu, alle internen Angelegenheiten der bewaffneten Kräfte zu regeln sowie alle militärischen Einrichtungen zu kontrollieren. Auch die Struktur des Kongresses als Zweikammersystem wirkt machthemmend, denn Senat und Repräsentantenhaus müssen unabhängig voneinander über militärische Angelegenheiten entscheiden. Zugleich wurde eine starke Exekutive geschaffen, die in außen- und militärpolitischer Hinsicht handlungsfähig, für die Ausführung der Gesetze verantwortlich und in der Lage sein sollte, die Landesverteidigung effektiv zu gewährleisten. Während der Kongress militärische Gewalt ermöglicht und bereitstellt, obliegt ihre Nutzung dem Präsidenten als Oberbefehlshaber der Streitkräfte (*commander-in-chief*). Zur Ausübung seiner Prärogativen bedient er sich der ihm gegenüber verantwortlichen zivilen und militärischen Verteidigungsbürokratie.

Die Verfassungsarchitektur ergibt im Bereich der zivilen Kontrolle eine Konstruktion, in der das Militär als „Agent" der zivilen Politik dem Kongress und dem Präsidenten als seinen zwei Herren („Prinzipale", vgl. Feaver 2003) dient und insofern einer doppelten Loyalitätsverpflichtung unterliegt. In Bezug auf die Beziehung von Militär auf der einen Seite sowie Präsident und Kongress auf der anderen bedeutet dies, dass das Militär in den Auseinandersetzungen um politische Streitfragen zwischen gesetzgebender und ausführender Gewalt in Loyalitätskonflikte geraten kann (Coletta 2008). Zugleich können sich in der Dreieckskonstellation aus Präsident, Kongress und Militär aber auch Gelegenheiten ergeben, in denen das Militär in der Lage ist, in Abhängigkeit vom eigenen Standpunkt und der konkreten Interessenlage die beiden Prinzipale zu beeinflussen, Allianzen einzugehen und die beiden konkurrierenden Zentren ziviler Autorität gegeneinander „auszuspielen" (vgl. Avant 1994).

### Die lange Stabilitätsphase zwischen 1791 und 1945

Die zweite Periode der zivil-militärischen Beziehungen erstreckt sich über das gesamte 19. Jahrhundert bis zum Ende des Zweiten Weltkriegs. Sie ist charakterisiert durch die rasche Durchsetzung ziviler Suprematie und die Kontinuität der über fast 150 Jahre kaum veränderten Institutionenarrangements in den zivil-militärischen Beziehungen. Die relative Routine und Kontinuität in den zivil-militärischen Beziehungen in dieser langen Stabilitätsphase begründet ihre in der sozialwissenschaftlichen Forschung bis Ende der 1980er Jahre unumstrittene Klassifikation als „harmonisch" oder „stabil" (Welch/Smith 1974: 43).

Begünstigt wurde diese Entwicklung zum einen durch eine bis in das 20. Jahrhundert hinein sehr vorteilhafte Bedrohungslage, die ihrer Natur nach eine lange Ära der „kostenlosen Sicherheit" (Millett 1979: 11) garantierte. Zum anderen sind das Fortwirken des antimilitaristischen Geistes der Gründungsphase und die Prävalenz liberalen Gedankenguts in der amerikanischen Gesellschaft und Politik zu nennen. Letztere wirkten auf die Anreizstrukturen der politischen Akteure, v.a. im Kongress, dessen Mitglieder das Militär als willkommenes Mittel zur Bedienung ihrer Patronage-Netzwerke und ihres Wählerklientels nutzten („pork barrel politics", Byler 2006: 22ff.), ansonsten aber dem Militär keine große innenpolitische Bedeutung beimaßen. Gleichwohl verfolgte der Kongress innerhalb der institutionell abgesicherten Einflussmöglichkeiten energisch und selbstbewusst die Eigeninteressen seiner Mitglieder. Zu den praktizierten Mechanismen gehörten neben den grundsätzlichen Aufgaben der Gesetzgebung und Budgetbewilligung die häufige Einsetzung von parla-

mentarischen Untersuchungsausschüssen sowie die Einflussnahme auf die Zusammensetzung des Offizierskorps über die Prärogative der Zustimmung zu Beförderungen und der
Zulassung von Kadetten zu Militärakademien (Millett 1979: 13ff.). Charakteristisch für den
Umgang mit dem Militär in dieser Phase war die Mobilisierung von Ressourcen für militärische Zwecke in Kriegszeiten, gefolgt von der raschen Demobilisierung der Streitkräfte und
dem Zurückfahren der Militärausgaben nach dem Ende der Kriegshandlungen. Dieses
Grundmuster lässt sich bis zum Zweiten Weltkrieg erkennen (siehe Abb. 3.1).

**Abb. 3.1:** *Gesamtzahl des Militärpersonals und Anteil der Militärausgaben am Bundeshaus-*
*halt in Prozent, 1801-2009*

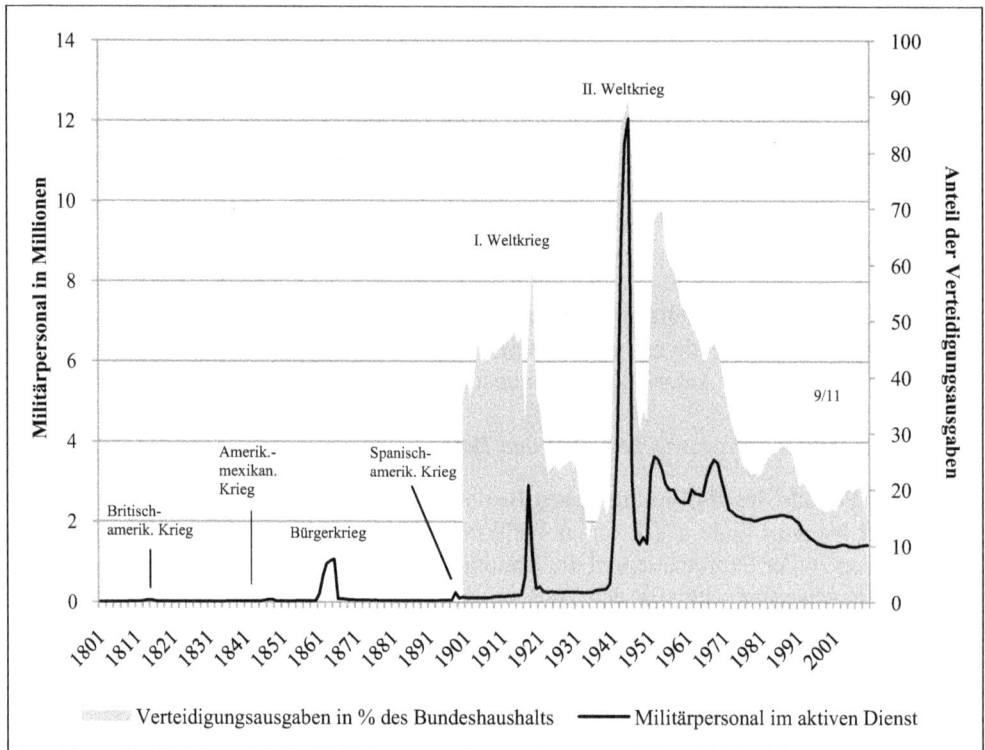

Anmerkung: Daten für den Anteil der Verteidigungsausgaben am Bundeshaushalt sind erst ab 1901 verfügbar.
Quelle: Eigene Darstellung beruhend auf den Daten von: Carter et al. 2006: Tabelle Ed26-47; U.S. Census Bureau
2010a, 2010b.

Darin spiegelte sich auch das fortwährende Misstrauen der zivilen Gesellschaft gegenüber
einem „stehenden Heer". Dies trug dazu bei, dass innerhalb des Militärs aus eigenem Antrieb
das Primat der zivilen Kontrolle internalisiert und als tragendes Ideal des eigenen professionellen Wertesystems verankert wurde. Darüber hinaus bot gerade die Vernachlässigung des
Militärs im 19. Jahrhundert (mit Ausnahme der kurzen Phase des Bürgerkriegs) dem Militär
die Möglichkeit zur Professionalisierung und zur Herausbildung eines distinkten Eigencha-
rakters: „Die Isolation des Militärs war eine Voraussetzung zur Professionalisierung und

Frieden war eine Voraussetzung dieser Isolation" (Huntington 1957: 229; eigene Übersetzung). Im letzten Viertel des 19. Jahrhunderts bildete sich eine Reformbewegung innerhalb der Armee, die den Aufbau eines militärischen Bildungssystems hervorbrachte, was die Durchsetzung der Kernelemente eines professionellen Ethos im amerikanischen Offizierskorps ermöglichte (Langston 2003: 77). Zu diesem Wertesystem gehörte eben auch die Unterordnung unter die zivile Politik (Stevenson 2006: 30ff.) und die Eigendefinition des Militärs als einer parteipolitisch neutralen und abstinenten Instanz (Byler 2006: 60ff.).

Erste Anläufe zu mehr als punktuellen Veränderungen der zivilen und militärischen Führungsorganisation wurden aufgrund von Lerneffekten im Nachgang zum spanisch-amerikanischen Krieg (1898) mit der Einführung eines Generalstabs der Armee und des *Joint Army-Navy Board* (1903) durchgeführt. Insgesamt gab es in der Zeit von 1921 bis 1945 etwa fünfzig Gesetzesentwürfe, die sich mit der Reorganisation der Streitkräfte befassten, allerdings wurde nur ein einziger überhaupt im Kongress diskutiert (und abgelehnt). Ad-hoc Kooperationen auf der Basis informeller, unbeständiger Vereinbarungen blieben im Bereich der Sicherheits- und Militärpolitik die Regel (Shabat 2007: 5ff.). In innenpolitischer Hinsicht waren für diese Blockade eine Reihe von Faktoren verantwortlich, wie etwa das Fortbestehen der anti-militärischen Einstellungen, das Bestreben im Kongress, Militärreformen, die zur Stärkung der Exekutivgewalt geführt hätten, zu unterbinden sowie lokalpolitische Aspekte, da als Folge einer größeren Zentralisierung der Verlust der parlamentarischen Kontrolle über die Ressourcen und „Fleischtöpfe" befürchtet wurde (Locher 2007: 18f.). In externer Hinsicht machten der isolationistische Kurs in der Außenpolitik sowie die günstige Bedrohungslage Reformen nicht notwendig.

Hinzu kam, dass es keine Einigkeit in grundsätzlichen inhaltlichen Fragen gab. Zentralisation versus Dezentralisation, die Teilung ziviler und militärischer Verantwortungsbereiche sowie das Für und Wider des Generalstabskonzeptes waren Diskussionspunkte, die ebenso wie das Fehlen einer nationalen Militärstrategie Restrukturierungen erschwerten (Locher 2007: 18f.). Die Kräfte der institutionellen Beharrung konnten erst im Zuge des Zweiten Weltkriegs und dem unmittelbar danach heraufziehenden Kalten Krieg gebrochen werden. Umfangreiche institutionelle Reformen mit weit reichenden Konsequenzen für die zivil-militärischen Beziehungen waren die Folge.

*Zivil-militärische Beziehungen während der Blockkonfrontation*

Die zivil-militärischen Beziehungen nach 1945 standen unter dem doppelten Eindruck der im zweiten Weltkrieg deutlich gewordenen Organisationsdefizite des sicherheitspolitischen Apparats sowie der Blockkonfrontation zwischen der westlichen Verteidigungsallianz NATO und dem Warschauer Pakt-Bündnis. Die Spannweite der Missstände reichte von der Ressourcenallokation und der Setzung von strategischen Prioritäten über die Arrangements der Kommandogewalten bis hin zur Durchführung einzelner Operationen. Zudem hatten sich die bestehenden Koordinationsmechanismen im Militär aufgrund des Bestrebens der Teilstreitkräfte nach Erhalt ihrer Autonomiebereiche für die Komplexitäten der modernen Kriegführung als ungeeignet erwiesen (Trask/Goldberg 1997: 3f.). Die bestehenden Mängel waren so offenkundig, dass unter den politischen und militärischen Eliten weitgehend Einigkeit hinsichtlich der Notwendigkeit einer größeren formalen Integration der sicherheits- und militärpolitischen Instrumente und Grundlagen bestand (Stuart 2008: 73). Dennoch gingen der Verabschiedung des *National Security Act* von 1947 langwierige Aushandlungsprozesse voraus, da der Kongress befürchtete, mit der Zentralisierung der sicherheitspolitischen- und militärischen Struktur einen Einflussverlust gegenüber dem Präsidenten zu erleiden und die Vertreter der Teilstreitkräfte ihre angestammte Autonomie zu verteidigen suchten. Die letztendlich beschlossenen Kompromisslösungen erwiesen sich in zentralen Bereichen als ineffizient und wenig tragfähig, so dass bereits 1949 mit dem *National Security Amendments Act* nachgebessert wurde. Den Abschluss dieser ersten Restrukturierungsphase bildete der *Department of Defense Reorganization Act* von 1958.

Die wichtigsten Neuerungen der Jahre 1947 bis 1958 betrafen die Koordination der Sicherheitspolitik. So wurde der beim Präsidenten angesiedelte Nationale Sicherheitsrat (*National Security Council*, NSC) eingeführt, ein einheitliches Verteidigungsministerium (*Department of Defense*, DoD) mit einem starken Verteidigungsminister an der Spitze gegründet sowie die gesetzliche Verankerung der seit 1942 faktisch bestehenden Vereinigten Stabschefs (*Joint Chiefs of Staff*, JCS) als dem wichtigsten militärischen Beratungsgremium von Präsident und Verteidigungsminister festgeschrieben. Erreicht wurde mit der Anpassung und der organisatorischen Ausdifferenzierung der zivilen Strukturen eine Bündelung der politischen Aufsicht über das Militär vor allem in den Händen des Verteidigungsministers sowie eine größere Zentralisierung und Vereinheitlichung der sicherheitspolitischen Entscheidungsprozesse in der Exekutive. Gestärkt wurden auch die formalen Mitwirkungs- und Konsultationsbefugnisse des Militärs in der Vorbereitung und Formulierung der Sicherheitspolitik auch in Friedenszeiten. Derart ausgestattet wurde das Militär zum politischen Schlüsselspieler, der ein exklusives Expertise- und Kompetenzprofil sein Eigen nennen konnte. Eine mit der Entwicklung der zivilen Strukturen schritthaltende organisatorische Straffung und Rationalisierung der Koordinierungsprozesse im Militärapparat unterblieb jedoch (Trask/Goldberg 1997: 50ff.).

Obwohl die Schwächen des bestehenden Systems offenkundig waren, insbesondere die mangelnde Vereinheitlichung auf der militärischen Seite, die Präeminenz der Teilstreitkräfte und deren Parochialismus, scheiterten weitere Reformbemühungen in den folgenden Jahrzehnten immer wieder am Widerstand einer informellen reform-aversen Koalition aus einflussreichen Kongressabgeordneten und Repräsentanten der einzelnen Dienste, vorneweg der Marine (Locher 2007: 29ff.). Eine neue Gelegenheit für Reformen resultierte Anfang der 1980er Jahre aus dem Zusammentreffen mehrerer unzulänglicher Militäreinsätze (neben Vietnam auch die gescheiterte Geiselbefreiung in Teheran 1980 und die unkoordinierte Grenada-Invasion 1983) und einiger aufsehenerregenden Beschaffungsskandale im Pentagon unter der Regierung Reagan (Trask/Goldberg 1997: 41f.; Stevenson 2007: 67). Diesmal ging die Initiative vom Kongress aus, wo sich eine überparteiliche Reformkoalition um den republikanischen Senator Barry M. Goldwater und den Demokraten Sam A. Nunn gebildet hatte. Im parteiübergreifenden Konsens wurde am 1. Oktober 1986 der sogenannte *Goldwater-Nichols Department of Defense Reorganization Act* verabschiedet.

Mit dem Gesetz wurde eine Vielzahl von Bereichen in der Organisation und Ausrichtung des amerikanischen Militär- und Verteidigungsapparates neu geregelt. Unter anderem wurde die Autorität des Verteidigungsministers gestärkt, der nun die ultimative Entscheidungsautorität über alle ihm genehmen Entscheidungsmaterien besitzt. Um eine von den Teilstreitkräften unabhängige militärische Beratungsinstanz zu schaffen, wurde die Position des *Chairman of the Joint Chiefs of Staff* zum prinzipiellen Militärberater des Präsidenten, des Nationalen Sicherheitsrats und des Verteidigungsministers sowie zum Mitglied des NSC aufgewertet. Um den Einfluss der Teilstreitkräfte abzuschwächen, wurde die Kommandostruktur stärker zentralisiert und vereinheitlicht, indem die Befehlskette nun vom Präsidenten über den Verteidigungsminister direkt zum jeweiligen Oberkommandierenden der sogenannten Kommandozentren unter Auslassung der Vereinigten Stabschefs verläuft (Locher 1996).

## 3.1.2 Militär und Politik seit 1990: Krise der zivil-militärischen Beziehungen?

Die prosaische Routine der zivil-militärischen Beziehungen in der langen Phase zwischen 1791 und 1945 sowie die funktionierende Arbeitsteilung zwischen ziviler Politik und Streitkräften während der Konfrontation mit der Sowjetunion kontrastiert mit einer nach Ansicht zahlreicher Beobachter besorgniserregenden Verschlechterung des Verhältnisses von Militär und Zivilisten nach dem Ende des Ost-West-Konflikts. Obwohl die Debatte um eine „Krise" der zivil-militärischen Beziehungen nach den Anschlägen vom 11. September 2001 vorübergehend an Bedeutung verlor, blieben viele der aufgeworfenen Fragen weiterhin relevant oder haben angesichts der Kontroversen um Irak und Afghanistan noch an Bedeutung gewonnen.

Angestoßen wurde die Debatte Anfang der 1990er Jahre vor allem von Russell Weigley (1993) und Richard Kohn (1994), die vor einem möglichen Kollaps der zivilen Kontrolle warnten. Zwar teilten nicht alle Beobachter die Schlussfolgerung der „Krisenschule" vorbehaltlos; der Problembefund an sich war jedoch unumstritten (Johnson/Metz 1995a: 211; Snider/Carlton-Carew 1995: 15; Bacevich 1997: 16; Desch 1999: 166). Einigkeit bestand zudem hinsichtlich der zentralen Zusammenhänge und Kontroversen, die in ihrer Kombination die Verschlechterung der zivil-militärischen Beziehungen charakterisierten. Sie lassen sich zu zwei Problemkreisen zusammenfassen. Zu nennen sind, erstens, die anhaltenden Spannungen zwischen Exekutive und Militärführung während der Präsidentschaft von Bill Clinton (1993-2001). Symptomatisch hierfür waren der Konflikt um den Umgang der Streitkräfte mit Homosexuellen und der Widerstand führender Militärs gegen die Zuschreibung neuer Aufgaben, Einsatzformen und Missionsprofile durch die zivile Politik. Das geringe Ansehen des Präsidenten unter Militärs und seine schwache Autorität gegenüber den Streitkräften kontrastierte zudem in der Frühphase seiner Präsidentschaft mit der Präjudizierung ziviler Handlungsoptionen durch Colin Powell, dem Vorsitzenden der Vereinigten Stabschefs in den Jahren 1989 bis 1993. Die zeitgleich aufkommende Sorge um die „civil-military gap" (auf Deutsch etwa „zivil-militärische Kluft") definiert den zweiten Problemkreis. Im Zentrum der Diskussion stand die Befürchtung um das zunehmende Auseinanderdriften der Einstellungen und Überzeugungen von Militär und ziviler Gesellschaft. Zwar hat auch diese Diskussion nach den Anschlägen vom 11. September 2001 an Aufmerksamkeit eingebüßt. Die Sorge aber, dass sich die amerikanischen Streitkräfte immer weiter von ihren gesellschaftlichen Wurzeln entfernen und eine Parallelkultur herausbilden, ist weiterhin relevant.

*Die Verschlechterung der zivil-militärischen Beziehungen in den 1990er Jahren*

Die zivil-militärischen Beziehungen während der Präsidentschaft Clintons werden häufig als die spannungsreichsten eines amerikanischen Präsidenten überhaupt bezeichnet (Kohn 2002: 10; Herspring 2005: 412ff.). Über die Probleme wurde in den Medien ausführlich berichtet und sie begleiteten Clintons gesamte Amtszeit (Kohn 2002: 10). Ein Grund für das zerrüttete Verhältnis zwischen den Streitkräften und Clinton war sein von vornherein schwaches Ansehen unter Militärs. Aufgrund seiner Biographie und seiner liberalen Grundpositionen galt Clinton auch bei hochrangigen Offizieren als „gay-loving, pot-smoking, draft-doging and womanizing".[22] Das Misstrauen im Militär verstärkte sich noch durch das provokante Auftreten einiger Mitglieder der Clinton-Regierung im Weißen Haus. Die Missstimmung ging so weit, dass die Befehlshabenden ihre Untergebenen daran erinnern mussten, dass ihre Pflicht es verbietet, sich abfällig über die zivile Führung zu äußern (Kohn 2002: 10).

Der Streit um den Ausschluss bekennender Homosexueller vom Militär demonstrierte in eindrucksvoller Weise die mangelnde Durchsetzungsfähigkeit der Exekutive gegenüber der Militärführung (Feaver 1998: 418; Korb 1995: 28). Der Status von Homosexuellen im Militär war in historischer Perspektive wechselnden Regelungen unterworfen. Seit Ende des Zweiten Weltkrieges waren die betreffenden Regelungen immer restriktiver geworden, bis Homosexualität schließlich 1981 durch die Carter-Regierung offiziell als inkompatibel mit dem Militärdienst erklärt und der zwangsläufige Ausschluss aus dem Militär somit kodifiziert wurde (Korb 1996: 16f.). Seit Ende der 1980er Jahre wurde die praktizierte Politik in zunehmendem Maße von der öffentlichen Meinung angegriffen und von einzelnen Bundesstaaten im Rahmen ihrer Rechtsprechung in Frage gestellt (Powell 2003: 546f.). Bill Clinton hatte während seiner Präsidentschaftskampagne wiederholt angekündigt, im Falle des Wahlsieges den Bann gegen Homosexuelle unverzüglich aufheben zu wollen. In seiner ersten Pressekonferenz nach dem Wahlsieg wiederholte er dieses Versprechen.

Die Generalität stand diesem Ansinnen unisono ablehnend gegenüber. Innerhalb einer Woche nach Clintons Amtsantritt hatten die Vereinigten Stabschefs gedroht, aus Protest gegen die neue Politik geschlossen zurückzutreten (Halley 1999: 20f.). Der Präsident sah sich zudem von anderer Seite unter Druck gesetzt, da es weder in Meinungsumfragen noch im Kongress eine Mehrheit für die Aufhebung des Verbots gab. Schließlich musste Clinton gegen den vereinten Widerstand der Stabschefs und einer Mehrheit aus Republikanern und Demokraten im Kongress klein beigeben. Die von Clinton bemühte Floskel von einem „ehrenhaften Kompromiss" (Clinton 1993: 1111) konnte nicht darüber hinweg täuschen, dass sich das Militär mit seinem Veto gegen die ausdrücklichen politischen Ziele des demokratisch gewählten Präsidenten durchgesetzt hatte. Der Kompromiss wurde unter der Formel "Don't Ask, Don't Tell" bekannt. Sie beinhaltete, dass Personen mit gleichgeschlechtlichen sexuellen Präferenzen im Militär dienen können, solange sie sich nicht offen dazu bekannten. Das Militär selbst sollte davon Abstand nehmen, die sexuelle Orientierung seines Personals zu erfragen. Der Unterschied zur früheren Regelung bestand darin, dass Homosexualität als

---

[22]  Generalmajor Harold N. Campbell im Mai 1993 auf einem offiziellen NATO-Empfang in den Niederlanden (Washington Post, 8. Juni 1993).

solche nicht mehr grundsätzlich ein Disqualifikationsmerkmal für den Militärdienst darstell-
te. Praktisch brachte die neue Lösung, die das Verhalten und nicht die sexuelle Orientierung
einer Person zum Maßstab erklärte, keinerlei Änderung (Halley 1999: 1ff.).

Ähnlich belastend für das Verhältnis zwischen Präsident und Militär entwickelte sich die
Kontroverse um den Einsatz der Streitkräfte in Operationen außerhalb klassischer Kriegsein-
sätze („operations other than war"). Während des Wahlkampfs hatte Clinton die weltweite
Förderung der Demokratie als Leitlinie seiner außenpolitischen Vorstellungen herausgestellt.
In seinem Wahlprogramm bekannte sich Clinton zu der Absicht, die aktive Rolle der Vereinten Nationen bei der Beilegung von Konflikten weltweit unterstützen zu wollen. Auch der
Einsatz von militärischer Gewalt zu humanitären Zwecken wurde bejaht. Das Militär lehnte
diese Pläne ab. Insbesondere fürchtete man eine schleichende Ausweitung des Aufgabenspektrums („mission creep"), die die Streitkräfte bei der Erfüllung ihrer Kernaufgaben behindern und die Truppe angesichts der geplanten Budgetkürzungen und deutlichen Reduzierung der Personalstärke überstrapazieren würde (Kagan 2002; Luttwak 1996; Goodman
1996: 34f.). Sowohl die Entscheidung für oder gegen eine Intervention, als auch die Ziele der
Missionen sowie die Modalitäten der Erfüllung dieser Ziele bildeten die Grundlage einer
fortwährenden Kontroverse zwischen Clinton und dem Militär (Feaver 1998: 418; Kohn
2002: 14f.). Dies betraf zunächst den Einsatz in Somalia, den die Clinton-Regierung noch
von der Bush-Administration geerbt hatte. Die katastrophale Fehlentwicklung dieser Mission
und die dort von den Militärs perzipierte Überfrachtung der Truppe mit funktionsfremden
Aufgaben führten dazu, dass die Militärführung in den nachfolgenden Einsätzen in Haiti,
Bosnien und dem Kosovo vehement auf restriktiven Zielvorgaben beharrte. Mehr oder weniger unverhohlen versuchten die Stabschefs, durch bewusst einseitige Situationsanalysen und
drastisch überzogene Schätzungen der benötigenden Truppenzahl die eigenen Präferenzen
gegenüber der Regierung durchzusetzen, verzögerten wenn möglich die Umsetzung der politischen Vorgaben und verbreiteten ihre Ablehnung gegenüber den Plänen der Clinton-
Regierung über die Medien (Schmitt/Myers 1999; Myers 1999; Feaver 2003: 279). Die Art
und Weise, mit der die Militärs gegen den Kurs der Regierung opponierten, wie auch der
relative Erfolg ihres Vorgehens, offenbarte die tatsächlichen Kräfteverhältnisse eines in militärischen Angelegenheiten ohnehin mit schwacher Glaubwürdigkeit ausgestatten und durch
das Fiasko um den Status von Homosexuellen diskreditierten Präsidenten gegenüber der
militärischen Führung (Halberstam 2002; Schwarz 1999: 57).

Schließlich stand in den Jahren 1989 bis 1993 mit Colin Powell ein politisch versierter, am-
bitionierter und respektierter General den Vereinigten Stabschefs vor, der sich nicht scheute,
den Zivilisten über die Medien Strategieempfehlungen zu geben und sich in politische Debatten einzuschalten. Insbesondere verstand es Powell, die durch den Goldwater-Nichols-Act
gestärkte Stellung des Vorsitzenden der Stabschefs dazu zu nutzen, sich als anerkannte
Stimme des Militärs in der Öffentlichkeit zu positionieren. Bereits während des ersten Golfkriegs von 1990 hatte sich Colin Powell bis an die zulässigen Grenzen seiner Möglichkeiten
in die zivile Politikdebatte eingemischt, wie er selbst freimütig zugab: „[U]nser militärischer
Rat beeinflusste die politischen Einschätzungen von Anfang an" (Powell zit. nach Kohn
1994: 11f.; eigene Übersetzung). Auch danach trug er Kritik zu geplanten Militäreinsätzen in
die Öffentlichkeit und formulierte Bedingungen für eine Zustimmung der Stabschefs (Powell
1992). Indem Powell direkt Einfluss auf Politikentscheidungen ausübte und nicht zögerte,

seine Meinungen öffentlich zu äußern, dehnte er nach Meinung vieler Beobachter in unzulässiger Weise seine militärischen Zuständigkeiten in den Bereich der strikt politischen Entscheidungsprärogativen aus, wodurch sowohl die Handlungsoptionen der Bush-Regierung als auch die der Regierung Clinton empfindlich eingeschränkt und die Grenze zwischen sachgemäßer Beratung und aktiver Befürwortung eines bestimmten Kurses eindeutig überschritten wurde (Weigley 1993: 28; Kohn 1994: 12; Desch 1999: 138).

*Die „Gap"-Debatte: Erosion der Integration des Militärs in die Gesellschaft?*

Die hier vorgestellten Entwicklungen zeichnen ein klares Bild über das konfliktbeladene Verhältnis von Regierung und Militär in der ersten Dekade seit dem Ende des Ost-West-Konflikts. Zum Teil war dies den besonderen Umständen geschuldet: Anfang der 1990er Jahre ins Amt gelangt, kam der Clinton-Administration die undankbare Aufgabe zu, die Anpassung der amerikanischen Streitkräfte an die nach dem Ende des Ost-West-Konflikts veränderten Bedrohungsszenarien einzuleiten. Dies bedeutete neben der Reduzierung des Verteidigungshaushalts und der Mannschaftsstärke sowie der Reorganisation der Streitkräfte eben auch ihre Ausrichtung auf neue Aufgaben wie internationale Friedensmissionen. Angesichts des schieren Ausmaßes der Herausforderungen wären Spannungen wohl auch unter einem anderen Präsidenten nicht zu vermeiden gewesen (Szayna et al. 2007: 3). Einige Beobachter jedoch sahen in den Friktionen der Clinton-Jahre nicht nur eine Folge der unterschiedlichen politischen Vorstellungen von ziviler und militärischer Führung, sondern deuteten sie als Ausdruck einer tiefer reichenden kulturellen Kluft zwischen Zivilisten und Militär mit möglicherweise drastischen Konsequenzen für die nationale Sicherheit und die zivil-militärischen Beziehungen in der Zeit nach dem Ost-West-Konflikt.

Die Diskussion schloss an die früheren Debatten von Huntington (1957) und Janowitz (1960) über das „rechte" Verhältnis von militärischen und gesellschaftlichen Wertesystemen hinsichtlich nationaler Sicherheit und ziviler Kontrolle an. Charakteristisch für die Diskussion war Thomas Ricks' (1997) Prognose, wonach das US-Militär dabei sei, sich zu einer Parallelgesellschaft mit einer eigenen, der Mehrheitsgesellschaft kritisch gegenüber stehenden Subkultur zu entwickeln. Zur Unterstützung verwiesen Ricks und andere (Cohen 2002; Snider/Watkins 2000; Kohn 2002) auf eine Reihe von tief greifenden Veränderungen in den amerikanischen Streitkräften, der zivilen Gesellschaft und im internationalen Umfeld, die das Entstehen der von ihm konstatierten „Kluft" im letzten Viertel des 20. Jahrhunderts begünstigt hätten. In erster Linie sei der Wechsel von der (selektiven) Wehrpflicht zum System der Freiwilligen-Armee („All-Volunteer-Force", zur Unterscheidung siehe Info-Box 3.3) zu nennen, da dies dazu geführt habe, dass die Streitkräfte in ihrer schichtspezifischen und ethnischen Zusammensetzung immer weniger repräsentativ für die amerikanische Gesellschaft seien (Ricks 1997, vgl. auch Lehman/Harvey 2002). Zudem entwickelten sich militärische und zivile Lebenswelt und Erfahrungswerte auseinander, da weniger Zivilisten über eigene Erfahrungen im Militär verfügten und die nach dem Vietnamkrieg eingeleitete Professionalisierung der Streitkräfte zur Entstehung einer von den Werten der liberaleren, individualisierten und fragmentierten Gesellschaft deutlich distinkten „Militärkultur" geführt habe. Die gesellschaftliche Polarisierung während des Vietnamkriegs sei ebenso ein Faktor, der zur Herausbildung der „gap" beigetragen habe, wie der sozialkulturelle Wandel, der sich seit den 1960er Jahren in den USA vollzogen hat (Ricks 1997; Desch 2001).

Als weiteren Beleg für die „gap"-These wurde die „Republikanisierung" des Militärs ange-
führt. Demnach sei die lange Tradition der parteipolitischen Neutralität des amerikanischen
Militärs seit den 1970er Jahren einer starken Identifikation mit der Republikanischen Partei
gewichen. Diese gehe einher mit der Distanzierung des Gros der Offiziere und Soldaten von
den zunehmend liberaleren Werten der Gesellschaft (Kohn 2002: 26; Feaver 2003: 33f.).
Hierdurch entstehe eine selbstreferentielle, von der Gesellschaft getrennte „Militärkaste"
(Powell et al. 1994). Auf der anderen Seite fehle es den Zivilisten an Sensibilität für die
Bedürfnisse des Militärs. Unter dem Eindruck des technologischen Wandels und der „Revolutionierung des Militärwesens" überstiegen die Erwartungen der Medien und politischen
Eliten hinsichtlich dessen, was das Militär zu leisten im Stande sei, deutlich seine Möglich-
keiten, während gleichzeitig die Bereitschaft der Wähler und Politiker zur Aufrechterhaltung
des bisherigen Leistungsniveaus in der militärischen Daseinsvorsorge deutlich gesunken sei.

Symptomatisch für die Debatte war allerdings die schwache empirische Fundierung der Argumente, die sich vor allem auf anekdotische Hinweise stützten. Abhilfe versprachen die
Daten der in den Jahren 1998-1999 durchgeführten TISS (Triangle Institute for Security
Studies) Befragung unter knapp 5.000 Angehörigen der militärischen und zivilen Eliten
sowie Bürgern. Die Ergebnisse dieser einzigartigen Studie wurden in mehreren wissenschaftlichen Publikationen aufbereitet. Allerdings erlauben die Daten unterschiedliche Interpretationen. Insgesamt bieten sie allenfalls teilweise Unterstützung für die alarmierenden Diagno-
sen von Ricks und anderen (Feaver/Kohn 2001a, 2001b; Szayna et al. 2007). Zwar bestätigte
sich die These von der Dominanz eines konservativen Weltbilds unter der militärischen Elite
sowie ihrer an den Republikanern orientierten Parteipräferenzen. Insgesamt 63,9% der aktiven Offiziere und damit ein deutlich größerer Anteil als unter den gleichfalls befragten Veteranen und Zivilisten bezeichneten sich als Republikaner. Auch in der Frage des Zugangs von
Homosexuellen zu den Streitkräften unterschieden sich die Meinungen deutlich: 76% der
befragten Offiziere, aber nur 46% der zivilen Entscheidungsträger unterstützten die „Don't
Ask, Don't Tell"-Regelung (Feaver/Kohn 2001b). Gleichfalls erhärtet wurde die Annahme
von einem stärker religiös geprägten Wertesystem der aktuellen Offizierskohorten.

Der Nachweis einer dramatischen Entfremdung zwischen einer an liberalen Grundsätzen
orientierten Gesellschaft sowie den amerikanischen Streitkräften konnte jedoch nicht erbracht werden. Ein Problem bestand darin, dass es sich bei der TISS-Studie nicht um eine
Repräsentativbefragung handelte. Erfasst wurde jeweils nur ein kleiner Teil des Offizierskorps bzw. des gesamten Soldatenbestands der U.S. Streitkräfte. Aber auch inhaltlich ließ die
Studie keine eindeutigen Schlussfolgerungen zu. Die Vorherrschaft konservativer gesellschaftlicher Werte, politischer Einstellungen und parteipolitischer Orientierungen unter Soldaten und Offizieren ist ein gesicherter Befund für viele westliche Gesellschaften (vgl. etwa
zur Bundeswehr Abschnitt 3.2.2). Nicht zuletzt aufgrund der – auch in Wehrpflichtarmeen
vorherrschenden – Überrepräsentation bestimmter Gesellschaftsschichten und Bevölkerungsgruppen sowie der funktionalen Besonderheiten des Soldatenberufs und der Erfordernisse militärischer Effizienz ist ein bestimmtes Maß an Divergenz der Werte- und Einstellungsmuster zwischen Streitkräften und der zivilen Welt zu erwarten. Die Konsequenzen
dieser Unterschiede für die Effektivität von Militär und nationaler Sicherheitspolitik, für die
Integration der Streitkräfte in die bzw. ihre Entfremdung von der Gesellschaft sowie für das
Verhältnis von ziviler und militärischer Führung bleiben unklar. Neuere, als Reaktion auf die

Ergebnisse der TISS-Studie von der Armee in Auftrag gegebene Auswertungen des Datenmaterials förderten ein großes Maß an Übereinstimmung zwischen Zivilisten und Militärs in den meisten der für die zivil-militärischen Beziehungen besonders relevanten Politikfragen zu Tage und konnten weder die „gap"-These noch die daraus abgeleiteten Warnungen bestätigen (Szayna et al. 2007).

## 3.1.3    Zivil-militärische Beziehungen im frühen 21. Jahrhundert

Ein Großteil der skizzierten Probleme wurde an der Person Clinton festgemacht (vgl. Perlez 2000). Mit der Amtsübernahme durch George W. Bush war daher allgemein die Erwartung verbunden, dass sich das Verhältnis zwischen der militärischen und der zivilen Führung normalisieren würde. Bush hatte sich schon sehr früh in seinem Wahlkampf an Veteranen und aktive Soldaten als wichtige Wählergruppen gewandt. In seinen Reden attackierte Bush die amtierende Administration heftig. Sie habe das Militär vernachlässigt, es mit Auslandseinsätzen im Rahmen zweifelhafter Friedenseinsätze überfordert und sei insgesamt ihren Führungspflichten nicht nachgekommen. Bush versprach: "Help is on the way" (Bush 2000).

Dementsprechend hoch waren die Erwartungen an seine Präsidentschaft (Scarborough 2000). Sie sollten enttäuscht werden. Statt der erwarteten „Normalisierung" der zivil-militärischen Beziehungen waren die beiden Amtszeiten des Präsidenten durch zahlreiche Friktionen geprägt. Bereits unmittelbar nach seiner Amtsübernahme sorgten Pläne zur Transformation des Militärs für Verstimmungen zwischen Verteidigungsminister Donald Rumsfeld, dem Apologeten der neuen Kriegführung und der Revolutionierung des Militärwesens, und den Stabschefs. Rumsfelds Führungsstil war geprägt vom Hang zum Mikromanagement und Misstrauen gegenüber der noch von Clinton ernannten Militärführung (Scarborough 2003; Woodward 2008). Die militärische Führung ging zusehends in Opposition gegen die ehrgeizigen Pläne, vor allem, weil ihrer Meinung nach die gesetzliche Verpflichtung der zivilen Führung zur Einholung militärischer Expertise und Beratung systematisch ignoriert und das Vertrauensverhältnis von politischer und militärischer Führung tief erschüttert worden war (ebd.). Die Terroranschläge vom 11. September 2001 und der kurzzeitige Popularitätsschub der Bush-Regierung ("rally 'round the flag"-Effekt, vgl. Mueller 1973) ließen die vorhandenen Konflikte nur vorübergehend in den Hintergrund treten. Meinungsverschiedenheiten hinsichtlich der Planung und Durchführung der Kriege in Afghanistan und vor allem im Irak kumulierten 2006 in dem koordinierten Protest sechs hochrangiger, ehemaliger Generäle, die in den Medien den Verteidigungsminister zum Rücktritt aufforderten („Revolte der Generäle", vgl. Cloud/Schmitt 2006). Die zivil-militärischen Beziehungen waren so zerrüttet, dass die vom amerikanischen Kongress mandatierte "Iraq Study Group" in ihrem Bericht vom Dezember 2006 dringend ihre „Reparatur" anmahnte (Baker/Hamilton 2006: 52).

Trotz der Bemühungen von Präsident Barack Obama (seit 2009) um eine Entspannung (Ackerman 2008; King 2009; Desch 2009) blieben die zivil-militärischen Beziehungen spannungsreich. Während es der neuen Administration in der Frage um die Reform der "Don't Ask, Don't Tell"-Politik gelungen ist, ohne öffentliche Misstöne und in Abstimmung mit dem Militär und dem Kongress Vorschläge zu erarbeiten, die auf eine völlige Öffnung der Streitkräfte hinauslaufen, existieren weiterhin Konfliktbereiche, die auch bei konzilianter Haltung gegenüber den Bedenken der Streitkräfteführungen ein erhebliches Störpotenzial aufweisen. Neben geplanten Einsparungen im Militärhaushalt sowie der weiterhin angestrebten Umwandlung und Anpassung der Streitkräfte an die Herausforderungen des 21. Jahrhunderts (Kohn 2008) betrifft dies insbesondere das Vorgehen in Afghanistan. In dieser Frage sind die zivil-militärischen Beziehungen vermehrt durch Konflikte und auch öffentlich geäußerte Kritik an der politischen Führung geprägt, die von manchen Beobachtern als „direkter Angriff auf die zivile Kontrolle" (Bacevich 2010; Ackerman 2010) gelesen wurden.[23] Das Militär vertritt seine organisatorischen Kerninteressen (Missionen, strategische und operative Kriegführung, Beschaffung von Waffensystemen, etc.) effektiver als früher und nutzt hierzu sämtliche zur Verfügung stehenden bürokratischen Praktiken.

## 3.1.4 Fazit

Die USA verfügen über eine im internationalen Vergleich beispiellose Tradition der zivilen Kontrolle. Die rechtlichen Vorgaben zur Ausgestaltung des Primats der Politik besitzen faktische Geltungskraft. Zusätzlich sind die Grundnormen der zivilen Suprematie auch im Wertesystem der Streitkräfte fest verankert. Allerdings ist es seit dem Ende des Zweiten Weltkriegs in beträchtlichem Maße zu institutionellen und machtpolitischen Veränderungen in den zivil-militärischen Beziehungen gekommen. Die Blockkonfrontation machte es den USA unmöglich, das Grundmuster der vorangegangenen 150 Jahre – Demobilisierung und Zurückfahren der Verteidigungsausgaben – beizubehalten. Die Folge war der Aufbau eines kostspieligen und politisch gewichtigen Militärapparats. Die geänderte Natur der internationalen Bedrohungslage setzte Handlungsanreize für die politischen Akteure, wirkte jedoch nur mittelbar auf die konkreten Politikergebnisse, welche den spezifischen Interessenkonstellationen in Exekutive, Kongress und Militär sowie den Aushandlungsprozessen zwischen diesen Akteuren geschuldet waren.

Der Politikwechsel im Kalten Krieg und der Aufstieg der USA zur westlichen Führungsmacht hat die Bedeutung der Streitkräfte politisch wie ökonomisch enorm gesteigert. Darüber hinaus führten die skizzierten Maßnahmen zur Zentralisierung der politischen Autorität auf Seiten der Exekutive, die sich nahtlos in das Gesamtbild einer insgesamt stetig gewachsenen Bedeutung des Präsidentenamts und der Exekutivgewalt im politischen System der USA einfügt. Obgleich sich die Verfassungswirklichkeit recht weit von der ursprünglich dem Kongress zugedachten tragenden Rolle im Bereich der Sicherheits- und Verteidigungspolitik

---

[23] Die in diesem Zusammenhang in der amerikanischen Öffentlichkeit am stärksten wahrgenommene Friktion zwischen der Militärführung und der Obama-Administration war die im US-Magazin „Rolling Stone" vom Oberbefehlshaber der Koalitionstruppen in Afghanistan, General Stanley McChrystals, geübte heftige Kritik an der Afghanistanpolitik der US-Regierung. McChrystal verlor daraufhin seinen Posten. Der renommierte Verfassungs- und Demokratietheoretiker Bruce Ackerman verglich die Affäre mit dem Konflikt zwischen Präsident Harry S. Truman und General Douglas MacArthur im Jahre 1951. Truman hatte sich der Forderung MacArthurs nach Ausweitung des Koreakrieges auf die Volksrepublik China und dem Einsatz von Atomwaffen widersetzt und den General wegen seines fortgesetzten und teilweise öffentlichen Drängens im April 1951 von seinem Posten abgesetzt. Ackerman argumentierte, dass die McChrystal-Affäre bedrohlicher sei als der Konflikt zwischen Truman und MacArthur: Während MacArthur für seine Haltung keine Unterstützung im Militär hatte, trifft McChrystals Kritik die vorherrschende Stimmung im Offizierskorps (Ackerman 2010).

entfernt hat, verfügt er weiterhin über sehr wirkungsvolle Einflussmöglichkeiten in der Au-
ßen-, Sicherheits- und Verteidigungspolitik. Neben der *power of the purse* und dem Gesetz-
gebungsrecht hat er vielfältige Möglichkeiten zur Prüfung, Kontrolle und Aufsicht über bun-
desstaatliche Behörden, Programme, Aktivitäten und Maßnahmen, die sich auch auf den
Bereich der Streitkräfte erstrecken.

Die Tendenz zur Zentralisierung wurde auch auf Seiten des Militärs vollzogen. Mit der Aufwertung der Rolle der Kommandoobefehlshaber und des Vorsitzenden der Vereinigten Stabschefs formierte sich auf Seiten des Militärs ein Machtblock mit bedeutenden Einflussmöglichkeiten. Allerdings beruhte diese Entwicklung auf dem intentionalen Handeln des Gesetz-
gebers, ist also nicht das Ergebnis einer politischen Verselbstständigung der Streitkräfte. Die
grundlegenden Verfassungsbestimmungen zum Verhältnis von ziviler und militärischer
Macht wurden nicht angetastet. Die Gewährleistung der zivilen Kontrolle blieb eine stetige
Leitlinie im Handeln der politischen Eliten. Dennoch ist nicht von der Hand zu weisen, dass
mit dem Ende des Ost-West-Konflikts ein Wandlungsprozess in den zivil-militärischen Be-
ziehungen eingesetzt hat, der mit einer anhaltenden Verschlechterung der zivil-militärischen
Beziehungen einhergeht, die, wie die Entwicklung während der Präsidentschaft von George
W. Bush (2001-2009) und unter der Regierung Obama (seit 2009) gezeigt hat, auch über die
Clinton-Ära hinweg virulent geblieben sind oder sogar noch an Schärfe gewonnen haben.

## 3.2      Militär und Politik in Deutschland

Das Verhältnis von Politik und Militär in Deutschland hat seit der Gründung des Deutschen
Reiches 1871 bis heute einschneidende Veränderungen erfahren. Vom Dualismus der politisch-militärischen Führungsorganisation im Deutschen Reich und der „Stillen Diktatur"
General Ludendorffs zwischen 1916 und 1918, über den Attentismus der Reichswehrführung
in den ersten Jahren der Weimarer Republik bis hin zu ihrer aktiven Rolle beim Umbau der
parlamentarischen Demokratie in ein autoritäres Präsidialsystem war die Stellung des deutschen Militärs durch Autonomiestreben und das Beharren auf einer eigenständigen politischen Gestaltungsmacht geprägt. Erst nach dem Regimewechsel zur totalitären Diktatur 1933
wurde das deutsche Militär „zu einem reinen staatlichen Exekutivorgan der politischen Führung" reduziert (Müller 1979: 45). Die Wiederbewaffnung der beiden deutschen Staaten in
den 1950er Jahren vollzog sich zwar unter gänzlich unterschiedlichen außen- und innenpolitischen Rahmenbedingungen; Bundeswehr und Nationale Volksarmee waren jedoch organisatorisch und politisch fest in die jeweiligen Bündnisstrukturen von NATO und Warschauer
Pakt integriert. Ein nationaler Sonderweg in der Verteidigungs- und Sicherheitspolitik war
damit ebenso ausgeschlossen wie die Instrumentalisierung des Militärs als Mittel nationaler
Machtpolitik (Kutz 1997: 278).

In beiden Staaten sollten die neugegründeten Armeen kongruent zur jeweils bestehenden
Staats- und Gesellschaftsverfassung sein. Für das autoritäre Parteiregime der DDR bedeutete
dies die Übernahme des sowjetischen Modells der Parteikontrolle, wobei die Nationale
Volksarmee (NVA) im Auftrag der Partei agierte, die ihrerseits die NVA kontrollierte. In der
liberalen Demokratie Westdeutschlands wurden normative und institutionelle Regelungen

eingeführt, die die Wertordnung des Grundgesetzes auf die Bundeswehr übertragen sollten (Bald 2005: 43). Die Instrumente zur Verwirklichung dieser Leitideen waren eine auf die Prinzipien der parlamentarischen Kontrolle, der politischen Verantwortlichkeit der Streitkräfte und der liberalen zivil-militärischen Verhältnisse verpflichtete Wehrverfassung (zum Begriff vgl. Info-Box 3.1) sowie eine an den Prinzipien der „Inneren Führung" und des „Staatsbürgers in Uniform" orientierte Reform des Militärs (Bald 2005: 32).

---

**Info-Box 3.1:** *Wehrverfassung und Wehrsystem*

Wehrverfassung bezeichnet die Gesamtheit aller rechtlichen Regelungen über die Aufstellung, Führung und Verwendung der Streitkräfte einschließlich grundlegender Bestimmungen zum Oberbefehl, Auftrag und Einsatz der Streitkräfte, den Zuständigkeiten einzelner Verfassungsorgane, der militärischen Führungsstruktur und ihren Kompetenzen, den Prinzipien und Regeln der politischen Kontrolle des Militärs und den Bestimmungen zum Rechtsstatus der Soldaten sowie seiner Ausgestaltung. Wehrsystem umschreibt hingegen in erster Linie die Form der Personalrekrutierung (Wehrpflicht- oder Freiwilligensysteme) für die Streitkräfte, ihre innere Organisation, Personalstruktur, Ausbildung und Ausrüstung. Wehrverfassung und Wehrsystem bilden gemeinsam die Wehrstruktur der Streitkräfte (Werkner 2005: 92ff.). Im Allgemeinen ist die Wehrverfassung eines Staates stark durch historische Erfahrungen, politische Leitbilder und institutionelle Pfadabhängigkeiten geformt, während Wehrsysteme zusätzlich auch den Einfluss wirkungsmächtiger Militärdoktrinen und aktuelle sicherheitspolitische Erfordernisse reflektieren. Für beide gilt jedoch, dass einmal etablierte Strukturen zählebig und nur schwer kurzfristig veränderbar sind.

---

Die insgesamt mehr als einhundert Jahre zivil-militärischer Beziehungen in Deutschland bilden eine zu umfangreiche Thematik, als dass sie in dieser Einführung erschöpfend dargestellt werden können. Stattdessen sollen in diesem Kapitel einige zentrale Aspekte des Verhältnisses von Militär und Politik vor und nach 1945 umrissen werden. Hierzu bietet der erste Teil einen knappen Überblick zur Entwicklung des Verhältnisses von Militär und Politik in Deutschland bis 1945. Der historische Abriss dient als Folie für das Verständnis der Neuordnung der zivil-militärischen Beziehungen nach 1945. Sie wird im zweiten Teil analysiert. Anschließend gehen wir auf die Entwicklung seit 1990 ein und umreißen drei Problembereiche: (1) die „Abwicklung" der NVA und die Integration ihrer Angehörigen in die Bundeswehr; (2) die Rolle der Bundeswehr als Instrument der bundesdeutschen Außenpolitik („Armee im Einsatz"), sowie (3) die jüngst zugunsten des Übergangs zur Freiwilligenarmee entschiedene Debatte um die Wehrpflicht in der Bundeswehr. Der vierte und letzte Teil fasst die Betrachtungen zusammen.

## 3.2.1    Militär und Politik vor 1945

Im Deutschen Kaiserreich von 1871 war das Verhältnis von Militär und Politik geprägt durch den nur in der Krone aufgehobenen Dualismus von politischer und militärischer Führungsorganisation (Rautenberg 2005: 109). Die quasi-autonome Sonderstellung des Militärs im

Staatswesen spiegelte sowohl das Erbe der altpreußischen Militärmonarchie als auch die ungeregelte Koexistenz von „soldatischem Führerstaat" und „parlamentarischem Verfassungsstaat" (Müller 1979: 17; Rautenberg 2005: 109) im Gefüge einer „autoritären Polykratie ohne Koordination" (Wehler 1994: 69) wider. Der Verfassungstheorie nach lag die politische Kontrolle der bewaffneten Macht alleine beim Kaiser. Zwar besaß der Reichstag das Recht, über Militärgesetze und Budgetausgaben abzustimmen; eine wirkliche parlamentarische Kontrolle existierte jedoch nicht. Vielmehr besaß das Militär institutionell garantierte Autonomierechte in der Militär- und Verteidigungspolitik und stand jenseits jeglicher ziviler Überwachung. Das traditionelle Bündnis von Monarchie und Militär sicherte der Armeeführung aber auch in anderen wichtigen Bereichen – namentlich der Außenpolitik – weitreichende Mitspracherechte und erlaubte es ihr, in kritischen Entscheidungssituationen, z.B. im August 1914, den Zeittakt der zivilen Entscheidungsträger zu dominieren (Snyder 1984; Desch 1999: 70). Die Sonderstellung des Militärs im Staatswesen und seine Dominanz in Gesellschaft und Staat zeigte sich zudem in seiner hervorgehobenen Stellung als Träger der inneren Nationsbildung unter konservativ-obrigkeitsstaatlichen Vorzeichen („Schule der männlichen Nation", Frevert 1997: 46), im politisch-sozialen und militärisch-professionellen Elitestatus des Offizierskorps sowie in der Prävalenz von militärisch-kriegerischen Denkkategorien in Staat, Gesellschaft und Politik (Müller 1989: 232f.; Bredow 2008: 66).

Das fragile und alleine vom Kaiser gewahrte Gleichgewicht der militärischen und politisch-administrativen Führung zerbrach im Ersten Weltkrieg aufgrund der politischen Schwäche Kaiser Wilhelms II. und der wachsenden gesellschaftlichen Widerstände gegen seine Regierungspolitik. Die in den ersten beiden Kriegsjahren noch recht feste Kontrolle über die Heeresleitung ging unter der Zweiten Obersten Heeresleitung ab 1916 verloren. Während der „Stillen Diktatur" (Kitchen 1976) General Erich von Ludendorffs lag die Macht faktisch in den Händen der Generale: Mit dem Kaiser als Gallionsfigur übte das Militär einen entscheidenden Einfluss auf die Regierungspolitik aus und konnte Reichskanzler nach Gutdünken ins Amt bringen oder stürzen (Craig 1964: 299), trug selbst aber keine direkte Verantwortung für die inneren Angelegenheiten des Reiches (Desch 1999: 72).

Mit der militärischen Niederlage von 1918 endete auch die indirekte Herrschaft der Generalität. Allerdings folgte auf den Regimewechsel zur demokratischen Republik weder eine grundlegende Neuordnung der zivil-militärischen Beziehungen noch die Aufgabe des politisch-professionellen Doppelstatus der Militärelite (Müller 1979: 21). Auf der Folie dieser allgemeinen Feststellung lassen sich in Bezug auf die Stellung des Militärs in der Politik zwischen 1918 und 1945 vier Entwicklungsphasen unterscheiden (Bracher 1977).

Die erste Phase reichte vom Revolutionsjahr 1918 bis zum Sturz von General Hans von Seeckt, dem Chef der Heeresleitung der Reichswehr (1926). Sie ist charakterisiert durch die schwankende Zusammenarbeit der Militärführung mit der demokratisch legitimierten Führung der Weimarer Republik. In der Verfassungstheorie der Weimarer Republik unterstand die Reichswehr der Kontrolle durch Exekutive und Legislative: Der Reichspräsident hatte den Oberbefehl „über die gesamte Wehrmacht des Reiches" (Art. 47), während der Reichswehrminister unter der Leitung des Reichskanzlers die Befehlsgewalt ausübte. Der Reichstag besaß das Recht, über das Militär betreffende Gesetze sowie über den Militärhaushalt abzustimmen. Die Kommandogewalt lag bei den Chefs der Heeres- und Marineleitung. Die Rolle des im Friedensvertrag von Versailles verbotenen Generalstabs übernahm das Truppenamt (Rautenberg 2005: 109). In der Verfassungsrealität jedoch konnte sich das Prinzip der zivilen Kontrolle nicht durchsetzen. Zwar sicherte die Reichswehr der jungen Republik in den Krisenjahren 1919 bis 1923 das Überleben, als es mehrfach zu Aufständen linker Kräfte und zu Putschversuchen republikfeindlicher Wehrverbände kam. Das maßgeblich durch von Seeckt entwickelte Konzept der „Überparteilichkeit" propagierte jedoch die Verpflichtung der Reichswehr auf ein von der Republik abstrahierendes, mit der demokratischen Verfassungsordnung unvereinbares Staatsideal. Das Credo vom „Staat im Staate" verkörperte den Versuch, sowohl den Doppelanspruch des Offizierskorps als militärisch-professionelle und politisch-soziale Führungselite als auch die eigene Autonomie gegenüber dem parlamentarisch-demokratischen System zu verteidigen (Müller 1979: 22; Bald 1994). Verbunden damit war zugleich die Absicht, die Dominanz von Adel und Bürgertum im Offizierskorps zu bewahren bzw. nach der „Verbürgerlichung" des Heeres in der Spätphase des Kaiserreichs wieder zu stärken (Müller 1979: 24f.) und dadurch den „Staat im Staate" auch sozial abzusichern. Tatsächlich wies „die soziale Zusammensetzung um 1930 [...] eine solche Exklusivität auf, wie sie in Deutschland seit 1860 nicht mehr erreicht worden war. Nahezu 90% des Nachwuchses konnte selektiert werden, um eine fast vollständige soziale und beruflich-ständische Einseitigkeit und ideologische Konformität zu begründen" (Bald 1994: 93).

Die zweite Phase reicht vom Sturz von Seeckts 1926 bis zur irreführend als Machtergreifung bezeichneten „Machtauslieferung" (Tyrell 1986: 52) bzw. „Machtübergabe" (Lepsius 1978) am 31. Januar 1933. Sie steht unter dem Zeichen der zunehmenden politischen Einflussnahme der Reichswehrführung unter Reichspräsident Hindenburg (1925-1934) und mündete schließlich in das interessengeleitete Bündnis mit Hitler. Insbesondere ab 1928 mehrten sich die direkten Eingriffe der Militärführung in die Politik und schließlich auch in die Zusammensetzung der Reichsregierungen. Gleichzeitig avancierte die Reichswehr zu einer wichtigen Stütze beim Umbau der parlamentarischen Demokratie in ein autoritäres Präsidialsystem unter Reichspräsident Hindenburg (Mommsen 1997: 273).

In der dritten Phase, vom Januar 1933 bis zur sogenannten Fritsch-Blomberg-Krise 1938, schwankte die Haltung der Armee zwischen dem Bestreben, sich gegenüber nationalsozialistischen Eingriffen abzuschirmen, und der Bereitschaft zu einer aus der „Teilidentität der politischen Ziele von Wehrmacht und Nationalsozialismus" (Messerschmidt 1992: 378) begründeten Interessengemeinschaft mit dem Regime (Förster 1995: 477). Allerdings erwies sich das auf die „Zwei-Säulen-Theorie"[24] gestützte Bestreben der Armeeführung auf „Eigenständigkeit unter den Bedingungen des totalitären Regimes als Illusion" (Bracher 1977: 347). Tatsächlich machte die „Machteroberung" des totalitären Regimes auch vor der Reichswehr (ab 1935 wieder Wehrmacht) nicht halt. Zupass kam den Nationalsozialisten die tiefe Verwurzelung des Seeckt'schen Attentismus im Offizierskorps sowie die Identität der militärischen und nationalsozialistischen Ziele in Bezug auf die Rüstungspolitik, die Beseitigung der

---

[24] Gemäß der von Hitler propagierten „Zwei-Säulen Theorie" sollten die NSDAP und die Wehrmacht die beiden sich gegenseitig stützenden, aber voneinander unabhängigen Säulen des Dritten Reichs darstellen. Demnach war die NSDAP als alleiniger politischer Willensträger und die Wehrmacht „als militärische Säule und einziger Waffenträger des Reiches" definiert (Förster 2009: 22). Damit begegnete Hitler der Sorge der Generalität vor einer beabsichtigten Verschmelzung von SA und Reichswehr zu einer Volksmiliz unter Kontrolle der Partei.

Versailler Beschränkungen und die „Wehrhaftmachung" der deutschen Gesellschaft, um derentwillen die Militärs bereit waren, die nationalsozialistischen Herrschaftspraktiken hinzunehmen, auch wenn sie tiefe Eingriffe in die militärische Autonomie mit sich brachten.

Der endgültige Abschied von der „überpolitischen Haltung" der Reichswehr, ihre Integration in die Befehls- und Kontrollstrukturen des Regimes sowie ihre Beschränkung auf ein politisch handlungsunfähiges und disponibles Instrument der nationalsozialistischen Politik (Messerschmidt 1992: 392) vollzog sich in mehreren Schritten. Bereits 1934 hatte Hitler im Erlass über die Wehrmachtspropaganda die planmäßige nationalsozialistische Erziehung der Soldaten propagiert. Im gleichen Jahr, nach dem Tode von Reichspräsident Hindenburg, verfügte die Reichswehrführung die Vereidigung der Soldaten auf Hitler persönlich. Die Wiedereinführung der Wehrpflicht 1935 veränderte notwendig die Struktur des bislang geschlossenen Offizierskorps, dem sich nun neue Aufstiegschancen boten (Bracher 1977: 555f.). Mit der Entlassung des Reichskriegsministers und Oberbefehlshabers der Wehrmacht, Werner von Blomberg, aufgrund einer als unehrenhaft angesehenen Heirat sowie der Entlassung des fälschlicherweise der Homosexualität beschuldigten Oberbefehlshabers des Heeres, Werner Freiherr von Fritsch, entledigte sich Hitler im Frühjahr 1938 der wichtigsten Kritiker seiner Außenpolitik und konnte seinen totalen Herrschaftsanspruch auch auf den unmittelbar militärischen Bereich ausdehnen (Kershaw 2002: 93ff.). Damit hatte das Offizierskorps den Rest seiner noch vorhandenen politischen Gestaltungsmacht an Hitler verloren. An die Stelle des preußisch-deutschen Dualismus trat die durch persönliche Machtakkumulation Hitlers charakterisierte „subjektive Kontrolle" des Militärs (Huntington 1957: 113ff.). Ein System der Parteikontrolle, ähnlich dem Sowjetmodell und in kommunistisch-autoritären Parteiregimen (siehe Info-Box 3.2) wurde jedoch erst in der Endphase des Regimes institutionalisiert.

Im Zweiten Weltkrieg wurde die Militärführung zum Werkzeug der nationalsozialistischen Eroberungs- und Zerstörungspolitik. Der Anspruch der Wehrmacht als einziger „Waffenträger der Nation" wurde durch die Aufstellung militärischer SS-Verbände ausgehöhlt" (Müller 1989: 277). Bereits die Einführung der NS-Führungsoffiziere durch Führerbefehl vom 22. Dezember 1943 hatte eine Entwicklung eingeleitet, die die Arme auf mittlere Sicht der Kontrolle der Partei unterstellt hätte (Mommsen 1997: 276). Aber erst nach dem gescheiterten Attentat auf Hitler am 20. Juli 1944 und mit der Ernennung des Reichsführer-SS zum Chef des Ersatzheeres mit direktem Einfluss auf das Heerespersonal, war es der Partei möglich, ihre langgehegten wehrpolitischen Ziele zu realisieren. Die Wehrmacht sollte keine „zweite Säule" mehr neben der NSDAP sein, sondern als „'Schwertarm' der Partei" (Demeter 1963: 193) bloßes Instrument ihres Willens. Letztlich verhinderte wohl nur das baldige Kriegsende „die Realisierung einer durchgreifenden Wehrreform im nationalsozialistischen Sinne" (Förster 1995: 478).

## 3.2.2    Neubeginn der zivil-militärischen Beziehungen in der Bundesrepublik Deutschland

Das Kriegsende am 8. Mai 1945 besiegelte die totale Niederlage des deutschen Militarismus. Die Potsdamer Erklärung vom 2. August 1945 sah für Deutschland die völlige Beseitigung des Militärs vor. Zusammen mit der konsequenten Ausrottung des Nationalsozialismus war sie die Basis der alliierten Überlegungen zum Neuaufbau Deutschlands. Unter dem Eindruck des Kalten Krieges begannen jedoch schon 1949 Verhandlungen über die Wiederbewaffnung Westdeutschlands. Die militärische Neuordnung war bestimmt durch den Dreiklang von *Geschichtsbezug* (Verstrickung des Militärs in die Machtübergabe an Hitler und das nationalsozialistische Vernichtungswerk insbesondere im Osten), *Internationalisierung* (Einbindung der Streitkräfte in die westlichen Bündnisstrukturen) und *Demokratie* (gesellschaftliche Integration der Soldaten, demokratische Erneuerung der Streitkräfte und Institutionalisierung des Primats der Politik; Bald 2005: 16).

*Gründung und Auftrag der Bundeswehr*

Die Gründung der Bundeswehr vollzog sich seit 1950 unter dem von Theodor Blank als „Bevollmächtigter des Bundeskanzlers für die mit der Vermehrung der alliierten Truppen zusammenhängenden Fragen" geleiteten „Amt Blank" (das spätere Bundesministerium für Verteidigung) in mehreren Etappen. Eine im Oktober 1950 der Bundesregierung vorgelegte sogenannte Himmeroder Denkschrift mit Empfehlungen zu Struktur, Umfang und Organisation des künftigen Wehrbeitrags der Bundesrepublik ging noch von der Annahme aus, das westdeutsche Militär werde als „Deutsches Kontingent im Rahmen der Verteidigungskräfte für Europa" aufgestellt und geführt (Rautenberg 2005: 113).[25] Die in dieser Schrift ausgeführten Überlegungen zum Bundespräsidenten als „Oberbefehlshaber" der neuen Streitkräfte in Friedenszeiten und die traditionell geprägten Ansichten zur Trennung von politischen Organen und militärischer Kommandogewalt wurden mit Verabschiedung der Wehrverfassung durch den Bundestag (1956) ad acta gelegt (Rautenberg 2005: 113). Wirkungsmächtiger, wenngleich innerhalb der Bundeswehr lange Zeit umstritten, waren die wesentlich auf Wolf Graf von Baudissin (1907-1993) zurückgehenden Überlegungen zum „Inneren Gefüge" der Bundeswehr, die später in das Konzept der „Inneren Führung" als dem Leitprinzip der demokratischen Ausgestaltung des Militärs in Deutschland einfließen sollten (Rautenberg/Wiggershaus 1977).

Die Voraussetzungen für die Wiederbewaffnung wurden Anfang der 1950er Jahre mit der Entscheidung für eine Westintegration der jungen Bonner Republik geschaffen. Das Interesse der westlichen Partner galt der Sicherstellung eines eigenen Beitrags Westdeutschlands zur Verteidigung Westeuropas. Zugleich sollte die Integration der westdeutschen Armee in die westlichen Bündnisstrukturen ein Wiederaufleben des deutschen Militarismus verhindern. Für die Bonner Republik versprach der Aufbau eigener Streitkräfte höhere Handlungsfreiheit gegenüber den Besatzungsmächten und einen Gewinn an Souveränitätsrechten (Rautenberg 2005: 112). Mit der Verabschiedung der Pariser Verträge und dem Beitritt der Bundesrepublik zur Westeuropäischen Union (WEU) 1954 sowie zur NATO (1955) war der internationale Rahmen der Wiederbewaffnung abgesteckt. Das Pariser Vertragswerk, der NATO-Beitritt und das NATO-Truppenstatut von 1959 sowie die im Besatzungsstatut

---

[25] Der Vertrag über die Europäische Verteidigungsgemeinschaft von 1952 sah die militärische Integration und „Entnationalisierung" deutscher Truppen in einer zu schaffenden gemeinsamen westeuropäischen Armee vor. Nachdem die französische Nationalversammlung 1954 das Vertragswerk abgelehnt hatte, wurde Deutschland durch die Gründung der Westeuropäischen Union (WEU) militärpolitisch eingebunden.

(1949) festgelegten alliierten Vorbehaltsrechte über die Bundesrepublik Deutschland bildeten bis 1990 die Grundpfeiler der Sicherheitsarchitektur und stellten eine dauerhafte Integration der Bundesrepublik in die westlichen Bündnisstrukturen sicher. Die Integrierte Kommandostruktur der NATO garantierte, dass alle einsatzfähigen Truppen der Bundeswehr dem Bündnis unterstellt waren und die Schlüsselstellen der Befehls- und Kommandogewalt dem deutschen Zugriff entzogen blieben. In militär- und sicherheitspolitischer Hinsicht war die Bundesrepublik also ebenso ein „von den Amerikanern 'penetriertes' System" (Bald 2005: 41), wie die Bundeswehr institutionell, führungsorganisatorisch und hinsichtlich ihrer Legitimation eine Bündnisarmee war. Konkret begann der eigentliche Aufbau der Bundeswehr dann 1955 mit der Verabschiedung des Freiwilligengesetzes durch den Bundestag und der Umwandlung der Dienststelle Blank in das Bundesministerium für Verteidigung. Symbolisch vollzogen wurde die Gründung der Bundeswehr mit der Vereidigung der ersten 101 Soldaten in der Bonner Ermekeil-Kaserne im November 1955.

Das Grundgesetz definiert den Auftrag der Bundeswehr wie folgt:

> *„Artikel 87a (Aufstellung und Einsatz der Streitkräfte)*
>
> *(1) Der Bund stellt Streitkräfte zur Verteidigung auf. Ihre zahlenmäßige Stärke und die Grundzüge ihrer Organisation müssen sich aus dem Haushaltsplan ergeben.*
>
> *(2) Außer zur Verteidigung dürfen die Streitkräfte nur eingesetzt werden, soweit dieses Grundgesetz es ausdrücklich zuläßt.*
>
> *(3) Die Streitkräfte haben im Verteidigungsfalle und im Spannungsfalle die Befugnis, zivile Objekte zu schützen und Aufgaben der Verkehrsregelung wahrzunehmen, soweit dies zur Erfüllung ihres Verteidigungsauftrages erforderlich ist. Außerdem kann den Streitkräften im Verteidigungsfalle und im Spannungsfalle der Schutz ziviler Objekte auch zur Unterstützung polizeilicher Maßnahmen übertragen werden; die Streitkräfte wirken dabei mit den zuständigen Behörden zusammen.*
>
> *(4) Zur Abwehr einer drohenden Gefahr für den Bestand oder die freiheitliche demokratische Grundordnung des Bundes oder eines Landes kann die Bundesregierung, wenn die Voraussetzungen des Artikels 91 Abs. 2 vorliegen und die Polizeikräfte sowie der Bundesgrenzschutz nicht ausreichen, Streitkräfte zur Unterstützung der Polizei und des Bundesgrenzschutzes beim Schutze von zivilen Objekten und bei der Bekämpfung organisierter und militärisch bewaffneter Aufständischer einsetzen. Der Einsatz von Streitkräften ist einzustellen, wenn der Bundestag oder der Bundesrat es verlangen."*

Die Überführung des Verfassungsauftrags in konkrete, an der bestehenden sicherheitspolitischen Lage orientierte Funktionszuschreibungen findet sich in militärpolitischen Grundsatzdokumenten wie den „Verteidigungspolitischen Richtlinien" des Bundesministeriums für Verteidigung aus den Jahren 1992 bzw. 2003 sowie im „Weißbuch zur deutschen Sicherheitspolitik und zur Zukunft der Bundeswehr" vom Herbst 2006. Demnach sichert die Bundeswehr Sicherheit und Erhaltung des Friedens („Friedenszeiten"), die Handlungsfreiheit der politischen Führungsorgane im „Spannungsfall" und bewahrt die territoriale Souveränität der

Bundesrepublik Deutschland („Verteidigungsfall"). Allgemein dient sie der Erhaltung au-
ßenpolitischer Handlungsfreiheit und Handlungsfähigkeit, der Gewährleistung europäischer
und globaler Stabilität, der Verteidigung nationaler Sicherheit Deutschlands und seiner Verbündeten und trägt bei zur multinationalen Zusammenarbeit und Integration (BMVg 1992,
2003, 2006; Zoll 2003: 187).

*Integration der Bundeswehr in die Demokratie*

In Anbetracht der historischen Erfahrungen bestand die zentrale Herausforderung bei der
Neustrukturierung der zivil-militärischen Beziehungen aus Sicht der westdeutschen Politik
darin, die zukünftige Armee so in die Grundgesetzordnung einzufügen und verfassungskon-
form zu organisieren, dass von vornherein das erneute Entstehen eines „Staates im Staate"
unterbunden würde (Bredow 2008: 14f.). Für die gesellschaftlich-politische Integration der
Bundeswehr galt in der jungen Bundesrepublik eine Gebot der zweifachen Demokratiekom-
patibilität (Bald 1994, 2005): Die Institutionen, Abläufe und Mechanismen der zivil-
militärischen Beziehungen hatten einerseits vereinbar mit rechtstaatlicher und gewaltenteilig
organisierter Demokratie zu sein; andererseits war die Bundeswehr in ihrer „inneren Verfasstheit" (ebd.) an die normativen, politischen und rechtlichen Vorgaben der Verfassungsordnung und des politischen Prozesses anzupassen. Letzteres hat insbesondere die Ausgestaltung der Stellung des Staatsbürgers im Militär sowie das Konzept der „Inneren Führung"
berührt (Fleckenstein 2005; Bald 2005).

*Verankerung des Primats der Politik in der Wehrverfassung.* Mit der Grundgesetzänderung
(1. Wehrnovelle) vom März 1954 hatte der Bund die Wehrhoheit erhalten. Die 2. Wehrnovelle von 1956 etablierte den verfassungsrechtlichen Rahmen zur Ausgestaltung des Verhältnisses von Militär und Politik in der Bundesrepublik. Mit der sogenannten Notstandsver-
fassung (3. Wehrnovelle) von 1968 wurden Bestimmungen zum Einsatz der Bundeswehr im
Inneren in das Grundgesetz aufgenommen. Zwischen 1968 und 2004 blieb die Wehrverfassung der Bundesrepublik Deutschland unverändert. Erst die Verabschiedung des sogenannten Parlamentsbeteiligungsgesetzes („Gesetz über die parlamentarische Beteiligung bei der
Entscheidung über den Einsatz bewaffneter Streitkräfte im Ausland" hat eine erneute Änderung erbracht, die allerdings den bestehen Zustand nicht abänderte, sondern konkretisierte
(Gareis 2006; Fleckenstein 2005; Bald 2005).

Das Grundgesetz ordnet die Streitkräfte der Exekutive zu. Das „Rechtsinstitut des Oberbefehlshabers" (Bald 2005) wurde abgeschafft. Die Befehls- und Kommandogewalt als „Summe aller Befugnisse zur militärisch-politischen Führung" (Bald 1994: 62) liegt in Friedenszeiten beim Bundesminister der Verteidigung (Art. 65a GG) und geht im Verteidigungsfall
auf den Bundeskanzler über (Art. 115b GG). Der Bundesverteidigungsminister ist oberster
Vorgesetzter des Verteidigungsministeriums, der Bundeswehrverwaltung sowie aller Soldaten. „Oberster Soldat" der Bundeswehr ist der Generalinspekteur. Er folgt im Rang nach dem
Parlamentarischen Staatssekretär. Laut Berliner Erlass aus dem Jahr 2005, der die militärische Spitzengliederung im Verteidigungsministerium neu ordnet, ist der Generalinspekteur
die „zentrale militärische Instanz" der Bundeswehr und ihr höchster militärischer Repräsen-
tant. Er ist verantwortlich für die Bundeswehrplanung und Einsatzfähigkeit der Streitkräfte,
die „streitkräftebezogene(n) ministerielle(n) Fachaufgaben" und gibt die „streitkräftegemein-

samen Grundsätze" vor. Zudem ist der Generalinspekteur der oberste militärische Berater der Bundesregierung, Vorsitzender des Einsatzrates und des Rüstungsrates und nimmt mit beratender Stimme an Sitzungen des Bundessicherheitsrates teil. Darüber hinaus untersteht ihm das Einsatzführungskommando der Bundeswehr in Potsdam, das seit 2001 die Beteiligungen der Bundeswehr an internationalen Einsätzen plant und leitet (Rautenberg 2005; Gareis 2006).

Das Grundgesetz bestimmt ferner eine starke Kontrolle der Streitkräfte durch den Bundestag. Die parlamentarischen Kontrollrechte umfassen (1) Sonderregelungen im Haushaltsrecht, die eine Vergrößerung der Streitkräfte oder ihre Umorganisation ohne Billigung des Bundestages ausschließen (Art. 87a, Abs. 1 GG), (2) die Mitwirkung parlamentarischer Gremien, die den Eintritt des Spannungs- und Verteidigungsfalls feststellen (Art. 80a Abs. 1, Art. 115a, Abs. 1 GG) und die Kontrolle des Parlaments über den Einsatz der Bundeswehr im Inneren (Art. 87a Abs. 4 GG); (3) die parlamentarische Verantwortlichkeit der Bundesregierung sowie (4) insbesondere die Einrichtung eines ständigen Verteidigungsausschusses und (5) die Schaffung des Amtes eines Wehrbeauftragten.

Der Verteidigungsausschuss (Art. 45a, Abs. 2 GG) nimmt unter den Bundestagsausschüssen eine Sonderrolle ein. Zu seinen Aufgaben gehört neben der Beratung von Gesetzesentwürfen, Anträgen und sonstigen Vorlagen die parlamentarische Kontrolle der Streitkräfte. Als einziger parlamentarischer Ausschuss besitzt er das Recht, sich selbst als Untersuchungsausschuss einzusetzen. Weiterhin spielt der Ausschuss eine bedeutende Rolle bei der Beratung und Durchführung des Verteidigungshaushaltes. Des Weiteren wurde 1956 auf Betreiben der SPD nach schwedischem Vorbild die Institution des Wehrbeauftragten eingerichtet (Art. 45b GG). Er wird auf Weisung des Bundestages oder des Verteidigungsausschusses sowie auf eigene Initiative hin tätig, ist zugleich Hilfsorgan des Bundestages bei der Ausübung der parlamentarischen Kontrollrechte und auch Ombudsmann der Streitkräfte. Jeder Soldat kann sich direkt und außerhalb des Dienstwegs an den Wehrbeauftragten wenden. Dieser hat das Recht, sich jederzeit und ohne vorherige Anmeldung in der Bundeswehr Zugang zu verschaffen und volle Akteneinsicht zu verlangen.

Schließlich hat das Bundesverfassungsgericht mit seiner Leitentscheidung vom 12. Juli 1994 und bestätigend in seinem Urteil vom 22. November 2001 zur Entsendung deutscher Truppen *out of area* (also Einsätze außerhalb des Bündnisgebiets) festgestellt, dass die Bundeswehr eine „Parlamentsarmee" sei, für deren Einsatz im Ausland in einem System gegenseitiger kollektiver Sicherheit ein konstitutiver Beschluss des Bundestages erforderlich ist (Parlamentsvorbehalt). Die Formel von der „Parlamentsarmee" ist jedoch insofern missverständlich, als sie nicht daran rüttelt, dass die Bundeswehr zunächst und in erster Linie der Befehlsgewalt der Exekutive untersteht. Allerdings bedarf die Entscheidung der Bundesregierung zum Einsatz der Streitkräfte der obligatorischen Autorisierung durch den Bundestag (Gareis 2006: 185).[26]

---

[26]  Zur Entsendung deutscher Truppen verabschiedete der Bundestag 2004 das „Gesetz über die parlamentarische Beteiligung bei der Entscheidung über den Einsatz bewaffneter Streitkräfte im Ausland".

*Erneuerung der Streitkräfte im Inneren.* Mit Inkrafttreten von Wehrpflichtgesetz, Soldaten-gesetz und Vorgesetztenverordnung 1956 sowie der Verabschiedung der Wehrdisziplinar-ordnung im darauffolgenden Jahr sind die Rechtsstellung der Soldaten im Sinne eines „Staatsbürgers in Uniform" und elementare Bestandteile der Inneren Führung gesetzlich verankert worden. Bundeswehrsoldaten genießen grundsätzlich den vollen Grundrechts-schutz nach Artikel 1 bis 19 GG. Einschränkungen, die sich aus den Besonderheiten des Soldatenlebens ergeben, betreffen die freie Meinungsäußerung, Versammlungsfreiheit und das Petitionsrecht (Art. 17a, Abs. 1 GG). Bundeswehrsoldaten dürfen sich verbandlich orga-nisieren und besitzen (anders als in der Weimarer Republik) das aktive und passive Wahl-recht. Die militärischen Befehls- und Disziplinarbefugnisse sind eingeschränkt und im Un-terschied zu Wehrmacht und Reichswehr gibt es keine militäreigene Gerichtsbarkeit.

Historisch betrachtet ist das Prinzip der „Inneren Führung" das Leitkonzept der demokrati-schen Ausgestaltung des Militärs in Deutschland. Das Konzept nimmt gleichermaßen die Außenbeziehung zur Politik und Gesellschaft (Streitkräfte in der Demokratie) wie die militä-rischen Binnenbeziehungen (Demokratie in den Streitkräften) in den Blick. Die wohl grif-figste Umschreibung dieses, zwischen Traditionalisten und Reformern in der Bundeswehr lange umstrittenen Konzepts stammt von Detlef Bald:

> *„Innere Führung [...] hat zum Ziel, das Militär mithilfe des Ideals vom zivilen Bürger im militärischen Dienst selbst zu reformieren, um es angemessen in den demokra-tisch-parlamentarischen Staatsaufbau einzubinden und um es schließlich in grund-sätzlicher Übereinstimmung mit der pluralistischen Vielfalt einer offenen Gesellschaft zu halten. [...] Innere Führung konstituiert die Bundeswehr; sie ist das Modell der Bundesrepublik für ihr Militär. [...] Innere Führung ist ein politisches Konzept, um dem Militär Normen und Regelwerke erstens für ausgewogene 'politische' Beziehun-gen zu den staatlichen Institutionen und Organen und zweitens für menschenwürdige Verhältnisse innerhalb des eigenen Apparats zur Verfügung zu stellen. [...] Innere Führung ist insofern nicht irgendeine spezielle Reform, sie ist der Ausdruck für das Prinzip der demokratisch-pluralistischen Verfaßtheit von Staat und Gesellschaft, dem sich die Bundeswehr in ihrer jeweils konkreten Gestalt zu stellen hat." (Bald 1994: 53)*

Wie unschwer zu erkennen ist, weist das Konzept der „Inneren Führung" Berührungspunkte zu Morris Janowitz' Professionalismuskonzept auf. Beide fordern die systematische Integra-tion des Militärs in die zivile Gesellschaft und die Kongruenz der inneren Verfasstheit der Streitkräfte zu den Prinzipien der sie umgebenden Staats- und Gesellschaftsordnung. Neben dem Primat der Politik und der Idee des „Staatsbürgers in Uniform", beinhaltet die Vorstel-lung von einer systematischen Integration der Soldaten und ihrer Familien in die pluralisti-sche Gesellschaft auch die „Forderung nach einer nicht einseitigen sozialen Herkunft der Soldaten" (Zoll 2003: 186). Angesprochen ist damit das Problem der sozialen Exklusivität des Offizierskorps vor 1945 und der politischen Geschlossenheit des „Staates im Staate", das seit dem Kaiserreich zu den Kernproblemen der zivil-militärischen Beziehungen in Deutsch-land gehörte. Mit den personal- und bildungspolitischen Strukturreformen der sozialde-mokratisch-liberalen Koalition ab 1969 stabilisierte sich tatsächlich eine neue Rekrutierungs-struktur im (west)deutschen Militär, mit einem deutlich breiteren Anteil von Offizieren aus

Arbeiter- und Angestelltenfamilien sowie aus Familien, in denen der Vater in den einfachen, mittleren und gehobenen Diensten von Post, Bahn und Öffentlicher Verwaltung beschäftigt war (Bald 1994: 94; Kutz 1997: 313). Die protestantische Konfession verlor ihre extreme Dominanz (ein Überbleibsel der Kaiserzeit) und pendelte sich bei einem Anteil von vierzig Prozent ein. Zugleich ging die Eigenrekrutierung des Offizierskorps auf unter fünf Prozent zurück, womit die traditionell hohe Selbstrekrutierungsrate des Offiziersberufs abbrach: „Ca. 75% des Offizierskorps, das seit 1973 eingestellt wurde, kommen danach aus sozialen Schichten, die vor 1945 keinen Zugang zum Offiziersberuf hatten" (Kutz 1997: 298).

Mit der sozialstrukturellen Öffnung ging eine Pluralisierung der politischen Orientierungen in der Bundeswehr einher. Untersuchungen aus den 1970er Jahren schienen noch eine stärker rechtslastige Orientierung unter jungen Offizieren zu zeigen. Die Ergebnisse einer vom Sozialwissenschaftlichen Institut der Bundeswehr (SOWI) im Jahre 2008 unter 2.300 Studierenden an den Bundeswehruniversitäten in Hamburg und München durchgeführten Untersuchung deuten jedoch in eine andere Richtung: Nur ein kleiner Teil, insgesamt dreizehn Prozent der Befragten, weist höhere Zustimmungswerte zu den politischen Vorstellungen der sogenannten Neuen Rechten auf. Bundesweit liegt der Anteil in den entsprechenden Vergleichsgruppen (Altersgruppe der 15- bis 32-Jährigen: 26 Prozent; junge Männer mit Abitur: 21 Prozent) deutlich höher. Lediglich vier Prozent der befragten Studierenden sahen ihre politische Heimat bei den rechtsextremen Parteien NPD, DVU und den Republikanern (SOWI 2010). Zugleich aber ist die Bundeswehr trotz Wehrpflicht kein Spiegel der Gesellschaft, soweit es die politischen Einstellungen und parteipolitischen Präferenzen ihrer Soldaten betrifft. Vielmehr rekrutiert sie die Wehrdienstleistenden, wie ihr gesamtes Personal, eher aus dem konservativen Spektrum der Gesellschaft (Zoll 2003: 192). Hieraus aber eine deutsche Variante der „civil-military gap"-Problematik abzuleiten, scheint überzogen.

## 3.2.3    Militär und Politik seit 1990

Die Herausforderungen in den zivil-militärischen Beziehungen im vereinten Deutschland unterscheiden sich grundlegend von denen der Bundesrepublik zu Beginn der 1950er Jahre und zwar sowohl wegen der seit dem Ende des Ost-West-Konflikts deutlich veränderten sicherheitspolitischen Lage, als auch aufgrund der insgesamt erfolgreichen Integration der Bundeswehr in die Demokratie. Im Folgenden werden mit der Integration der NVA in die Bundeswehr, der Entwicklung der Bundeswehr zu einer „Armee im Einsatz" sowie dem Übergang zur Freiwilligenarmee drei zentrale Aspekte der Entwicklung der zivil-militärischen Beziehungen in Deutschland seit 1990 umrissen.

*Die Auflösung der NVA und die Bundeswehr als „Armee der Einheit"*

Die Auflösung der Nationalen Volksarmee der DDR und die Eingliederung ihrer Soldaten in die Bundeswehr ist ein in der Politikwissenschaft relativ wenig beachteter Aspekt der deutschen Vereinigung. Zugleich markiert sie einen Sonderfall der Reform zivil-militärischer Beziehungen in Demokratisierungsprozessen (vgl. Kapitel 5). Obgleich es sich bei der NVA um das bewaffnete Organ des Staates handelte, war ihre Legitimation als Armee des Sozialismus unauflösbar mit der Legitimität des SED-Regimes verbunden. Mit dessen Kollaps 1989/90 entfiel die Existenzgrundlage des DDR-Staates und damit auch die Begründung für den Fortbestand der Nationalen Volksarmee.[27] Mit dem Beitritt der ostdeutschen Länder zum Geltungsbereich des Grundgesetzes am 3. Oktober 1990 wurden die Wehrverfassung und das Wehrsystem der Bundesrepublik auf die neuen Bundesländer übertragen, die Restbestände der NVA „abgewickelt" und die ehemaligen Angehörigen der NVA als Einzelpersonen in die Bundeswehr eingegliedert. Die in diesem Zusammenhang oft gebrauchte Formel von der Integration der beiden deutschen Streitkräfte ist daher missverständlich (siehe auch Biel et al. 2003). Entsprechend der politischen Vorgaben wurden nicht zwei Armeen und Wehrsysteme vereinigt, vielmehr hörte ein System auf zu existieren, und wurde durch ein anderes ersetzt.

Die Wehrverfassung der DDR war unvereinbar mit den in der Bundesrepublik bestehenden Institutionen. Seit ihrer Aufstellung 1956 war die NVA „eine von politischen Zwecken bestimmte Neugründung, legitimiert durch die Nachkriegsziele der östlichen Siegermacht und den Willen einer Parteioligarchie" (Goldbach 1992: 126). Ihr Verfassungsauftrag lautete, die sozialistischen Errungenschaften des Volkes gegen alle Angriffe von außen zu schützen. Funktional betrachtet war die NVA Parteiarmee und Machtinstrument der SED: Sie unterlag dem gesellschaftlich-politischen Führungsanspruch der Partei, „handelte nach deren Beschlüssen und wurde rückhaltlos durch die Politik der SED vereinnahmt" (Wenzke 1998: 423). Freilich übten die Führungsorgane von Partei und Staat keine eigenständigen Befehlsrechte aus, sondern waren selbst an Direktiven aus Moskau gebunden (Goldbach 1992: 127). Bereits für die 1952 gebildete Kasernierte Volkspolizei wurde nach sowjetischem Vorbild ein eigenständiger politischer Kontrollapparat aufgebaut, was der SED einen unmittelbaren Zugriff auf die Truppe garantieren sollte (Hagemann 2002). Zur Wahrung der Parteiinteressen in den Streitkräften wurde die Politische Hauptverwaltung der NVA geschaffen, die im Ministerium für Nationale Verteidigung angesiedelt war, aber dem Zentralkomitee der SED beziehungsweise dem Generalsekretär unterstand. Zuständig für die Überwachung der NVA und der Grenztruppen der DDR war die Militärabwehr im Ministerium für Staatssicherheit. Parallel zur militärischen Führungsstruktur existierte ein bis auf die Kompanieebene reichendes politisches Befehls- und Indoktrinationssystem. Darüber hinaus war die Militärführung in die politischen Organe integriert. In der Tat war die NVA eine „der am meisten politisierten Armeen des gesamten Warschauer Paktes" (Herspring 2000: 159): Mitte der 1980er Jahre waren 96% der Offiziere und 60% aller Berufsunteroffiziere Mitglied der SED.

Die Parallelität von militärischer Führungsorganisation und Politsystem förderte immer wieder Konflikte. Der Primat der Parteiführung wurde aber von den Offizieren und Mitgliedern der Armeeführung grundsätzlich für legitim erachtet (Hagemann 2002: 238). Die Mehrzahl der NVA-Offiziere sah sich selbst nicht vorrangig als Parteisoldaten, sondern verrichtete ihren Dienst in dem Selbstverständnis, die DDR, den Sozialismus und den Frieden zu schützen (Diedrich 2004). Je höher aber der Dienstgrad, desto schwieriger war die Trennung zwischen militärischem Dienst und Parteimitgliedschaft (Herspring 2000: 86). Wie in den meisten sozialistischen Staaten war das Verhältnis von militärischer und politischer Führung durch Interessenkongruenz und die Einbeziehung der höchsten militärischen Funktionseliten in die Politik der Staatspartei geprägt (siehe Info-Box 3.2).

---

[27]  Zum Regimekollaps und der Demokratisierung in der DDR siehe Merkel 2010a: 353ff.

---

***Info-Box 3.2:*** *Zivil-militärische Beziehungen in sozialistischen Staaten*

Samuel Huntington hat in seinem „The Soldier and the State" die Besonderheiten ziviler Kontrolle in sozialistischen Staaten und einige der spezifischen Mechanismen herausgearbeitet, welche die Unterordnung des Militärs unter die Parteiführung garantieren sollen. Im Mittelpunkt stehen die ideologische Durchdringung des Offizierskorps und die Etablierung eines militärinternen Überwachungsapparats als Bestandteile „subjektiver Kontrolle" (Huntington 1957: 82f.). In den 1970er Jahren wurde eine Reihe von komplexeren theoretischen und konzeptionellen Ansätzen vorgelegt, um die zivil-militärischen Beziehungen und Mechanismen der zivilen Kontrolle in sozialistischen Staaten zu erfassen. Die einflussreichsten Ansätze sind der Kontroll-Ansatz von Roman Kolkowicz, das Symbiose-Modell von Timothy Colton sowie das Kongruenz-Konzept von William Odom. Kolkowicz (1967) interpretierte die zivil-militärischen Beziehungen in der Sowjetunion als hierarchische Beziehung von Partei und Armee. Die Partei besaß mit dem Politkommissariat ein komplexes und effektives Kontrollsystem innerhalb der Streitkräfte, das die Loyalität und Unterordnung der Armee garantierte. Colton (1979) kritisiert diese konfliktive Sichtweise und stellt ihr die These von der Koalition oder Symbiose der Militär- und Parteiführung entgegen. Demnach würde die Loyalität der Streitkräfte nicht primär durch ideologische Überwachung und Indoktrination sondern durch Einbindung der Militäreliten in die Parteispitze sichergestellt. Nach Odom (1973, 1978) wird in Parteiendiktaturen die zivile Kontrolle primär durch Interessenkonvergenz gewährleistet. Partei- und Militärführung sind den gleichen nationalen Zielen verpflichtet, ihre jeweilig besonderen korporativen und politischen Interessen schließen sich jedoch gegenseitig nicht aus, so dass sie ein kooperatives Verhältnis eingehen. Tatsächlich lassen sich die Ansätze komplementär begreifen, indem sie unterschiedliche Aspekte und Phasen in der historischen Entwicklung der zivil-militärischen Beziehungen in sozialistischen Systemen beleuchten (Perlmutter/LeoGrande 1982).

---

Die institutionelle und personelle Verflechtung von Militärspitzen und Parteigremien wirkte Konflikten zwischen politischer und militärischer Führung effektiv entgegen. Darüber hinaus war die NVA (ähnlich wie die BRD) eine Bündnisarmee und vollständig unter sowjetischer Kontrolle und Aufsicht. Daher war sie weder institutionell, noch ideell in der Lage, politisch als unabhängige Größe zu agieren. Der Umstand, dass „sich die meisten Offiziere als Subjekte der Politik und nicht als Mitgestalter der Politik sahen" (Herspring 2000: 198) erklärt zu einem großen Teil auch das passive Verhalten der NVA während des Zusammenbruchs des SED-Regimes. Jene Mechanismen der Parteikontrolle, die in den Jahrzehnten zuvor den Primat der Partei gesichert hatten, verhinderten auch im November 1989 Alleingänge des Militärs. Zudem erhöhte die Eigendynamik von politischem Protest und Massenmobilisierung massiv die Repressionskosten einer mit militärischer Gewalt erzwungenen Schließung des Regimes („chinesische Lösung"), zumal auch für die Armeeführung erkennbar war, dass die Sowjetunion eine militärische „Lösung" der Regimekrise in der DDR nicht mittragen würde. Ohne die Unterstützung der Sowjetunion gab es jedoch keine realistische Erfolgsaussicht für ein Eingreifen des Militärs, alleine oder im Bündnis mit Hardlinern in der SED.

Der Zusammenbruch des SED-Regimes bedeutete das Ende des bestehenden Systems der Parteikontrolle. Noch im November 1989 trat der langjährige Minister für Nationale Verteidigung, Armeegeneral Heinz Keßler, von seinem Amt zurück. Sein Nachfolger, Admiral Theodor Hoffmann, berief die Kommission „Militärreform der DDR" ein, die im Dezember 1989 den Status einer Regierungskommission bekam. Bis Mitte Februar 1990 waren die Politische Hauptverwaltung und alle Politorgane in der NVA aufgelöst. Noch vor den ersten freien und fairen Volkskammerwahlen vom März 1990 wurde die NVA der parlamentarischen Kontrolle unterstellt, die Militärgerichtsbarkeit abgeschafft und der für die Überwachung der NVA zuständige Verwaltungsbereich des ehemaligen Ministeriums für Staatssicherheit aufgelöst (Digutsch 2007). Die nach der Volkskammerwahl von Rainer Eppelmann (DA/CDU), dem neuen Minister des umbenannten Ministerium für Abrüstung und Verteidigung der DDR, ins Spiel gebrachte „Zwei-Armeen-Theorie", nach der es in einem vereinigten Deutschland für eine Übergangszeit noch zwei eigenständige Armeen geben sollte, war spätestens nach der Zustimmung der Sowjetführung zu einer NATO-Mitgliedschaft des vereinigten Deutschland im Juli 1990 vom Tisch. Sukzessive wurde der Personalbestand der NVA reduziert, von ca. 135.000 Personen Anfang 1990 (Wenzke 1998: 520) auf 90.000 Soldaten im Herbst 1990. Mit der Vereinigung am 3. Oktober 1990 hörte die NVA offiziell auf zu existieren und Offiziere der Bundeswehr (West) übernahmen das Kommando über alle militärischen Verbände und Einrichtungen in den fünf neuen Bundesländern. Sofern sie nicht bereits den Dienst quittiert hatten, wurden alle höheren Offiziere entlassen. Insgesamt „erbte" die Bundeswehr etwa 50.000 ehemalige Berufs- und Zeitsoldaten der NVA. Davon wurden etwa 11.000 Personen oder zehn Prozent der Gesamtstärke der NVA 1989/90 in längerfristige Dienstverhältnisse als Berufs-/Zeitsoldaten übernommen (BMVg 1998).

Die Literatur bewertet die „Abwicklung" der NVA und die personelle Eingliederung ihrer Soldaten in die Bundeswehr überwiegend positiv (Herspring 2000). Das Urteil zur Bundeswehr als einer „Armee der Einheit" (BMVg 1994) fällt zwiespältiger aus (Biehl et al. 2003). Die Kritik gilt zum einen der vergleichsweise geringen Zahl an NVA-Soldaten die von der Bundeswehr übernommen wurden. Ein weiterer Kritikpunkt betrifft die anfangs schleppend verlaufende „gesellschaftliche Integration" der Bundeswehr in den neuen Bundesländern. Repräsentativumfragen zeigen für die ersten zehn Jahre nach der Vereinigung ein deutlich höheres Desinteresse der Ostdeutschen an der Bundeswehr und an Fragen der Sicherheits- und Verteidigungspolitik als in Westdeutschland; die Unterstützung für die Bundeswehr und ihre Einsätze wie auch für die Einbindung in die NATO war in den neuen Bundesländern signifikant geringer als in den alten Bundesländern; der Anteil der Befragten mit einer „guten Meinung" über die Bundeswehr lag unter West-Niveau, der Prozentsatz derer mit einer schlechten Meinung hingegen war deutlich höher (Biehl et al. 2003: 221f.). Insgesamt erinnerte das Einstellungsmuster in Ostdeutschland am Ende der ersten Dekade nach der Vereinigung „an das Meinungsbild der Westdeutschen in den 1960er Jahren" (ebd., 207). Erst zu Beginn des letzten Jahrzehnts ist es der Bundeswehr gelungen, auch in den neuen Bundesländern eine breite gesellschaftliche Anerkennung zu erringen, so dass die Bürger in Ost und West inzwischen überwiegend positiv zu den Streitkräften stehen (Klein 2005: 480).

*Die Bundeswehr als „Armee im Einsatz"*

Unter den Vorzeichen des Ost-West-Konflikts war die bundesdeutsche Sicherheitspolitik durch die militärische Bedrohung durch den Warschauer Pakt geprägt. Für die große Mehrheit der Bundesbürger und der Soldaten war die Landes- und Bündnisverteidigung bis zur Wiedervereinigung die einzige akzeptierte Daseinslegitimation der Bundeswehr (Kümmel 2004). Außerhalb der Landes- und Bündnisverteidigung wurden Einsätze des Militärs bis 1989 in einem breiten politisch-gesellschaftlichen Konsens abgelehnt (Gareis 2006: 174).

**Tab. 3.1:** *Aktuelle Auslandseinsätze der Bundeswehr (Stand August 2010)*

| Einsatz | Mandat erteilt | Auftrag | Soldaten |
|---|---|---|---|
| Operation Active Endeavor (*OAE*) | 11/2001 | Überwachung des Mittelmeers im Rahmen der Bekämpfung des internationalen Terrorismus | 30 |
| United Nations-African Union Hybrid Mission in Dafur (*UNAMID*) | 11/2007 | Überwachung des Waffenstillstandsabkommens im Süd-Sudan | 8 |
| United Nations Mission in Sudan (*UNMIS*) | 4/2005 | Überwachung und Kontrolle der Umsetzung des Friedensabkommens zw. Nord- und Süd-Sudan | 30 |
| United Nations Interim Force in Lebanon (*UNIFIL*) | 9/2006 | Kontrolle der Seewege vor dem Libanon | 235 |
| United Nation Assistance Mission in Afghanistan (*UNAMA*) | 3/2002 | Unterstützung der afghanischen Regierung und ihrer Institutionen bei der Umsetzung der Bonner Beschlüsse | 1 |
| European Security Sector Reform Mission Congo (*EUSEC*) | 5/2005 | Integration von Milizkräften in die Armee der DR Kongo | 3 |
| Operation Althea / European Union Force (*EUFOR*)* | 11/2004 | Absicherung des Friedensprozesses in Bosnien-Herzegowina | 110 |
| European Training Mission for Somalia (*EUTM*) | 3/2010 | Ausbildung von Rekruten der somalischen Armee in Uganda | 6 |
| ATALANTA / European Naval Force (*ATALANTA*) | 12/2008 | Sicherung der See- und Handelswege vor der Küste Somalias | 280 |
| Kosovo Force (*KFOR*) | 6/1999 | Absicherung des Friedens im Kosovo; Aufbau und Ausbildung kosovarischer Sicherheitskräfte; Zusammenarbeit mit EULEX. | 1.420 |
| International Security Assistance Force (*ISAF*) | 12/2001 | Unterstützung für die afghanische Regierung bei der Wahrung der Menschenrechte, Herstellung u. Sicherung von Stabilität, Rückführung von Flüchtlingen u. humanitäre Hilfe | 4.490 |

Anmerkung: *Vorgängermissionen seit 1995 waren IFOR und SFOR. Zu einer Zusammenstellung der abgeschlossenen Auslandseinsätze der Bundeswehr siehe Gareis 2006.
Quelle: eigene Zusammenstellung; OAE: www.nato.int/cps/en/natolive/topics_7932.htm; UNAMID: www.un.org/en/peacekeeping/mission/unamid; UNMIS: unmis.unmissions.org; UNIFIL: www.un.org/en/peacekeeping/missions/unifil; UNAMA: www.unama-afg.org; EUSEC: www.consilium.europa.eu/show-Page.aspx?id=909&lang=DE; EUFOR: www.euforbih.org; EUTM: www.eutmsomalia.eu; ATALANTA: www.eunavfor.eu; KFOR: www.nato.int/kfor; SAF: www.nato.int/SAF

Nach dem Ende der Blockkonfrontation hat sich die Auftragslage der Bundeswehr grundlegend verändert. Galt ihr Einsatz vor 1990 als „'undenkbarer Ernstfall' und nur infolge eines Angriffs des Warschauer Paktes auf den Westen vorstellbar" (Gießmann/Wagner 2009: 3), so ist die Bereitschaft zur Verwendung militärischer Mittel in den letzten beiden Jahrzehnten sukzessive gewachsen. Die von der rot-grünen Koalition formulierten Verteidigungspolitischen Richtlinien von 2003 halten in Bezug auf den funktionalen Wandel der Bundeswehr fest, dass „die herkömmliche Landesverteidigung gegen einen konventionellen Angriff als allein strukturbestimmende Aufgabe der Bundeswehr [...] nicht mehr den aktuellen sicherheitspolitischen Erfordernissen" (BMVg 2003) entspricht. Mehr noch, auf absehbare Zeit ist die Verteidigung der territorialen Unversehrtheit und politischen Unabhängigkeit der Bundesrepublik gegen Angriffe konventioneller Streitkräfte die unwahrscheinlichste aller Einsatzformen. Stattdessen gehören „out-of-area" Einsätze zur internationalen Konfliktverhütung und Bewältigung regionaler Krisen, zur Abwehr terroristischer und asymmetrischer Bedrohungen sowie die Beteiligung an Interventionen im Rahmen von Systemen gegenseitiger kollektiver Sicherheit (UNO, OSZE, WEU, NATO) mittlerweile zum „Kerngeschäft" der Bundeswehr. Mit dem Aufstieg des transnationalen Terrorismus sind zudem die Grenzen zwischen innerer und äußerer Sicherheit undeutlicher geworden, so dass für bestimmte Bereiche auch über den Einsatz der Streitkräfte im Inneren nachgedacht wird.

Seit dem deutschen Beitrag zur Kambodscha-Mission der Vereinten Nationen (UNTAC) zwischen Mai 1992 und November 1993 haben sich die Aufgaben und Einsatzformen der Bundeswehr immer weiter ausdifferenziert bis hin schließlich zur Beteiligung deutscher Soldaten an Kampfhandlungen außerhalb der Bündnisgrenzen (siehe Tabelle 3.1). Mit der Internationalisierung des Einsatzgebiets und der Ausdifferenzierung der Funktionen geht die Multinationalisierung der Bundeswehr einher: Inzwischen verfügen sämtliche deutschen Großverbände über bi- oder multinationale Anteile und Stäbe. Neben der 1987 ins Leben gerufenen Deutsch-Französischen Brigade und dem von Deutschland, Frankreich, Belgien, Spanien und Luxemburg getragenen Eurokorps gibt es ein Deutsch-Niederländisches Korps, das von Dänemark, Deutschland und Polen getragene Multinationale Korps Nordost sowie eine deutsche Komponente der Schnellen Eingreiftruppe der NATO. Zudem beschlossen die EU-Staaten im Jahre 2004 den Aufbau von bis zu 13 EU-Gefechtsverbänden zur Krisenreaktion („EU Battlegroups").

Die deutlich erhöhte Bereitschaft der Politik zum Einsatz der Bundeswehr nach 1990 hat eine tief greifende Transformation der Streitkräfte angestoßen. Sie ist charakterisiert durch einen „Prozess permanenter Anpassung" (BMVg 2006: 102) an veränderte sicherheitspolitische Herausforderungen, den Wandel gesellschaftlicher Rahmenbedingungen, wehrtechnische Innovationen und die steigenden Erfordernisse von Ausbildung, Organisation und Einsatzführung aufgrund verstärkter Interoperabilität zwischen verschiedenen Funktionsbereichen und in multinationalen Einsätzen (BMVg 2006; Gareis 2006: 178ff.; Bredow 2008: 215ff.). Im Zuge ihrer „Transformation" soll die Bundeswehr von alten und vermeintlich oder tatsächlich überflüssigen Aufgaben und Strukturen befreit sowie an die funktionen Herausforderungen des geänderten Bedrohungsumfelds zu Beginn des neuen Jahrhunderts angepasst werden (vgl. Gareis 2006).

*Die Bundeswehr im Übergang zur Freiwilligenarmee*

Die Strukturreform der Bundeswehr ist gegenwärtig eine der wichtigsten politischen Gestaltungsaufgaben. Im Brennpunkt der aktuellen politischen Debatte stand insbesondere die Frage, ob das Personalrekrutierungsmodell der Wehrpflichtarmee aufgrund des Funktionswandels der Streitkräfte von der „Kriegsabschreckungs-Armee" zur schnell und flexibel intervenierenden Deeskalations- und Einsatzarmee (Bredow 2008: 165) noch angemessen war. Mit der Entscheidung zur Aussetzung der Wehrpflicht zum März 2011 wurde nicht nur eine verteidigungspolitische Entscheidung zugunsten einer professionellen Freiwilligenarmee getroffen, sondern auch eine langjährige gesellschaftspolitische Diskussion in der Bundesrepublik beigelegt.

---

**Info-Box 3.3:** *Wehrpflicht- und Freiwilligensysteme*

Hinsichtlich der Personalrekrutierung von Streitkräften lassen sich zwei Grundtypen unterscheiden: das Wehrpflichtsystem sowie das Freiwilligensystem. Beide müssen ihrerseits in unterschiedliche Wehrformen (Milizsystem oder Wehrpflichtarmee; freiwillige Milizstreitkraft oder Berufsstreitkräfte) differenziert werden (Haltiner 1998; Klein 2004; Tresch 2005). Von einem System der allgemeinen Wehrpflicht ist streng genommen nur dann zu sprechen, wenn die Verpflichtung zum Wehrdienst für alle Staatsangehörigen in einer bestimmten Altersgruppe gilt. In den meisten Staaten (Ausnahme: z.B. Israel) erfasst die Wehrpflicht jedoch nur Männer. Im öffentlichen und wissenschaftlichen Sprachgebrauch wird aber in der Regel nicht zwischen allgemeiner und genereller Männerwehrpflicht differenziert. Systeme, in denen bestimmte Bevölkerungsgruppen aus politischen, ökonomischen oder kulturellen Gründen von der Wehrpflicht ausgenommen sind, werden als selektive Wehrpflichtsysteme bezeichnet. Eine selektive Wehrpflicht existiert auch, wenn aus Bedarfsgründen weniger Wehrpflichtige eingezogen werden als grundsätzlich verfügbar sind (Klein 2004: 9f.). Im Unterschied dazu ist das Wehrmodell einer Freiwilligenarmee – genauer: der freiwilligen Präsenz- oder Berufsstreitkraft (Tresch 2005) – durch Berufssoldaten und -offiziere sowie zeitlich begrenzt angestellte professionalisierte Soldaten und Offiziere gekennzeichnet (*professional armies*).

---

Seit Gründung der Bundeswehr wurden wiederkehrend Debatten über die sicherheits-, aber auch finanz- und gesellschaftspolitische Angemessenheit der Wehrpflicht sowie die Vor- und Nachteile eines Wechsels zur Freiwilligenarmee (siehe Info-Box 3.3) geführt (Klein 2004: 25). Für die Notwendigkeit der Wehrpflicht bzw. ihre Beibehaltung wurde eine Reihe von Begründungen ins Feld geführt: (1) grundsätzliche Erwägungen zur demokratischen Einbettung der Streitkräfte in die Gesellschaft (besondere Demokratieangemessenheit der Wehrpflicht und Verhinderung eines „Staat im Staate"); (2) ihre mäßigende Wirkung auf die Anfälligkeit des demokratischen Entscheidungsprozesses zum leichtfertigen Einsatz des Militärs in der Außenpolitik (restriktivere Entsendepolitik bei Wehrpflichtarmee aufgrund stärkerer Betroffenheit breiter Gesellschaftsschichten); (3) die gesicherte „Aufwuchsfähigkeit" der Bundeswehr in Krisenzeiten; (4) die Funktion der Wehrpflicht als Mechanismus zur Rekrutierung qualifizierter Zeit- und Berufssoldaten sowie (5) die nicht intendierten

Folgen der Beendigung der *Männer*wehrpflicht auf andere gesellschaftliche Bereiche, insbesondere die Notwendigkeit der Erhaltung des Zivildienstes (vgl. Varwick 2000; Werkner 2004; Bredow 2008; Pfaffenzeller 2010).

Die drei zuletzt genannten Punkte wurden vor allem von Militärs selbst, von Sozialpolitikern und von den Vertretern der Wohlfahrtsverbände vorgebracht. Sie lassen sich nicht in toto von der Hand weisen. So zeigt der Blick auf die Erfahrungen der beiden anderen in diesem Kapitel diskutierten Fälle Japan und den USA, dass die Nachwuchsrekrutierung in Freiwilligenarmeen aufwändig und kostspielig ist und nur unter großen Schwierigkeiten den Bedarf an qualifiziertem Personal decken kann (Hook 1996; National Research Council 2004). Zudem hat sich der Zivildienst zu einer wichtigen Personalsäule im Gesundheits- und Pflegesystem entwickelt.

Allerdings gab es seit jeher auch Gegenargumente. So bezeichnete Dieter Lutz die allgemeine Wehrpflicht schon Ende der 1990er Jahre als „militärisch überflüssig, verfassungsrechtlich bedenklich und finanziell belastend" (1998). Ob eine Wehrpflichtarmee tatsächlich „billiger" ist als eine Berufsstreitkraft, wie mitunter behauptet, muss bezweifelt werden. Neuere Analysen kommen zu einem gegenteiligen Ergebnis, da neben den direkten Budgetkosten auch die volkswirtschaftlichen Kosten der Wehrpflicht in Rechnung zu stellen sind (wie z.B. Opportunitätskosten, Effizienzverluste, ineffiziente Nutzung menschlicher Begabung, und der Verlust von kostengünstigen Lösungen aus Spezialisierung) (Trabold et al. 2006). Ebenfalls umstritten ist, ob der Wegfall des Zivildienstes bei einem Wechsel von der Wehrpflicht- zur Freiwilligenarmee nicht insgesamt mit einer volkswirtschaftlichen Nutzensteigerung einhergeht. Zudem sind alternative Modelle für einen (freiwilligen) Sozialdienst denkbar. Letztlich entbehrt es auch nicht einer gewissen Ironie, wenn die wehrsystematische Grundentscheidung für oder gegen die Wehrpflicht von sachfremden sozialpolitischen Überlegungen abhängig gemacht wird und die Unverzichtbarkeit des zivilen Einsatzes die Beibehaltung der Wehrpflicht begründet.

Die ersten beiden Argumente – die Demokratieförmigkeit der Wehrpflicht und ihre mäßigende Wirkung auf das Außenverhalten von Demokratien in Bezug auf den Einsatz militärischer Gewalt – betreffen insbesondere die gesellschaftspolitische Dimension der Debatte. Sie sind für die hier diskutierte Problematik der Beziehungen von Militär und Politik in der Demokratie besonders wichtig. Allerdings kann die Annahme von einer allgemein mäßigenden Wirkung der Wehrpflicht auf die Bereitschaft von Staaten, Krieg zu führen, in Anbetracht der deutschen Erfahrungen intuitiv nicht überzeugen.[28] Vielmehr scheint es, dass hier Effekte der inneren Verfasstheit von Staaten mit denen des Wehrsystems vermischt werden. Aber auch wenn das Argument nur auf Demokratien bezogen wird, ist es cum grano salis zu betrachten. Ein quantitativ-empirischer, systematischer Vergleich der Effekte der Wehrform auf das außenpolitische Handeln und die Neigung demokratischer Regierungen und Parlamente, ihre Soldaten in militärische Konflikte zu schicken, steht unserer Kenntnis nach noch aus. Die These, dass die Hemmschwelle für den Einsatz der Streitkräfte in Demokratien mit

---

[28] In der jüngeren deutschen Geschichte haben Preußen und das Deutsche Reich fünf Kriege (1864, 1866, 1870/71, 1914-1918, 1939-1945) mit Wehrpflichtarmeen geführt.

Berufsheer aufgrund der größeren „Gesellschaftsferne" der Streitkräfte (geringere „Opfer-sensitivität" der Bürger) und der damit einhergehend größeren Handlungsspielräume der politischen Entscheidungsträger geringer ist als im Falle von Wehrpflichtarmeen, lässt sich in Ermangelung einschlägiger Forschungen weder erhärten noch widerlegen.[29] Die vermeint-lich demokratische Tradition und besondere Angemessenheit der allgemeinen Wehrpflicht für die Demokratie war das im deutschen Diskurs wohl am häufigsten bemühte Argument für die Wehrpflicht. Der spätere Bundespräsident Theodor Heuss nannte sie 1949 „das legitime Kind der Demokratie" und Theodor Blank argumentierte, dass nur durch die Wehrpflicht eine enge Verbindung zwischen Streitkräften und parlamentarischer Demokratie erreicht werden könne (Pommerin 2005: 303).

Allerdings gibt es keinen theoretisch begründeten oder empirisch signifikanten Zusammen-hang von Wehrpflicht und Demokratie. Die Wehrpflicht ist historisch betrachtet das Ergebnis der Herausbildung moderner Nationalstaaten und der Rekrutierungserfordernisse der neuzeit-lichen Massenheere (vgl. auch Bald 2005: 149; Frevert 1997). Die reklamierte demokratische Tradition der allgemeinen Wehrpflicht ist zudem gerade in Deutschland besonders schwach. So war die Einführung der Wehrpflicht in Preußen primär getragen von der „Erkenntnis, dass der verschuldete und wirtschaftlich schwer mitgenommene Staat ein starkes Stehendes Heer leichter auf der Grundlage der Allgemeinen Wehrpflicht erhalten könne, als auf der Basis der friderizianischen Heeresaufbringung" (Wohlfeil 1983: 186, zit. nach Pommerin 2005: 300). Das Diktum von der Wehrpflicht als dem „legitimen Kind der Demokratie" hat insofern seine Berechtigung, als es im 19. Jahrhundert auch liberale und demokratische Forderungen gab nach einer allgemeinen Volksbewaffnung als Instrument zur Eingliederung des Militärs in ein konstitutionell verfasstes, bürgerliches Gemeinwesen (Frevert 1997: 39f.) Im preußi-schen Militärstaat und im Kaiserreich degenerierte sie jedoch zum Instrument der militaristi-schen Durchdringung und Disziplinierung der Gesellschaft (Bald 1994: 105). Die im Versailler Vertrag erzwungene Aufgabe der Wehrpflicht förderte natürlich die Separation der Reichs-wehr von der Gesellschaft. Als Ursache für den „Staat im Staate" taugt diese Erklärung jedoch nicht. Der Wille der Reichswehroffiziere, ihre Institution von den demokratischen Institutionen abzuschotten, war älter und wurde durch die Demokratisierung des politischen Systems nach 1918 noch gestärkt. Nicht zuletzt war der Wechsel von der Berufs- zur Wehrpflichtstreit-macht im Jahre 1935 Bedingung für die Realisierung der aggressiven Expansionspläne des nationalsozialistischen Totalitarismus. Nach dem Zweiten Weltkrieg wurde sowohl in der bun-desdeutschen Demokratie (1956) als auch in der DDR (1962) die Wehrpflicht eingeführt.

---

[29]    Allerdings glauben Feaver und Gelpi (2004) in ihrer Untersuchung der Entscheidungsprozesse und Entschei-dungsgründe für den Einsatz der US-Streitkräfte in militarisierten zwischenstaatlichen Disputen zwischen 1816 und 1992 zeigen zu können, dass die Wahrscheinlichkeit für einen solchen Einsatz negativ mit der militärischen Erfahrung der politischen Elite zusammenhängt. Demnach sinkt die Wahrscheinlichkeit für die Eröffnung und Ausweitung militarisierter zwischenstaatlicher Dispute, je höher der Anteil der Veteranen im amerikanischen Kongress und in der Regierung ist. Zu beachten ist allerdings, dass hier über den Grad der militärischen Erfah-rung der politischen Entscheidungsträger, nicht über unterschiedliche Präferenzen der Wähler hinsichtlich des Einsatzes von Wehrpflichtigen- oder Berufsarmeen argumentiert wird. In einer Folgeuntersuchung zeigen die Autoren, dass nicht die Opfersensitivität der amerikanischen Wähler, sondern die von ihnen wahrgenommenen Erfolgsaussichten eines Militäreinsatzes entscheidend sind für die Akzeptanz von Auslandseinsätzen der Streit-kräfte im Rahmen von humanitären Missionen, militarisierten Konflikten oder zwischenstaatlichen Kriegen (Gelpi et al. 2009).

Zudem zeigt der vergleichende Blick auf die Empirie zu Beginn des 21. Jahrhunderts, dass zwischen Demokratie und Wehrpflicht kein statistischer Zusammenhang besteht. Vielmehr ist die Wehrpflicht gegenwärtig (August 2010) die präferierte Wehrform in semidemokratischen und autokratischen Regimen.[30] Zu diesem Ergebnis passt der Befund von Pfaffenzeller (2010: 487). Er stellt in seiner Auswertung des Zusammenhangs von Regimetyp und Wehrform auf der Grundlage der Daten des Freedom House-Instituts[31] fest, dass der durchschnittliche Demokratiegrad und die Qualität politischer Freiheitsrechte in politischen Systemen mit Wehrpflicht deutlich geringer sind als in Staaten ohne gesetzliche Wehrpflicht.

Diese statistischen Angaben erlauben freilich keine Rückschlüsse auf kausale Zusammenhänge zwischen Regimetyp und Wehrsystem. Sie reflektieren aber die allgemeine Entwicklung seit dem Ende des Ost-West-Konflikts. Im Ganzen betrachtet ist seit Mitte der 1990er Jahre in Europa ein deutlicher Trend zur Umwandlung von Wehrpflichtarmeen zu Freiwilligenstreitkräften zu erkennen (Tresch 2005). Inzwischen haben 25 von insgesamt 43 europäischen Staaten mit Streitkräften dieses Wehrmodell übernommen; innerhalb der EU sind es 20 von 27 Staaten. Von den insgesamt 25 Mitgliedsstaaten der NATO praktizieren achtzehn ein Freiwilligensystem (Pfaffenzeller 2010).[32] Doch auch über Europa hinaus ist der weltweite Trend eindeutig: Immer mehr Länder nehmen Abschied von der Wehrpflicht. Die Debatte um die Aussetzung der Wehrpflicht hatte insofern eine spezifisch deutsche Komponente, als sie noch immer im Rückbezug auf die historischen Erfahrungen der Weimarer Republik geführt wurde. Tatsächlich entsprach die Charakterisierung der Bundeswehr als Wehrpflichtarmee jedoch bereits seit längerem nur sehr eingeschränkt der Wirklichkeit. Die durchschnittliche Wehrpflichtrate – verstanden als Anteil Wehrpflichtiger am aktiven Streitkräftebestand – lag selbst während des Ost-West-Konflikts bei nur 46% und zwischen 1990 und 2001 ging sie auf 36% zurück (Tresch 2005: 253). Im Jahre 2009 ist der Anteil der Grundwehrdienstleistenden (GWDL) und der freiwillig länger Dienst Leistenden (FWDL) auf 14,8% bzw. 10% gesunken; der übrige Soldatenbestand rekrutiert sich aus Berufssoldaten und -offizieren (22,8%) sowie Zeitsoldaten (52,4%, vgl. Apt 2010: 1).

Zugleich ist die absolute Zahl der Wehrdienstleistenden in Deutschland seit der Wiedervereinigung ständig gesunken: 2009 lag sie um 68% unter dem Niveau von 1991. Die Zahl der Zivildienstleistenden hat seit Ende der 1990er Jahre aufgrund der selektiven Einberufungspraxis eine vergleichbare Entwicklung genommen, obgleich die Zahl der Anträge auf

---

[30]  Unsere eigene statistische Auswertung von Daten zum Regimetyp (nach dem Polity IV-Projekt) und Wehrverfassung in insgesamt 149 Staaten, für die zum Stichtag 30. August 2010 ausreichend Daten vorhanden waren, zeigt, dass 44 von 86 Demokratien (51%) die gesetzliche Wehrpflicht haben. Unter den Autokratien liegt der Anteil der Wehrpflichtsysteme bei 60%, unter den sogenannten „Anokratien" (d.h., politische Systeme mit demokratischen und autoritären Strukturmerkmalen) lag der Anteil bei 57,5%.

[31]  Freedom House erhebt seit Anfang der 1970er Jahre Daten zur Verwirklichung politischer Rechte und bürgerlicher Freiheiten in inzwischen 193 Staaten weltweit. Der „Freiheitsindex" politischer Regime erfasst die beiden getrennten Dimensionen politischer Rechte (*political rights*) und Bürgerrechte (*civil rights*). Beide Indizes umfassen eine Skala von 1 bis 7. In der Summe ergeben sie einen Indikator politischer und bürgerlicher Freiheiten. Niedrige Werte zeigen ein hohes Niveau an Freiheit, hohe Werte hingegen ein niedriges Niveau an (Freedom House 2010a). Zu einer Kritik der verschiedenen Varianten der empirischen Demokratiemessung, ihren Vorzügen sowie ihren Schwächen siehe Lauth 2004.

[32]  Dänemark bei geltender Wehrpflicht; Polen hat 2010 den Übergang zur Freiwilligenarmee vollzogen.

Kriegsdienstverweigerung weniger stark zurückging und deutlich mehr junge Männer den Kriegsdienst verweigern, als zur Bundeswehr einrücken (siehe Abb. 3.2). In Anlehnung an Haltiner (1998) sprechen Tresch (2005: 127) und Bredow (2008: 147f.) daher zu Recht von der Bundeswehr als einer „unechten" oder „Pseudo-Wehrpflichtarmee".

**Abb. 3.2:** *Einberufungen zum Grundwehrdienst und Zivildienst, 1961-2009*

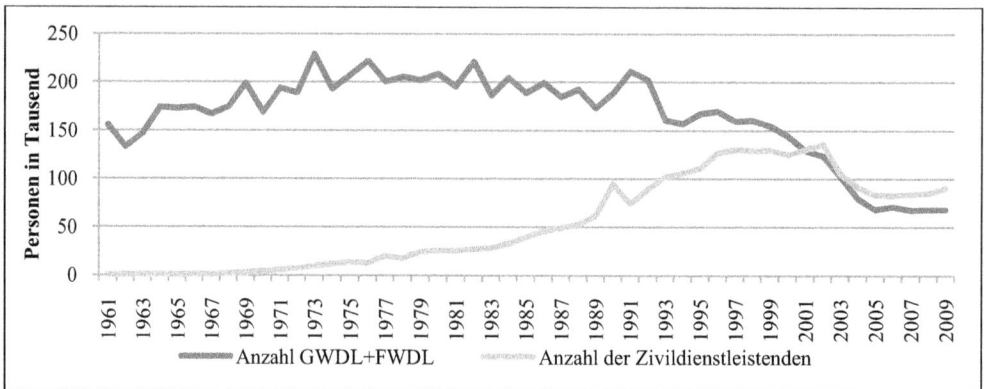

Anmerkung: GWDL: Grundwehrdienstleistende; FWDL: Freiwillig Wehrdienst leistende Soldaten, d.h.,Grundwehrdienstleistende, die im Anschluss an den Grundwehrdienst einen zusätzlichen freiwilligen Wehrdienst von mindestens zwei und höchstens 13 Monaten leisten, jedoch keine Soldaten auf Zeit sind. Der Rückgang der Anzahl der Anträge auf Kriegsdienstverweigerung ist im Wesentlichen eine Folge der Reduzierung der Zahl als tauglich eingestufter Männer.
Quelle: Bundesamt für den Zivildienst 2011

Eng verknüpft mit dem Wandel der Bundeswehr zur „Pseudo-Wehrpflichtarmee" ist die aus legitimatorischer und verfassungsrechtlicher Sicht zunehmend prekäre Situation der Wehrgerechtigkeit in der Bundesrepublik.[33] Die Differenz zwischen der Zahl der Wehrpflichtigen eines Jahrgangs und der tatsächlich Wehr- oder Ersatzdienst Leistenden ist mittlerweile beträchtlich: So leisteten beispielsweise im Jahr 2008 nur 43% eines männlichen Jahrgangs bzw. 67% der sogenannten Wehrdienstfähigen (also der tatsächlich als tauglich gemusterten Männer in einem Jahrgang) den Wehr-, Zivil- oder einen ähnlichen Dienst.[34] Stellt man hingegen auf die geschätzte Zahl der tatsächlich verfügbaren (einberufbaren) Wehrpflichtigen ab,[35] erhöht sich die „Ausschöpfungsquote" auf 46% (Fleischhauer 2007: 185). Zwar hat das Bundesverwaltungsgericht in seiner Entscheidung vom 19. Januar 2005 festgestellt, dass die

---

[33]  Dies gilt insbesondere auch seit die Bundeswehr für Frauen geöffnet wurde.

[34]  Ein Grund für diese Entwicklung sind die in Reaktion auf die Bedarfslage der Bundeswehr erweiterten Gründe für eine dauerhafte Freistellung vom Wehrdienst sowie die verschärften Tauglichkeitskriterien. Von den 417.300 im Jahr 2009 mit der Vergabe eines Tauglichkeitsgrades gemusterten jungen Männern wurden insgesamt 45,7 Prozent als „nicht wehrdienstfähig" oder „vorübergehend nicht wehrdienstfähig" eingestuft (Wehrbeauftragter 2009: 47).

[35]  D.h. erfasste Größe eines männlichen Jahrgangs abzüglich Nicht-Gemusterter, Wehrdienstunfähiger, Wehrdienstausnahmen (z.B. Angehörige von Polizei u. Bundesgrenzschutz) sowie Kriegsdienstverweigerer. Die „Abschöpfungsquote" entspricht also dem Anteil der tatsächlich Einberufenen an den einberufbaren Wehrpflichtigen (Fleischhauer 2007: 185).

zuletzt verfolgte Einberufungspraxis nicht gegen das Prinzip der Wehrgerechtigkeit verstößt (BVerwGE 122, 331 <339>). Doch in Öffentlichkeit und Fachkreisen wurde die Wehrgerechtigkeit als kaum mehr gewährleistet beurteilt (Zoll 2001: 487; ähnlich Bredow 2008: 160). Dies spiegelt sich auch in Umfragen zur gesellschaftlichen Akzeptanz der Wehrpflicht wider. Zwar schwanken die Befunde hierzu je nach Frageformulierung, Befragungskontext und Jahr. So belegt Paul Klein anhand von Umfragedaten aus den Jahren 1988 bis 1994 einen starken Meinungsumschwung: In der Gruppe der 18- bis 24-jährigen Männer sei bereits Ende der 1980er Jahre nur noch eine Minderheit für die Beibehaltung der Wehrpflicht gewesen (Klein 2005: 475).

Der Trend zur Freiwilligenarmee in Europa, haushaltspolitisch motivierte Überlegungen zur weiteren Verkleinerung der Streitkräfte, militärfachliche Zweifel, ob sich die Wehrpflicht auf Grundlage der geänderten Bedrohungslage für die Bundesrepublik noch sicherheitspolitisch begründen lässt, die Entwicklung der Bundeswehr zur „Pseudo-Wehrpflichtarmee" und damit einhergehend die zunehmend prekäre Wehrgerechtigkeit sind starke Argumente für die Aussetzung oder Abschaffung der Wehrpflicht, zumal auch der Verweis auf die besondere Demokratieangemessenheit dieser Wehrform nicht überzeugt.

## 3.2.4    Fazit

Vor dem Hintergrund der historischen Erfahrungen muss die Neuordnung der zivil-militärischen Beziehungen in der Bundesrepublik Deutschland nach 1945 als gelungen gelten. Das verfassungsrechtlich verankerte Primat der demokratisch legitimierten Institutionen und die bestehenden Kontrollnormen und Beaufsichtigungsmechanismen haben sich als ebenso widerstandsfähig wie unantastbar erwiesen. Die Bundeswehr hat seit ihrer Gründung 1955 keine Bestrebungen zur politischen Eigenständigkeit erkennen lassen. Trotz des in den ersten Jahrzehnten spannungsreichen Verhältnisses zwischen Befürwortern und Gegnern der Zivilisierung des soldatischen Leitbilds („Traditionalisten" vs. „Reformer", vgl. Schmückle 1971) ist ihre innere Erneuerung in Kongruenz zur Staats- und Gesellschaftsverfassung der Bundesrepublik gelungen: die Bundeswehr ist kein „Staat im Staate". Auch den Übergang von der west- zur gesamtdeutschen Armee hat die Bundeswehr erfolgreich bewältigt. Weder während noch nach der Vereinigung sind Anzeichen für eine Krise der Beziehungen von Militär und Politik in der Bundesrepublik Deutschland zu erkennen gewesen.

Dementsprechend unterscheiden sich die neuen Herausforderungen an das Verhältnis von Militär und Politik in der Bundesrepublik zu Beginn des zweiten Jahrzehnts im 21. Jahrhundert grundlegend von den Schwierigkeiten, die in den 1950er und 1960er Jahren zu bewältigen waren. Sie betreffen zum einen die massiven Herausforderungen an die Transformationsfähigkeit der Streitkräfte sowie die Gestaltungsleistung der politischen Entscheidungsträger in diesem Prozess. Die zweite große Herausforderung betrifft das Verhältnis von Militär und der es umgebenden Gesellschaft. Die „Entmythologisierung" des Militärs (Bald 2005: 47) ist in der Bundesrepublik weit vorangeschritten. Das Berufssoldatentum ist eine vom Hauch der sozialen Normalität umgebene Tätigkeit („occupation", Moskos 1977). Die Bundeswehr ist anders als Reichswehr und Wehrmacht keine totale Institution (Goffman 1973). Im Ganzen betrachtet geht die Entwicklung vielmehr zum „postmodernen" Militär (Moskos et al. 2000; Fleckenstein 2000): Frauen sind inzwischen zur Bundeswehr zugelassen und

Homosexuelle sind integriert. Der Zivildienst ist zum Massenphänomen geworden und die gesellschaftliche Milieubindung der Wehrpflichtigen bleibt während ihrer Dienstzeit erhalten (Fleckenstein 2005: 7). Die Haltung der Öffentlichkeit gegenüber der Bundeswehr ist durch Indifferenz und „freundliches Desinteresse" (Horst Köhler) geprägt. Einerseits ist die Bundeswehr eine der öffentlichen Institutionen mit den höchsten Vertrauenswerten in der Bevölkerung und genießt allgemein relativ hohe Zustimmungsraten (SOWI 2006). Humanitäre Hilfs- und Katastropheneinsätze ohne Waffeneinsatz („Kriseninterventionsarmee 'light', Wiesendahl 2002: 115) erfahren breite Unterstützung. Andererseits verbinden immer weniger Menschen ihre individuelle Sicherheit mit dem Vorhandensein des Militärs; das Interesse der Bürger an Sicherheitspolitik und den Streitkräften ist mehrheitlich gering (Zoll 2003: 197). In der öffentlichen Wahrnehmung ist die Bundeswehr immer weniger „ein 'Gemeinschaftsgut, gegenüber dem sich alle verpflichtet fühlen, sondern immer mehr eine 'staatliche Dienstleistungsagentur'" (Reeb 2009: 21). Inwieweit diese Entwicklung die gesellschaftliche Integration der Streitkräfte in Deutschland bedroht, oder ob dies lediglich auf der Werte- und Verhaltensebene die Entwicklung hin zur „professionalisierten" Freiwilligenarmee wie in anderen „post-heroischen Gesellschaften" in Europa und Japan widerspiegelt, muss vorerst offen bleiben. Offensichtlich ist jedenfalls, dass auch nach 1990 keine Anzeichen für eine Krise der zivil-militärischen Beziehungen oder gar eine Erosion der zivilen Kontrolle in der Bundesrepublik Deutschland zu erkennen sind. Die Bundeswehr ist weiterhin fest in der bundesdeutschen Gesellschaft verankert.

## 3.3  Militär und Politik in Japan

Die Anfänge der modernen zivil-militärischen Beziehungen in Japan reichen zurück in die Epoche der Meiji-Restauration zwischen 1868 und 1912. Die in dieser Zeit einsetzende Militarisierung und Aufrüstung, die 1945 in die Niederlage Japans im Zweiten Weltkrieg mündete, sowie die bestimmende Rolle des Militärs in diesem Prozess haben die zivil-militärischen Beziehungen in der Nachkriegszeit nachhaltig geprägt. Allerdings fällt der Kontrast zwischen der Rolle des Militärs vor und nach dem Zweiten Weltkrieg in Japan noch stärker aus als in Deutschland. Denn zum einen war der politische Einfluss des japanischen Militärs vor 1945 größer als in Deutschland. Zum anderen entstand in Japan nach dem Zweiten Weltkrieg ein System der zivilen Kontrolle, das anders als in Westdeutschland nicht die Integration der Streitkräfte in die demokratische Gesellschaft und den Aufbau eines demokratischen Kontrollsystems betonte, sondern das Ziel der „Eindämmung" verfolgte (Katahara 2001), mit dessen Hilfe verhindert werden sollte, dass das japanische Militär jemals wieder ein politisches Eigenleben entwickeln würde.

Da das Verhältnis von Militär und Politik in Japan bis heute vor dem Hintergrund der historischen Erfahrungen mit Militarismus und Militärherrschaft zu sehen ist, wird in diesem Kapitel zunächst ein Überblick über die zivil-militärischen Beziehungen in der Vorkriegsperiode geliefert. Im Anschluss daran werden die Ursprünge der zivil-militärischen Nachkriegsordnung, ihre Entwicklung sowie das System der „bürokratischen Kontrolle" als Gegenentwurf zur „militärischen Kontrolle" der Vorkriegsepoche dargestellt. Abschließend gehen wir auf die Transformation der zivilen Kontrolle seit den 1990er Jahren ein.

# 3.3.1 Zivil-militärische Beziehungen vor 1945

Die Entwicklung der zivil-militärischen Beziehungen in Japan vom Beginn der Meiji-Restauration bis zum Ende des Zweiten Weltkriegs kann in drei Perioden unterteilt werden. Die *erste* Phase erstreckte sich von 1868 bis in die 1880er Jahre. In dieser Gründungszeit entstanden überhaupt erst ein modernes japanisches Militär sowie eine moderne, d.h. an westlichen Vorbildern orientierte, aber zur Selbstlegitimation auf ältere Traditionen zurückgreifende Staats- und Herrschaftsordnung. Die *zweite* Phase der zivil-militärischen Beziehungen reichte bis zum Ende der Parteienkabinette 1932. Sie war durch den Dualismus von militärischer und politischer Führungsmacht sowie eine eigenständige politisch bedeutsame Rolle des Militärs gekennzeichnet. Im Unterschied zur Reichswehr der Weimarer Republik zog sich das japanische Militär jedoch nicht auf einen vermeintlich unpolitischen Professionalismus („Staat im Staate") zurück; vielmehr beanspruchten ambitionierte Teile des Offizierskorps die direkte Herrschaft. Die *dritte* Phase begann Anfang der 1930er Jahre und endete mit der Kriegsniederlage 1945. In dieser Zeit herrschte das Militär, das nach außen eine aggressive Expansionspolitik verfolgte und im Inneren nach Gleichschaltung, Ideologisierung und Mobilisierung der Gesellschaft für den totalen Krieg strebte.

*Das Entstehen eines modernen Militärs*

Historischer Vorläufer der heutigen Selbstverteidigungsstreitkräfte war die Kaiserliche Armee Japans. Ihr Entstehen war das Ergebnis der japanischen Modernisierungsbemühungen in der zweiten Hälfte des neunzehnten Jahrhunderts. Seit der Errichtung des Tokugawa-Shogunats (1603) hatte in Japan das *Bakufu* („Zeltregierung") bestanden, ein feudalistisches System der Militärregierung mit dem Shogun als oberstem Militärführer an der Spitze. Der in Kyoto residierende Kaiser (*Tenno*) diente der Militärherrschaft als Legitimationsfigur, während die Regierung tatsächlich in den Händen des *Shogun* lag und auf lokaler und regionaler Ebene von den Samurai sowie den Feudalfürsten (*Daimyo*) ausgeübt wurde. Die Tokugawa-Herrschaft wurde 1868 durch eine Militärrevolte oppositioneller Daimyos gestürzt. Unmittelbarer Auslöser der Rebellion war das Versagen der Regierung, wirkungsvoll auf die Bedrohung Japans durch die westlichen Kolonialmächte zu reagieren. Allerdings trafen die Westmächte auf ein erstarrtes und geschwächtes Regime, das nicht in der Lage war, sich an die neue internationale Situation anzupassen, dringend notwendige Wirtschafts- und Verwaltungsreformen durchzuführen und die bestehende starre Gesellschaftsordnung aufzubrechen. Das Zusammentreffen von innerer Schwäche und äußerer Bedrohung führte zur Formierung einer Bewegung zur „Wiederherstellung der Kaiserlichen Macht". Die treibenden Kräfte waren Samurai aus den Lehensfürstentümern Choshu, Satsuma und Tosu. Ihnen gelang es 1868, den letzten Tokugawa-Shogun zu stürzen.

Das Ende des *Bakufu* leitete eine fünf Jahrzehnte lange Phase der gesellschaftlichen und politischen Neuordnung ein. Ziel dieser als „Meiji-Restauration"[36] bekannten Entwicklung war die Auflösung der feudalen Gesellschaftsstrukturen und die Schaffung eines modernen japanischen Staates. Da es den Kräften der Modernisierung an Legitimität, Einfluss und

---

[36] So benannt nach dem Regierungsmotto („aufgeklärte Herrschaft") des Tenno Mutsuhito (1868-1912).

militärischer Macht mangelte, um ganz Japan unter einer zentralen Führung zu einen und zu beherrschen, bedienten sie sich der symbolischen Macht des Tenno als dem rechtmäßigen Herrscher Japans. Mit dem Beginn der Meiji-Restauration ging die Zentralgewalt formal auf den Tenno über. Tatsächlich jedoch lag die Macht in den Händen einer neuen Führungselite der „Meiji-Oligarchen", die sich aus jenen Fürstentümern rekrutierten, die das Shogunat gestürzt hatten. Sie dominierten als hohe Beamte, Minister oder Berater des Kaisers die Politik der Meiji-Epoche.

Die Bildung einer schlagkräftigen Armee war notwendig, um den Herrschaftsanspruch der neuen Ordnung nach innen durchzusetzen und nach außen abzusichern. Um der Zentralregierung ein eigenes Heer zur Seite zu stellen, wurde 1871 die Kaiserliche Garde zusammengestellt und dem neugegründeten Ministerium für Heeresangelegenheiten untergeordnet. Damit war der Grundstein für eine nationale Armee gelegt. Sie entstand 1873, nach der Einführung einer allgemeinen dreijährigen Wehrpflicht. Nach dem Vorbild Preußens wurde das Ministerium für Heeresangelegenheiten in Heeres- und Marineamt aufgeteilt und ein vom Ministerium unabhängiger Generalstab geschaffen, der alleine dem Tenno gegenüber verantwortlich war. Damit verblieb die Kommandoebene des Militärs außerhalb der Kabinettskontrolle. Dies ermöglichte es dem Chef des Generalstabs, das Kabinett zu umgehen und sich als militärischer Berater des Tenno einen direkten Zugang zum Thron zu verschaffen.

*Militärisch-politischer Dualismus und militärische Bevormundung*

Mit dem Sieg der restaurativen Kräfte über die Satsuma-Rebellion (1877) war die innere Konsolidierung der neuen Ordnung abgeschlossen. Damit begann in den 1880er Jahren die zweite Phase der zivil-militärischen Beziehungen. Konstitutiv für diese Phase ist die Idee des *niju seifur*, der dualen Regierung von Militär und Zivilisten mit einer institutionell verankerten Asymmetrie der Einflussmöglichkeiten zugunsten des Militärs (Buck 1976: 165). Grundlage hierfür war zum einen der Kaiserliche Erlass von 1881, der den Militärs jede Form der politischen Aktivität untersagte. Zum anderen erlangte das Militär das Vorrecht, aktive Spitzenoffiziere als Heeres- und Marineminister zu nominieren. Damit besaß das Militär schon institutionell die Möglichkeit, eine eigenständige politisch bedeutsame Rolle zu spielen und eigene Forderungen auch gegen politischen Widerstand durchzusetzen und zu legitimieren (Hackett 1964: 344ff.), da die Teilstreitkräfte jederzeit die Regierungsbildung blockieren und ein Kabinett zu Fall bringen konnten. Zudem besetzte das Militär in den nachfolgenden Jahrzehnten häufig noch weitere Ministerien oder stellte den Premierminister.[37]

Dies sowie das Vorrecht der unabhängigen obersten Militärführung auf direkten Zugang zum Tenno ermöglichte es dem Militär, seine Machtposition innerhalb des neuen Staatsgefüges zu sichern und erfolgreich eine Führungsrolle in der Sicherheits- und Außenpolitik sowie auch in der Innenpolitik einzufordern. Verstärkend wirkten darüber hinaus die militärischen Erfolge in den Kriegen gegen China (1894/95) und Russland (1905/06), die Japan die Kolonisierung Taiwans und Koreas ermöglichten. Gestärkt wurde der Einfluss der Armee auf die

---

[37]  Nach Angaben von Katzenstein und Okawara (1993: 13) waren 115 der insgesamt 404 Minister in den 43 Kabinetten zwischen 1885 und 1945 aktive oder ehemalige Generäle und Admiräle; zudem entstammten 15 der insgesamt 30 Premierminister in dieser Zeit den Streitkräften.

japanische Gesellschaft darüber hinaus durch ihre Funktion als nationale „Erziehungswerkstatt". In dieser Rolle stand die Armee beinahe alternativlos da, da sie im Rahmen der allgemeinen Wehrpflicht, über patriotische Erziehungsprogramme in den Schulen sowie über gesellschaftliche Vereinigungen Zugriff auf die (männlichen) Bürger besaß.

Dennoch gab es Grenzen der Militarisierung von Gesellschaft und Politik. So sehr die Armee in die japanische Gesellschaft hineinwirkte, so wenig gelang es ihr jedoch, sie sich komplett unterzuordnen und gefügig zu machen. Vielmehr geriet die Dominanz des Militärischen in den 1920er Jahren unter Druck. Bereits Ende des 19. Jahrhunderts wurden Forderungen nach Liberalisierung und politischer Teilhabe artikuliert. So übernahm 1918 mit Hara Takashi erstmals ein Bürgerlicher das Amt des Premierministers. 1925 wurde das allgemeine (Männer-)Wahlrecht eingeführt und der Militärhaushalt fiel von 65% (1919) der Staatsausgaben auf 27% im Jahre 1926 (Krebs 1991: 43). Darüber hinaus wurde die Friedensstärke der Armee reduziert und die Wehrpflicht von drei auf zwei Jahre verkürzt. Allerdings waren die liberalen Kräfte jener Zeit zu schwach, um tatsächlich eine umfassende und dauerhafte Demokratisierung zu erreichen (Röhl 1963: 68f.). Folglich handelte es sich bei dem als „Taisho-Demokratie"[38] bezeichneten System der 1920er Jahre auch nicht um eine intakte Demokratie. Frauen besaßen kein Wahlrecht. Es galt weiterhin die Verfassung von 1889, die die Machtfülle des Tennos festschrieb. Das gewählte Unterhaus musste sich seine Rechte mit dem ernannten Herrenhaus teilen. Darüber hinaus bestanden die verfassungsrechtlichen Prärogativen des Militärs jenseits der zivilen Kontrolle fort.

Die Gründe für das Scheitern der „Taisho-Demokratie" sind vielschichtig. Eine wichtige Rolle spielte die wirtschaftliche Depression der 1920er Jahre, die durch die Weltwirtschaftskrise von 1929 noch verschärft wurde. Angesichts des Erstarkens sozialistischer und kommunistischer Strömungen und der nachlassenden Integrationskraft der bestehenden politischen Ordnung verabschiedeten sich Schlüsselelemente im Offizierskorps von der Politik der Kooperation mit den zivilen Parteien und strebten nach „alternativen" Lösungen für die Probleme des Landes (Desch 1999: 93). Ein weiterer Faktor war das Fehlen gut organisierter und handlungsfähiger prodemokratischer Kräfte. Besondere Bedeutung hatte jedoch das Aufkommen extremistischer Zirkel außerhalb und innerhalb des Militärs. Unzufriedene und radikal gesinnte junge Offiziere organisierten sich in Gruppen wie der *Kodo-ha* („Imperialer Weg"), um aggressiv für die „Showa-Restauration"[39] zu werben; dabei schreckten sie auch nicht vor terroristischen Anschlägen zurück. Machtkämpfe zwischen dieser und anderen Gruppen schwächten den Zusammenhalt der Armee, destabilisierten die politische Lage und erleichterten es radikalen Kreisen im Militär, eine von der Regierung unabhängige Politik zu betreiben (Krebs 1991: 48). Das eigenmächtige Vorgehen der Kwangtung-Armee in der Mandschurei, das zur Errichtung des Marionettenstaates Manchuko (1931) führte, die Agitation gegen eine Beschränkung der japanischen Flottenrüstung und der erzwungene Austritt Japans aus dem Völkerbund (1933) drängten Japan schließlich in die internationale Isolation.

---

[38]   „Taisho" („große Rechtschaffenheit") war der Regentschaftstitel des Tenno Yoshihito (1912-1926).

[39]   Showa („Ära des erleuchteten Friedens") war das Motto der Regierungszeit von Tenno Hirohito (1926 -1989). Ziel der Showa-Restauration war die Beseitigung der parlamentarischen Institutionen und des kapitalistischen Systems zugunsten eines vom Militär beherrschten monistisch-dirigistischen Systems.

*Militärherrschaft und Zweiter Weltkrieg*

Nach der Ermordung von Premierminister Inukai Tsuyoshi im Mai 1932 durch extremistische Offiziere endete die Periode der Parteienkabinette. Es begann die Zeit der nationalen Einheitsregierungen, in denen das Militär den Ton angab. Zugleich eskalierten die Kämpfe zwischen radikalen und konservativen Flügeln des Militärs (Sims 2001: 192ff.). Im Mai 1936 ermordeten Anhänger der *Kodo-ha* eine Reihe hoher Minister und Staatsmänner. Ihr Putschversuch wurde jedoch niedergeschlagen. In dieser Situation stellten sich konservative Kreise im Militär (*Tosei-ha* oder „Kontrollgruppe"), die im Gegensatz zur *Kodo-ha* die Errichtung einer Militärherrschaft kontrolliert, also ohne Putsch und in Kooperation mit der zivilen Bürokratie und den Großunternehmen, anstrebten, als die einzige Machtgruppe heraus, die noch der Lage Herr werden konnte (Krebs 1991: 53). Das Militär übernahm nun die uneingeschränkte Führung.

---

**Info-Box 3.4:** *Autoritäre und Totalitäre Herrschaft*

Eine insbesondere in den 1950er und 1960er Jahren sehr einflussreiche Differenzierung autokratischer Herrschaft unterscheidet zwischen autoritären und totalitären Systemen. Obwohl Totalitarismus oftmals als komplexes Syndrom mehrerer Elemente verstanden wird, die erst gemeinsam ein „unterdrückerische[s] System in höchster Vollendung" ergeben (Sartori 1992: 203), lässt sich der Unterschied zwischen den beiden Subtypen autokratischer Herrschaft relativ sparsam anhand der Kriterien Herrschaftsanspruch und Herrschaftsweise herausarbeiten (vgl. Merkel 2010a: 40f.). Autoritäre Regime sind demnach gekennzeichnet durch einen umfassenden Herrschaftsanspruch, der sich in der Regel bis in die Gesellschaft hinein erstreckt, dabei aber nicht den Anspruch erhebt alle gesellschaftlichen Subsysteme zu durchdringen und politischen und ideologischen Zielen zu unterwerfen. Die Art und Weise der Herrschaftsausübung in autoritären Regimen ist dabei wenig oder nicht durch rechtstaatliche Regelungen und Gewaltenteilung begrenzt und Verletzungen von Bürger- und Menschenrechten sind weit verbreitet, es findet aber keine systematische „Abschaffung der Freiheit" (Hannah Arendt) statt. Ein totalitäres Regime ist dagegen durch einen totalen Herrschaftsanspruch charakterisiert, der alle Lebenssphären und gesellschaftlichen Subsysteme durchdringt, um die Gesellschaft entlang der Vorgaben einer utopischen Ideologie zu verändern. Dieser Herrschaftsanspruch wird durch systematische Repression geltend gemacht, die bis hin zur staatsterroristischen Herrschaftsweise reichen kann (Brooker 2009: 17ff.).

---

Um die politische Lage im Inneren zu stabilisieren, wurde die außenpolitische Aggression insbesondere gegenüber China forciert. Gleichzeitig festigte das Militär seine Kontrolle über die Regierung, löste zahlreiche gesellschaftliche Vereinigungen auf und bemühte sich um die Gleichschaltung der Gesellschaft. Das „Allgemeine Nationale Mobilisierungsgesetz" (1938) gab dem Regierungschef aus den Reihen des Militärs fast uneingeschränkte Kompetenzen. Im Oktober 1940 bedeutete die Schaffung des „Bundes zur Förderung der Kaiserherrschaft" und einer Einheitsfraktion im Parlament auch das formale Ende der politischen Parteien (Hartmann 1996: 191ff.; Krebs 2009: 72f.; Shillony 1981). Im Unterschied zum totalitären

Dritten Reich war der autokratische Zugriff und die Kontrolle der Gesellschaft im japanischen Militärregime jedoch weit schwächer; das autoritäre Regime übte keinen systematischen, auf die Vernichtung von Klassen- oder Rassenfeinden abzielenden Terror, sondern übte gezielt gegen einzelne Kritiker und Dissidenten gewandte Repression aus. Es fehlte auch eine bedeutungsvolle Regimepartei. Insbesondere hatten die Militärs keine ausgearbeitete Ideologie, sondern lediglich eine Herrschaftsmentalität, mit allerdings weitreichenden Zielen der politischen und wirtschaftlichen Kriegsmobilisierung der Gesellschaft. Mithin lässt sich die Militärherrschaft im Japan der 1930er und 1940er Jahre mit Juan Linz (1975) als „prätotalitäres" autoritäres Regime bezeichnen (siehe auch Info-Box 3.4).

Als General Tojo Hideki 1941 Premierminister wurde, befand sich das Militär auf dem Höhepunkt seiner Macht. Hideki steuerte Japan nicht nur in den totalen Krieg, sondern auch in die größte Niederlage seiner Geschichte. Nach großen militärischen Anfangserfolgen geriet der japanische Vormarsch bereits im Sommer 1942 ins Stocken. Im April 1945, nach der Eroberung Okinawas durch die Amerikaner, war Japan militärisch geschlagen. Aber erst nach dem Abwurf der Atombomben auf Hiroshima (6.8.1945) und Nagasaki (8.8.1945) sowie der sowjetischen Kriegserklärung an Japan war die japanische Regierung zur bedingungslosen Kapitulation bereit. Diese wurde formal am 2. September 1945 vollzogen.

## 3.3.2 Der Neubeginn in den zivil-militärischen Beziehungen nach 1945: Demilitarisierung und Wiederbewaffnung

Der Neubeginn in den zivil-militärischen Beziehungen nach dem Zweiten Weltkrieg vollzog sich in zwei Schritten. In den Jahren zwischen 1945 und 1947 wurde das Land demilitarisiert. Bereits 1950 begann jedoch die Wiederbewaffnung. In dieser zweiten Phase wurden die Selbstverteidigungsstreitkräfte (*Jieitai*, SDF) gegründet (1954) und die Institutionen der zivilen Kontrolle eingeführt, die in den nachfolgenden Jahrzehnten das japanische Modell der bürokratischen Kontrolle der Streitkräfte strukturieren und regulieren sollten.

*Demilitarisierung und Demokratisierung*

Mit der bedingungslosen Kapitulation vom September 1945 hörten die Kaiserlichen Streitkräfte auf zu existieren. Während in vielen Bereichen der japanischen Gesellschaft und insbesondere unter den Eliten die Kontinuitäten zur Vorkriegsepoche nicht zu übersehen waren, markierte die Kriegsniederlage für die zivil-militärischen Beziehungen zweifelsfrei eine „Stunde null". Jede gesellschaftliche Unterstützung für eine autonome militärische Machtpolitik war mit der Kapitulation an ihr Ende gekommen. Die rasche und umfassende Distanzierung der zivilen Eliten und der Bevölkerung vom Militär und dem japanischen Militarismus wurde durch verschiedene Faktoren erleichtert: das schiere Ausmaß der Zerstörung; das im Vergleich mit der NS-Diktatur in Deutschland geringere Maß an Institutionalisierung und gesellschaftlicher Verankerung der Militärherrschaft; sowie das Interesse der belasteten Eliten, von ihrer eigenen Rolle beim Scheitern der *Taisho*-Liberalisierung und während der Kriegsjahre abzulenken. Entsprechend fand die Demilitarisierung des Landes die Zustimmung weiter Teile der japanischen Bevölkerung.

Die Demilitarisierung war Teil des Bestrebens der amerikanischen Besatzungsbehörde zur umfassenden Pazifizierung und Demokratisierung des Landes. Anders als in Deutschland kam es trotz Drängen der Sowjetunion nicht zur Einrichtung verschiedener Besatzungszonen, oder zu einer gemeinsamen alliierten Verwaltung. Stattdessen wurde eine amerikanische Militärbehörde gebildet, der General Douglas MacArthur als *Supreme Commander of the Allied Powers* (SCAP) vorstand.[40] Das vorrangige Ziel der amerikanischen Besatzer war die Umsetzung der auf der Konferenz von Potsdam im August 1945 verabredeten Richtlinien der Siegermächte für die Besatzung und Kontrolle Japans. Dabei übten die Besatzer nur mittelbar die Regierungsverantwortung aus. Eine von den USA kontrollierte japanische Regierung blieb im Amt und war für die Umsetzung der Direktiven des SCAP durch die japanische Bürokratie verantwortlich. Im Zuge der Demilitarisierung musste Japan alle territorialen Kriegsgewinne sowie seine Kolonien abtreten. Das kaiserliche Militär, die Ministerien für Heer und Marine, wurden ebenso wie die Rüstungsindustrien sowie die Handelsmarine aufgelöst. Des Weiteren wurden etwa 180.000 maßgeblich an der japanischen Expansion beteiligte Personen aus der Regierung, dem Militär und dem Bildungswesen ihrer Posten enthoben. Die Aburteilung ehemaliger Kriegsverbrecher erfolgte durch amerikanische Militärgerichte und die Kriegsverbrecher-Tribunale in Ostasien in der Zeit zwischen Mai 1946 und April 1948. Sieben Hauptverantwortliche, unter ihnen General Tojo Hideki, wurden zum Tode und sechzehn weitere zu lebenslanger Haft verurteilt.

Das Hauptinstrument der Demokratisierung Japans war die Ausarbeitung einer neuen Verfassung. Im Oktober 1945 erging die Aufforderung an die japanische Regierung, die Meiji-Verfassung in Übereinstimmung mit der Potsdamer Erklärung sowie den vom amerikanischen Hauptquartier als wesentlich erachteten Punkten zu ändern. Die neue Verfassung wurde schließlich im November 1946 vom japanischen Reichstag beschlossen und vom Tenno verkündet. Sie trat im Mai 1947 in Kraft. Die Besatzungszeit endete offiziell jedoch erst im April 1952 mit dem Friedensvertrag von San Francisco, der Japan die volle Souveränität zurückgab. Mit der neuen Verfassung wurde Japan zu einer parlamentarischen Demokratie mit fest verankerten Grundrechten, Gewaltenteilung und Unabhängigkeit der Gerichte. Der Tenno besitzt lediglich ornamentale Funktion als „Symbol" des Staates. Besonderes Kennzeichen der Verfassung ist jedoch ihr pazifistischer Charakter. Dies kommt bereits in der Präambel zum Ausdruck, die ausdrücklich erklärt, dass Japan niemals wieder für einen Krieg verantwortlich sein will. Noch darüber hinaus geht jedoch die Friedensklausel in Artikel 9 der Verfassung:

*„(1) Im aufrichtigen Streben nach einem auf Gerechtigkeit und Ordnung gegründeten internationalen Frieden verzichtet das japanische Volk für immer auf den Krieg als ein souveränes Recht der Nation und auf die Androhung oder Anwendung von Gewalt als Mittel, internationale Streitigkeiten zu regeln.*

---

[40]   Zwar hatten sich die Alliierten im Dezember 1945 auf die Einrichtung einer aus 13 Staaten bestehenden *Far Eastern Commission* verständigt, die die Grundsätze der Besatzungspolitik in Japan beschließen sollte. Allerdings konnte der SCAP vorläufige Maßnahmen treffen, was den USA erlaubte, vollendete Tatsachen zu schaffen. Die Besetzung Japans wurde so de facto zu einer Angelegenheit der Vereinigten Staaten (Röhl 1963: 20f.). Tatsächlich wurde die alliierte Kommission bereits 1948 aufgelöst.

*(2) Um das im vorangehenden Absatz bezeichnete Ziel zu erreichen, werden niemals mehr Land-, See- und Luftstreitkräfte sowie andere Mittel zur Kriegsführung unterhalten werden. Das Recht des Staates auf Kriegführung wird nicht anerkannt."*

Das Prinzip des unbedingten Verzichts auf militärische Zwangsmittel, das dieser Artikel der japanischen Verfassung impliziert, wurde jedoch rasch ausgehöhlt durch die geopolitischen Veränderungen im Zuge des sich zuspitzenden Kalten Krieges, die eine Wiederbewaffnung Japans zur Folge hatten.

*Wiederbewaffnung und Entwicklung der Jieitai*

Die Wiederbewaffnung Japans war nur unter den Bedingungen des sich verschärfenden Kalten Krieges und unter strikt defensiven Vorzeichen sowie in der Einbindung der japanischen Streitkräfte in das Verteidigungsbündnis mit den USA möglich. Den unmittelbaren Auslöser für die Wiederbewaffnung bildete der Kriegsausbruch in Korea am 25. Juni 1950. Bereits wenige Wochen danach erging durch General MacArthur die Anordnung an den japanischen Premierminister Yoshida Shigeru (1946/47; 1948-1954) zur Gründung einer paramilitärischen Nationalen Polizeireserve. Damit sollte nach der Verlegung der amerikanischen Besatzungstruppen nach Korea ein Minimum an militärischer Sicherheit in Japan aufrechterhalten werden (Maeda 1995: 19ff.). Mit dem japanisch-amerikanischen Sicherheitsvertrag von 1951, der Japan die Pflicht zum kontinuierlichen Ausbau seiner Verteidigungsfähigkeit auferlegte, und der Wiedererlangung der vollen Souveränität 1952 stimmte die Regierung Yoshida der Umwandlung der Polizeireserve in „Sicherheitskräfte" zu. Nach Inkrafttreten der gegenseitigen Verteidigungsvereinbarung mit den USA (Mutual Defense Assistance Agreement) wurden 1954 die Selbstverteidigungsstreitkräfte (SDF, *Jieitai*) gegründet und ein Nationales Verteidigungsamt zur Verwaltung und Kontrolle der neuen Streitkräfte eingerichtet.

Die Kollision der pazifistischen Verfassungsideale mit der Notwendigkeit, Streitkräfte aufzustellen, wurde aufgehoben durch eine spezifische Auslegung der Verfassung durch japanische Regierungen nach 1952. Anlässlich der Gründung der Sicherheitskräfte interpretierte die damalige Regierung Yoshida den Begriff „Kriegspotenzial" in Artikel 9 dahingehend, dass er lediglich Streitkräfte verbiete, die im Besitz von Waffen sind, mit denen ein moderner Krieg geführt werden kann. Die neu gegründeten Sicherheitskräfte waren nach Ansicht der Regierung jedoch hierzu weder technisch noch personell in der Lage und daher mit der Verfassung vereinbar. Seit der Gründung der Selbstverteidigungsstreitkräfte 1954 vertraten Regierungen mit Bezug auf die Charta der Vereinten Nationen die Position, dass Selbstverteidigung das legitime Recht eines jeden Staates ist, das auch von Artikel 9 nicht eingeschränkt wird. Nach dieser Auslegung verbietet die Verfassung lediglich die Aufstellung von bewaffneten Verbänden als Instrumenten zur Regelung internationaler Streitigkeiten. Da sich der Auftrag der SDF auf die Aufrechterhaltung der nationalen Sicherheit beschränkt, verstoße ihre Existenz nicht gegen die Verfassung.

Diese Interpretation war in Japan lange umstritten. Insbesondere die Sozialistische Partei Japans (SPJ), Gewerkschaften und viele Intellektuelle lehnten sie lange Zeit ab. Erst mit dem Amtsantritt einer von den Sozialisten geführten Koalitionsregierung 1994 kam es innerhalb der SPJ zu einem Umdenken. 2001 richteten beide Häuser des Parlaments einen Ausschuss zur Überprüfung der Verfassung ein. Der Verfassungsausschuss des Unterhauses kam 2005 zu dem Schluss, dass die *Jieitai* mit Artikel 9 vereinbar seien. Darüber hinaus stellte der Ausschuss fest, dass die Verfassung die Beteiligung japanischer Truppen im Rahmen von Operationen der Vereinten Nationen erlaubt.

Die jahrzehntelange Praxis der flexiblen Interpretation von Artikel 9 durch die japanische Regierung und seit den 1990er Jahren auch durch das japanische Parlament, wird in der Literatur als materielle Verfassungsrevision qua Interpretation bezeichnet. Sie erst ermöglichte die Gründung der *Jieitai* sowie die Anpassung ihres Auftrags an die sich verändernden Erfordernisse der japanischen Sicherheitspolitik, ohne den aus politischen Gründen bislang verschlossenen Weg einer formalen Verfassungsänderung gehen zu müssen. Hierdurch blieb zwar der Wortlaut, nicht aber der „innere Charakter" von Artikel 9 konstant (Nabers 2007).[41]

Allerdings kam es mit Rücksicht auf die ablehnende Haltung großer Teile der Bevölkerung nicht zur Wiedereinführung der Wehrpflicht. Vielmehr sind die Selbstverteidigungsstreitkräfte bis heute eine reine Freiwilligen- und Berufsarmee. Ihr Auftrag beschränkt sich darauf, „den Frieden und die Unabhängigkeit [des] Landes zu bewahren und zur Garantie der Sicherheit [des] Landes beizutragen, das Land gegen eine direkte oder indirekte Aggression zu verteidigen." (Gesetz über die Selbstverteidigungsstreitkräfte, Art. 3) Weiterhin ergreifen sie, auf Anordnung der zuständigen zivilen Behörden, Maßnahmen zur Aufrechterhaltung der öffentlichen Ordnung und bei der Katastrophenhilfe (ebd.). Eine bis Anfang der 1990er Jahre hinweg konstante Lesart von Art. 9 betrachtete sogar Beteiligungen an Friedensmissionen der Vereinten Nationen und jede Form der Teilhabe an einem System der gegenseitigen kollektiven Sicherheit für verfassungsrechtlich unzulässig.

Mit dieser strikten Interpretation von Artikel 9 ging die Selbstverpflichtung der japanischen Regierung einher, die Mannschaftsstärke und Bewaffnung der SDF auf das zur Abwehr unmittelbarer Aggression notwendige Minimum zu beschränken. Die Konkretisierung dieser Beschränkung war nach Interpretation der Regierung von der internationalen Lage und dem jeweiligen Stand der Rüstungstechnologie abhängig.[42] Zusätzlich gab es in den ersten Jahrzehnten nach Gründung der *Jieitai* noch eine Reihe weiterer politischer Einschränkungen in Bezug auf die Aufgaben, den Stellenwert und die Rolle der Selbstverteidigungsstreitkräfte in der japanischen Politik. Neben der von Premierminister Yoshida entwickelten „Yoshida-Doktrin",[43] die lange Zeit das außenpolitische Regierungshandeln leitete sowie der von Premierminister Kishi 1959 formulierten Verpflichtung Japans, auf die Produktion und den

---

[41]  Die japanischen Gerichte urteilten in dieser Frage uneinheitlich. Eine Entscheidung durch das Landgericht Sapporo, wonach die Existenz der *Jieitai* gegen Artikel 9 verstößt, wurde vom Obersten Gerichtshof 1982 mit der Begründung verworfen, dass die Entscheidung über die Aufstellung der Selbstverteidigungsstreitkräfte in den Kompetenzbereich des Parlaments fällt.

[42]  Seit 1980 wird dies so verstanden, dass die *Jieitai* weder Interkontinentalraketen, noch strategische Bomber oder offensive Flugzeugträger besitzen dürfen (Hummel 1992: 43ff.).

[43]  Die Yoshida-Doktrin umfasst drei Prinzipien: (1) der Vorrang des wirtschaftlichen Wiederaufbaus gegenüber allen anderen Politikzielen; (2) die Beschränkung militärischer Kapazitäten auf das für die Selbstverteidigung im Rahmen des Militär- und Verteidigungsbündnisses mit den USA unverzichtbare Minimum bei gleichzeitiger Vermeidung der Verwicklung Japans in internationale Konflikte; (3) die Bereitschaft Japans, im Austausch für langfristige Garantien seiner Sicherheit den Vereinigten Staaten Militärstützpunkte zu überlassen.

Besitz von Atomwaffen zu verzichten und auch die Einfuhr solcher Waffen nicht zu erlauben, ist vor allem die Orientierung der japanischen Außen- und Sicherheitspolitik an einem erweiterten Sicherheitsbegriff zu nennen.[44] Demnach verließ sich die japanische Sicherheitspolitik nicht vorrangig auf militärische Stärke. Bedeutsamer für die japanische Sicherheit waren vielmehr Außen-, Außenwirtschafts- und Entwicklungspolitik sowie die Aufrechterhaltung guter Beziehungen zu den Vereinigten Staaten. Darüber hinaus verkündete die Regierung Miki Takeo 1976 die Begrenzung der jährlichen Verteidigungsausgaben auf höchstens ein Prozent des japanischen Bruttoinlandsprodukts. Seither blieben die japanischen Verteidigungsausgaben, außer in den Jahren 1987 bis 1989, stets unterhalb dieser Schwelle und damit deutlich unter dem NATO-Durchschnitt, der im gleichen Zeitraum bei drei bis fünf Prozent lag (Hanami 1993: 593; siehe Abb. 3.3).[45]

***Abb. 3.3:*** *Entwicklung der Verteidigungsausgaben in Japan (1955-2009)*

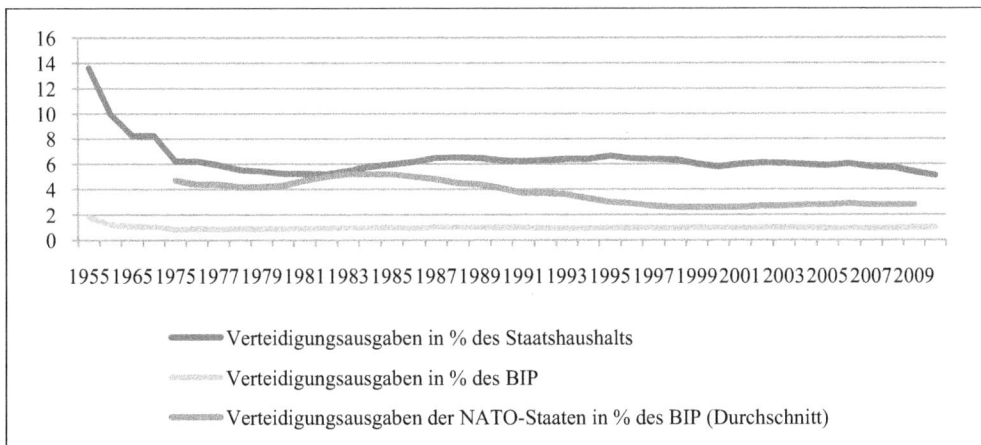

Anmerkung: Angaben nicht bereinigt um Preisanstieg; alle Angaben für Japan einschließlich der Ausgaben für „Special Action Committee on Okinawa" (SACO)-bezogene Projekte. Unter den Bedingungen des amerikanisch-japanischen Status of Forces Agreement (SOFA) von 1960 beteiligt sich die japanische Regierung an den Stationierungskosten der amerikanischen Truppen in Japan mit einem „Sympathiehaushalt" *(omoiyari yosan)* in Höhe von gegenwärtig etwa 200 Mrd. Yen.
Quellen: Buck 1976; Japan Ministry of Finance 2007, 2008, 2009; Japan Ministry of Defense 2010a, 2010b; NATO 2010; SIPRI 2009; World Bank 2010.

---

[44]  Dieser umfassende Sicherheitsbegriff unterscheidet sich von dem erweiterten Sicherheitsbegriff, wie er etwa im sicherheitspolitischen Weißbuch 2006 der Bundesregierung auftaucht, da er vor allem auf ökonomische Sicherheit im Sinne der gesicherten Rohstoff-, Nahrungsmittel- und Energieversorgung Japans abhebt und den Primat der Außenwirtschaftspolitik festschreibt, während asymmetrische Bedrohungen und Überlegungen zu vernetzten sicherheitspolitischen Strukturen keine Rolle spielen.

[45]  Da in Japan, anders als in den NATO-Statistiken, Pensionszahlungen sowie Aufwendungen für militärische Forschungs- und Entwicklungsmaßnahmen, sofern sie nicht bereits im Verteidigungshaushalt enthalten sind, nicht als Verteidigungsausgaben erfasst werden, sind die Daten nur bedingt vergleichbar. Werden etwa Pensionsleistungen für Angehörige der SDF zu den offiziellen Verteidigungsausgaben hinzugerechnet, liegt ihr Anteil seit den 1980er Jahren bei etwa 1,5 Prozent (Matsuyama et al. 1993: 117).

Trotz dieser Selbstbeschränkung hat Japan in den vergangenen Jahrzehnten beträchtliche Mittel in die Erhaltung seiner Verteidigungsbereitschaft investiert. Wie in der nachfolgenden Abbildung 3.4 zu erkennen, stiegen die Verteidigungsausgaben vor allem im Zeitraum zwischen 1970 und 1975 (mit einer jährlichen Wachstumsrate von 19 Prozent) sowie erneut von 1976 bis 1989.

*Abb. 3.4: Entwicklung der japanischen Verteidigungsausgaben absolut (1955-2009)*

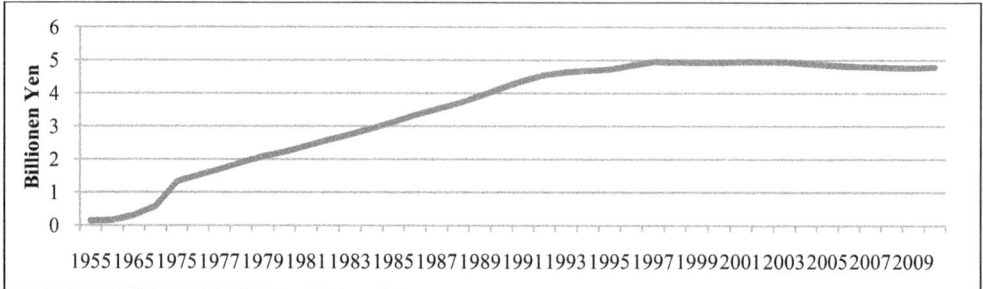

Anmerkung: ohne Berücksichtigung der Preissteigerung;
Quelle: siehe Anmerkung zu Abb. 3.3

Selbst wenn die jährliche Preissteigerung berücksichtigt und die Ausgabensteigerung ins Verhältnis zu den hohen Wachstumsraten der japanischen Volkswirtschaft in jener Zeit gesetzt wird, bleibt festzuhalten, dass Japan insbesondere in den 1970er und 1980er Jahren seine Verteidigungskapazität ausgebaut hat. Ab Mitte der 1990er Jahre hingegen stagnierten die Verteidigungsausgaben und im letzten Jahrzehnt war sogar ein leichter Rückgang zu verzeichnen. Gleichwohl hatte Japan mit einem Militärbudget von 46,3 Mrd. US$ (2008) nach den Vereinigten Staaten, China, Frankreich, dem Vereinigten Königreich, Russland und Deutschland die siebthöchsten Verteidigungsausgaben weltweit (SIPRI 2009).

## 3.3.3    Zivile Kontrolle in Japan

Das Prinzip der zivilen Suprematie ist bereits in der Verfassung verankert. So legt Artikel 66 der Verfassung fest, dass der Premierminister und die übrigen Staatsminister Zivilisten sein müssen. Die weiteren rechtlichen Grundlagen zur Ausgestaltung der zivilen Kontrolle finden sich im „Gesetz über die japanischen Selbstverteidigungsstreitkräfte" sowie im „Gesetz über die Errichtung des Verteidigungsamtes" (beide von 1954). Während der Oberbefehl über die Streitkräfte in Friedens- und in Kriegszeiten beim Premierminister liegt, lassen sich formalrechtlich mit dem Kabinett, dem Parlament sowie dem Verteidigungsamt drei Kontrollebenen unterscheiden. Mindestens so bedeutsam wie die formalrechtlichen Regelungen ist jedoch die tatsächliche bürokratische Ausgestaltung der Kontrolle über die *Jieitai*, wie sie sich in der politischen Praxis herausgebildet hat. Sie bewirkte, dass die Kontrollfunktion lange Zeit vor allem unterhalb der politischen Ebene durch die Ministerialbürokratie innerhalb und außerhalb des Verteidigungsamtes ausgeübt wurde (Feaver et al. 2005).

Auf Drängen der Vereinigten Staaten kam es mit Gründung der SDF zur organisatorischen Trennung von ziviler (Innere Büros) und militärischer Führung (Vereinter Generalstab, Inspekteure und Stäbe). Mit der Führung der SDF sowie der damit verbundenen Aufgaben wurde mit Rücksicht auf die öffentliche Meinung in Japan kein verfassungsrechtlich abgesichertes Ressort sui generis eingerichtet, sondern ein ziviles Verteidigungsamt betraut, bei dem es sich um eine dem Büro des Regierungschefs beigeordnete Behörde handelte.[46] An seiner Spitze stand ein Generaldirektor, der vom Premierminister aus dem Kreise der Parlamentarier ernannt wurde, selbst aber kein Staatsminister war.

Als Beratungsorgan für den Regierungschef in Fragen der Landesverteidigung und Verteidigungspolitik wurde auf Kabinettsebene ein Nationaler Verteidigungsrat gebildet (seit 1986: Nationaler Sicherheitsrat), der sich ausschließlich aus Zivilisten zusammensetzte und die Funktion hatte, Alleingänge des Verteidigungsamtes zu unterbinden und durch Konsultation zwischen den von verteidigungs- und sicherheitspolitischen Entscheidungen betroffenen Ministerien einen ressortübergreifenden Konsens über die Regierungspolitik herzustellen (Sase 1991). Diese Einbettung des Verteidigungsamts in inter-ministerielle Koordinationsprozesse schwächte die Autonomie der Behörde gegenüber anderen Ministerien. Zugleich durften an Beratungen des Kabinetts nur zivile Vertreter des Verteidigungsamtes teilnehmen. Darüber hinaus kam auch dem Legislativbüro des Kabinetts (*Cabinet Legislation Bureau*, CLB) eine bedeutende Rolle zu, indem es den Premier und das Kabinett bei der Ausarbeitung von Gesetzesentwürfen unterstützte und auf ihre Vereinbarkeit mit der Verfassung prüfte. Dadurch besaß das CLB lange Zeit das Interpretationsmonopol über Artikel 9 der Verfassung und damit faktisch ein Vetorecht in militär- und sicherheitspolitischen Fragen (Samuels 2004: 2; Hughes 2005: 36). Hinzu kam ein schwacher Führungsanspruch des Premierministers in der Sicherheitspolitik, so dass insgesamt eine Dominanz der Fachbeamten über politische Amtsträger und Militär zu konstatieren war (Katzenstein/Okawara 1993: 44f.).

Der in der Yoshida-Doktrin verankerte geringe Stellenwert klassischer Verteidigungspolitik sowie die umfassende Sicherheitskonzeption mit ihrer Betonung der außenwirtschaftlichen Komponente bewirkten, dass innerhalb des Regierungsapparats das Außenministerium, das Ministerium für Internationalen Handel und Industrie (MITI) sowie das Finanzministerium federführend für die Sicherheits- und Verteidigungspolitik waren. Diese Ministerien hatten zudem durch Entsendung von Fachbeamten in die Inneren Büros des Verteidigungsamtes einen starken Einfluss auf die Entscheidungs- und Planungsabläufe innerhalb der Behörde. Die personelle Durchdringung des Verteidigungsamtes durch Beamte anderer Ministerien erstreckte sich bis auf die untersten Abteilungsebenen des Verwaltungsapparats. Dies stellte nicht nur eine unsichtbare Barriere für die Karrieren der Beamten des Verteidigungsamtes dar, sondern verhinderte auch die Herausbildung eines Korpsgeistes, wie er in anderen Ministerien üblich war (ebd.: 47).

---

[46]  Dies und die Bezeichnung „Selbstverteidigungsstreitkräfte" waren nicht die einzige Konzession an die Sensibilität der öffentlichen Wahrnehmung. Vielmehr war die Verwendung euphemistischer Begriffe wie „Ausrüstung" statt Waffen und „Spezialfahrzeuge" statt Panzer sowie die Vermeidung von Begriffen wie „Militär" oder „Armee" charakteristisch für die Nachkriegszeit (Arrington 2002: 535).

Neben der Kabinettskontrolle war auch die parlamentarische Kontrolle über die Streitkräfte lange Zeit schwach. Zwar verfügt das japanische Unterhaus über eine Reihe von Kontrollmöglichkeiten, etwa die Beratung, Änderung und Verabschiedung des von der Regierung vorgelegten Verteidigungsbudgets. Darüber hinaus bedarf die Mobilisierung der Streitkräfte durch den Premierminister (z.B. für Hilfsmaßnahmen im Katastrophenfall) der nachträglichen Zustimmung durch das Unterhaus. Schließlich gilt seit der Verabschiedung des Gesetzes zur Zusammenarbeit bei internationalen friedenserhaltenden Einsätzen im Jahre 1992 bei der Entsendung japanischer Truppen ins Ausland ein Parlamentsvorbehalt. Jedoch hat das Parlament in der Vergangenheit nur selten sicherheits- oder verteidigungspolitische Initiative gezeigt und allenfalls indirekt, durch die Überwachung der Regierungspolitik, von seinen Kontrollmöglichkeiten Gebrauch gemacht. So kam es erst 1980 zur Einrichtung eines Sonderausschusses für nationale Sicherheit im Unterhaus. Das Oberhaus folgte ein Jahr später. Doch handelte es sich nicht um ständige Ausschüsse mit Prüfungs- oder Beschlussrecht zu Gesetzesvorlagen. Auch in den übrigen Ausschüssen – etwa für Finanzen oder Außenpolitik – konnte sich aufgrund häufiger Wechsel in der Zusammensetzung sowie dem Mangel an verteidigungs- und sicherheitspolitischer Expertise kaum eine effektive parlamentarische Kontrolle herausbilden (Kimura 1983). Erst 1991 wurde durch Revision des Parlamentsgesetzes die Einrichtung eines ständigen Parlamentsausschusses für Sicherheitsfragen im Unterhaus möglich. Das Oberhaus folgte 1998 mit der Bildung eines ständigen Ausschusses für Außen- und Verteidigungsfragen. Zudem war es Offizieren bis 1998 verboten, direkten Kontakt zu Parlamentariern aufzunehmen, so dass Militär und Parlament einzig über die Ministerialbürokratie kommunizieren konnten.

Mithin verlagerte sich die Wahrnehmung ziviler Aufsicht über die Streitkräfte von der Kabinetts- und Parlamentsebene auf bürokratische Strukturen und auf die Fachbeamtenschaft. Der zivile Überbewachungsapparat innerhalb des Verteidigungsamtes bestand bis zu dessen Aufwertung zu einem eigenständigen Ministerium (2007) aus dem Generaldirektor, dem Sekretariat sowie sechs „Inneren Büros". Ihnen war der gesamte Militärapparat untergeordnet, einschließlich des Vereinigten Generalstabs, der Führungsstäbe der Teilstreitkräfte und den sonstigen militärischen Dienststellen. Die Stellung der politisch verantwortlichen Generaldirektoren gegenüber der Beamtenschaft war ausgesprochen schwach. Ein Grund hierfür war die kurze Amtsdauer von durchschnittlich elf Monaten – alleine in den ersten vier Jahrzehnten hatte das Verteidigungsamt insgesamt 45 verschiedene Leiter (Sase 1991: 145). Zudem wurden die Generaldirektoren meist gerade nicht aus der sogenannten Verteidigungslobby rekrutiert – einer faktionsübergreifenden Gruppe von Parlamentariern der regierenden Liberaldemokratischen Partei (LDP), die sich auf verteidigungs- und sicherheitspolitische Themen spezialisiert hatten und aufgrund ihrer Sachkenntnis den Beamten hätten Paroli bieten können – sondern aus anderen Lobby- oder Branchengruppen (*zoku giin*, im Englischen als „policy tribes" bezeichnet). Ohne sicherheits- und verteidigungspolitische Fachkenntnisse blieben die Direktoren während ihrer kurzen Amtszeit „Lehrlinge der Verteidigungsbürokratie" (ebd.), während die eigentlich relevanten Entscheidungen auf der Ebene der Büro- und Abteilungsleiter ausgearbeitet wurden (Katzenstein/Okanawa 1993: 51).

Seit den 1990er Jahren jedoch haben sich die zivil-militärischen Beziehungen in Japan gewandelt, ein Trend den Katahara als Entwicklung von der „Eindämmung zur Normalisierung" bezeichnet (Katahara 2001: 70). Dieser Wandel hat drei Facetten. Erstens hat eine graduelle Verlagerung von der bürokratischen zur politischen Kontrolle stattgefunden. Zweitens wurden die Stellung und Kompetenzen des Verteidigungsamtes gegenüber anderen Ministerien aufgewertet. Drittens hat sich die Einstellung der japanischen Öffentlichkeit gegenüber den SDF deutlich gewandelt.

Während des Golfkriegs von 1990/91 waren es erstmals Parlamentarier und Parteipolitiker und nicht Ministerialbeamte, die eine Schlüsselrolle im sicherheitspolitischen Gesetzgebungsprozess spielten. Der neue verfassungspolitische Konsens unter den politischen Parteien sowie das gestiegene Interesse der Öffentlichkeit an den Selbstverteidigungsstreitkräften und allgemein an sicherheitspolitischen Themen öffneten politische Spielräume für eine Anpassung der zivil-militärischen Beziehungen in Japan an den seit dem Ende des Kalten Krieges veränderten Problemdruck der japanischen Sicherheitspolitik. Während die seit 1952 anhaltende Diskussion um eine nötige oder mögliche Revision von Artikel 9 bis heute ohne greifbares Ergebnis blieb, wurde bereits 1992 das „Gesetz zur Zusammenarbeit bei internationalen friedenserhaltenden Einsätzen" (PKO-Gesetz) verabschiedet (Ishizuka 2004: 140). Die gemeinsame Sicherheitserklärung der Vereinigten Staaten und Japans von 1996 führte 1999 zur Verabschiedung des „Gesetzes über Umstände, die in der weiteren Umgebung Japans einen bedeutenden Einfluss auf Frieden und Sicherheit in Japan ausüben", wodurch das zukünftige Einsatzgebiet der SDF auf den nicht näher definierten „asiatisch-pazifischen Raum" ausgeweitet wurde. Die Terroranschläge vom 11. September 2001 in den USA nahmen Regierung und Parlament zum Anlass, im November desselben Jahres ein Anti-Terror-Gesetz zu verabschieden, das den Einsatz der SDF im Ausland auch außerhalb von Friedensmissionen der Vereinten Nationen ermöglicht. 2003 folgte das „Gesetz über Sondermaßnahmen zur humanitären Hilfe und den Wiederaufbau im Irak". Seit 1992 haben die Selbstverteidigungsstreitkräfte an sechs Auslandseinsätzen unter dem Mandat der UN teilgenommen.[47] Der erste Auslandseinsatz ohne Mandat der Vereinten Nationen fand von 2004 bis 2008 im Irak statt und war beschränkt auf logistische Operationen im Bereich der humanitären Hilfe und des Wiederaufbaus. Darüber hinaus nahmen Einheiten der japanischen Marine von 2001 bis 2007 und erneut von Januar 2008 bis Januar 2010 an der *Operation Enduring Freedom* teil.

Die 2007 vollzogene Aufwertung des Verteidigungsamtes zu einem eigenständigen Ministerium – von der Regierung begründet mit der seit den 1990er Jahren dramatisch veränderten Lage der Nationalen Sicherheit – hat eine Ausweitung des Aufgabenreichs vom Verwaltungsmanagement hin zur aktiven Planung und Formulierung verteidigungspolitischer Richtlinien und Gesetze mit sich gebracht. Als Ministerium ist es der ehemaligen Behörde nun möglich, dringliche Vorlagen eigenständig, d.h. ohne den Umweg über andere Ministerien gehen zu müssen, auf die Agenda der Kabinettssitzungen zu setzen und bei interministeriellen Haushaltsberatungen direkt mit dem Finanzministerium zu verhandeln. Im Katastrophenfall oder im Fall eines nationalen Notstands hat das Verteidigungsministerium im Unterschied zu seinem Vorgänger die Möglichkeit, ohne Rücksprache mit anderen Ministerien

---

[47]  Der erste Auslandseinsatz galt der Überwachung der Wahlen in Kambodscha im Rahmen der UNTAC-Mission 1992-1993. Allerdings hatte Japan schon nach dem Golfkrieg 1991 Minenräumer in den Persischen Golf entsandt. Es folgten UN-Einsätze in Mozambique (1993-1995), der Demokratischen Republik Kongo und Rwanda (beide 1994), auf den Golanhöhen (1996) sowie 2002 in Osttimor (Ishizuka 2004).

rasch Hilfsmaßnahmen der *Jieitai* einzuleiten. Nicht zuletzt hat sich auch die lange Zeit reservierte Haltung der japanischen Gesellschaft den Streitkräften gegenüber gewandelt. Meinungsumfragen zeigen, dass die in der Mehrheit neutrale bis ablehnende Haltung der Bürger bereits in den 1980er Jahren einer breiten Akzeptanz gewichen war.[48] Mehrheitlich sprachen sich die Befragten für die Beibehaltung der Streitkräfte aus, bevorzugten gleichzeitig aber eine passive, durch enge Anbindung an die Vereinigten Staaten, niedrige Verteidigungsausgaben sowie eine möglichst geringe Sichtbarkeit beschränkte SDF (Katzenstein 1996: 116; Berger 1998: 112ff.). Glaubt man den Umfragen, so haben das Interesse der Bevölkerung an sicherheitspolitischen Themen sowie die Zustimmung und das Vertrauen der Bürger in die *Jieitai* seit dem Ende des Kalten Kriegs kontinuierlich zugenommen: hatten im Jahre 1991 lediglich 67,5% der Befragten eine positive Meinung von den Selbstverteidigungsstreitkräften, so waren es 2006 bereits 84,9% (Bôei Handobukku 2007: 812f.).

### 3.3.4  Fazit

Die totale Niederlage 1945 bedeutete einen tiefen Bruch in den zivil-militärischen Beziehungen Japans. Nirgends ist dies deutlicher als im Bereich der zivilen Kontrolle. Die in den Nachkriegsjahrzehnten entstandenen Institutionen und Verhaltensweisen zielten auf die rigorose Entpolitisierung und gesellschaftliche Isolierung des Militärs. Dabei wurde die zivil-militärische Problematik rasch, radikal und auf Dauer entschärft und den Streitkräften jeder autonome Handlungs- oder Entscheidungsspielraum entzogen. Dies hatte zugleich aber zur Folge, dass das Spannungsverhältnis zwischen ziviler Suprematie und der Effektivität und Effizienz von Sicherheits- und Verteidigungspolitik einseitig zugunsten der zivilen Suprematie aufgelöst wurde. Denn eine der Eigentümlichkeiten des nach 1945 entstandenen Systems ist darin zu sehen, dass nicht nur verhindert wurde, dass das japanische Militär erneut ein politisches Eigenleben entwickeln und einen Führungsanspruch gegenüber der zivilen Politik formulieren konnte. Vielmehr wurde den Militärs auch jede Möglichkeit genommen, für die zivilen Entscheidungsträger eine eigene Beratungsleistung in sicherheitspolitischen Fragen zu erbringen und damit eine ihrer genuinen Funktionen für die zivile Politik zu erfüllen.

Damit hatte sich eine „bürokratische Kontrolle" (*bunkan tosei*) im Gegensatz zur zivilen Kontrolle (*bunmin tosei* oder *shibrian kontorooru*) herausgebildet (Gow 1993: 58ff.), wodurch sich die Kontrollproblematik in der Beziehung zwischen zivilen Politikern und Militär auf das Verhältnis von zivilen Politikern und zivilen Bürokratien verlagerte. Zivil-militärische Beziehungen in Japan hatten so den Charakter von „nested games" (Tsebelis 1990) zwischen Politikern und Beamten, zwischen den zivilen Ministerien, und zwischen zivilen Bürokraten und Militärs angenommen (Feaver et al. 2005). Aufgrund der geringen Bedeutung parlamentarischer Institutionen und demokratisch legitimierter Autoritäten in diesem Bereich, wird in Teilen der Forschung auch von einem Bankrott der zivil-militärischen Beziehungen gesprochen in dem Sinne, dass ein „democratic security sector governance" kaum

---

[48]  Eine nicht unerhebliche Bedeutung für diesen Meinungsumschwung dürfte die Rolle der *Jieitai* bei Hilfeleistungen im Katastrophenfall gespielt haben. So rückten die SDF zwischen 1951 und 2001 insgesamt 33.480 Mal zum Katastropheneinsatz aus. Laut Meinungsumfragen sehen die meisten Japaner den Zweck der SDF daher vorrangig in solchen Einsätzen und nicht in der Landesverteidigung (Oka 2006).

vorhanden ist (Samuels 2004). Das Ende des Ost-West-Konflikts hat jedoch auch in Japan einen tiefgreifenden Wandel in den zivil-militärischen Beziehungen angestoßen. Entsprechend kam es in den 1990er Jahren zu den beschriebenen Veränderungen im Missionsprofil der SDF und zu Anpassungen der verteidigungs- und sicherheitspolitischen Institutionen.

# 3.4 Vergleich und Analyse

In allen drei Demokratien ist die zivile Kontrolle des Militärs fest institutionalisiert. In jedem der fünf politischen Entscheidungsbereiche, die wir in unserem Konzept der zivilen Kontrolle (siehe Kapitel 2.1.2) vorgestellt haben, ist die politische Autonomie der Streitkräfte auf ein demokratiekompatibles Maß begrenzt. Dies ist evident für die Bundesrepublik Deutschland und Japan, gilt aber auch für die Vereinigten Staaten. Zwar hat in den USA seit Anfang der 1990er Jahre eine nachhaltige Verschlechterung der zivil-militärischen Beziehungen stattgefunden, die mit einem deutlichen Einflussgewinn des Militärs einherging. Insbesondere im Zusammenhang mit den Militärinterventionen der 1990er, in Afghanistan und im Irak wurde das politische Gewicht der Militärführung deutlich. Dabei war die Haltung des Militärs sowohl von eigenen Organisationsinteressen als auch von politischen Erwägungen geprägt. Zwar gelang es den wechselnden Administrationen immer wieder, Widerstände von Seiten der Generalität zu überwinden. Jedoch gingen dem mitunter zähe Aushandlungsprozesse voraus, und die öffentliche Kritik des Militärs zehrte am politischen Kapital der Regierungen, insbesondere unter den Präsidenten Bill Clinton und George W. Bush.

Eine „Krise" der zivil-militärischen Beziehungen im Sinne einer „Bedrohung [...] nicht nur einzelner Werte, sondern des Systembestandes in seinem eingelebten Anspruchsniveau", die „den Erfüllungsstand zahlreicher Werte diffus, unbestimmt und unter Zeitdruck gefährden" (Luhmann 1994: 16) und dadurch das Primat der Politik in seinem prinzipiellen strukturellen Gehalt und in seiner Funktion nachhaltig und systembedrohend schwächt, ist allerdings nicht zu erkennen. Trotz der skizzierten Veränderungen und Probleme bildet die zivile Suprematie de jure und de facto immer noch die Grundlage der Ausgestaltung des Verhältnisses von Militär und Politik in den Vereinigten Staaten (ähnlich: Batts 2009).

Freilich variierte die Qualität der zivil-militärischen Beziehungen in den USA seit jeher in Abhängigkeit von den konkreten Umständen. Auch während des Kalten Krieges kam es zwischen Zivilisten und Militärs immer wieder zu Konflikten, welche aus damaliger Sicht die Frage der demokratischen Kontrolle berührten. Als Beispiele lassen sich die Abberufung General MacArthurs (1951) und die Beilegung der kubanischen Raketenkrise (1962) anführen. In diesen Fällen, wie auch in den Auseinandersetzungen unter Präsident George W. Bush und in der McChrystal-Affäre, behielten die Zivilisten letztes Endes immer die Oberhand (vgl. Batts 2009).

Eine der Schwächen der Krisendiskussion der 1990er Jahre bestand darin, dass sie der Natur der Sache nach grundsätzlich nur eine Momentaufnahme bieten konnte. Der Fortgang der zivil-militärischen Beziehungen vor allem unter George W. Bush, aber auch unter Barack Obama, lässt viele der damaligen Befunde in einem anderen Licht erscheinen, sowohl was die Bewertung der Vorkommnisse betrifft, als auch die Gewichtung der als ursächlich hierfür genannten Faktoren. So verdeckte die Engführung der Problematik auf die Person Clintons die Tatsache, dass sich die Krisendiagnose zum Teil auch auf Zusammenhänge bezog, die bereits unmittelbar nach dem Ende des Kalten Kriegs und noch in der Amtszeit von George Bush (1989-1993) zu verorten waren. Darüber hinaus zeigen die Konflikte der Präsidentschaft von George W. Bush, dass einfache parteipolitische Deutungsmuster zu kurz greifen, um einen Erklärungsbeitrag für die jüngeren Entwicklungen im Verhältnis von Militär und Politik zu leisten. Umgekehrt verweisen die jüngsten Vorkommnisse unter der Regierung Obama darauf, dass trotz der ernsthaften Bemühungen um eine Adjustierung des Verhältnisses weiterhin objektive Konfliktlagen existieren.

Hilfreicher für das Verständnis der bis heute anhaltenden Wandlungsprozesse der zivilmilitärischen Beziehungen ist die systematische Verknüpfung von strukturalistischen, institutionalistischen und handlungstheoretischen Erklärungsangeboten, die (1) die Veränderung der externen Bedrohungslage der USA nach dem Zusammenbruch der Sowjetunion erfasst, (2) die nicht intendierten Folgewirkungen institutioneller Reformen in den zivilmilitärischen Beziehungen in den Blick nimmt sowie (3) die Bereitschaft des Militärs berücksichtigt, bei Interessendivergenzen mit den Zivilisten gegen die Vorgaben der zivilen Politik zu handeln, beziehungsweise die Anreize und Möglichkeiten der Zivilisten, solches Verhalten zu kontrollieren und zu sanktionieren.

Der erste Faktor – die nach dem Ende des Kalten Krieges veränderte externe Bedrohungslage, die mit einer Verschlechterung der zivil-militärischen Beziehungen zeitlich zusammenfällt – scheint die Kernthese von Michael Deschs strukturalistischer Theorie zu bestätigen: Desch zufolge hatte die Situation hoher externer Bedrohung bei geringer interner Bedrohung während des Kalten Krieges stabile zivil-militärische Beziehungen zu Folge. Nach 1990 veränderten sich die über 40 Jahre stabilen Parameter zur Bewertung der außen-, sicherheits- und militärpolitischen Situation. Infolge dessen kam es zu Konflikten über die Neuformulierung der amerikanischen Sicherheitspolitik und die Entwicklung einer hiervon geleiteten Militärstrategie, über neue Missionsprofile der Streitkräfte sowie über ihre Transformation im Zuge der Revolutionierung des Militärwesens. Das Aufkommen neuer externer Sicherheitsgefahren im Gefolge der Anschläge vom 11. September 2001 und die als Antwort hierauf entwickelte, ambitionierte Interventionsagenda von Präsident George W. Bush haben das Konfliktpotenzial noch verstärkt (Desch 2009).

Tatsächlich führt Desch (1999: 22ff., 67ff.) den Kontrast der zivil-militärischen Beziehungen in den USA vor und nach 1990 als Beleg für die Erklärungskraft seiner Theorie an. Auch die Beispiele Japan in den 1920er und 1930er Jahren sowie die „Stille Diktatur" Ludendorffs in den Jahren 1916-1918 bestätigen seine Thesen. Gleichfalls vereinbar mit der Theorie ist die Etablierung ziviler Kontrolle in Japan und der Bundesrepublik Deutschland während der Ost-West-Konfrontation (siehe Tab. 3.2). Der Blick auf die Bedrohungsmatrix von Desch veranschaulicht jedoch auch die Grenzen, an die seine Theorie stößt, wenn sie erklären soll, weshalb es in den USA nach 1989 zur Verschlechterung der zivil-militärischen Beziehungen kam, nicht aber in der Bundesrepublik Deutschland und in Japan. Darüber hinaus scheint sie zu grob, um die deutlichen Unterschiede zwischen den „konfliktreichen" Beziehungen nach 1990 und den stabilen zivil-militärischen Beziehungen davor zu erfassen. Zudem ist es nicht plausibel, die Unterordnung der japanischen Selbstverteidigungsstreitkräfte und der Bundeswehr unter zivile Suprematie alleine oder in der Hauptsache auf den Ost-West-Konflikt zurückzuführen. Schließlich kann seine Theorie auch nicht die unterschiedlichen institutionellen Konfigurationen und politischen Praktiken zivil-militärischer Beziehungen in Deutschland, Japan und den USA erklären.

**Tab. 3.2:** *Bedrohungslage und zivile Kontrolle in den USA, Deutschland und Japan*

| | | Äußere Bedrohung | |
|---|---|---|---|
| | | *Hoch* | *Niedrig* |
| **Innere Bedrohung** | *Hoch* | Japan (1932-1945) Deutschland (1914-1918) | USA (1861-1866) |
| | *Niedrig* | USA (1941-1989) Japan (1950-1989) BRD (1949-1989) | USA (1791-1861) USA (1866-1941) USA (seit 1990) Japan (1922-1932) Japan (seit 1990) BRD (seit 1990) |

Quelle: eigene Zusammenstellung in Anlehnung an Desch 1999

Tatsächlich kann das gestiegene Einflusspotenzial des amerikanischen Militärs seit den 1990er Jahren nur erklärt werden, wenn auch die nicht intendierten Folgewirkungen institutioneller Reformen in den 1980er Jahren berücksichtigt werden. Zugleich stützen Veränderungen im Bereich der Selbstwahrnehmung des Militärs seine gewachsene Einflussnahme. Das Militär kann somit im Vergleich zu früheren Zeiten mehr Einfluss wahrnehmen und es ist zudem gewillt, diesen Einfluss auch tatsächlich auszuüben. Anzuführen ist insbesondere der *Goldwater-Nichols Act*. Obwohl das Gesetz auch zum Ziel hatte, die zivile Kontrolle des Militärs sicherzustellen, hat sie die Einflusspotenziale des Militärs erhöht, insbesondere über die gestärkte Position des Vorsitzenden der Vereinigten Stabschefs. Seine Autorität birgt in sich die Gefahr, dass das Militär in den Bereich der politischen Prärogativen hineingezogen wird. Diese Gefahr ist insbesondere im Zusammenhang mit den Fragen der strategischen Sicherheitsinteressen der USA wichtig (Hendrickson 1988: 114).

Die Hierarchisierung der Militärberatung ist insofern problematisch, als dass die zivilen Entscheidungsträger potenziell vom Zugang zu rivalisierenden und alternativen Handlungsoptionen abgeschnitten werden. Indem der Vorsitzende zum obersten Militärberater aufgestiegen ist, ist die Spannbreite der erhältlichen Informationen, die der Entscheidungsfindung der zivilen Amtsinhaber zugrunde liegen, empfindlich eingeengt (Cohen 2002: 89). Die Gefahr besteht, dass die Exekutive zur „Geisel" (Weiner 1996: 25) des Vorsitzenden wird. Durch die Zentralisierung wird weiterhin der Wettbewerb zwischen den einzelnen Teilstreitkräften um Ressourcen, Missionen und die strategische Ausrichtung der Militär- und Sicherheitspolitik reduziert, wodurch die Geschlossenheit und Handlungsfähigkeit des Militärs insgesamt gestiegen ist, während die Dispersion von Macht und Autorität auf Seiten des

„doppelten Prinzipals" (Kongress und Präsident) anhält. Diese institutionell angelegten Tendenzen werden verstärkt durch die Lernprozesse der Generalstabsmitglieder, die sich durch ein neues Abstimmungs- und Koordinationsverhalten auf die veränderten Bedingungen eingestellt haben. Auch die veränderten Bestimmungen zur Personalpolitik unterstützen den Trend zu einem gestiegenen Einflusspotenzial des Militärs, da die Zusammenarbeit und Koordination der Teilstreitkräfte einen enormen Bedeutungszuwachs erfahren hat und sich dies im Rekrutierungsverhalten der Offiziere bemerkbar machte.

Eine weitere Determinante zivil-militärischer Beziehungen in den Vereinigten Staaten, die in historischer Perspektive eines der Hauptfundamente der zivilen Kontrolle bildete, ist die Verankerung der zivilen Suprematie in der professionellen Mentalität des amerikanischen Offizierskorps. Wie von Huntington erwartet, ging die Professionalisierung der Streitkräfte im 19. Jahrhundert mit ihrer Unterordnung unter die Prärogative der zivilen Politik einher. Allerdings verdichten sich die empirischen Hinweise auf einen Wandel der militärischen Selbstwahrnehmung seit Mitte der 1970er Jahre. Mit dem vorhandenen Datenmaterial ist jedoch eine Erosion der grundlegenden Zustimmung zum Prinzip der zivilen Kontrolle nicht zu belegen. Daher ist es fragwürdig, die Spannungen der vergangenen zwei Jahrzehnte vorrangig hierauf zurückzuführen, zumal wenn dies, wie es in Teilen der Literatur für die Clinton-Jahre und die Obama-Administration der Fall ist, mit dem Hinweis auf die „Republikanisierung" des Offizierskorps einhergeht. Denn die Konflikte waren während der Regierungszeit des republikanischen, der christlichen Rechten zuneigenden Präsidenten George W. Bush nicht weniger intensiv als unter seinem demokratischen Vorgänger bzw. Nachfolger.

Eine theoretische Deutung der Konflikte seit 1989, die sowohl strukturelle und institutionelle als auch ideelle Faktoren berücksichtigt, und darüber hinaus das konkrete Handeln der involvierten Akteure in der alltäglichen Praxis ziviler Kontrolle liefert, bietet Feavers vertretungstheoretischer Ansatz. Peter Feaver beschreibt den Unterschied zwischen den zivil-militärischen Beziehungen in der Phase der Blockkonfrontation und nach 1989 als Übergang von einem Fall der „militärischen Befolgung unter ziviler intrusiver Beobachtung" zu einem „militärischen Ausweichen unter ziviler intrusiver Beobachtung" (Feaver 2003: 284f.; eigene Übersetzung). Statt der von Huntington geforderten Trennung hat es, so Feaver, während des Kalten Krieges zahlreiche Überschneidungen zwischen militärischer und ziviler Sphäre gegeben. Infolge dessen wurden die Spitzen der Streitkräfte politisiert und die zivile Politik intervenierte häufig und tief in die Autonomie des Militärs. Die Kosten der intrusiven Beaufsichtigung des Militärs waren relativ gering, und das Militär hatte eine hohe Erwartung, für Fehlverhalten bestraft zu werden.

Die Friktionen in den ersten zehn Jahren nach dem Ende der Ost-West-Konfrontation ergaben sich, so Feaver, aus der Kluft zwischen den Präferenzen der Zivilisten und Militärs hinsichtlich anstehender Entscheidungen – Öffnung der Streitkräfte für Homosexuelle, Verkleinerung und Reorganisation der Streitkräfte, Einsatz des Militärs in „humanitären Interventionen" und Ausweitung seines Aufgabenspektrums („mission creep") – sowie der idiosynkratrischen Schwächen der Clinton-Administration gegenüber dem Militär. Ersteres förderte die Bereitschaft des Militärs, den Wünschen der Zivilisten auszuweichen, während letzteres die Fähigkeit (und Bereitschaft) der zivilen Führung schwächte, das Militär für seine Verweigerungshaltung zu bestrafen. Zusammengenommen existierten daher für die Militärführung starke Anreize zum „shirking", d.h. der Blockade oder Hintertreibung von Politikentscheidungen der Clinton-Administration (Feaver 2003: 288). Die nachfolgende Regierung von George W. Bush trat nach eigenem Bekunden mit der Absicht an, die ihrer Meinung nach unter Clinton verloren gegangene zivile Kontrolle wieder herzustellen (vgl. Kleine-Brockhoff 2003; Feaver 2003: 288). Dieser Anspruch wurde durch den Verweis auf die Verfassung unterfüttert: „Die Verfassung verlangt nach ziviler Kontrolle dieses Ministeriums. Und ich bin ein Zivilist".[49] Die neue Administration unterstrich ihre Ambitionen durch einen aggressiven und detailorientierten Führungsstil sowie eine rigorose Personalpolitik bei der Besetzung hoher Posten im Militär, indem Verteidigungsminister Donald Rumsfeld in Abweichung von früheren Praktiken die möglichen Kandidaten selbst befragte und ihm unliebsame Personen ablehnte (Loeb/Ricks 2002).

Diese Formen der sehr intrusiven, tief in den Autonomie- und Aufgabenbereich des Militärs eindringenden Beaufsichtigung („Mikromanagement") und Personalauswahl können aus der Sicht der Durchsetzung ziviler Kontrolle insofern als positiv bewertet werden, als sie darauf abzielten, den Einfluss des Militärs zu begrenzen. Jedoch waren damit auch problematische Konsequenzen verbunden. So gab es Anzeichen dafür, dass der Umgang der republikanischen Regierung mit dem größtenteils republikanisch orientierten Offizierskorps dessen Polarisierung gefördert hat: Während seitens des Generalstabes keine Kritik an dem zivilen Vorgesetzten geäußert wurde, erreichten die Spannungen und Klagen über Rumsfeld unterhalb der höchsten Ebene ein beachtliches Niveau. Die amerikanischen Medien spielten hierbei sowohl unter dem republikanischen Präsidenten George W. Bush als auch unter den beiden Demokraten Clinton und Obama in doppelter Hinsicht die Rolle eines „Frühwarnsystems". Einerseits griffen sie begierig die eskalierenden Spannungen auf und zerrten Versuche des „shirkings" durch das Militär in die Öffentlichkeit (z.B. die skandalösen Aussagen General Campbells über Präsident Clinton). Zum anderen boten sie aber auch frustrierten Militärs die Möglichkeit, auf mögliche Missstände innerhalb der Streitkräfte sowie im Verhalten der Zivilisten gegenüber den Streitkräften hinzuweisen (z.B. die „Revolte der Generäle").

Das amerikanische Modell einer „nachdrücklichen Kontrolle" (Feaver), bei der demokratisch gewählte Politiker eine intrusive Überwachung des Militärs praktizieren, unterscheidet sich vom bürokratischen Charakter der zivil-militärischen Beziehungen in Japan. Die japanische Praxis wiederum differiert deutlich vom bundesdeutschen Modell. Wie lässt sich das erklären? Historische Erfahrungen spielen natürlich eine Rolle. Ohne Zweifel reflektiert die Verankerung der zivilen Aufsicht über den Sicherheitssektor in den Gründungsjahren der „neuen" zivil-militärischen Beziehungen die Sorge der Entscheidungsträger in Japan (und den USA) vor dem Wiedererstarken des japanischen Militarismus.

Auch kulturelle und externe Faktoren sind zu nennen. Die geringe öffentliche Sichtbarkeit der Streitkräfte in Japan und die Bemühungen der Regierung, öffentliche Debatten in Bezug auf die *Jieitai* zu vermeiden, waren Reaktionen auf die starken anti-militaristischen Sentiments in der Nachkriegsgesellschaft. Sichtbarstes Zeichen der Diskreditierung des Militärs und der Abkehr vom Militarismus war die pazifistische Grundausrichtung der japanischen

---

[49]  Aussage Rumsfelds bei einer Pressekonferenz im Pentagon (zit. in Scarborough 2003; eigene Übersetzung).

„Friedensverfassung". Sie wiederum gab den zivil-militärischen Beziehungen im demokratischen Japan ihren rechtlich-normativen Rahmen. Ähnlich wie im Falle der beiden deutschen Staaten war die Wiederbewaffnung Japans nur unter den Bedingungen des sich ab Ende der 1940er Jahre verschärfenden Kalten Krieges und mit der Einbindung in das Verteidigungsbündnis der USA möglich. Die reservierte Haltung der japanischen Politik gegenüber dem Militär, die Selbstbeschränkung hinsichtlich der Verteidigungsausgaben und der geringe Stellenwert der klassischen Verteidigungspolitik wären ohne die amerikanischen Sicherheitsgarantien und den Schutz durch den „nuklearen Schirm" der USA nicht möglich gewesen. Außerdem wirkte die Einbindung des japanischen Militärs in die amerikanische Militärstrategie als ein weiterer Kontroll- und Aufsichtsmechanismus (Feaver et al. 2005: 244f.).

Historische, kulturelle oder internationale Faktoren können jedoch die spezifisch japanische Form der zivilen Kontrolle nicht erschöpfend erklären. Hierfür ist es notwendig, die innenpolitische Konstellation stärker zu berücksichtigen. Wie erwähnt wurde die 1950 beginnende Wiederbewaffnung Japans auf amerikanischen Wunsch und ohne gesellschaftlich-politischen Konsens innerhalb Japans vorangetrieben. Bis in das letzte Viertel des 20. Jahrhunderts hinein blieb die Legitimität der *Jieitai* gesellschaftlich umstritten. Hierin liegt ein wichtiges Motiv für die „Bürokratisierung" der zivilen Kontrolle: Da Teile der Gesellschaft und Parteienpolitik den verfassungsgemäßen Status der Streitkräfte bestritten, konnte sich keine politische Diskussion über die Stellung und Funktion des Militärs im demokratischen Japan entwickeln. Zudem verhinderte die ritualisierte Ablehnung der *Jieitai* insbesondere durch die SPJ und ihr nahestehende Verbände, dass sich das Parlament zum Ort sicherheitspolitischer Debatten entwickelte (Berger 1993). So hatte das japanische Parlament vor allem deshalb lange Zeit keinen Verteidigungsausschuss, weil dieser nur mit Zustimmung der Opposition hätte eingerichtet werden können. Dies hätte jedoch die Anerkennung der SDF bedeutet. Daher wurden verteidigungspolitische Debatten in Kabinettsausschüssen, Haushaltsausschüssen oder außenpolitischen Ausschüssen ausgetragen – wo sie allerdings nicht vorrangig behandelt wurden. Die restriktive Auslegung von Artikel 9, die Auslagerung der Verteidigungspolitik in den bürokratischen Raum und die Perfektionierung eines rigiden bürokratischen Kontrollsystems boten somit für die zwischen 1955 und 1993 ununterbrochen regierende Liberaldemokratische Partei eine attraktive Möglichkeit, um innenpolitischen Auseinandersetzungen mit einer militärischen Problemlösungen gegenüber skeptischen Opposition und Bevölkerungsmehrheit aus dem Weg zu gehen.

Die Funktionslogik des japanischen Modells der bürokratischen Kontrolle hat Takako Hikotani wie folgt umrissen: Die zivilen Bürokraten übten die tagtägliche Aufsicht über die Streitkräfte aus, während Oppositionsparteien und Medien ergänzend als Frühwarnsysteme agierten, indem sie die öffentliche Aufmerksamkeit immer dann suchten, wenn Vorfälle innerhalb der SDF ein akutes Versagen der bürokratischen Kontrolle erkennen ließen. Dieses System erwies sich als effektiv bei der Entpolitisierung der Streitkräfte, schränkte systembedingt jedoch die effektive Entscheidungsgewalt der demokratisch gewählten Mandatsträger in sicherheits- und verteidigungspolitischen Fragen ein (Hikotani 2009: 22). Für die Minister und Abgeordneten der Regierungspartei LDP, aber auch für die Oppositionsparteien hatte die Delegation von Kontrolle an die Beamtenschaft jedoch eine Reihe von Vorzügen, welche die Kosten bei weitem überwogen. Aufgrund der starren Struktur des Kalten Krieges waren die zentralen Parameter der japanischen Verteidigungspolitik – begrenzte Militärmacht unter den

Bedingungen von Art. 9, bilaterale Allianz mit den USA und der Primat wirtschaftlicher Entwicklung – über Jahrzehnte hinweg stabil. Damit bestand kaum ein Anreiz für japanische Politiker, sich intensiver mit sicherheitspolitischen Fragen im Allgemeinen und zivil-militärischen Beziehungen im Besonderen zu beschäftigen.

Die dominante Stellung der regierenden LDP und das bestehende Wahlsystem im sogenannten „1955er System" belohnten diese Haltung.[50] Unter dem Wahlsystem des *Single Non-Transferable Vote* (SNTV) mussten Kandidaten der Regierungspartei in lokalen Wahlkreisen miteinander konkurrieren. Erfolgreich war hier eine Wahlkampfstrategie, die auf enge, für die Wähler in den einzelnen Wahlkreisen unmittelbar relevante Themen, zielte. Politiker mit Spezialisierung auf allgemeine Themen wie Verteidigung und Militär konnten hingegen bei den Wählern kaum punkten. Zudem liefen Kandidaten, die sich auf Fragen von Militär, Verteidigung und Sicherheit konzentrierten, aufgrund der vorherrschenden pazifistischen Gesinnung des Median-Wählers Gefahr, als „Falken" wahrgenommen zu werden. Auch deshalb vermieden es Abgeordnete und Kabinettsmitglieder der LDP, zu eng mit Militär und Verteidigungspolitik assoziiert zu werden. Zugleich fiel es Kandidaten mit Sachverstand in Fragen der zivil-militärischen Beziehungen aufgrund der geringen Bedeutung der Rüstungsindustrie oder militärnaher Verbände und Interessengruppen sowie der schwachen Stellung der Verteidigungslobby in der LDP auch erheblich schwerer, Wahlkampfspenden und politische Unterstützung durch machtvolle Gruppen in der LDP zu mobilisieren. Darüber hinaus förderten innerparteiliche Verfahrensregeln der LDP die Vernachlässigung der zivil-militärischen Beziehungen, da alle Gesetzes- und Politikinitiativen zunächst innerhalb der Partei ausgehandelt werden mussten, wobei nicht konsensfähige Entscheidungen vermieden wurden. Da es sich bei Fragen in Bezug auf die zivil-militärischen Beziehungen um potenziell konfliktbeladene Themen handelte, wirkte dieses Verfahren als eine Art ex ante-Kontrolle über den verteidigungs- und militärpolitischen Entscheidungsprozess, was eine Veränderung des Policy-Status quo zusätzlich erschwerte und die Beibehaltung der einmal etablierten Arrangements unterstützte (Feaver et al. 2005: 249). Mithin war die „Auslagerung" der Kontrolle in die Bürokratie für Regierung und Parlament politisch „fast kostenlos" (Hikotani 2009: 23), während zugleich Konflikte zwischen den Parteien entschärft und eine Mobilisierung der Gesellschaft in solchen Fragen vermieden werden konnte. Allerdings wurden hierdurch auch Selbstbindungseffekte der Institutionen verstärkt, die langfristig die Hebelwirkung der Politik über die Verwaltung verringerten.

Das Ende des Ost-West-Konflikts hat jedoch einen tiefgreifenden, inkrementell verlaufenden Wandel in den zivil-militärischen Beziehungen und der japanischen Sicherheits- und Verteidigungspolitik angestoßen. Damit stand die politische Elite Japans vor der Herausforderung einer neuen sicherheits- und außenpolitischen Standortbestimmung. Der gestiegene Erwar-

---

[50]  Der Begriff charakterisiert die Funktionsweise der japanischen Demokratie vom Zusammenschluss des rechten und linken Flügels der SPJ sowie der Fusion der Demokratischen Partei Japans und der Liberalen Partei Japans zur LDP im Jahre 1955 bis etwa 1993. Die prägenden Merkmale dieser Epoche waren (1) die jahrzehntelange Regierung der LDP, die gestützt war auf (2) absolute liberaldemokratische Mehrheiten in Unter- und Oberhaus (Ausnahmen 1983, 1989); (3) eine fragmentierte Opposition mit der SPJ als Hauptgegner der LDP, (4) die starke Stellung innerparteilicher Machtgruppen („Faktionen") in der LDP und (5) die enge Verflechtung zwischen LDP, der Ministerialbürokratie und Großunternehmen („eisernes Dreieck") (vgl. Klein 2006).

tungsdruck an eine aktivere Rolle Japans in der internationalen Politik hat die Argumente der sozialistischen Opposition gegen den japanisch-amerikanischen Sicherheitsvertrag, die Existenz der SDF und deren Einsatz auch außerhalb Japans obsolet werden lassen. Damit wurde ein tief reichender, inkrementell verlaufender und bis heute anhaltender Wandel in den zivil-militärischen Beziehungen angestoßen (Hook/McCormack 2001: 30f.; Hughes 2005: 56). Inzwischen bekennen sich alle relevanten politischen Parteien zur amerikanisch-japanischen Allianz und befürworten einen zukünftig stärkeren Beitrag Japans für die internationale Sicherheit auch unter Einsatz militärischer Mittel – wenngleich insbesondere in Bezug auf den zuletzt genannten Punkt erhebliche Differenzen hinsichtlich der Konkretisierung bestehen.

Zeitgleich mit dem Ende der Sowjetunion setzte der Niedergang des „1955er Systems" ein. Anfang der 1990er Jahre kam es aufgrund von Skandalen, politischen Konflikten innerhalb der LDP und dem Scheitern der Regierung bei der Bewältigung der Wirtschaftskrise Anfang des Jahrzehnts zu zahlreichen Abspaltungen von der Liberaldemokratischen Partei. Diese verlor im August 1993 erstmals nach 38 Jahren die Regierungsmacht und wurde von einer kurzlebigen Siebenparteienkoalition abgelöst. Nach deren Kollaps bildete die Partei im Juni 1994 eine Koalition mit der SPJ unter Führung des sozialistischen Premierministers Murayama Tomiichi. In dieser Phase kam es zur Reform des Wahlsystems mit weitreichenden Folgen für die Entwicklung des Parteiensystems. Zwar hat die LDP zwischen 1996 und 2009 erneut die Regierung gestellt (meist mit kleineren Koalitionspartnern); aber bei den Parlamentswahlen 2009 erlitt die Partei eine dramatische Niederlage, verlor 177 ihrer 296 Sitze und wurde von der Demokratischen Partei abgelöst.

Entsprechend kam es in den 1990er Jahren zu Veränderungen, die nicht durch historische oder kulturelle Deutungsmuster erklärt werden. Verantwortlich hierfür sind vielmehr innenpolitische und internationale Faktoren. Die Ausweitung des Missionsprofils der SDF auf internationale Einsätze ist ein Ergebnis dieser Entwicklung. Dies erzwang Anpassungen in den verteidigungs- und sicherheitspolitischen Institutionen, welche zur Aufwertung des Verteidigungsministeriums führten. Die Trendentwicklung geht eindeutig in Richtung einer „Normalisierung" der zivil-militärischen Beziehungen. Die im Gefolge der Veränderungen der 1990er Jahre insbesondere in Nordostasien aufkommenden Befürchtungen eines Wiederauflebens des japanischen Militarismus und Expansionismus haben sich in der Zwischenzeit als unbegründet erwiesen. Zwar engagiert sich Japan heute deutlich stärker militärisch in der regionalen und internationalen Sicherheit. Das Militär untersteht jedoch weiterhin rigider Kontrolle und die Abneigung gegen den Einsatz militärischer Mittel ist in der japanischen Politik und Öffentlichkeit immer noch ausgeprägt. Darüber hinaus gibt es keine plausiblen Hinweise auf eine bevorstehende oder bereits erfolgte Aufrüstung. Die Entwicklung der Verteidigungsausgaben belegt dies ebenso wie die Tatsache, dass Japan weder seine Politik der „nichtnuklearen Prinzipien" noch die selbst gewählten Beschränkungen der Mannschaftsstärke und Bewaffnung der SDF aufgegeben hat.

Kontinuität und das Fehlen markanter Konflikte prägen die zivil-militärischen Beziehungen in der Bundesrepublik seit der Gründung der Bundeswehr und über das Ende der DDR und die Ausdehnung der westdeutschen Streitkräfte auf Ostdeutschland. Institutionelle Faktoren spielen hier sicherlich eine Rolle. Das im US-amerikanischen Präsidentialismus institutionell angelegte Problem des „doppelten Prinzipals" aus Präsident und Kongress, welches den

Streitkräften Handlungsspielräume eröffnet, existiert im parlamentarischen Regierungssystem der bundesdeutschen Demokratie nicht, zumal der Bundespräsident (anders als der Weimarer Reichspräsident) in sicherheits- und verteidigungspolitischer Hinsicht eine zu vernachlässigende Größe ist. Zudem verfügt die deutsche Wehrverfassung über sehr robuste Kontroll- und Aufsichtsmechanismen, angefangen bei der Institution des Wehrbeauftragten als „Frühwarnsystem", über die Ausschüsse des Bundestags (Verteidigung, Haushalt, Auswärtiges) bis hin zu den ausdifferenzierten exekutiven Aufsichtsstrukturen des Bundesministeriums für Verteidigung. Tatsächlich, so Koenig-Archibugi (2004: 168), ist das System der zivilen Kontrolle in der Bundesrepublik charakterisiert durch Kooperation und Zusammenwirken zwischen Regierung und Parlament. Dies stellt sicher, dass Verteidigungs- und Sicherheitspolitik sich nicht – wie in Japan – zu einer auf den exekutiven Bereich beschränkten, vom Parlament unabhängigen Angelegenheit entwickelte, sondern immer rückgebunden blieb an die parlamentarische Arena.

Die in der Wehrverfassung verankerten Prinzipien der inneren Ordnung der Bundeswehr, die Demokratisierung ihrer institutionellen Kultur und das völlige Fehlen institutioneller Autonomie wirkten schon früh und nachhaltig jeder Tendenz zur Verselbstständigung der Bundeswehr entgegen. Funktional äquivalent waren in dieser Hinsicht auch die unter gänzlich anderen Vorzeichen institutionalisierten Mechanismen der Parteikontrolle in der DDR. Entscheidender jedoch dürften die Veränderungen der politischen Kultur in der bundesrepublikanischen Gesellschaft sowie der breite parteipolitische Konsens aus der Gründungsphase der bundesdeutschen Demokratie gewirkt haben, wonach Demokratie, Rechtsstaat und Parlamentarismus die innenpolitischen, die Westintegration und die Integration in ein System der kollektiven Sicherheit sowie die Abkehr von der militärischen Machtpolitik die außenpolitischen Parameter deutscher Sicherheits-, Verteidigungs- und Militärpolitik sein sollten. Unter dem dominanten außen- und sicherheitspolitischen Paradigma der Zivilmacht war kein Spielraum für militärisches Abenteurertum, eine Verselbstständigung der Streitkräfte oder jedwede eigenständige politische Rolle des Militärs.[51]

Ähnlich lässt sich natürlich auch für Japan argumentierten, ohne dass hierdurch die markanten Unterschiede in der aktuellen Form der zivilen Kontrolle – politische Kontrolle durch Exekutive und Parlament in Deutschland, bürokratisiertes Kontrollsystem unter weitgehender Umgehung des Unterhauses in Japan; innere Demokratisierung der Streitkräfte mit dem Ziel der Kongruenz von innerer Verfasstheit der Gesellschaft und ihrer Streitkräfte im Unterschied zur gesellschaftlichen Marginalisierung der Armee in Japan[52] – erklärt werden. Eine wichtige Rolle spielte hier die exponiertere Stellung der Bundesrepublik und ihrer Streitkräfte als Frontstaat im Kalten Krieg, welche eine im Umfang deutlich über die japanischen Bedürfnisse hinausgehende Wiederbewaffnung erforderlich machte. Als „unechte Wehr-

---

[51]  Zu den Grundprinzipien einer Zivilmacht zählen neben der Verrechtlichung bzw. Verregelung der internationalen Beziehungen, dem Multilateralismus und der verstärkten Institutionenbildung mit Bereitschaft teilweiser Souveränitätsübertragung eben auch die Zähmung und Einhegung einzelstaatlich organisierter Gewaltanwendung in internationalen Konflikten (vgl. Kirste/Maull 1996).

[52]  „Die verborgene Armee" lautet der vielsagende Titel einer Monographie über die japanischen Streitkräfte von Tesuo Maeda (1995).

pflichtarmee" war die Bundeswehr im gesellschaftlichen Leben schlichtweg präsenter und hatte eine notgedrungen stärkere Bedeutung für die Gesellschaft als die SDF in Japan. Damit war eine „Strategie des Verbergens" ähnlich wie in Japan für die Bundeswehr keine Option. Hinzu kommt aber auch das in den deutschen Parteien und der Zivilgesellschaft viel stärker als in Japan entwickelte sicherheitspolitische Bewusstsein. Schließlich fehlten – spätestens mit der Akzeptanz der Westintegration durch die deutsche Sozialdemokratie in den späten 1950er Jahren – auch jener verfassungs- und sicherheitspolitische Grundkonflikt, der in Japan eine parlamentarisch-gesellschaftliche Diskussion über die Erfordernisse, Stellung und Rolle der Streitkräfte bis zum Ende des Ost-West-Konflikts verunmöglichte.

Letztlich zeigt der Vergleich des Umgangs mit dem Militär in den drei etablierten Demokratien Japan, Deutschland und den USA, dass es eine erhebliche Bandbreite ähnlich effektiver Formen der Ausgestaltung ziviler Kontrolle gibt. In keinem der drei genannten Staaten haben die gesellschaftlichen, innenpolitischen und internationalen Veränderungen der letzten Jahrzehnte und insbesondere seit dem Ende der Blockkonfrontation zu einer grundlegenden Abkehr vom Prinzip und der Praxis der zivilen Suprematie geführt.

# 4 Militär und Politik in Autokratien

Die Kontrolle der Streitkräfte durch die politische Führung ist für alle politischen Systeme von zentraler Bedeutung. Tatsächlich ist die zivil-militärische Problematik für Nichtdemokratien besonders virulent. Dies liegt an der Systemlogik autokratischer Regime und ihrer Auswirkung auf die Stabilität politischer Herrschaft. Da ihnen funktionierende Feedbackmechanismen fehlen, die politische Prozesse und Ergebnisse an die Interessen und politischen Einstellungen der Beherrschten zurückbinden, leiden autokratische Regime in aller Regel unter normativen und leistungsbezogenen Legitimitätsdefiziten, die die politische Ordnung und die Positionen der Herrschaftsträger gefährden können (Merkel 2010a: 59ff.). Zum einen muss ein funktionsfähiger Repressionsapparat bestehen, der Bedrohungen der Regimestabilität aus der Gesellschaft abwehrt. Insbesondere in weniger entwickelten Autokratien sind die Streitkräfte oftmals in den Repressionsapparat eingebunden, weil sie hier die funktionsfähigsten und bestorganisierten Staatsorgane darstellen und ihr Gewaltpotenzial das nichtmilitärischer Organe, wie der Polizei, erheblich übersteigt (Janowitz 1964: 75ff.; Huntington 1968). Zum anderen begünstigt das inhärente Legitimitätsdefizit autokratischer Herrschaft die direkte politische Intervention des Militärs. Dieses Argument schließt an die Überlegungen Finers an, der die besondere Bedeutung der Legitimität der zivilen Regierung für die Wahrscheinlichkeit einer erfolgreichen Militärintervention in die Politik betont. Das Eingreifen des Militärs in die Politik ist demnach umso wahrscheinlicher, je kleiner die Legitimitätsreserven sind, auf die eine Regierung zurückgreifen kann (Finer 1962). Daher müssen gerade Autokratien in besonderem Maße dafür sorgen, dass ihre Streitkräfte einer effektiven Kontrolle unterstehen.

Diese Problematik stellt sich zudem unabhängig vom konkreten Typus autokratischer Herrschaft. Nach den gängigen Typologien politischer Systeme sind Autokratien definiert als jene Regime, in denen die Minimalkriterien demokratischer Herrschaft nicht verwirklicht sind. Alle Autokratien zeichnet demnach aus, dass sich politische Herrschaft nicht auf einem durch regelmäßige, freie und faire Wahlen realisierten Prinzip der Volkssouveränität gründet, sondern durch andere, undemokratische Verfahren legitimiert und aufrechterhalten wird (Lauth 2006, Merkel 2010a; siehe auch Info-Box 2.3). Auf Basis dieser allgemeinen Definition lässt sich eine Vielzahl von Subtypen konstruieren, die je nach angelegtem Kriterienraster unterschiedliche Aspekte autokratischer Herrschaft in den Mittelpunkt stellen. Für die Problematik der zivil-militärischen Beziehungen in autokratischen Regimen ist vor allem die Frage nach den Herrschaftsträgern interessant. Eine Klassifizierung autokratischer Subtypen anhand dieses Kriteriums hat Barbara Geddes vorgelegt. Sie unterscheidet drei ideale Typen: Militärregime, Einparteienregime und personalistische Regime:

*„In Militärregimen entscheidet eine Gruppe von Offizieren darüber wer herrscht, und beeinflusst die Politik. In Einparteienregimen werden der Zugang zu politischen Ämtern und die Kontrolle über politische Inhalte von einer Partei dominiert, auch wenn andere Parteien legal sein können und an Wahlen teilnehmen. Personalistische Regime unterscheiden sich von Militär- und Einparteienregimen insofern, als dass der Zugang und die Vorteile des Amts viel stärker von der Entscheidung eines einzelnen Führers abhängen. Der Führer kann ein Offizier sein oder eine Partei zur Unterstützung [seiner Herrschaft] gegründet haben, aber weder das Militär noch die Partei können unabhängig von den Launen des Herrschers politische Entscheidungsmacht ausüben." (Geddes 1999: 121; eigene Übersetzung)*

Die Typologie von Geddes ist nicht ohne Schwächen. Zwischen den „reinen Typen" existiert eine breite Grauzone von theoretisch denkbaren Kombinationen oder „Amalgamen" (Geddes 1999), bei denen sich die Systemcharakteristika mehrerer Subtypen überlagern. So wurde insbesondere die Konzeption des personalistischen Regimes als „unterspezifizierte[r] Residualtypus" kritisiert, der kaum theoretisch abgrenzbar zu den beiden anderen Subtypen sei (Merkel 2010a: 42). Aber auch die Unterscheidung zwischen Einparteien- und Militärregimen vollzieht sich auf einem relativ hohen Abstraktionsniveau. So differenziert Brooker (1995: 19f.) diese Regime noch einmal in den Parteienstaat-Typus und den Militärparteien-Typus, je nachdem, ob die herrschende Partei durch Zivile oder Militärs dominiert wird.

Trotz dieser theoretischen Unschärfe und möglicher Mehrdeutigkeiten in der Einordnung konkreter Fälle bietet Geddes Typologie ein sparsames und gut anwendbares Raster, um die Vielfalt der empirisch auffindbaren Varianten autokratischer Herrschaft systematisch ordnen zu können. Zudem ist die zentrale Frage „wer herrscht" eng mit dem Kernproblem zivil-militärischer Beziehungen verbunden: Ob ein autokratisches System als zivile Einparteien- oder personalistische Autokratie oder als Militärregime eingeordnet wird, bemisst sich daran, wie viel politische Entscheidungsmacht das Militär für sich beansprucht – mit anderen Worten, ob die zivile Kontrolle etabliert ist oder nicht.

Für die beiden zivilen autokratischen Subtypen stellt sich die zivil-militärische Problematik ähnlich dar wie für Demokratien, wenn auch verschärft durch die bereits diskutierten Charakteristika autokratischer Herrschaft. Einparteienherrschaft und personalistische Regime müssen beide sicherstellen, dass die Streitkräfte keine Gefahr für den Herrschaftsanspruch der Partei oder der Person des Herrschers darstellen und ihren Anordnungen Folge leisten. Allerdings unterscheiden sich die Mechanismen, Strategien und Verfahren ziviler Kontrolle oftmals erheblich von denen in demokratischen Regimen. So existiert in den meisten zivil dominierten Autokratien eine symbiotische Koalition zwischen Militär und ziviler politischer Führung. Das Militär erkennt den Führungsanspruch der zivilen Parteiführung oder der Führerpersönlichkeit an, erhält dafür jedoch in der Regel umfangreiche Gegenleistungen. Diese reichen von finanziellen Zuwendungen für Spitzenoffiziere, hohen Verteidigungsausgaben und Entscheidungsautonomie der Budgetverwendung über den Verzicht auf zivile Einflussnahme auf militärinterne Entscheidungen und Organisationsstrukturen und die Gewährung einer Führungsrolle in der Formulierung von Sicherheits- und Außenpolitik bis hin zur direkten Einbeziehung der Militärspitze in die höchsten Führungs- und Entscheidungspositionen des Regimes (Perlmutter/LeoGrande 1982). Je nach Institutionalisierungsgrad, ideologischer

Durchdringung und politischen Ressourcen des Regimes werden diese Strategien der Beschwichtigung und Einbindung ergänzt durch andere Kontrollmechanismen, beispielsweise durch ideologische Indoktrination, politische Sozialisierung und Schulung, den Aufbau von militärinternen Überwachungsorganisationen, die Ausnutzung militärinterner Rivalitäten und Aufstellung alternativer bewaffneter Verbände wie paramilitärischer Polizeieinheiten, Sondereinheiten des Innenministeriums oder einer Präsidentengarde, bis hin zur Sanktionierung von Illoyalität und Fehlverhalten durch gewaltsame Säuberungen des Offizierskorps (Croissant/Kühn 2007: 16ff.).

Auf den ersten Blick scheinen zivile autokratische Regime mit diesen Kontrollstrategien relativ erfolgreich zu sein. Insbesondere gut institutionalisierte Einparteiensysteme weisen ein ähnlich hohes Maß an Robustheit gegenüber Militärinterventionen auf wie die etablierten Demokratien des Westens. So liegt kein empirischer Fall vor, in dem ein kommunistisches Einparteienregime durch einen Militärputsch gestürzt wurde (Perlmutter/LeoGrande 1982: 778). Allerdings wird Regimestabilität häufig erkauft durch die Ausweitung des politischen Einflusses des Militärs weit über die engen Grenzen militärischer Entscheidungsbefugnis in demokratischen Verfassungsstaaten hinaus.

In Militärregimen dominieren definitionsgemäß Vertreter der Streitkräfte die politische Rekrutierung. Zwar besteht hier kein *zivil*-militärisches Problem. Die funktional definierte Spannungslinie zwischen politischen Entscheidungsträgern auf der einen, und der militärischen Organisation auf der anderen Seite existiert jedoch auch dann, wenn die Entscheidungsträger eine Uniform tragen. In anderen Worten besteht in Militärregimen „die Herausforderung für das ‚Militär als Regierung' darin, das ‚Militär als Institution' zu kontrollieren und seine Loyalität zu bewahren" (Alagappa 2001c: 8; eigene Übersetzung). Genau wie zivil dominierte Regime müssen also auch Militärregime das Problem der Kontrolle der Streitkräfte durch die politischen Entscheidungsträger lösen. Hierzu können sie sich der gleichen Mechanismen und Strategien bedienen, die auch zivilen Regimen zur Verfügung stehen. Tatsächlich deuten empirische Untersuchungen darauf hin, dass das Problem in Militärregimen jedoch besonders dringlich ist. Eine der wichtigsten und eindeutigsten Erkenntnisse der quantitativen Putschforschung ist die Tatsache, dass „die Wahrscheinlichkeit eines Putsches erheblich steigt, wenn in der Vergangenheit bereits Putsche stattgefunden haben" (Zimmermann 1983: 276; eigene Übersetzung; siehe auch O'Kane 1987; Belkin/Schofer 2003). Die Ursache hierfür liegt darin, dass ein erfolgreicher Putsch einen Präzedenzfall generiert, der die Machbarkeit und Legitimität extrakonstitutioneller Interventionen als Zugangsmechanismus zu politischen Ämtern begründet (Zolberg 1968: 80; Londregan/Poole 1990: 152). Dies macht Militärregime anfällig für *Gegenputsche*. Empirisch bestätigt sich diese Annahme: In der Hochzeit der weltweiten militärischen Interventionen wurden Putschversuche zweimal so häufig gegen Militärregierungen durchgeführt wie gegen zivile Regierungen (Nordlinger 1977: 140). Eine effektive Kontrolle der politischen Führung über die Streitkräfte ist also gerade in Militärregimen von besonderer Bedeutung.

Neben dieser Problematik stellt sich für Militärregime jedoch noch eine andere Herausforderung. Während es für die Streitkräfte dank der überlegenen Zwangsmittel ein Leichtes ist, die politische Macht an sich zu reißen, sind sie deutlich weniger geeignet, um politische Herrschaft dauerhaft zu organisieren und erfolgreich auszuüben. Samuel Finer hat dafür zwei

Gründe hervorgehoben: mangelnde technische Fähigkeiten, die sich aus der spezifischen Organisationsstruktur der Streitkräfte ergeben, sowie ihre fehlende „moralische Berechtigung zur Herrschaft" (Finer 1962: 12; eigene Übersetzung). Hinzu kommt aber noch ein dritter Aspekt: Barbara Geddes hat überzeugend dargelegt, dass Militärregime das Entstehen von Machtrivalitäten und unterschiedlichen politischen Zielstellungen innerhalb der Militärelite fördern. Dies gefährdet den institutionellen Zusammenhalt der Streitkräfte. Mithin, so Geddes, „tragen Militärregime die Saat ihrer eigenen Zerstörung bereits in sich" (Geddes 1999: 131; eigene Übersetzung). Die Empirie spricht für diese These: Während in den Jahren 1945-98 die durchschnittliche Lebensdauer von Einparteiensystemen 35 Jahre beträgt, lag sie für Militärregime bei 7 Jahren (ebd.: 132).

Zusammenfassend lässt sich also festhalten, dass die „zivil"-militärische Problematik in Militärregimen deutlich komplexer ist als in zivilen Regimen. Für die Analyse der Beziehungen zwischen Militär und Politik in autokratischen Regimen stellt sich daher zunächst die Frage nach den Herrschaftsträgern und dem konkreten Typus des autokratischen Regimes. Die Trennlinie liegt zwischen Militärherrschaft auf der einen Seite und (ziviler) Einparteienherrschaft oder personalistischen Regimen auf der anderen Seite. Abhängig davon, ob ein Militär- oder ein ziviles Regime vorliegt, schließen sich unterschiedliche Fragen an.

Für Einparteiendiktaturen und personalistische Regime sind zwei Aspekte relevant: erstens, wie stark ist die zivile Kontrolle ausgeprägt? Hier muss untersucht werden, in welchen Bereichen und in welchem Ausmaß das Militär Entscheidungsbefugnis besitzt und welche Rolle das Militär in der Regimekoalition spielt. Zweitens stellt sich die Frage, welche Mechanismen und Instrumente angewendet werden, um das Militär zu kontrollieren.

Für Militärdiktaturen sind gleichfalls zwei Fragen zu beantworten: erstens, wie vollständig ist die Kontrolle des Militärs über das politische System? Hier steht wiederum das Ausmaß der militärischen Entscheidungsmacht über die verschiedenen politischen Teilbereiche im Zentrum der Aufmerksamkeit. Zweitens, inwiefern und mit welchen Mechanismen gelingt es dem Militär als Regierung, die doppelte Problematik der Herrschaftssicherung innerhalb des Militärs (Verhinderung der militärinternen Faktionalisierung und militärischer Gegenputsche) und in Politik und Gesellschaft (Aufbau von politischen Institutionen und Generierung von Unterstützung) zu lösen?

Im Folgenden sollen diese Fragenkomplexe exemplarisch an drei Fällen untersucht werden. Mit der Volksrepublik China, Nordkorea und Burma/Myanmar wurden drei Autokratien ausgewählt, denen gemein ist, dass sie seit Jahren in der Liste der „Schlimmsten der Schlimmsten" des amerikanischen Freedom House Instituts auftauchen. Sie zählen also zu jenen Regimen, in denen bürgerliche Freiheiten und Menschenrechte systematisch und in großem Maßstab verletzt werden (Freedom House 2010b). Zugleich unterscheiden sie sich hinsichtlich des Regimetyps und der zivil-militärischen Beziehungen. Die Volksrepublik China ist nach dem Zusammenbruch der kommunistischen und sozialistischen Parteienstaaten Ost-Mitteleuropas und Zentralasiens der archetypische Fall für eine Einparteiendiktatur. Der Fall China eignet sich daher besonders gut zur Analyse der aufgeworfenen Problematik ziviler Kontrolle in Einparteienstaaten. Als Fallbeispiel für eine Militärdiktatur wurde Burma/Myanmar ausgewählt, wo Politik und Gesellschaft seit 1962 ununterbrochen durch die

Streitkräfte dominiert werden. Es ist zu erwarten, dass sich hier zentrale Fragestellungen, die für Militärregime diskutiert wurden, besonders eindrücklich zeigen werden. Nordkorea ist ein Fall personalistischer Herrschaft, da die Legitimation und Ausübung politischer Herrschaft auf die Person des „Großen Führers" Kim Il-sung und dessen Sohn Kim Jong-il ausgerichtet wurden. Zudem lässt sich am Beispiel Nordkoreas die Dynamik zivil-militärischer Beziehungen nachzeichnen, da sich die Rolle des Militärs im Zeitverlauf erheblich gewandelt hat und es Anzeichen gibt, dass sich Nordkorea zu einer Militärdiktatur entwickelt.

Jede der nachfolgenden Fallanalysen geht in vier Schritten vor. Zunächst werden die historischen Hintergründe und Entwicklungsetappen der zivil-militärischen Beziehungen skizziert. In den folgenden zwei Abschnitten werden die jeweils spezifischen Fragestellungen für die Regimetypen diskutiert. Den Abschluss einer jeden Länderstudie macht ein Blick auf die zentralen Problemfelder und mögliche Entwicklungspfade der zivil-militärischen Beziehungen. Im Anschluss an die Länderanalysen folgt eine vergleichende Betrachtung der zivil-militärischen Beziehungen in den drei Autokratien, bei der es nicht nur um die Analyse von gemeinsamen Mustern und Unterschieden zwischen den autokratischen Staaten geht, sondern auch auf die Reichweite und Erklärungskraft der in Kapitel 2 dargestellten theoretischen Ansätze Bezug genommen werden soll.

# 4.1     Militär und Politik in der Volksrepublik China

Die Volksrepublik China unterhält das größte stehende Heer der Welt. Seit Ausrufung der Volksrepublik am 1. Oktober 1949 dominierte die Kommunistische Partei Chinas (KPCh) ununterbrochen Politik, Wirtschaft und Gesellschaft des Landes. In dieser Zeit konnten sich die Partei und ihre höchsten Führer stets auf die politische Unterstützung der Streitkräfte verlassen. Die Loyalität der Volksbefreiungsarmee (VBA) gegenüber der Parteiführung stand nie ernstlich in Frage. Darüber hinaus ist die Volksbefreiungsarmee mehrfach als letzter Garant des Herrschaftsanspruchs der KPCh aufgetreten, so während der „Großen Proletarischen Kulturrevolution" von 1966 bis 1976 und zuletzt im Juni 1989, als sie die Protestbewegung auf dem Platz des Himmlischen Friedens niederschlug. Schließlich hat die VBA die Führungsrolle der zivilen Partei auch in Verteidigungsfragen nie in Frage gestellt und hat Entscheidungen gegen ihre unmittelbaren Interessen akzeptiert.

Allerdings waren und sind die zivil-militärischen Beziehungen in China komplexer als diese oberflächliche Anschauung suggeriert. Bereits unter Mao Zedong war das Verhältnis zwischen Militär und Politik erheblichen Dynamiken unterworfen. Insbesondere aber nach Beginn der von Deng Xiaoping im Jahr 1978 initiierten Öffnungs- und Reformpolitik hat ein schrittweiser aber signifikanter Wandel in Gesellschaft, Politik und Militär stattgefunden, der sich auch maßgeblich auf die zivil-militärischen Beziehungen ausgewirkt hat. Seit 1949 hat sich die Volksbefreiungsarmee von einem Instrument der Revolution, dessen Aufgabe vorrangig die Durchsetzung des Herrschaftsanspruchs der Kommunistischen Partei nach innen war, zu einem modernen, professionellen und hochtechnisierten Militär gewandelt, das in der Lage sein soll, Staat, Souveränität und nationale Integrität nach außen zu verteidigen. Dieser Funktionswandel der Streitkräfte ging einher mit einer langsamen Ablösung der lange durch

eine enge Symbiose (Joffe 1997) gekennzeichneten Beziehung zwischen Armee- und Parteiführung und verlief parallel zu einer zunehmenden Emanzipation der Staatsorgane von der
politischen Dominanz der Kommunistischen Partei (siehe dazu Heberer 2008). Im Zuge
dieser Entwicklung haben sich die zivil-militärischen Beziehungen in mehrfacher Hinsicht
verändert. Zum einen ist der politische Einfluss der Armee heute deutlich begrenzter als zu
Beginn der Reformära. Das Militär hält sich weitgehend aus dem politischen Tagesgeschäft
heraus und konzentriert sich auf seine professionellen Kernkompetenzen. Gleichzeitig genießt die VBA in sicherheits- und verteidigungspolitischen sowie in bestimmten außenpolitischen Politikmaterien jedoch deutlich größere Autonomie und eigenverantwortliche Entscheidungsbefugnis als je zuvor. Zum anderen haben sich auch die Strategien und Ansätze
verändert, mit deren Hilfe sich die zivile politische Führung der Loyalität des Militärs versichern will. Die Kontrolle durch ideologische Durchdringung und informale persönliche
Loyalitätsnetzwerke ist einer stärkeren Institutionalisierung gewichen, die mit der Gewährung erheblicher Autonomierechte in bestimmten Politikbereichen kombiniert wird.

## 4.1.1   Historischer Hintergrund

Wie in vielen anderen kommunistischen oder sozialistischen Einparteienregimen haben Partei und Streitkräfte in China eine historisch enge Beziehung. Die chinesische Volksbefreiungsarmee wurde durch die Kommunistische Partei gegründet mit dem Ziel, die Partei an
die Macht zu bringen und ihren Herrschaftsanspruch nach innen wie nach außen durchzusetzen und zu verteidigen. Tatsächlich ist die Ausrufung der Volksrepublik im Jahre 1949 vorrangig „als eine bewaffnete Machtergreifung und als Ergebnis eines langwierigen militärischen Feldzugs zu begreifen" (Shambaugh 1997: 127; eigene Übersetzung). Auf den Zusammenbruch der ersten chinesischen Republik (1911-1916) folgten drei Jahrzehnte Krieg
und Bürgerkrieg, in denen sich die 1921 gegründete KPCh gegen innenpolitische Gegner,
insbesondere in Gestalt der Kuomintang (Nationalistische Partei Chinas, KMT), sowie die
japanische Invasion im Zweiten Weltkrieg zur Wehr setzen musste. Dazu gründete sie im
Jahre 1927 als militärischen Arm die Rote Armee. Dabei hatte die Armee nicht nur die Aufgabe, im Namen der KPCh Land zu erobern und gegen die Armeen der KMT und der Japaner zu verteidigen. Sie erfüllte in den eroberten Gebieten auch wirtschaftliche und gesellschaftliche Aufgaben, betrieb Fabriken, setzte Landreformen durch und unterstützte den
Aufbau lokaler und regionaler Regierungsstrukturen.

Die herausragende Bedeutung militärischer Gewalt für die Durchsetzung der kommunistischen Herrschaft spiegelt sich auch in Mao Zedongs berühmtem Zitat aus der Zeit des anti-
japanischen Widerstandskrieges, wonach sämtliche politische Macht aus den Gewehrläufen
komme (Mao 1968 [1938]: 261). Allerdings war es für die Parteiführung unter Mao gerade
deshalb besonders wichtig, dass die Armee stets der Parteikontrolle untergeordnet sein sollte.
Dies wurde erreicht, indem eine personelle und ideologische Symbiose zwischen Armee-
und Parteiführung errichtet und so die Trennung zwischen militärischen und zivilen Eliten
weitgehend aufgehoben wurde. So kommandierten Parteiführer entweder selbst große Armeeeinheiten oder hatten enge persönliche Verbindungen zu den Kommandanten. Zugleich
sorgte ein politisches Kommissariatssystem für Linientreue und ideologische Indoktrination
in der Armee (Cheng 1990). Damit wurde auf der einen Seite sichergestellt, dass die Armee

sich nicht als von der Partei unabhängiges Machtzentrum etablieren konnte. Auf der anderen Seite gewährte die Symbiose den Militärs erheblichen Einfluss auf die politische Entscheidungsfindung innerhalb der Partei, so dass „die Verwicklung der Armee in 'politische' Angelegenheiten und der inneren Sicherheit als normal und legitim angesehen wurde" (Shambaugh 2004: 16; eigene Übersetzung).

Auch nach dem Ende des Bürgerkrieges, der mit der Flucht der Kuomintang-Führung nach Taiwan und der Ausrufung der Volksrepublik am 1. Oktober 1949 endete, blieben diese Merkmale der chinesischen zivil-militärischen Beziehungen weitgehend bestehen. Die nach dem Zweiten Weltkrieg in Volksbefreiungsarmee (VBA) umgetauften Streitkräfte nahmen neben der Landesverteidigung auch weiterhin Aufgaben der Inneren Sicherheit wahr und spielten eine wichtige Rolle in der chinesischen Wirtschaft, vor allem indem sie eigene Produktionsstätten und Bauernhöfe unterhielten und die Infrastrukturentwicklung in ländlichen Regionen unterstützten. Zugleich wurde in konsequenter Befolgung der ideologischen Vorgaben Maos die Trennung zwischen ziviler und militärischer Sphäre abgelehnt. Statt den Anforderungen moderner Kriegführung, insbesondere technologisch entwickelter Rüstung und militärischer Spezialisierung, zu entsprechen, sollten Offiziere und Mannschaften den Idealen des Volkskriegs und politisch-ideologischer Disziplin folgen (Heberer 2008: 149ff.).

Die von der Parteiführung eingesetzten Kontrollinstrumente spiegelten diese Zielstellung wider. So wurden zum einen die ideologischen Kontrollinstrumente und die Durchdringung des Militärs durch politische Parteiabteilungen beibehalten. Zum anderen basierte die Kontrolle des Militärs weiterhin vorrangig auf dem Mechanismus des „verzahnten Direktoriums" (Shambaugh 2004), also der Einbindung der militärischen Elite in die politischen Führungsgremien und engen persönlichen Beziehungsnetzwerken zwischen Parteiführung und Militär, die auf den gemeinsamen Erfahrungen im revolutionären und anti-japanischen Kampf gründeten. Zwar gab es zwischen 1949 und 1978 Versuche, die Streitkräfte zu professionalisieren, den Einfluss der VBA auf die Partei zu reduzieren und die Instrumentalisierung der Armee für politische Zwecke zu verringern. Insbesondere in Zeiten innenpolitischer Krisen und während der „Kulturrevolution" (1966-1976), blieb die VBA jedoch die entscheidende moderierende Kraft im politischen System, da es ihre Zustimmung und Unterstützung war, auf die die zivilen politischen Eliten schlussendlich angewiesen waren und die sie versuchten, für ihre politischen Zwecke zu gewinnen (Shambaugh 2004: 18). Erst mit dem Beginn der Reformpolitik nach 1978 begann ein langsamer Prozess der militärischen Professionalisierung und Modernisierung, der den schrittweisen Rückzug des Militärs aus dem politischen Zentrum nach sich zog, zugleich aber mit einer signifikanten Vertiefung der militärischen Autonomie einherging.

## 4.1.2 Ausmaß der zivilen Kontrolle über das Militär

Ausgangspunkt der Veränderungen in den zivil-militärischen Beziehungen der letzten drei Dekaden war die „Reform und Öffnung" von Wirtschaft und Gesellschaft, die 1978 nach Maos Tod (1976) von Deng Xiaoping angestoßen wurde. Nach den verheerenden Geschehnissen während der „Kulturrevolution" (1966-1976), in deren Verlauf Staat und Parteiherrschaft nahezu zusammengebrochen waren, sollte die politische Stabilität konsolidiert und die wirtschaftliche Entwicklung vorangetrieben werden. Das Militär spielte dabei eine wichtige

Rolle. Zum einen war es die VBA, die die Ordnung wiederherstellte und in blutigen Kämpfen die „Roten Garden" niederschlug, und so die Herrschaft der Partei gegen die von Mao initiierte Kulturrevolution sicherte. Zum anderen war das Militär ein Adressat der „Vier Modernisierungen", eines im Jahr 1978 begonnenen politischen Programms zur gesellschaftlichen und wirtschaftlichen Reform und Entwicklung. Die Modernisierung der Streitkräfte wurde dabei, neben der Entwicklung von Landwirtschaft, Industrie und Wissenschaft, als ein elementarer Bestandteil jener Modernisierungsbemühungen betrachtet, durch die China gestärkt und zu einer international einflussreichen Großmacht werden sollte (Saich 2004: 149).

Modernisierungsziel war der Aufbau einer Armee, die einen „lokalen Krieg unter High-Tech Bedingungen" gegen eine Großmacht würde führen und gewinnen können (Li Xiaobing 2007: 271). 1993 wurde eine neue nationale Verteidigungsstrategie vorgelegt, die als Leitfaden für die weitere Entwicklung der VBA fungierte und in deren Folge die Fähigkeiten zur Machtprojektion verstärkt, die Offensivkräfte der Marine, Luftwaffe und Raketenstreitkräfte ausgebaut, die Arbeitsteilung und Kommunikation zwischen den Teilstreitkräften verbessert, und die Verkleinerung, Restrukturierung und Technologisierung der Armee vorangetrieben wurde. Auch wurde das Rangsystem wieder eingeführt und die Offiziersausbildung modernisiert und akademisiert. Zwar übernimmt das Militär auch heute noch Aufgaben in der nationalen Wirtschafts- und Infrastrukturentwicklung. Militärärzte erbringen insbesondere in abgelegenen und ärmeren Regionen Gesundheitsdienstleistungen für die Zivilbevölkerung und Einheiten der VBA sind unverzichtbar für die Katastrophenhilfe (Blasko 2006: 120). Der Strategiewandel und die nachfolgenden Restrukturierungen markierten jedoch eine drastische Abkehr von der Rolle des Militärs als einer revolutionär-ideologisch ausgerichteten Massenarmee hin zu einer modernen, professionellen und hochtechnisierten Streitmacht mit Ausrichtung auf die Landesverteidigung nach Außen (Shambaugh 2004).

Die professionelle Modernisierung der VBA ebenso wie die sozio-politischen Wandlungsprozesse im Gefolge der Reformen in den vergangenen drei Jahrzehnten haben alle Bereiche der zivil-militärischen Beziehungen tiefgreifend verändert. Dabei ist eine doppelte Dynamik zu beobachten, die sich als Verengung bei gleichzeitiger Vertiefung der politischen Einflussbefugnisse charakterisieren lässt (Mulvenon 2001: 324): Während der direkte Einfluss des Militärs auf das politische Zentrum deutlich zurückgegangen ist, hat sich die VBA zugleich umfangreiche Prärogativen in der Sicherheits- und Verteidigungspolitik sowie in einigen eng umgrenzten Bereichen der Außenpolitik sichern können, die es ihr erlaubt, ihre korporativen und politischen Interessen nahezu autonom von ziviler Seite durchzusetzen.

Zwar sind die konkreten Prozesse der Auswahl und Rekrutierung der politischen Eliten in China undurchsichtig und einer externen Bewertung nur sehr schwer zugänglich (Joffe 2006: 8). Allerdings herrscht weitgehende Einigkeit darüber, dass der Einfluss des Militärs auf die Rekrutierung der politischen Führung abgenommen hat. Eine offensichtliche Änderung bestand zweifellos in der schrittweisen Entflechtung des „verzahnten Direktoriums" und der Auflösung der symbiotischen Beziehung zwischen Partei- und Militärspitze. Sie wurde bereits unter Deng Xiaoping begonnen und wurde in den Amtszeiten Jiang Zemins (1989-2002) und Hu Jintaos (2002-2012) als Staats- und Parteichefs weitgehend abgeschlossen. In den 1980er Jahren wurde die Partei- und Militärführung noch immer dominiert durch die Generation der Revolutionäre, die die institutionelle und personelle Verflechtung von Politik und Militär fortführten und der VBA einen maßgeblichen Einfluss auf die Zusammensetzung des politisches Zentrums garantierten. Zwar akzeptierte das Militär stets Deng Xiaopings überragende politische Stellung und beanspruchte niemals die Rolle des autonomen Königsmachers für sich (Mulvenon 2001: 324). Allerdings war es auch unter Deng undenkbar, dass ein Politiker die höchsten Posten ohne Unterstützung der Armee einnimmt. So verhinderte die Militärführung die Berufung der Reformpolitiker Zhao Ziyang und Hu Yaobang als Dengs Nachfolger in der Zentralen Militärkommission, des wichtigsten Kontroll- und Entscheidungsgremiums für Militär-, Sicherheits- und Verteidigungspolitik (Saich 2004: 150).

Bereits unter Deng, insbesondere aber unter Jiang Zemin fand jedoch ein umfassender Generationenwechsel in der Partei- und Militärführung statt, der die Veteranen der Revolutionszeit durch Technokraten ersetzte, die erst nach Gründung der Volksrepublik in Partei oder Militär eingetreten waren. Anders als ihre Vorgänger hatten Jiang Zemin und Hu Jintao weder militärische Erfahrung, noch hatten sie vor ihrer Amtsübernahme persönliche Beziehungen in den Militärapparat aufbauen können. Gleichzeitig schieden auch die altgedienten Militärführer der Bürgerkriegsperiode aus, die in der Vergangenheit immer wieder politischen Einfluss genommen hatten, und wurden durch jüngere Generäle ohne politische Erfahrung ersetzt (Li/Harold 2007). Da es keine formell kodifizierten Mitspracherechte der Militärführung bei der Rekrutierung der politischen Führung gibt und der vormalige Einfluss der Militärs vor allem auf den informellen persönlichen Beziehungen zu den früheren Kampfgenossen gründete, sind die Einflussmöglichkeiten der VBA unter Jiang Zemin und Hu Jintao somit deutlich geringer als noch unter Deng Xiaoping (Li Nan 2010).

Ähnliches gilt auch für den Bereich der politischen Entscheidungsfindung und Durchführung. Seit den 1980ern hat das Militär zunehmend auf politische Einflussnahme verzichtet, so lange nicht verteidigungspolitische Aspekte berührt sind. Lediglich in jenen Bereichen der Außenpolitik, die die wichtigsten Nachbarn und zentralen Konfliktfelder der Volksrepublik betreffen (Taiwan, USA, Südasien, Japan, Russland, Südchinesische See, Waffenkontrolle und Abrüstung), hat sich der Einfluss des Militärs unter Jiang und Hu verstärkt (Mulvenon 2001: 327). Der Rückgang des Einflusses des Militärs in nicht sicherheitsrelevanten Politikfragen zeigt sich auch in der Verringerung der von aktiven Militärs besetzten Positionen in der Parteiführung. Zwar sind noch immer Militärs im Zentralkomitee der KPCh vertreten und ihre Zahl hat im Vergleich zum Beginn der Reformära sogar noch zugenommen. Zugleich stellt das Militär im aktuellen Politbüro, dem Führungsgremium des Zentralkomitees, nur noch zwei der 25 Mitglieder (siehe Abb. 4.1). Im neunköpfigen Ständigen Ausschuss des Politbüros, dem Machtzentrum der Partei, befinden sich keine Militärs. Die bedeutendste Neuerung des XVII. Parteitages (2007), aus dem das aktuelle Zentralkomitee hervorgegangen ist, besteht jedoch darin, dass keine Militärs im für die Parteiverwaltung und insbesondere die Besetzung von Positionen in Staat und Partei verantwortlichen Parteisekretariat vertreten sind. Dies kann als ein weiterer Beleg für den Rückzug des Militärs aus der Politik gewertet werden (Li/Harold 2007: 65).

**Abb. 4.1:** *Anteil der Vertreter der Streitkräfte im Zentralkomitee und Politbüro der KPCh*

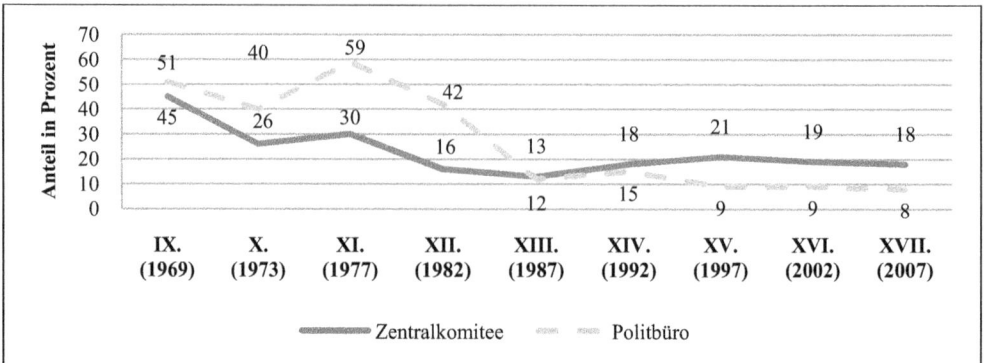

Quelle: Li/Harold 2007: 65; Heberer 2008: 151

Dennoch bleibt die VBA ein wichtiger politischer Spieler. Die rückläufige Beteiligung des Militärs in den zentralen politischen Entscheidungsgremien ist in erster Linie Ausdruck der Arbeitsteilung zwischen Zivilisten und Militärs seit den 1980er Jahren, in der die VBA auf politischen Einfluss in genuin zivilen Politikbereichen verzichtet und im Gegenzug in militärisch relevanten Entscheidungsbereichen Autonomie und Entscheidungsbefugnis behält (Baum 1998: 155f.). Letzteres gilt allerdings vorrangig für die äußere Sicherheit und Landesverteidigung. Die Organe der Inneren Sicherheit werden von dem zivilen Ministerium für Öffentliche Sicherheit (zivile Polizei) und dem Ministerium für Staatssicherheit (Inlandsgeheimdienst und Staatsschutz), geführt und beaufsichtigt. Das Gesetz zur Nationalen Verteidigung von 1997 sieht vor, dass die VBA in akuten Krisen der Inneren Sicherheit „unterstützende Aufgaben" bei der Aufrechterhaltung der öffentlichen Ordnung übernehmen kann (Shambaugh 2004: 22). Nach Tiananmen hat die Militärführung aber darauf gedrängt, zukünftig keine regulären Einheiten mehr für die Niederschlagung von Aufständen bereitstellen zu müssen. Daher wurden die paramilitärischen Einheiten der Bewaffneten Volkspolizei nach 1989 reorganisiert, die außer in der Katastrophenhilfe und für Grenzschutzaufgaben insbesondere zur Unterstützung der zivilen Volkspolizei und Aufstandsbekämpfung eingesetzt werden. Formell untersteht die Bewaffnete Volkspolizei dem gemeinsamen Kommando des Ministeriums für Öffentliche Sicherheit und der Zentralen Militärkommission, allerdings hat das Militär seinen Einfluss auf die paramilitärische Truppe in den letzten Jahren signifikant erhöht, um ihre Handlungsfähigkeit in innenpolitischen Krisen zu garantieren (Tanner 2002).

Die Verengung und Vertiefung der politischen Entscheidungsbefugnisse des Militärs zeigt sich vor allem in den Bereichen der Landesverteidigung und militärischen Organisation. In allen militärisch relevanten Politikbereichen, von der nationalen Strategieentwicklung, über die Außenpolitik, Verteidigungspolitik und Nachrichtendienste, hat die VBA heute eine zunehmend wichtige Position inne, die von einer umfangreichen und privilegierten Teilhabe an der Entscheidungsfindung bis hin zur vollständigen Dominanz reicht (Mulvenon 2001: 325). Die institutionelle Basis für die Autonomie der VBA liegt in der Organisation der Verteidigungspolitik. Die formal höchste verteidigungspolitische Führungsinstanz ist die derzeit

(Januar 2011) dreizehnköpfige staatliche Zentrale Militärkommission (ZMK), die den Oberbefehl über die Streitkräfte innehat und alle wichtigen militärpolitischen Entscheidungen
trifft, insbesondere die Ernennung hoher Offiziere, Entscheidungen über Einsätze der VBA
sowie die Ausarbeitung des Verteidigungshaushalts. Ihr untergeordnet sind der Generalstab,
die Oberste Politische Abteilung, die Oberste Versorgungsabteilung und die Oberste Rüs-
tungsabteilung, die für die konkrete Umsetzung der Richtungsentscheidungen der ZMK
verantwortlich sind. Wie alle anderen politischen Organe in der Volksrepublik zeichnen sich
auch die militärischen Entscheidungs- und Kontrollgremien durch eine Doppelstruktur von
Partei und Staat aus, in denen die staatlichen Organe den äquivalenten Parteigremien untergeordnet sind (Heberer 2008: 62). Parallel zur staatlichen Militärkommission existiert eine
ZMK der Partei, die formal dem Zentralkomitee der KPCh unterstellt ist. Tatsächlich ist die
Trennung in staatliche und Parteikommission jedoch lediglich formal, denn beide sind personell identisch besetzt. Der Vorsitz über die staatliche und Partei-ZMK liegt beim Staats-
und Parteichef. Er ist oberster Heerführer, hat die formale Kontrolle über Militäreinheiten
und kann sie auch einzeln und unter Umgehung der formalen Kommandohierarchie mobilisieren. Zudem hat er als Generalsekretär der Partei und Leiter des Politbüros entscheidenden
Einfluss auf die Besetzung der ZMK und ihrer untergeordneten Organe.

Allerdings haben Jiang Zemin und Hu Jintao ihre formale Machtfülle niemals voll ausge-
nutzt. Jiang beispielsweise behielt sich vor, sein Veto bei bestimmten politisch sensiblen
Ausrüstungsfragen wie der Anschaffung eines Flugzeugträgers einzulegen und abschließend
über hochrangige Beförderungen zu entscheiden. Tatsächlich aber überließ er militärische
Entscheidungen meist den Generälen. Hinzu kommt, dass die ZMK nahezu vollständig von
Militärs besetzt ist: Unter Jiang Zemin waren nur zwei zivile Mitglieder vertreten (der Vorsitzende Jiang und sein designierter Nachfolger Hu Jintao). Jiang zog sich 2004 aus der ZMK
zurück und bis zum 18. Oktober 2010 blieb Hu der einzige Zivilist in der Kommission. Auf
der 5. Plenartagung des XVII. Parteitages (18. Oktober 2010) wurde erneut ein zweiter Zivilist in die ZMK berufen – Xi Jinping, der designierte Nachfolger Hus in der Staats- und Parteiführung (Lam 2010). De facto sind Partei und Regierung sowie das Militärsystem also
weitgehend getrennt und die Kommission stellt ein eigenes, nahezu autonomes Machtzentrum dar (Ji 2001). Die wichtigste Einflussmöglichkeit der Partei auf die Verteidigungs- und
Militärpolitik besteht daher vorrangig in der Kompetenz des Parteigeneralsekretärs und
Kommissionsvorsitzenden, loyale Offiziere in die ZMK zu berufen, die seine verteidigungspolitischen Zielvorstellungen teilen. Die Entscheidungs- und Kontrollmöglichkeiten des
Nationalen Volkskongresses (NVK) sind noch beschränkter. Formal untersteht die staatliche
ZMK dem NVK, der im politischen System Chinas in etwa die Stelle eines Parlaments einnimmt und das formell höchste Staatsorgan ist. Der NVK hat aber keinerlei Einfluss auf die
Verteidigungs- und Militärpolitik, nicht zuletzt, weil ihm ein verteidigungspolitischer Ausschuss fehlt (vgl. Heberer 2008: 65). Auch das von einem aktiven Militär geleitete Verteidigungsministerium hat keine Kommando- und Kontrollaufgaben, sondern ist vorrangig für
militärische Verwaltungsaufgaben und die Organisation internationaler Kontakte der VBA
zuständig (Allen 2002).

Somit genießt die VBA-Führung in nahezu allen relevanten Entscheidungsbereichen der
nationalen Sicherheit und Militärorganisation große Einflussmöglichkeiten. So dominiert das
Militär beispielsweise die Definition und Einschätzung der nationalen Sicherheitslage. ZMK

und zivile Entscheidungsgremien von Partei und Staat verlassen sich bei der verteidigungspolitischen Entscheidungsfindung nahezu ausschließlich auf Informationen und Einschätzungen der VBA, während nichtmilitärische Alternativen, etwa zivile Think Tanks, wie sie
in der Außenpolitik zunehmend wichtiger werden (Lampton 2001), keine Rolle spielen.
Auch in der Formulierung der Verteidigungspolitik, der Aufstellung des Verteidigungsbudgets sowie in ausgewählten außenpolitischen Entscheidungsbereichen ist das Militär tonan-
gebend, wenngleich letztlich nicht mit Sicherheit abzuschätzen ist, wie weitreichend die
militärischen Entscheidungsbefugnisse und Autonomierechte tatsächlich sind. Gleichzeitig
sorgen die institutionalisierten politischen Einflussmöglichkeiten der Militärführung dafür,
dass Entscheidungen, welche die materiellen Interessen der VBA betreffen, zwischen Parteispitze und Militär ausgehandelt werden müssen (Mulvenon 2001). Beispielhaft ist hier die
Entscheidung zu nennen, die umfangreichen Wirtschaftsinteressen der VBA zu entflechten.
Als Reaktion auf sinkende Militärhaushalte in den 1980er Jahren, hatte die VBA mit Zustimmung Deng Xiaopings ein gewaltiges Firmenimperium aufgebaut, um die Einnahmever-
luste zu kompensieren. Diese Wirtschaftsinteressen umfassten bis zu 30.000 Unternehmen
mit Millionen Beschäftigten und brachten der Armee 4 bis 8 Milliarden US-Dollar Jahres-
gewinn ein (Bickford 2006). Diese ausgedehnte Wirtschaftstätigkeit der VBA ging jedoch
einher mit Korruption, Steuerhinterziehung und einer bedrohlichen Vernachlässigung der
militärischen Ausbildung und des Trainings, so dass Jiang 1997 die Zerschlagung der „VBA
AG" bekanntgab. Es spricht indes viel dafür, dass diese Entscheidung mit Zustimmung der
Militärführung getroffen wurde, die sich um Ansehen, Professionalität und Verteidigungsbereitschaft der Streitkräfte sorgte. Zugleich wurden die materiellen Verluste nach 1997 durch
höhere Verteidigungsausgaben und Sonderfonds kompensiert wurden (Scobell 2005: 235).

## 4.1.3    Mechanismen und Instrumente der zivilen Kontrolle

Eine der drei klassischen Interpretationen zivil-militärischer Beziehungen in kommunistischen Staaten (siehe Info-Box 3.2) geht von der Symbiose von Partei und Militär aus, in der
Militär und Partei eine unauflösliche Interessengemeinschaft bilden (Joffe 1967; Jencks
1982). Sie beruht auf engen persönlichen Loyalitäten zwischen ziviler Parteiführung und
Militäreliten, der gemeinsamen Vertretung der Partei- und Militärspitze in zivilen und militärischen Entscheidungsgremien („verzahntes Direktorium") sowie auf die Durchdringung des
Militärs durch Parteiorganisationen. Die Symbiose garantiert den Einfluss der Parteiführung
auf das Militär und erlaubt der Militärführung gleichzeitig die Mitbestimmung in der zivilen
Politik. David Shambaugh fasst die Wirkung des Systems wie folgt zusammen:

> *„Manchmal spiegelt sich diese Symbiose darin, dass die Partei versucht ihre Kontrol-
> le über das Militär zu stärken, zu anderen Zeiten waren kommunistische Armeen poli-
> tisch einflussreicher gegenüber der herrschenden Partei. Aufgrund der Symbiose or-
> ganisieren die Militärs in solchen Systemen in der Regel aber keine Putsche gegen ih-
> re herrschenden Parteien (auch wenn sie durchaus einbezogen werden in innerpartei-
> liche Faktionskämpfe)."* (Shambaugh 2004: 12; eigene Übersetzung)

Das Konzept der zivil-militärischen Symbiose hat die Realität der zivil-militärischen Beziehungen in China bis in die 1990er Jahre gut abgebildet. Mit Jiang Zemin und Hu Jintao und
der Professionalisierung der Militärführung ist es jedoch zu einer inkrementellen Trennung

von zivilen und militärischen Eliten gekommen. Sie erfordert neue Strategien und Mechanismen der zivilen Kontrolle. Der Strategiewandel lässt sich in vier konkreten Aspekten
zusammenfassen: die Regularisierung und Institutionalisierung zivil-militärischer Beziehungen, eine an technokratischen Kriterien orientierte Personal- und Beförderungspolitik, der
Bedeutungsverlust ideologischer Indoktrination sowie die Ausweitung militärischer Entscheidungsautonomie als Belohnung für politische Nichteinmischung (Li Nan 2010).

Eine der sichtbarsten Änderungen im Verhältnis zwischen der VBA und der Parteiführung
unter Jiang und Hu war die zunehmende Verrechtlichung und Institutionalisierung der zivil-
militärischen Beziehungen. Unter Mao und Deng war der Primat der zivilen Kontrolle vorrangig auf die Person des herausragenden Führers fokussiert, dem die Loyalität der Streitkräfte galt (Ji 2001: 113). Ihre historischen Leistungen und ihre über viele Jahrzehnte hinweg
gewachsenen Verbindungen in die Militärführung garantierten beiden einen hohen Einfluss
über die Militärs und machten die Institutionalisierung funktionsfähiger Kontrollmechanismen unnötig (Joffe 2006: 13f.). Jiang Zemin hingegen war „der erste genuin zivile Führer
der VBA und verfügte nur über geringe persönliche Autorität und Charisma" (Bin 2007: 79;
eigene Übersetzung). Daher musste Jiang sich vorrangig auf seine institutionelle Autorität als
Vorsitzender der ZMK verlassen, um sich der Loyalität der Armee zu versichern.

Zugleich begann er einen Prozess zur Institutionalisierung der zivil-militärischen Beziehungen. Parallel mit der Verrechtlichung in anderen Politikbereichen wurden unter Jiang zwölf
Gesetze des Nationalen Volkskongresses, 40 Regierungserlasse des Staatsrats, 70 Entscheidungen der ZMK sowie über 1.000 militärinterne Regularien erlassen, um die Grenzen zwischen ziviler und militärischer Sphäre zu definieren (Shambaugh 2004: 47). Eine besondere
Bedeutung kam hier dem 1997 vom Nationalen Volkskongress verabschiedeten Gesetz der
Nationalen Verteidigung zu, das die grundlegenden Strukturen, Verantwortlichkeiten und
Entscheidungsprozesse im Bereich der Verteidigungs- und Militärpolitik erstmalig rechtlich
kodifizierte (ebd.). Als Ergebnis dieser Verrechtlichung wurden die Aufgaben und Zustän-
digkeitsbereiche der ZMK klar festgelegt und die militärpolitischen Rechte und Verantwortlichkeiten ihres Vorsitzenden und des Politbüros in der Militärpolitik definiert. Zudem wurde
ein Verhaltenskodex niedergelegt, nach dem sich „die Führer der VBA von Einmischungen
in nichtmilitärische Entscheidungen distanzieren sollen und es zivilen Führern verboten ist,
in die militärische Verwaltung einzugreifen" (Ji 2001: 115; eigene Übersetzung).

Unterstützt wurde die Institutionalisierung der zivil-militärischen Beziehungen durch Versuche Jiangs und Hus, eine strategische Personalpolitik zu betreiben. So argumentiert Ellis
Joffe, dass Jiangs Autorität im Militär vor allem aus seiner geschickten Besetzung der höchsten Militärposten herrührte (Joffe 2006: 15f.). Dabei konnte er sowohl auf seine institutionellen Vorrechte als Vorsitzender der ZMK zurückgreifen, als auch auf die unter seiner Ägide
neu etablierten Vorgaben zur routinemäßigen Personalrotation in militärischen Kommandoposten (Li Cheng 2007: 56). Daher fand unter Jiang der umfangreichste Personalwechsel seit
Anfang der 1980er Jahre statt. Durch die regelmäßigen Beförderungen und Umbildungen in
der Militärführung gelang es ihm und seinem Nachfolger Hu, die „alte Garde" politisch einflussreicher Generäle aus der Revolutionszeit zu pensionieren und eine neue Generation
jüngerer und besser ausgebildeter Offiziere in die Militärführung zu kooptieren. Befördert
wurden vorrangig militärische Technokraten, die die neue Vision der VBA als moderne,

nach außen gerichtete High-Tech Streitmacht unterstützten und das Ideal des militärischen Professionalismus ohne politische Einflussnahme akzeptieren (Li Xiaobing 2007: 293). Zugleich hat die Bedeutung der ideologischen Indoktrination und Durchdringung der Armee durch Parteiorgane seit den frühen 1990er Jahren drastisch abgenommen. Seit Gründung der VBA bestand ein Aspekt der Kontrolle der Streitkräfte in der politischen Schulung und Überwachung der Offiziere und Mannschaften. Dazu bediente sich die Partei- und Militärführung eines umfangreichen Apparats von Politkommissaren, Parteikommittees und politischen Abteilungen, die eine parallele Kommandostruktur innerhalb der VBA darstellten. Der konkrete Einfluss des Kommissarsystems und seine Bedeutung für die politische Unterordnung der Armee war seit jeher umstritten: Teilweise wird argumentiert, dass es nach 1949 niemals als Kontrollinstrument fungiert hat (Cheng 1990). Zumindest besteht in der Forschung weitgehende Einigkeit darüber, dass die parallele militärische Kommando- und Überwachungsstruktur für die Kontrolle der VBA heute keine Rolle mehr spielt. Die Institutionalisierung der zivil-militärischen Beziehungen und die Professionalisierung des Offizierskorps haben zur Abwertung der politischen Abteilungen geführt.

Mit dem Ende der Symbiose sind feste Bestimmungen für Beförderungen, die sich an technischen und militärischen Fertigkeiten orientieren, funktional spezialisierte Karrierepfade und der Aufbau eines modernen militärischen Ausbildungs- und Universitätssystems an die Stelle ideologischer Linientreue und politisch motivierter Besetzung getreten (Miller 2007: 131). Zwar existiert die parallele Hierarchie noch immer und militärischer Kommandant und politischer Kommissar sind formal gleichrangig. Die militärisch relevanten Entscheidungen werden jedoch alleine von Militärkommandanten getroffen und Kommissare haben darauf keinen Einfluss. Ihre Aufgaben erstrecken sich heute vorrangig auf Personalmanagement, die Aufrechterhaltung von Disziplin und Ordnung in der Truppe und die Organisation von Wohlfahrts- und Freizeitaktivitäten. Zudem ist das Kommissarsystem keineswegs ein autonomer Parteiapparat im Militär; vielmehr sind nahezu alle Kommissare professionelle Militärs, und teilen die Werte, Präferenzen und Einstellungen der Kommandanten (Ji 2006).

Ein weiteres Element des Wandels in den zivil-militärischen Kontrollmechanismen betrifft die Ausweitung der militärischen Autonomierechte und Prärogativen selbst, die von vielen Beobachtern als Kompensation der zivilen Eliten für die politische Nichteinmischung und Loyalität der VBA zur Parteiführung interpretiert wird (Li Xiaobing 2007). Demnach ist das Militär der Partei- und Staatsführung gegenüber nur „bedingt gehorsam", nämlich insoweit, als dass die Offiziere die Autorität und Suprematie der Partei und ihrer Führer nur akzeptieren, solange im Gegenzug dazu ihre korporativen Interessen befriedigt werden (Ji 2001; Mulvenon 2001). Die Loyalität der Streitkräfte zur Staats- und Parteiführung wird also erkauft durch die Gewährung nie dagewesener Entscheidungsautonomien in militär- und verteidigungspolitischen Bereichen, jährlich in zweistelliger Höhe steigenden Verteidigungsausgaben und die Modernisierung und Professionalisierung der Streitkräfte. Shambaugh charakterisiert diese Strategie Jiangs, die auch unter Hu Jintao fortgeführt wurde, als „einen impliziten Handel zwischen Jiang Zemin und dem Oberkommando der VBA, dass, solange er den Haushalt und die professionellen Ziele der VBA unterstützt, sie [die Offiziere] sich seiner Führung unterwerfen" (Shambaugh 2004: 47; eigene Übersetzung).

# 4.1.4 Ausblick

Auch 20 Jahre nach Tiananmen ist die VBA eine Parteiarmee, das ZMK ist in erster Linie ein Parteiorgan und alle Inhaber hoher Dienstgrade sind Parteimitglieder (Shambaugh 2004: 31). Allerdings schreitet der Wandel der Armee vom parteieigenen Instrument der Revolution zur modernen Verteidigerin der nationalen chinesischen Interessen beständig voran. Die Auflösung des symbiotischen Verhältnisses zwischen Partei und Militär, der Wandel der Kontrollstrategien der zivilen Führung und die Modernisierung und Professionalisierung der Armee lassen auf mittel- bis langfristige Sicht profunde Auswirkungen auf die zivil-militärischen Beziehungen erwarten. Die Verjüngung und verbesserte Ausbildung von Soldaten und Offizieren hat dazu geführt, dass der zivilen Führung heute eine Armee gegenübersteht, die keinen Einfluss auf die Innen-, Wirtschafts- und Gesellschaftspolitik nehmen will, sondern primär an der Erbringung ihrer eng umgrenzten Funktionen sowie der Befriedigung ihrer korporativen Interessen interessiert ist (Scobell 2005: 236). Zudem hat sich in den Streitkräften ein neues Verständnis der eigenen Aufgaben, Verantwortung und gesellschaftlichen Stellung entwickelt, das durch die professionalisierte Ausbildung vermittelt wird und das sowohl die Einheit innerhalb der VBA stärkt, als auch die Trennung zwischen Militär und ziviler Führung vertieft (Joffe 2006: 20). Zugleich hat die Marginalisierung der politischen Abteilungen in der Armee die Einflussmöglichkeiten der Partei auf die Werte- und Interessenstruktur des Militärs geschwächt. Während diese Entwicklung aus Perspektive der Huntingtonschen Argumentation um die Auswirkungen des Professionalismus und der Trennung der zivilen und militärischen Sphäre als positiv für die zukünftigen Chancen ziviler Kontrolle über die VBA interpretiert werden kann, überwiegen in einer Vielzahl der Studien zum Thema die skeptischen Einschätzungen ihrer Konsequenzen für die zivile Kontrolle.

Obgleich die Loyalität der Armee zur politischen Führung derzeit außer Frage steht, ist dies für die Zukunft nicht zwangsläufig. Vielmehr spricht einiges dafür, dass die derzeitige Situation in den zivil-militärischen Beziehungen der Volksrepublik vorrangig auf der Beschwichtigung des Militärs durch Befriedigung seiner korporativen Bedürfnisse nach Modernisierung, materieller Ausstattung und institutioneller Autonomie, auf der Anerkennung der Partei als legitimer und effektiver politischer Führung, sowie auf einer Interessenkonvergenz zwischen zivilen und militärischen Eliten beruht. Diese Interessengemeinschaft besteht zum einen darin, dass Parteispitze und Militärführung die gleichen grundsätzlichen Ziele verfolgen und dem chinesischen Nationalismus verpflichtet sind. Beide streben die Bewahrung der territorialen Integrität und Souveränität sowie die weitere Entwicklung Chinas zur regionalen oder globalen Großmacht an. Weiterhin herrscht Einigkeit, dass die notwendigen Bedingungen dafür gesellschaftliche Stabilität, Wirtschaftswachstum und militärische Stärke sind (Ji 2006: 107). Während sich dies wahrscheinlich auf absehbare Zeit im *Prinzip* nicht ändern wird, ist es möglich, dass Konflikte um die *konkrete* Umsetzung dieser grundlegenden nationalen Ziele zunehmen werden. Denn das Fehlen eines institutionellen Parteikontrollapparats bedeutet für die zivil-militärischen Beziehungen in China, dass sich die Chance auf ein Zerwürfnis zwischen Militär und Partei erhöht, wenn die Parteiführung nicht mehr in der Lage sein sollte, gemeinsame politische Ziele zu verfolgen und ihr Herrschaftsanspruch somit an Legitimität verliert oder wenn sie die korporativen Interessen des Militärs nicht mehr in ausreichendem Maße bedienen kann.

Hinsichtlich der Legitimität ihres Herrschaftsanspruchs ist die politische Führung mit einer Vielzahl von Herausforderungen konfrontiert, die zu Konflikten zwischen ziviler und militärischer Führung führen könnten. Die Spaltung der Gesellschaft in Modernisierungsgewinner und Modernisierungsverlierer bedroht den sozialen Frieden in vielen Regionen des Landes. Sollte es, beispielsweise in einer andauernden Wirtschaftskrise, der Parteiführung nicht mehr gelingen, den sozialen Frieden zu gewährleisten, könnte die Militärführung der Partei die Unterstützung entziehen und in die Politik eingreifen (Saich 2004: 145). Insbesondere aber im Fall einer internationalen Demütigung, beispielsweise den Verlust chinesischen Territoriums oder die Unabhängigkeitserklärung Taiwans, sehen Experten „einen der Umstände, unter denen der bedingte Gehorsam der VBA gegenüber der Autorität der zivilen Führer enden könnte" (Mulvenon 2001, 325; eigene Übersetzung).

Ein zweiter möglicher Konfliktherd liegt in der hohen Störanfälligkeit der Parteikontrolle über das Militär. Der beschriebene „implizite Handel" zwischen Militärführung und Parteispitze basiert darauf, dass die VBA ausreichende materielle und finanzielle Anreize erhält. Die sozialen Erosionsprozesse im Gefolge der Wirtschaftsreformen, das Auseinanderdriften von Arm und Reich sowie die rasche Alterung der Gesellschaft werden nach Expertenmeinung in den kommenden Jahren zu einer starken Ausweitung der Sozialausgaben führen (Fewsmith 2007). Die zur Beschwichtigung der Streitkräfte verfügbaren Ressourcen werden also wahrscheinlich eher schwinden als steigen. Dies kontrastiert mit dem steigenden Ressourcenbedarf der Modernisierung und Technologisierung sowie der wachsenden Konkurrenz von Armee und Wirtschaft um die ‘besten Köpfe‘ (Saich 2007: 7f.). Zudem wird sich eine zukünftige zivile Führung kaum auf einen herausragenden persönlichen Einfluss wie Deng Xiaoping verlassen können, noch wird sie der VBA erlauben können, erneut ein Wirtschaftsimperium aufzubauen, um ihre Ausgaben zu finanzieren.

Durch die vorangeschrittene Verrechtlichung der Politik, sowie der größeren Unabhängigkeit des Staates gegenüber der Partei, werden die Verbindungen zwischen Militär- und Parteiführung zudem weiter ausgedünnt. Klare Hierarchie- und Befehlsstrukturen verwischen zusehends, während die Beziehungen zwischen Staat und Militär zunehmend enger werden. So wurde aus Veröffentlichungen der Streitkräfte der letzten Jahre vermehrt deutlich, dass die VBA primär den Staat und nicht die Partei als Adressat ihrer Loyalität sieht (Scobell 2005). Dies spiegelt sich auch in den neuen militär- und verteidigungspolitischen Gesetzen wider. Im Verteidigungsgesetz von 1997 wird die Partei nur ein einziges Mal erwähnt, während sonst lediglich die Unterordnung der Armee unter die Staatsorgane gefordert wird. Für die politische Rolle des Militärs hat dies weitreichende Auswirkungen, sobald die KPCh ihre Kontrolle über und Verzahnung mit dem Staat nicht mehr aufrechterhalten kann. Als primär staatliches Organ sähe sich die VBA nicht zwangsläufig verpflichtet, den Herrschaftsanspruch der KPCh gegen eine neu erwachende Opposition zu unterstützen (ebd.). Daher ist davon auszugehen, dass in mittel- bis längerfristiger Perspektive die zivil-militärischen Beziehungen für das politische System der Volksrepublik China relevant bleiben werden.

# 4.2      Militär und Politik in Burma/Myanmar[53]

Seit einem unblutigen Putsch gegen die gewählte Regierung von Premierminister U Nu im Jahre 1962 wird die Politik Burmas maßgeblich von den Streitkräften bestimmt. Die konkrete Ausgestaltung der militärischen Machtausübung hat jedoch in den fünf Dekaden seit dem Staatsstreich zwischen indirekter und direkter Militärherrschaft oszilliert. Während in den 1970er und 1980er Jahren die Sozialistische Programmpartei Burmas (Burma Socialist Program Party, BSPP) als politische Frontorganisation des Militärs diente, herrscht die *Tatmadaw*, so der offizielle Name der Streitkräfte, seit 1988 direkt über das Land. Nach einem Putsch gegen die BSPP-Regierung im Jahr 1988 hat die Militärjunta die sozialistische Verfassung von 1974 abgeschafft und herrscht über Verordnungen. Seitdem kontrolliert die *Tatmadaw* alle Ebenen des politischen und administrativen Systems und dominiert Wirtschaft und Gesellschaft. Die Generäle setzen ihren Herrschaftsanspruch mit äußerster Härte gegen Regimegegner durch, so dass die Militärdiktatur als eines der repressivsten Regime weltweit gilt (Freedom House 2010c). Als Ergebnis eines langwierigen Verfassungsgebungsprozesses wurde dem Volk 2008 eine Verfassung zur Abstimmung vorgelegt, auf deren Basis im Herbst 2010 Wahlen durchgeführt wurden. Inhalte und Entstehungsprozess der Verfassung wie auch die andauernde systematische Gewalt gegen politische Gegner lassen jedoch keine andere Schlussfolgerung zu, als dass die angekündigte Rückkehr zu einer demokratisch legitimierten zivilen Regierung wenig mehr als die Fortführung der Militärherrschaft im neuen Gewand bedeutet (Steinberg 2010: 162ff.).

## 4.2.1      Historischer Hintergrund

Das heutige Staatsgebiet Burmas wurde im 19. Jahrhundert von Großbritannien erobert und war bis in die 1940er Jahre Teil des britischen *Empire*. Eine nationalburmesische Armee gab es ebenso wenig wie einen souveränen burmesischen Staat. Die Briten rekrutierten vorrangig ethnische Minderheiten für die burmesischen Einheiten der britischen Kolonialarmee. Erst im Zuge des Befreiungskampfes gegen die Briten ab 1941 wurden bewaffnete Einheiten der burmanischen Mehrheitsbevölkerung aufgestellt, die zum Kern der späteren Streitkräfte Burmas werden sollten. Nach dem Ende des Zweiten Weltkrieges, in dessen Verlauf das Land von den Japanern besetzt war, wurde Burma 1948 in die Unabhängigkeit entlassen. Demokratische Wahlen wurden durchgeführt, die von der Antifaschistischen Freiheitsliga des Volkes (Anti-Fascist People's Freedom League, AFPFL), einer Einheitsfront jener politischen Gruppierungen, die sich am antikolonialen Befreiungskampf beteiligt hatten, gewonnen wurden (Than 2001: 203f.).

Die AFPFL-Regierung unter Premier U Nu sah sich jedoch rasch existenzieller Bedrohungen gegenüber, derer sie nicht Herr wurde. Bereits kurz nach der Unabhängigkeit brachen die Kommunistische Partei Burmas (BCP) sowie die ethnische Minderheit der Karen aus der Regierungskoalition aus und nahmen den bewaffneten Kampf gegen die Regierung auf.

---

[53]  Seit 1988 lautet der offizielle Name des Landes Myanmar. Da er im deutschen Sprachraum geläufiger ist, wird im Folgenden der alte Name Burma gebraucht.

Große Teile des Staatsgebiets fielen in die Hände der Aufständischen. Hinzu kam die Bedrohung durch die Volksrepublik China, die sich durch jene bewaffneten Teile der nationalchinesischen Kuomintang (KMT) herausgefordert sah, welche nach dem Ende des chinesischen Bürgerkrieges in Burma Zuflucht gefunden hatten (Callahan 2003: 154ff.). Die neu gegründeten nationalen Streitkräfte (*Tatmadaw*) waren zu schwach, um den Herrschaftsanspruch der Zentralregierung gegen ihre inneren und äußeren Feinde durchzusetzen. Große Teile der Streitkräfte hatten sich den Aufständischen angeschlossen, so dass im Jahre 1949, als General Ne Win den Oberbefehl über die Armee übernahm, die *Tatmadaw* nur noch aus rund 2.000 Mann bestand (Callahan 2001: 414ff.). Um die Armee im Aufstandskampf zu stärken, wurde die *Tatmadaw* vergrößert, reorganisiert und zentralisiert. Neben der zahlenmäßigen Aufstockung der Truppen und der Modernisierung der Ausrüstung wurde das Offizierskorps professionalisiert, die Militärdoktrin überarbeitet sowie die Kommandostrukturen vereinheitlicht (Selth 2002: 10f.). Zu Beginn der 1960er Jahre war die Militärreform weitgehend abgeschlossen. Militärische Erfolge gegen die Aufständischen und die KMT stellten die Kontrolle der Zentralregierung über weite Teile des Staatsgebietes wieder her. Die Konfliktregionen wurden unter Kriegsrecht gestellt und die *Tatmadaw* übernahm die Verwaltung und politische Führung in den umkämpften Gebieten.

Die neugewonnene Stärke der Armee kontrastierte jedoch mit der anhaltenden Schwäche der zivilen Regierung. Der Aufbau einer funktionsfähigen landesweiten Verwaltung gelang nicht und die AFPFL wurde durch interne Faktionalisierung und Machtkonflikte zunehmend handlungsunfähig. Als schließlich erneut ethnische Minderheiten Sezessionsbestrebungen erkennen ließen, sah die Militärführung um Ne Win die nationale Einheit gefährdet und „viele in der Militärführung [kamen zu dem Schluss], dass sie das Land besser regieren könnten als die zivilen Politiker" (Selth 2002: 12; eigene Übersetzung). Im März 1962 putschten Offiziere unter Ne Win die gewählte Regierung aus dem Amt und installierten unter der Bezeichnung Revolutionsrat eine Militärjunta. In den folgenden zwei Jahrzehnten dominierten Ne Win und die Streitkräfte das politische und gesellschaftliche Leben in Burma. Die von der Junta gegründete Sozialistische Programmpartei von Burma (Burma Socialist Programme Party, BSPP) avancierte zum wichtigsten politischen Instrument der Streitkräfte. Der Revolutionsrat wurde Anfang der 1970er Jahre aufgelöst. Ne Win und die anderen Mitglieder traten aus dem Militär aus. Mit der Verfassung von 1974 wurde die Führungsrolle der BSPP in Politik und Gesellschaft festgeschrieben. Partei, Staat und Gesellschaft blieben auch danach faktisch unter Kontrolle des Militärs. Ne Win wurde zum Staatsoberhaupt und Regierungschef ernannt, der Großteil der Ministerien war in den Händen ehemaliger Militärs und im Zentralkomitee der BSPP dominierten ehemalige und aktive Militärs (Brooker 1995: 158ff.).

Politisch verfolgten der Revolutionsrat und die BSPP das Ziel einer Neuordnung der burmesischen Gesellschaft. Unter dem Motto eines „Burmesischen Wegs zum Sozialismus", „einer eklektischen Mischung heterogener Elemente des Buddhismus, Humanismus und Marxismus" (Steinberg 2001: 20; eigene Übersetzung), wurden Industrie und Handel verstaatlicht und die Neugründung von Privatunternehmen verboten. Zugleich wurde ein ambitioniertes Programm der Importsubstituierung aufgelegt mit dem Ziel, die heimische Wirtschaft rasch zu weitgehender Autarkie zu entwickeln. Um sich von ausländischem Einfluss abzuschotten wurden zudem die meisten internationalen Kontakte gekappt (Taylor 2009: 342ff.). Das Regime verstärkte zugleich seine Anstrengungen, das staatliche Gewaltmonopol gegen Bedrohungen von innen zu verteidigen und offene Konflikte auf die Grenzregionen des Landes zu begrenzen (Callahan 2001: 422f.). Die Folgen von 25 Jahren sozialistischer Kommandowirtschaft, Bürgerkrieg und internationaler Isolation traten in den späten 1980er Jahren offen zu Tage: Anlässlich sinkender Lebensstandards, fataler politischer Fehlentscheidungen im Umgang mit der chronischen Wirtschafts- und Finanzkrise und Polizeigewalt gegen demonstrierende Studenten, formierte sich eine landesweite Protestbewegung, unter deren Druck das Regime kollabierte. Unter dem Eindruck eines drohenden Staatskollapses übernahm am 18. September 1988 der Staatsrat für die Wiederherstellung von Recht und Ordnung (State Law and Order Restoration Council, SLORC) unter dem Vorsitz von General Saw Maung die politische Herrschaft im Namen der *Tatmadaw* (Burma Watcher 1989).

## 4.2.2    Das Militär als Herrscher

Die Militärregierung sah sich mit kollabierenden Verwaltungs- und Staatsstrukturen, urbanen Protesten, und gewaltsamen Aufständen in der Peripherie des Landes konfrontiert. In den folgenden Jahren verfolgte sie eine dreigliedrige Strategie zur Ausdehnung, Durchsetzung und Konsolidierung ihrer Herrschaft: die Neuordnung der staatlichen Strukturen und Institutionen und die Durchdringung von Staat, Gesellschaft und Wirtschaft durch das Militär, die gewaltsame Unterdrückung der politischen Gegner und die Befriedung der Aufstände sowie die Durchführung von Propagandakampagnen zur Legitimation der eigenen Herrschaft.

Die seit Ende der 1980er Jahre drastisch gestiegene Durchdringung der Gesellschaft durch das Militär ist vor dem Hintergrund des nahen Staatskollaps in der Spätphase Ne Wins zu sehen, in der die *Tatmadaw* die einzige noch funktionsfähige staatliche Institution war. Dies stellte die Militärregierung vor zwei Herausforderungen. Zum einen musste die öffentliche Ordnung hergestellt und funktionsfähige staatliche Strukturen wiederaufgebaut werden. Zum anderen musste die Junta ihre Kontrolle über die neu zu schaffenden staatlichen und politischen Organe absichern (Englehart 2005; Steinberg 2007). Um diese zwei Ziele zu erreichen, bedienten sich die Generäle um Saw Maung der Strukturen und Kapazitäten des Militärs und verflochten so die *Tatmadaw* mit Staat, Gesellschaft und Wirtschaft.

Besonders deutlich ist dies in den Bereichen der politischen Führung und Entscheidungsfindung. Nach der Machtergreifung riefen die Generäle das Kriegsrecht aus, erklärten die Verfassung von 1974 für nichtig und lösten die existierenden politischen Institutionen auf. Zugleich installierten sie eine neue politische Machstruktur, die das gesamte politische System direkter militärischer Kontrolle unterstellte (siehe Info-Box 4.1). Danach war die Militärjunta SLORC, die 1997 in State Peace and Development Council (Staatsrat für Frieden und Entwicklung, SPDC) umbenannt wurde, das oberste politische Entscheidungsorgan, dessen Vorsitzender, der höchstrangige Offizier und Oberbefehlshaber der Streitkräfte, zugleich Staatsoberhaupt war. Senior General Saw Maung, der dieses Amt zunächst innehatte, wurde 1992 von Senior General Than Shwe abgelöst. Insgesamt gehörten der Junta 21 Mitglieder an, darunter die Befehlshaber der Teilstreitkräfte (Heer, Marine und Luftwaffe), und die Leiter der militärischen Geheimdienste. Auch unterhalb der nationalen Ebene wurden sämtliche staatlichen Behörden und Massenorganisationen der BSPP aufgelöst. An ihre Stelle trat eine hierarchische Struktur untergeordneter Räte zur Wiederherstellung von Recht und Ordnung (Law and Order Restoration Councils, LORC), die von aktiven Militärkommandeuren geführt wurden und dem Oberkommando des SLORC unterstanden.

---

**Info-Box 4.1:** *Direkte und indirekte Militärherrschaft*

Um die empirische Vielfalt der unterschiedlichen Erscheinungsformen militärischer Machtübernahme und Herrschaft zu ordnen, wurden in den 1960er und 1970er Jahren Typologien vorgelegt, die jeweils unterschiedliche Kriterien ins Zentrum der Aufmerksamkeit stellten. Samuel E. Finers (1962: Kap. 11) einflussreiche Typologie militärischer Herrschaftssysteme fokussiert auf den Grad der Einbeziehung des Militärs in die politische Arena. Dabei trennt er zwischen direkter, indirekter und dualer Militärherrschaft. In direkten Militärregimen übt das Militär die Herrschaft selbst aus, entweder durch eine exklusiv mit Militärangehörigen besetzte Junta (spanisch: Ratsversammlung, Regierung) oder durch eine „quasi-zivile" Regierung, deren Mitglieder jedoch ehemalige Offiziere sind. Als Beispiele lassen sich viele der lateinamerikanischen Militärdiktaturen aufführen, so Argentinien 1973-1983, aber auch afrikanische Junta-Regime wie Niger. Indirekte Militärherrschaft zeichnet sich durch die Existenz einer zivilen Regierung aus, die zwar nominell die politische Entscheidungsgewalt innehat, jedoch der Kontrolle durch das Militär untersteht und zu einer reinen Fassade für den Herrschaftsanspruch der Streitkräfte fungiert. Finer nennt Japan zwischen 1931 und 1945 sowie die de facto Regierung von Oberst Batista im Kuba der 1930er Jahre als Beispiele für indirekte Militärherrschaft. Duale Militärregime schließlich sind ein Sonderfall, bei dem die Position der politischen Führung gleichermaßen von der Unterstützung des Militärs abhängt wie von der Funktionsfähigkeit einer zivilen politischen Massenorganisation (in der Regel einer Partei), die als Machtressource und Organisationsinstrument des politischen Herrschaftsanspruchs dient. Ein Beispiel ist Argentinien unter Perón (1946-1955).

---

Mit der Reorganisation 1997 wurde die Junta auf 19 Mitglieder verkleinert. Das SPDC bestand danach aus dem Vorsitzenden des SPDC und Oberkommandierenden der *Tatmadaw*, Senior General Than Shwe, dem Vizevorsitzenden des SPDC und Oberkommandierenden der Landstreitkräfte, General Maung Aye, drei Sekretären im Rang eines Generalleutnants, den Oberkommandierenden der Luft- und Seestreitkräfte, sowie den Kommandanten der 12 Regionalkommandos. Die Umstrukturierung veränderte die personelle Struktur der Junta und der Regierung: Nicht nur wurde ein Großteil der Militärführung ausgetauscht und die Autonomie der Regionalkommandanten wurde durch ihre direkte Einbindung in die Zentrale beschränkt. Zudem wurde der Grundstein gelegt für die Institutionalisierung des politischen Einflusses der *Tatmadaw*, auch über die Zeit der direkten Militärherrschaft hinaus. Die hierarchische Staatsstruktur wurde beibehalten, die LORCs auf der regionalen und lokalen Ebene wurden in Räte für Frieden und Entwicklung (Peace and Development Councils, PDCs) umbenannt. Jedoch änderte sich hierdurch weder die personelle Zusammensetzung der höchsten Staats- und Militärämter, noch die Politik des Militärregimes (Selth 2002: 51ff.).

Seit 1988 war SLORC/SPDC das höchste politische Entscheidungsgremium des Militärregimes. Für die Durchführung der Dekrete waren das Kabinett und der Regierungsapparat verantwortlich, dem ein Premierminister vorstand. Premier, sowie sämtliche Kabinettsposten, mit Ausnahme des Gesundheits- und Erziehungsministeriums, wurden mit Militärs besetzt (Taylor 2009: 394). Für die Ausarbeitung politischer Programme und Ziele war das Office of Strategic Studies zuständig, das Teil des militärischen Geheimdienstapparates war und 2001 in das Directorate of Defence Services Intelligence (DDSI) integriert wurde (Selth 1998). Institutionelle Gegengewichte und Machtbeschränkungen der Militärregierung waren ebenso wenig Teil der neuen politischen Institutionenstruktur wie ein Parlament oder eine unabhängige Justiz. Zwar betonte das Regime von Beginn an, dass es die baldige Rückkehr zu einer zivil geführten Mehrparteiendemokratie anstrebe, erlaubte die Gründung von Parteien und ließ im Jahre 1990 allgemeine Wahlen durchführen. Nachdem jedoch die vom Militär unterstützte Nationale Einheitspartei (National Unity Party, NUP) eine dramatische Niederlage gegen die von Aung San Suu Kyi geführte Nationale Liga für Demokratie (National League for Democracy, NLD) erlitt, erkannte die Militärregierung die Wahlergebnisse nicht an. Als Reaktion auf die folgenden Proteste ging das Militär hart gegen die politische Opposition vor. Aung San Suu Kyi und viele andere führende Politiker der NLD wurden verhaftet und politische Aktivitäten von Parteien erheblich beschränkt (Tonkin 2007). Um die Durchdringung und Funktionsfähigkeit des Staates zu verbessern und die Durchführung politischer Entscheidungen der Militärregierungen zu gewährleisten, wurde auch die Verwaltung neu strukturiert und militarisiert. Etliche tausend Beamte, die in Verdacht standen, die Demokratiebewegung zu unterstützen, wurden aus der zivilen Verwaltung entfernt und führende Ämter in der Verwaltung wurden mit hochrangigen ehemaligen und aktiven Militärs besetzt. Zudem wurde auch das Militär selbst damit beauftragt, Verwaltungsaufgaben zu übernehmen, insbesondere im Aufbau von Infrastruktur. Somit kontrollierte das Militär nahezu alle administrativen Funktionen und Vorgänge. Lediglich auf lokaler Ebene blieb die Verwaltung in Händen ziviler Bürokraten (Than 2001: 221).

Unmittelbar nach dem Zusammenbruch des BSPP Regimes bestand die erste Priorität des SLORC zunächst in der Stabilisierung der Militärregierung sowie in der Wiederherstellung der öffentlichen Ordnung (Taylor 2009: 399). Im August 1988 wurden daher Kampftruppen mobilisiert, um die prodemokratischen Proteste niederzuschlagen, wobei Tausende unbewaffneter Zivilisten zu Tode kamen. Anschließend wurde der Sicherheitsapparat reorganisiert und unter die direkte Kontrolle der *Tatmadaw* gestellt. Die Polizei wurde militärisch organisiert. Potenzielle Regimekritiker innerhalb der Sicherheitskräfte wurden entfernt und Militärs übernahmen führende Positionen in der Polizei (Than 2001: 225). Zugleich wurden die militärischen Sicherheits- und Geheimdienste verstärkt und ausgebaut. Insbesondere das DDSI wurde unter der Leitung von Generalleutnant Khin Nyunt zum wichtigsten Kontrollinstrument gegenüber der Opposition (Selth 2002: Kap. 5). Zum anderen wurde die *Tatmadaw* rasch vergrößert und modernisiert, mit dem Ziel, die Regimesicherheit nach innen zu erhöhen. Die Mannstärke wuchs von 186.000 auf 428.000 an, Bewaffnung und Ausrüstung wurden modernisiert sowie Basen und Armeeeinheiten strategisch im gesamten Land verteilt (Myoe 2007). Daneben bemühte sich die Militärregierung um die Befriedung jener Teile des Staatsgebiets, die seit Jahrzehnten in den Händen verschiedener Aufstandsbewegungen gewesen waren. Nach dem Zusammenbruch der Kommunistischen Partei Burmas (BCP), der Unterzeichnung von Waffenstillstandsverträgen mit den größten bewaffneten ethnischen Gruppen, sowie ihre Einbeziehung in den Verfassungsgebungsprozess gelang es, deren Gefährdungspotenzial erheblich zu reduzieren. Zwar erlaubte der „bewaffnete Friede" staatlichen Zugang zu den zuvor umkämpften Territorien, diese blieben jedoch autonom von der Militärregierung, da den regionalen Warlords weitgehende administrative Befugnisse und das Recht, ihre privaten Armeen zu behalten, gewährt wurden.

Auch die Kontrolle über Wirtschaft und Gesellschaft wurde ausgedehnt und vertieft. Die ökonomische Isolation und Kommandowirtschaft des BSPP-Regimes wurde abgelöst von einer engen Verflechtung von Militär, Staatsunternehmen und Privatwirtschaft. Bereits mit der Verstaatlichung der Wirtschaft im Rahmen des „burmesischen Weg des Sozialismus" hatte das Militär den Großteil der Wirtschaftsunternehmen unter seine Kontrolle gebracht (Bünte 2008: 3f.). Nach dem Putsch verstärkten sich die wirtschaftlichen Aktivitäten jedoch noch, nicht zuletzt, um die ehrgeizigen Ausbau- und Modernisierungsprogramme zu finanzieren. Insbesondere die zwei militäreigenen Unternehmen Union of Myanmar Economic Holding Ltd. (UMEH) sowie Myanmar Economic Corporation (MEC) monopolisieren die lukrativsten Wirtschaftszweige, von der Ausbeutung von Bodenschätzen über Tourismus, dem Bauwesen, die Produktion von Stahl, Kohle und Energie, bis hin zu Telekommunikation, Bankdienstleistungen und Versicherungen (Myint 2008). Aber auch mehrere Abteilungen der Militärverwaltung sowie die meisten Einheiten der Streitkräfte verfolgen eigene Wirtschaftsinteressen, die von Produktion von Gebrauchsgütern und Nahrung bis hin zu Transport und anderen Dienstleistungen reichen. Darüber hinaus verfolgen Militärführer auf allen Ebenen persönliche Wirtschaftsinteressen (Myoe 2007: Kap. 6).

Schließlich versuchte die Militärregierung nach dem Wahldebakel von 1990 die Anbindung der Bevölkerung an das Regime zu verbessern. Hierzu wurde die Entwicklung einer autonomen Zivilgesellschaft, wo es nötig war gewaltsam, unterbunden. Einzig lokale Selbsthilfe- und Wohlfahrtsgruppen sowie religiöse Tempelgemeinschaften wurden geduldet. Zudem schuf die Militärregierung eine Reihe von Massenorganisationen als Verbindungs- und Kontrollinstrumente (Hlaing 2007: 161). Die 1993 gegründete Union Solidarity and Development Association (USDA) mit ihren bis zu 20 Millionen Mitgliedern wurde zum wichtigsten Instrument der politischen Indoktrination der Bevölkerung (Taylor 2006: 448), spielte aber auch eine Rolle bei der Aufstellung paramilitärischer Gruppen und gewaltsamer Aktionen gegen Regimekritiker (Hlaing 2004: 406).

Flankiert wurden diese Maßnahmen durch harte Repression gegen jegliche Form von politischer Opposition. Dabei griffen die Sicherheitskräfte auf das gesamte Arsenal diktatorischer Zwangsinstrumente zurück, einschließlich der Schließung von Universitäten, Überwachung, Schikane und Einschüchterung von politischen Gegnern, ihrer Freunde und Angehörigen, willkürliche Verhaftungen und Inhaftierung ohne Prozess, Verurteilung von Zivilisten vor Kriegsgerichten, Zwangsarbeit, Folter, „Verschwinden lassen" und außergerichtliche Tötungen sowie willkürliches Erschießen von Demonstranten (Hlaing 2005; Bowman 2007; Human Rights Watch 2007, 2009). Diese harten Repressionsmaßnahmen wurden komplettiert durch die Kontrolle des Medienwesens. Die Presse unterlag der Zensur und die staatlichen Medien fungierten als Propagandainstrumente für die Militärregierung (Bünte 2008: 4).

Doch die Militärführung versuchte auch Unterstützung für das Regime zu generieren. So betonte die Militärführung von Beginn an, dass die Phase einer direkten Militärherrschaft zeitlich befristet sei. Nachdem Sicherheit und Ordnung wiederhergestellt und die staatlichen Strukturen gestärkt seien, sollte die politische Macht erneut in zivile Hände gegeben werden (Taylor 2005: 21). Dabei behielt sich das Militär jedoch vor, über den Verlauf und die Ergebnisse dieses Prozesses zu entscheiden. Das Regime initiierte einen langwierigen Prozess der Verfassungsgebung, dem ein „Fahrplan zur Demokratie" folgte und der 2008 mit einem Referendum über eine neue Verfassung abgeschlossen wurde. Zwar bemühte sich die Regierung darum den Anschein zu vermitteln, alle politischen Kräfte, einschließlich der NLD und der Vertreter der ethnischen Minderheiten, einzubeziehen. Allerdings kontrollierte die Junta den Prozess und diktierte die Bedingungen und Grenzen der Teilnahme an der Verfassungsgebung (Taylor 2006; Seekins 2009). Darüber hinaus startete die Militärregierung zahlreiche Propagandaaktivitäten, deren Ziel es war „das Militär in der öffentlichen Wahrnehmung als die führende Institution [zu stilisieren], auf die das Land seit jeher angewiesen war" (Steinberg 2007: 126; eigene Übersetzung). Das Militär nutzte seine nahezu vollständige Kontrolle über die Medien, die Massenorganisationen und seinen Einfluss auf das Ausbildungs- und Erziehungssystem, um ein gesellschaftliches Bild der *Tatmadaw* zu schaffen, das die Streitkräfte als die einzige verlässliche, funktionsfähige und überparteiliche Gruppierung in Burma charakterisiert. Nach dieser Lesart erfüllt die *Tatmadaw* als überpolitische, nur am nationalen Interesse orientierte Kraft ihre historische Verantwortung, indem sie jenseits jeglicher ideologischer, ökonomischer und ethnischer Trennlinien Sicherheit, Ordnung und nationale Integrität garantiert. Um diese Botschaft zu unterstreichen, wurden groß angelegte historiographische Projekte zur Umschreibung der nationalen Geschichte in Auftrag gegeben, welche die herausragende historische Bedeutung des Militärs für die Errungenschaften nationaler Entwicklung belegen sollten (Than 2001: 245; Steinberg 2007).

## 4.2.3 Mechanismen und Instrumente der Kontrolle über das Militär

Neben den unmittelbaren Herausforderungen der Institutionalisierung und Stabilisierung ihres politischen Herrschaftsanspruchs bestand die zweite große Herausforderung der Militärregierung darin, das Militär als Institution unter Kontrolle zu behalten und zu verhindern, dass es zu militärinternen Spaltungen kommen würde, die den Herrschaftsanspruch und die Funktionsfähigkeit des Militärs als Modernisierer und Verteidiger der Nation untergraben würden. Daher bemühte sich die Militärregierung von Beginn an, das Aufkommen konkurrierender Machtzentren innerhalb des Militärs zu verhindern und mögliche militärinterne Spannungen und Interessengegensätze frühzeitig zu erkennen und zu unterbinden.

Folgt man den, meist schwer zu überprüfenden, Berichten über das Innenleben des Militärs, so durchzieht eine Reihe von Konfliktlinien die nach außen monolithisch erscheinende *Tatmadaw*. Neben Rivalitäten zwischen den Teilstreitkräften sowie zwischen den Graduierten unterschiedlicher Offiziersschulen und Abschlussklassen, waren es insbesondere die politisch motivierten Gegensätze innerhalb des Militärs, die der Regimeführung hätten gefährlich werden können. Diese beschränkten sich nicht allein auf unterschiedliche politische Zielvorstellungen der Hardliner und Moderaten innerhalb der Regimeführung (Selth 2002: 267), sondern es kam immer wieder auch zu Konflikten zwischen Angehörigen verschiedener militärischer Interessengruppen. Dies betraf in den ersten Jahren nach dem Putsch vor allem das Kräftemessen zwischen hochrangigen Offizieren aus dem Patronagenetzwerk Ne Wins und Militärs, deren Aufstieg vorrangig von ihren professionellen Leistungen abhängig war. Später wurde dieser Konflikt zunehmend überlagert durch die Gegensätze zwischen jüngeren Kommandanten, die in den Regionen und auf der lokalen Ebene im aktiven Einsatz standen, und der älteren Generation von Stabsoffizieren, die politisch einflussreiche und vergleichsweise komfortable Positionen besetzten. Seit den späten 1990er Jahren war es dann vor allem die sich schnell öffnende Einkommens- und Vermögensschere innerhalb des Militärs, die zu Spannungen führte (Callahan 2003, 2007).

Dennoch ist es der Junta bislang gelungen, die Einheit der *Tatmadaw* zu erhalten. Zwar sah die Militärführung den hierarchischen Charakter des Regimes zweimal erheblich bedroht und initiierte umfassende personelle und strukturelle Umgestaltungen. Substanzielle politische Konflikte innerhalb der Militärführung, beispielsweise über die angemessene Rolle der Armee in der Politik, die einer Entmilitarisierung des Regimes hätten vorausgehen müssen, waren bislang aber nicht zu erkennen. Zudem belegt die bloße Fortdauer des Militärregimes, dass die in den 1990er und frühen 2000er Jahren kursierenden Gerüchte über eine systembedrohende Spaltung der *Tatmadaw* überzogen waren. Die erste offen zutage getretene Bedrohung war in den 1990er Jahren aus der zunehmenden Machtfülle und Autonomie der regionalen Kommandeure erwachsen. Ihnen waren nach 1988 sämtliche militärischen und administrativen Aufgaben in ihren Verwaltungsbezirken übertragen worden, von der Gewährleistung der öffentlichen Ordnung und Sicherheit über den Aufbau von Infrastruktur bis hin zur Wirtschaftsentwicklung. Damit waren die Regionalkommandanten in der Lage, sich persönlich zu bereichern und ihre politische Machtposition und Autonomie gegenüber dem Zentrum in Rangun auszubauen. Um das Machtpotenzial dieser Akteure einzudämmen, wurden die Regionalkommandeure in den 1990er Jahren in die Junta eingebunden, um sie so an die Zentrale zu binden. Einige jener Kommandeure, die sich zu offensichtlich selbst bereichert hatten und politisch einflussreich geworden waren, wurden von ihren Posten entfernt und wegen Korruption angeklagt. Schließlich wurde ein rigoroses Umbesetzungs- und Rotationsregime eingeführt, in dem Kommandeursposten regelmäßig neu besetzt und die Kommandeure ins Kabinett berufen wurden, so dass sie kaum regionale Gefolgschaften und Loyalitätsnetzwerke aufbauen konnten (Callahan 1999).

Der zweite offene Konflikt innerhalb der Militärführung betraf die Machtposition des Geheimdienstes DDSI. Unter Generalleutnant Khin Nyunt, einem Schützling des ehemaligen Staatschefs Ne Win, war der DDSI zum dominierenden Nachrichtendienst aufgestiegen, dem die anderen Dienste untergeordnet sind oder zuarbeiten. Seine Aufgaben erstreckten sich von der Auslandsaufklärung über strategische und taktische Militäraufklärung, der Überwachung von politischen Gegnern innerhalb und außerhalb Burmas bis hin zur militärinternen Überwachung und Gegenspionage. Angesichts der Bedrohungswahrnehmung des Regimes, das seine politische Position sowohl aus der Gesellschaft als auch von innerhalb des Militärs bedroht sah, verließ sich das Regime zunehmend auf die Nachrichtendienste und den DDSI zur Gewährleistung der Regimesicherheit (Selth 2002: 112ff.). Dadurch gewannen der DDSI und sein Führer rasch an Bedeutung. Khin Nyunts politischer Aufstieg wurde jedoch nach dem Tod Ne Wins im Jahre 2002 gestoppt. Khin Nyunts unmittelbarer Rivale innerhalb der Junta, der Oberkommandierende der Landstreitkräfte Maung Aye, schuf einen eigenen Geheimdienstapparat zur Kontrolle des DDSI. Im Jahr 2004 wurde Khin Nyunt schließlich wegen Korruption angeklagt und zu 44 Jahren Haft verurteilt. Etliche Geheimdienstoffiziere wurden zu langen Haftstrafen verurteilt und eine Reihe von Khin Nyunt nahe stehenden Amtsträgern wurde entlassen. Anschließend wurde die Geheimdienstorganisation neu strukturiert und mit dem Sicherheitsdienst für Militärangelegenheiten (Military Affairs Security, MAS) eine neue leitende Behörde eingerichtet (Min 2008: 1028ff.).

Das Bündel an Mechanismen, Instrumenten und Strategien, derer sich das Militärregime bediente, um die Kontrolle über die Streitkräfte zu behalten, umfasste neben der Berufung, Beförderung und Entlassung von Offizieren aufgrund politischer und persönlicher Loyalitäten, insbesondere institutionelle Anpassungen, Aufsicht und Überwachung, ideologische Indoktrinierung sowie Beschwichtigung und Kooptation. So wurden nach der Machtübernahme der Junta die institutionellen Kommando- und Kontrollstrukturen neu geordnet, um die Autorität des Oberkommandos in Rangun zu stärken. Das Verteidigungsministerium wurde aufgewertet und die meisten Kampfeinheiten unter die zentrale Kontrolle des Büros für Sondereinsätze (Bureau for Special Operations) gestellt (Callahan 2003: 211). Die Stärkung der hierarchischen Kommandostrukturen wurde flankiert durch den Aufbau eines Aufsichts- und Sanktionsapparats. Hierfür bediente sich die Junta bis 2004 insbesondere des DDSI und der ihm unterstellten Militärgeheimdienste, die ein dichtes Netz von Einheiten zur Überwachung von Armeeeinheiten unterhielten (Fink 2009: 168f.). Durch ideologische Schulung der Offiziere sollte das Bild der *Tatmadaw* als überpolitischem Wächter von Staat und Nation auch unter den Offizieren und Mannschaften verankert werden. Es sollte ein Korpsgeist erschaffen werden, der nicht nur die interne Kohäsion stärken, sondern auch die Abgrenzung der Streitkräfte von der zivilen Gesellschaft verfestigen würde (Fink 2009: 153ff.). Damit einher ging ein umfangreiches System materieller Privilegien für die Mitglieder der *Tatmadaw*. Während ein Großteil der Bevölkerung unter Armut und beständiger Mangelversorgung litt, genossen Militärs und ihre Familien sowie Veteranen Vorrechte und Sonderbehandlungen, darunter eigene Wohlfahrts- und Gesundheitseinrichtungen, bessere Bildungseinrichtungen sowie eine deutlich bessere Versorgung mit Nahrungsmitteln und knappen Waren. Insgesamt kamen etwa 2 Millionen Personen (ca. 4 Prozent der Gesamtbevölkerung) in den Genuss dieser und anderer Privilegien (Steinberg 2010: 101).

## 4.2.4    Ausblick

Zusammengenommen gewährleistete die Kombination dieser Aufsichts-, Sozialisierungs- und Beschwichtigungsstrategien sowie die Personalrotation und strategische Besetzung von einflussreichen Positionen mit loyalen Unterstützern der Militärführung die Kohäsion der *Tatmadaw* und die Stabilität des Regimes über zwei Dekaden hinweg. Angesichts der Verzahnung von Militär und Staat ist zu erwarten, dass die im Herbst 2010 durchgeführten Wahlen auch längerfristig allenfalls einen kosmetischen Wandel von der direkten zur indirekteren Militärherrschaft ermöglichen werden (vgl. Hlaing 2009; Taylor 2009; Steinberg 2010). Die Verfassung sieht vor, dass ein Viertel der Sitze und Posten in Parlament und Regierungsbehörden von aktiven Militärs besetzt werden. Ferner kann das Parlament nur eine Person zum Präsidenten wählen, die über Erfahrung in Militärangelegenheiten verfügt. Zudem werden dem Militär weitreichende Rechte in Ausnahmesituationen eingeräumt, die eine Beobachterin als „zwei-Stufen Putsch-Klausel" bezeichnet hat (Nyein 2009: 639). In besonderen Bedrohungslagen kann der Präsident sämtliche Gesetzgebungs- und Exekutivgewalt an sich ziehen. Sollte gar der Ausnahmezustand ausgerufen werden, gehen diese Rechte automatisch an den Oberkommandierenden der *Tatmadaw* über (ebd.). Wichtige politische Entscheidungskompetenzen bleiben dem Militär vorbehalten und die *Tatmadaw* genießt vollständige fiskalische und administrative Autonomie (Taylor 2009: 497). Da Verfassungsänderungen einer parlamentarischen Dreiviertelmehrheit bedürfen, verfügt das Militär durch die für Militärs reservierten Parlamentssitze zudem über eine Sperrminorität (ebd.: 503).

Neben verfassungsrechtlich verankerten Vorrechten verfügen die Streitkräfte über zahlreiche andere Möglichkeiten, um ihre Dominanz über das politische System auch nach den Wahlen 2010 zu garantieren. Somit wird auf absehbare Zeit die Implementierung politischer Entscheidungen maßgeblich von mit Militärs besetzten Verwaltungen abhängig sein (Mutebi 2005). Zudem sind die politischen Gruppierungen und Parteien, welche an den Wahlen teilgenommen haben, eng mit dem Militär verbunden oder wurden gar vom Militär geschaffen, während sämtliche politischen Gefangenen, einschließlich Aung San Suu Kyi, von der Wahl ausgeschlossen waren. Nach zwei Dekaden der politischen Verfolgung und Marginalisierung hatte die NLD daher im März 2010 beschlossen, die Wahlen zu boykottieren (BBC 2010). Zudem wird die Verflechtung der Streitkräfte mit der burmesischen Wirtschaft die Autonomie der *Tatmadaw* auf Dauer verfestigen. Schließlich ist zu erwarten, dass sich auch die gesellschaftliche Dominanz der Streitkräfte bis auf weiteres fortsetzt. Da außerhalb des Militärs oder militärnaher Organisationen kaum Möglichkeiten zur gesellschaftlichen Mobilität bestehen, wird sich auf absehbare Zeit auch ein Großteil der zivilen politischen, administrativen und gesellschaftlichen Eliten weiterhin aus militärnahen Kreisen rekrutieren (Steinberg 2010: 164f.). Daher ist zu erwarten, dass die *Tatmadaw* auch unter einer neuen, formal zivilen Regierung die Politik in Burma maßgeblich beeinflussen wird.

# 4.3    Militär und Politik in Nordkorea

Die Demokratische Volksrepublik Korea (DVRK) beging am 8. September 2008 ihren sechzigsten Gründungstag. Sie ist damit eine der ältesten existierenden Diktaturen der Welt und eines der wenigen Beispiele für einen erfolgreichen Machtwechsel in personalisierten Regimen (Scobell 2005: 247). Der Staat befindet sich seit dem Koreakrieg noch immer offiziell im Kriegszustand mit seinem südlichen Nachbarn, der Republik Korea, und deren Verbündeten, der USA. Die Landesgrenzen zwischen dem demokratischen Süden und dem totalitären Norden ist eine der kritischen Krisenzonen dieser Erde: am 38. Breitengrad stehen sich die Armeen Nord- und Südkoreas direkt gegenüber. Diese beständige Krisensituation hat bis heute erhebliche Auswirkungen auf die Stellung des Militärs: Die nordkoreanische Gesellschaft gleicht heute dem Typus des vollständig militarisierten Systems, das Harold Lasswell (1937, 1941) als Garnisonsstaat bezeichnet hat. Alle Bereiche des öffentlichen Lebens sind der militärischen Logik unterworfen. Martialisch-militärische Sprache und Symbolik dominieren die öffentliche Selbstdarstellung des Regimes. Unter Berufung auf den faktischen Kriegszustand und externe Aggression wird die vermeintlich alternativlose Unterordnung der Gesellschaft in ein System militärischer Disziplin und Hierarchisierung legitimiert und gewaltsam durchgesetzt (Frank 2008: 388ff.). Die Koreanische Volksarmee (KVA) ist mit 1,3

Millionen Soldaten die fünftgrößte, und mit rund 10 Prozent der erwerbsfähigen Bevölkerung die relativ gesehen größte Armee der Welt. Darüber hinaus hat kein Land der Erde über einen so langen Zeitraum einen so großen Teil seiner nationalen Wirtschaftsleistung für Militärausgaben aufgewendet (World Bank 2010).

Die bereits seit der Regimegründung herausragende Stellung der KVA ist nach dem Tode des langjährigen Diktators Kim Il-sung im Jahre 1994 noch gewachsen. Unter der Herrschaft seines Sohnes Kim Jong-il ist das Militär zur wichtigsten politischen und gesellschaftlichen Organisation aufgestiegen und stellt die primäre Machtressource für den personalisierten „dynastischen Totalitarismus" (Lim 2009) Kims. Der Wandel von der personalisierten Einparteiendiktatur unter Kim Il-sung hin zum militärisch dominierten Regime unter der Führung seines Sohnes lässt sich in den zivil-militärischen Beziehungen als „konstitutionell garantierte Militärintervention in die zivile Politik" (Moon/Takesada 2001: 358; eigene Übersetzung) bezeichnen. Damit hat sich die DVRK weit entfernt von den zivil-militärischen Beziehungen in anderen sozialistischen Systemen und dem Regime Kim Il-sungs.

## 4.3.1 Historischer Hintergrund

Die zivil-militärischen Beziehungen Nordkoreas haben ihre historischen Wurzeln im Zweiten Weltkrieg und dem bewaffneten Widerstand gegen die japanische Kolonialherrschaft. Nach der Kapitulation Japans 1945 und der Teilung der koreanischen Halbinsel entlang des 38. Breitengrades wurde im Nordteil unter sowjetischer Führung im August 1946 zunächst eine kommunistische Einheitspartei gegründet und 1948 schließlich ein sozialistisches Regime errichtet. Parallel dazu wurde die KVA aufgebaut, deren Gründung noch vor der Ausrufung der DVRK bekannt gegeben wurde. Wie in den meisten sozialistischen Systemen spielte das Militär auch in der nach sowjetischem Muster organisierten Demokratischen Volksrepublik Korea eine herausragende Rolle. Große Teile der Führungselite der Partei der Arbeit Koreas (PdAK) waren während des Krieges Mitglied bewaffneter Einheiten gewesen, die gegen die Japaner gekämpft hatten. Eine wichtige Faktion innerhalb der PdAK bestand aus der so genannten „Yan'an Gruppe", jenen koreanischen Kommunisten, die als Verbündete der Kommunistischen Partei Chinas gegen die Japaner und für die Errichtung einer sozialistischen Volksrepublik gekämpft hatten. Die Führung über die Partei übertrug Moskau jedoch der „Partisanen-Faktion" um Kim Il-sung, einer linksnationalistischen Guerillatruppe, die an der Seite der Sowjetunion gegen die Japaner ins Feld gezogen war und sowohl enge Verbindungen nach Moskau hatte, als auch wegen ihres Beitrags zur nationalen Unabhängigkeit von der koreanischen Bevölkerung unterstützt wurde (Armstrong 2003: Kap. 2).

In der Gründungsphase der DVRK waren die Beziehungen zwischen Partei, Staat und Armee informell geprägt. Zwar war die Partei der Arbeit die dominierende politische Kraft im politischen System und durchdrang den Staatsapparat weitgehend. Es bestanden aber keine direkten institutionellen Kanäle, die eine effektive Kontrolle des Militärs ermöglicht hätten. Vielmehr unterstanden die beiden Führungsorgane der Armee, der Generalstab und die so genannte „Abteilung für kulturelle Angelegenheiten", dem Verteidigungsministerium. Der Ausdehnung des Parteieinflusses über das Militär stand zudem die mangelnde Kohäsion der zivilen Führung entgegen, die aus Machtkämpfen zwischen Kim Il-sungs Faktion und der „Yan'an Gruppe" herrührte. Die Unterordnung der KVA unter die Parteiführung beruhte daher vorrangig auf persönlichen Verbindungen und Loyalitäten zwischen den zivilen und militärischen Veteranen der anti-japanischen Guerillafaktionen (Moon/Takesada 2001: 362).

Erst nach dem Ende des Koreakrieges (1950-1953) gelang es der Partei, ihre Kontrolle über das Militär zu institutionalisieren und zu konsolidieren. Anlass der verstärkten Kontrollanstrengungen waren zum einen die katastrophalen Niederlagen der nordkoreanischen Streitkräfte gegen die von den USA geführten UN-Truppen, deren Vormarsch in den Norden nur durch die Intervention der chinesischen „Freiwilligenarmee" unter General Peng Dehuai zurückgeschlagen werden konnte. Zum anderen war Kim Il-sung besorgt, dass die Yan'an Faktion durch den chinesischen Einfluss auf die Armee an Macht gewinnen würde. Daher begann er nach dem Ende des Krieges durch systematisches Ausschalten von Mitgliedern rivalisierender Faktionen innerhalb der PdAK und der Armee seine Position zu stärken und machte seine eigene Partisanen-Faktion zur dominierenden Gruppierung in Partei, Staat und Militär. Zwar blieb das Militär formal dem staatlichen Ministerium untergeordnet. Die KVA wurde aber offiziell zur Parteiarmee der PdAK und der Kontrolle durch das Zentralkomitee der Partei unterstellt. Zugleich wurde die „Abteilung für kulturelle Angelegenheiten" der Partei untergeordnet und ein Kommissarsystem installiert, das die Loyalität der Soldaten und Offiziere überwachen sollte (Moon/Takesada 2001: 363).

Bis zum Vierten Parteitag der PdAK im Jahre 1961 hatte Kim Il-sung seine Machtposition gesichert und begann damit, das Einparteienregime auf seine Person hin auszurichten. Die Partei verlor als politisches Entscheidungsorgan an Bedeutung und verkam zum Instrument der Umsetzung von Kims absolutem Herrschaftsanspruch. Parteitage und Plenarsitzungen fanden nur noch unregelmäßig statt, parteiinterne Debatten besaßen kaum mehr Bedeutung für Beschluss und Implementierung politischer Entscheidungen. Stattdessen zentrierte sich das politische System immer mehr auf Kim Il-sung, so dass bereits ab den frühen 1960er Jahren das System „vollständig unter der Kontrolle des Diktators war" (Scobell 2006: 24; eigene Übersetzung). Zur Begründung seines unbegrenzten Herrschaftsanspruches entwickelte Kim einen „quasi-religiösen" (Frank 2008) Personenkult, der den ehemaligen Guerillaführer als wundertätigen Heilsbringer und Kulminationspunkt der nationalen Größe Koreas glorifizierte. Dem „Kimilsungismus", auf dem auch der Herrschaftsanspruch von Kim Jong-il gründet, wurde die „Chuch'e-Idee" zur Seite gestellt, die einen spezifisch koreanischen Weg des Kommunismus skizzierte, der sich in die drei Prinzipien der politischen Selbstbestimmung, Autarkie in der Wirtschaft und Selbstverteidigung in militärischen Angelegenheiten zusammenfassen lässt (MacKerras 1985). Die Chuch'e Ideologie wurde zur primären ideologischen Fundierung und Legitimationsquelle für die Herrschaft und Durchdringung der Gesellschaft durch die PdAK. Durch die Ausrichtung des politischen Systems auf Kim, sowie die anhaltende externe Bedrohung nahm die politische Bedeutung des Militärs zu. Die Zahl der Militärs in den zentralen Parteigremien stieg deutlich an und dank Kims Unterstützung konnte sich das Militär in Interessenkonflikten mit der Parteiführung immer wieder Forderungen nach Kürzungen der Verteidigungshaushalte und einer stärkeren Betonung der zivilen Wirtschaftsentwicklung widersetzen (Moon/Takesada 2001: 364f.). Zu einer Ablösung der Partei durch das Militär als wichtigster regimetragender Gruppierung kam es jedoch erst nach dem Tode Kim Il-sungs.

# 4.3.2 Ausmaß der zivilen Kontrolle über das Militär

Nach Kim Il-sungs Tod im Jahre 1994 gingen die politischen Spitzenämter nicht unmittelbar auf seinen Sohn über. Stattdessen wurde eine zeremonielle dreijährige Trauerzeit eingehalten, in der die höchsten Partei- und Staatsämter unbesetzt blieben. 1997 schließlich übernahm Kim Jong-il die Positionen des Generalsekretärs der PdAK und des Vorsitzenden der Nationalen Verteidigungskommission. Während der Machtwechsel von Vater zu Sohn oberflächlich sehr geordnet verlief, folgten auf Kim Jong-ils Machtübernahme eine groß angelegte Welle politischer Säuberungen und personeller Umbesetzungen sowie eine Reihe von Änderungen in der politischen Struktur des Landes (Bermudez 2001: 17). Als Schlusspunkt des Prozesses der Machtübernahme Kims wurde 1998 eine umfassende Verfassungsänderung verabschiedet, die die geänderten Machtverhältnisse in der Demokratischen Volksrepublik und insbesondere den Wandel der zivil-militärischen Beziehungen reflektiert.

Insbesondere belegen und festigen die Verfassungsänderungen die herausragende Stellung, die das Militär in der politischen Realität Nordkoreas und insbesondere für die Machtposition Kim Jong-ils spielt. Die Armee hat die Partei als wichtigstes Machtorgan unterhalb der Führerperson abgelöst und die zuvor schon umfassende Militarisierung von Gesellschaft und Wirtschaft hat noch weiter zugenommen. Der Bedeutungsgewinn der Armee spiegelt sich auch im Wandel der Regimeideologie wieder, in der die Chuch'e-Idee Kim Il-sungs durch das Prinzip des „Militär zuerst" verdrängt wurde. „Militär zuerst" ist sowohl die ideologische Grundlage für Kims Herrschaft, wie auch eine Zusammenfassung der konkreten Inhalte und Ziele der Regimepolitik. Als Ideologie definiert sie das Militär als Träger der Revolution, des Sozialismus und des Fortschritts und legitimiert so dessen herausragende Stellung. Demnach repräsentieren die Streitkräfte die idealen Werte der nordkoreanischen Gesellschaft und sind damit der Maßstab, an denen sich die Gesellschaft und ihre Mitglieder orientieren sollen (Frank 2008: 385ff.). Als politisches Programm bedeutet das „Militär zuerst" Prinzip die zunehmende Militarisierung von Politik, Gesellschaft und Wirtschaft. Dies umfasst drei Elemente: die herausragende politische Rolle der KVA, die Priorität militärischer Stärke und Rüstung vor allen anderen politischen und gesellschaftlichen Zielstellungen, sowie die Notwendigkeit der Führung durch das Militär für das Erreichen der nationalen Ziele (Moon/Takesada 2001: 357). Die „Militär zuerst"-Politik manifestiert sich daher in einer umfassenden Beteiligung der Streitkräfte in allen Bereichen der politischen Entscheidungsfindung und Politikgestaltung.

Im Bereich der politischen Elitenrekrutierung und Besetzung der höchsten Posten in den politischen Entscheidungsgremien ist der Einfluss des Militärs dabei noch am geringsten. Beobachter der nordkoreanischen Politik sind sich einig, dass Kim Jong-il unangefochten an der Spitze der politischen Macht steht und vollständige Kontrolle über die Besetzung der wichtigsten politischen und militärischen Institutionen ausübt. Dies resultiert zum einen aus seiner Legitimation als Nachfolger seines Vaters, insbesondere aber aus seinen politischen Ämtern, die ihm eine zentrale Position an den Schnittstellen von Staat, Partei und Militär garantieren. Über den Vorsitz des Politbüros und als Generalsekretär der PdAK dominiert er die Personalentscheidungen der Partei und der zivilen staatlichen Behörden. Sein Einfluss auf die Auswahl der Militärführung gründet vor allem auf seiner Stellung als Oberkommandierender der Streitkräfte und Vorsitzender der Nationalen Verteidigungskommission

(NVK). Daneben ist er auch Marschall der Koreanischen Volksarmee sowie Vorsitzender der Zentralen Militärkommission (ZMK) der Partei der Arbeit (Paik 2006: 126). Zudem war das Militär maßgeblich für Kims Aufstieg innerhalb des nordkoreanischen Systems verantwortlich und ist die wichtigste Machtbasis für die Aufrechterhaltung seines personalistischen Herrschaftsanspruchs (Kim Ilpyong 2006: 71ff.). Demgegenüber hat die Rolle der Partei als Rekrutierungs- und Personalentscheidungsorgan noch weiter abgenommen. Tatsächlich erscheinen die offiziellen Parteistrukturen und innerparteilichen Entscheidungswege bereits seit den 1980ern als nahezu handlungsunfähig. Die Schwächung der Partei und die Stärkung des Militärs zeigen sich auch deutlich im Prozess der Machtübernahme Kims. Nach den Parteiregularien hätte Kim von einer offiziellen Plenarsitzung des Zentralkomitees der PdAK gewählt werden müssen. Stattdessen wurde seine Amtsübernahme als Generalsekretär der Partei im Jahre 1993 in einer gemeinsamen Erklärung von Zentralkomitee und Zentraler Militärkommission verkündet. Der Bruch der Parteistatuten ist umso bedeutsamer, da die ZMK hier als dem ZK gleichberechtigtes Entscheidungsorgan aufgetreten ist, obschon sie formal dem Zentralkomitee der Partei untergeordnet ist (Lim 2009: 113f.).

Eine ähnliche Entwicklung lässt sich auch in den Prozessen und Ergebnissen der politischen Entscheidungsfindung nachzeichnen. Hier ist es im Rahmen der „Militär zuerst"-Politik zu einer deutlichen Verschiebung der Verteilung politischer Einflussmöglichkeiten gekommen. Zwar gilt auch hier der unbedingte Primat der Letztentscheidungsgewalt von Kim Jong-il. Allerdings scheint der Diktator Debatte und Einflussnahme der Militärführung zu erlauben und lässt die Ansichten der Generäle in seine Entscheidungen einfließen (Gause 2006: 5). Damit hat unterhalb der Ebene der obersten Regimeführung ein bedeutender Wechsel stattgefunden: Während in anderen sozialistischen Regimen, einschließlich Nordkorea unter Kim Il-sung, Parteiorgane die politischen Leitlinien vorgeben, werden diese Aufgaben derzeit vom Militär dominiert (Kim Ilpyong 2006: 62). Zudem wurde der Nationalen Verteidigungskommission Ende der 1990er Jahre eine Vielzahl politischer Kompetenzen übertragen, die vormals bei staatlichen oder Parteigremien gelegen hatten. Damit ist sie zum wichtigsten politischen Entscheidungsorgan in der DVRK aufgestiegen und dominiert auf Basis der „Militär zuerst"-Ideologie seit 1998 alle Politikbereiche (Paik 2006: 126). Da die NVK neben ihrem Vorsitzenden Kim Jong-il nahezu ausschließlich durch Militärs besetzt ist, verfügt die KVA durch sie über einen institutionellen Kanal, um ihre Interessen und Ziele geltend zu machen und durchzusetzen (Lim 2009: 153).

Einzig in der Wirtschaftspolitik scheint die Rolle des zivilen Kabinetts in der Politikformulierung bedeutsamer geworden zu sein: So wurden diejenigen Parteiabteilungen aufgelöst, die für die Ausarbeitung der Wirtschafts- und Landwirtschaftspolitik zuständig waren und ihr Personal wurde in die entsprechenden staatlichen Gremien verlegt (Kim Ilpyong 2006: 72). Allerdings zeigt sich gerade in der Wirtschaftspolitik der Einfluss des Militärs besonders deutlich. Bereits seit dem Zweiten Weltkrieg hatten die Streitkräfte eine zentrale Rolle in der nordkoreanischen Kommandowirtschaft gespielt. Im Zuge der „Militär zuerst"-Politik ist die Bedeutung des Militärs für die Wirtschaft jedoch noch angewachsen. Die Armee unterhält offiziell und durch Kim Jong-il sanktioniert eine „Zweite Wirtschaft", die für die Herstellung, Verteilung und den Konsum von militärrelevanten Gütern zuständig ist, von der Produktion von Nahrungsmitteln und Gebrauchsgütern für die Armee bis hin zum Bau und Verkauf von Waffen (Moon/Takesada 2001: 377). Verantwortlich für die Leitung der „Zweiten

Wirtschaft" ist eine Kommission, die direkt der NVK untersteht und damit unabhängig von der Partei oder dem Kabinett agiert (Bermudez 2001: 45). Der militärische Wirtschaftsbereich genießt oberste Priorität in der wirtschaftlichen Entwicklung, der Allokation knapper Güter, Forschungsmittel und Arbeitskräfte und ist deutlich größer und produktiver als die zivile Wirtschaft. Unter der „Militär zuerst" Politik ist der Militärwirtschaft zudem eine explizite Entwicklungsrolle für das gesamtwirtschaftliche Wachstum angedacht. Der Militärsektor soll ausreichend Gelder generieren, um die Wirtschaftsentwicklung zu finanzieren. Dabei geht es zum einen um die Produktion und den Verkauf von Waffen, Rüstungsgütern und militärischem und technologischem Know-how (einschließlich der Weiterverbreitung von Massenvernichtungswaffen) an Entwicklungsländer, die das wichtigste Exportgut der nordkoreanischen Wirtschaft darstellen und jährlich rund eine Milliarde US-Dollar Devisen einbringen (Eberstadt 2006). Zum anderen unterhält das Militär spezielle Abteilungen, die über Drogenhandel, Geldfälschung und Kooperation mit dem organisierten Verbrechen in anderen Ländern Einnahmen erwirtschaften (Bermudez 2001: 178).

Insbesondere die Geheimdienste und Organe der inneren Sicherheit sind mit derartigen Kapitalbeschaffungsmaßnahmen beauftragt. Ihre primäre Aufgabe besteht jedoch in der Gewährleistung der Staats- und Regimesicherheit gegen eine mögliche politische Opposition von innen oder die Infiltration durch feindliche Staaten. Als Teil der „Militär zuerst"-Politik wurden wichtige Aufgaben und Organe der Inneren Sicherheit der Verantwortung des Militärs unterstellt. So wurden die Grenzschutztruppe sowie die polizeiliche Überwachung Pjöngjangs 1998 an das Ministerium für Staatssicherheit übertragen. Dieses untersteht seit der Verfassungsänderung der NVK und befindet sich somit unter direkter Leitung Kim Jongils und der Militärführung. Das Ministerium für Staatsicherheit fungiert dabei sowohl als Geheimdienstorganisation, die im Ausland Operationen durchführt, als auch als Inlandssicherheitsdienst und Geheimpolizei. Daneben unterhält die Armee auch selbst umfangreiche Einheiten zum Schutz der Regime- und Staatssicherheit, einschließlich militärischer Garnisonseinheiten und Wachkorps sowie paramilitärischer Truppen (Bermudez 2001: Kap. 7).

Am deutlichsten sind die Auswirkungen der „Militär zuerst"-Politik im Bereich der Verteidigungs- und Militärpolitik. Hier ist der Machtverlust der Partei zugunsten der Militärführung besonders ausgeprägt. Formal definiert die Verfassung die Streitkräfte zwar weiterhin als Parteiarmee und sieht vor, dass die Zentrale Militärkommission der PdAK die Entscheidungsgewalt über alle Militärangelegenheiten besitzt. Allerdings wurde bei der Umstrukturierung der Partei im Jahre 2004 das für die Militärpolitik zuständige Parteibüro aufgelöst, womit die PdAK heute nicht mehr über einen institutionellen Zugang zu diesem Politikbereich verfügt (Kim Ilpyong 2006: 72). Zudem fungiert die Zentrale Militärkommission, anders als etwa in der Volksrepublik China, nicht als Kontroll- und politisches Entscheidungsorgan der Partei, sondern ist eher als Vertretung der Militärführung in der PdAK zu verstehen, die keine entscheidungsrelevante Rolle mehr spielt (Gause 2006: 25). Wie in allen anderen Politikbereichen, liegt auch in der Sicherheits- und Verteidigungspolitik die schlussendliche Entscheidungsgewalt bei Kim Jong-il. Das formal höchste Gremium für die Verteidigungspolitik ist jedoch die Nationale Verteidigungskommission, die als oberste Kommandobehörde mit der vollständigen Autorität über die KVA und das Verteidigungsministerium ausgestattet ist und autonom von Partei, Kabinett und Volksversammlung agiert. Der Verteidigungsminister ist Mitglied der NVK und hat formell das nach dem Vorsitzenden der NVK nächsthöchste Amt in der Kommandohierarchie inne, hat aber effektiv keine Befehlsgewalt über die Streitkräfte. Auch das Ministerium selbst spielt keine Rolle in der Formulierung der Verteidigungspolitik, sondern ist für die Ausführung und Koordination von verteidigungspolitischen Entscheidungen der NVK verantwortlich. Dem Ministerium formal unterstellt ist der Generalstab, der jedoch de facto funktional getrennt vom Ministerium fungiert und der NVK gegenüber verantwortlich ist. In Friedenszeiten obliegt dem Generalstab das Kommando für die militärische Befehlskette, während das Ministerium die administrative Leitung übernimmt. Im Kriegsfall gehen die administrative und operationelle Kontrolle auf den Vorsitzenden der NVK als Oberkommandierenden der Streitkräfte über (Gause 2006: 34). Die verteidigungspolitische Entscheidungsfindung stellt sich unter diesen Bedingungen als äußerst zentralisiert und hierarchisch auf Kim Jong-il und die NVK ausgerichtet dar. Horizontale Konsultationen und Konsensfindung zwischen NVK, Staat und Partei spielen keine Rolle (Moon/Takesada 2001: 375).

## 4.3.3    Mechanismen und Instrumente der zivilen Kontrolle

Trotz der weitreichenden politischen Einflussmöglichkeiten der KVA steht weiterhin Kim Jong-il unantastbar an der Spitze des Regimes. Zugang und Ausübung politischer Macht bleiben abhängig von seiner persönlichen Zustimmung und Auswahl. Zugleich ist Kim jedoch angewiesen auf die Unterstützung und unbedingte Loyalität der KVA, die seine wichtigste Machtbasis darstellt (Gause 2006: vi). Darüber hinaus ist das Militär die mächtigste funktionale Gruppe und verfügt über die organisatorischen Mittel, den Herrschaftsanspruch von Kim herauszufordern. Anders als sein Vater konnte sich Kim Jong-il weder auf die persönlichen Loyalitäten einer bestimmten Faktion innerhalb der politischen und militärischen Führung verlassen, noch auf eigene revolutionäre Leistungen und persönliche Qualitäten, die ihm die Unterordnung der Streitkräfte qua Charisma erlauben würden (Scobell 2006: 15). Daher hat Kim ein sich mehrfach überlagerndes System von Kontroll- und Aufsichtsmechanismen kultiviert, über das er die KVA überwacht. Darin spielen vier Instrumente eine zentrale Rolle: die Aufspaltung der Kommandostrukturen und Ausrichtung der Hierarchie auf seine Person; ein umfangreicher und mehrschichtiger militärinterner Apparat zur Überwachung und Indoktrination der Streitkräfte; regelmäßige und umfassende Personalwechsel sowie ein Bestechungs- und Beschwichtigungssystem von Anreizen und Belohnungen.

Im Laufe seiner Amtszeit hat Kim die formalen Entscheidungsstrukturen weitgehend ausgehöhlt und verlässt sich vorrangig auf informelle Kanäle und die Abhängigkeit der militärischen Eliten von seiner persönlichen Zustimmung. Er umgeht die direkten Kommandostrukturen und unterhält mehrere parallele, voneinander getrennte Informations- und Befehlskanäle. Dies erlaubt ihm direkten Zugang zu Informationen, die sonst durch die formalen militärischen Hierarchien gefiltert würden, und verhindert so eine zu große Abhängigkeit von einzelnen Personen, Gruppen oder organisatorischen Strukturen der militärischen Bürokratie. Zudem fördern die parallelen und auf Kim ausgerichteten Autoritäts- und Informationsstränge das Misstrauen innerhalb des Militärs und einen beständigen Konkurrenzkampf um die Gunst des Führers (Gause 2006: 4f. und 17). Diese innermilitärische Rivalität und institutionalisierte Unsicherheit wird noch verstärkt durch den Aufbau einer Reihe von Eliteeinheiten und persönlichen Schutztruppen, die mit der Aufrechterhaltung der Regimesicherheit und dem Schutz Kim Jong-ils beauftragt sind und direkt seiner Kontrolle unterstehen. Neben dem Wachkommando, einer dem US-amerikanischen *Secret Service* ähnlichen Leibgarde für Kim und andere hochrangige Offizielle, und dem Pjöngjang-Verteidigungskommando, einer regulären Armeeabteilung, die mit dem Schutz der Hauptstadt beauftragt ist, ist insbesondere das so genannte Sicherheitskommando zu nennen. Dieses ist formal dem Verteidigungsministerium untergeordnet, wird aber durch das Ministerium für Staatssicherheit kontrolliert und ist somit der NVK unterstellt. Es dient als Gegengewicht zu anderen militärischen Geheim- und Sicherheitsdiensten, hat aber auch eigenständige Kontroll- und Aufsichtsaufgaben innerhalb der Armee. Letzteres ist insbesondere die Aufgabe der in den 1990er Jahren gegründeten „Sondereinsatzgruppe" des Ministeriums für Staatssicherheit. Sie untersteht direkt Kim Jong-il und ist mit der Überwachung und Kontrolle von hochrangigen Offizieren und zivilen Amtsträgern betraut (Bermudez 2001: 198f.).

Die Streitkräfte durchzieht ein umfangreicher Überwachungs- und Sicherheitsapparat, der bei Kim Jong-il zusammenläuft und eine effektive Kontrollinstanz gegen Verschwörungen innerhalb der Streitkräfte bildet. Neben den in die militärischen Kommandostrukturen integrierten Sicherheitsdiensten bedient sich Kim auch der von seinem Vater etablierten militärinternen Parteiorganisationen. Wie in anderen sozialistischen Ländern existiert auch in Nordkorea eine duale Führungsstruktur, die neben der militärischen Kommandohierarchie eine parallele, von der Partei geleitete Struktur von Politoffizieren etabliert (vgl. Info-Box 3.2). Die Politkommissare sind unabhängig von der militärischen Befehlskette, und Befehle des militärischen Kommandeurs werden erst gültig, wenn der Kommissar zugestimmt hat. Das Kommissarsystem untersteht der Abteilung für Organisation und Führung der PdAK, die Kim seit 1973, als er Parteisekretär der Abteilung wurde, kontrolliert. Die Hauptaufgabe dieser Abteilung ist die Überwachung des Sicherheits- und Nachrichtendienstwesens, einschließlich der Ministerien für Staatssicherheit und Öffentliche Sicherheit, sowie der Armee (Moon/Takesada 2001: 367ff.). Ebenfalls der Abteilung für Organisation und Führung untersteht das beim Verteidigungsministerium angesiedelte Allgemeine Politische Büro. Es ist verantwortlich für die Organisation der Parteiarbeit und die ideologische Schulung der Armeeangehörigen. Dazu unterhält es Parteikomitees in den Streitkräften und eine eigene politische Infrastruktur auf jeder Ebene der militärischen Hierarchie (Gause 2006: 35). Die Bestandteile der ideologischen Schulung und Indoktrination der Soldaten und Offiziere sind der Personenkult um Kim Jong-il und die neue „Militär zuerst"-Doktrin, die zunehmend die Chuch'e-Ideologie Kim Il-sungs verdrängt. Die Forcierung des Personenkults um Kim Jong-il richtet sich insbesondere an jene Offiziere der dritten und vierten Generation, die nicht im Umfeld von Kim Il-sung gedient, sondern erst unter Kim Jong-il die oberen Offiziersränge erreicht haben (Scobell 2006: 28).

Neben diesem institutionalisierten Überwachungs- und Indoktrinationssystem macht Kim umfassenden Gebrauch von seinen Rechten als Parteigeneralsekretär und Vorsitzender der KVA, um die Führungsposten in der Militär- und Parteihierarchie mit loyalen Unterstützern zu besetzen und regelmäßige Personalwechsel durchzuführen. Insbesondere zu Beginn seiner Amtszeit musste sich Kim auf die Unterstützung der Veteranen der anti-japanischen Widerstandsguerilla und auf Weggefährten seines Vaters in der Militärführung verlassen, die seinen Aufstieg erst ermöglichten. Danach begann er jedoch damit, die „Alte Garde" durch eine jüngere Generation von Militärführern auszutauschen, die er aus Studienzeiten kennt und die

„die Speerspitzen Kim Jong-ils innerhalb des Militärs" darstellten (Moon/Takesada 2001: 367; eigene Übersetzung). Da individuelle Machtpositionen in der DVRK vorrangig von der Nähe zu Kim Jong-il oder der Mitgliedschaft in kleinen informellen Gruppen mit Zugang zur unmittelbaren Führung um Kim abhängig sind, stellt dieses Vorgehen eine effektive Strategie zur Kontrolle der Militärspitze dar (Bermudez 2001: 23). Aber auch nach der Konsolidierung seiner Machtbasis nutzte er regelmäßige und häufige Personalwechsel, um zu verhindern, dass einzelne Militärführer oder Gruppen autonome Machtzentren bilden. So hat Kim zwischen seiner Amtsübernahme und 2006 mehr als 1.200 Offiziere von Generalsrang befördert und in militärische Führungspositionen gehoben (Gause 2006: vi).

Nicht zuletzt sichert sich Kim Jong-il die Loyalität der Militärführung durch Gewährung von Privilegien und Belohnungen. Neben der bereits erwähnten „Militär zuerst"-Politik, die einher geht mit konkreten materiellen Vorteilen, zeigt sich dies zum einen in der bloßen Zahl der Beförderungen und der schieren Größe der Generalität: Kein Land der Welt hat so viele Marschalle, Vize-Marschalle und Generäle wie Nordkorea (Moon/Takesada 2001: 373). Zum anderen nutzt Kim auch jede Gelegenheit, seine Nähe zum Militär und seine Wertschätzung der Streitkräfte zur Schau zu stellen. So hat er sich selbst zum Marschall ernannt, er stattet den Truppen regelmäßige Besuche ab und bindet das Militär in alle Staatsakte ein (Moon/Takesada 2001: 373). Schließlich bietet er der Militärführung umfangreiche Gelegenheiten zur persönlichen Bereicherung und „kauft die Loyalität der Spitzenoffiziere, indem er ihnen Luxusautos und Wohnungen schenkt" (Scobell 2006: 24; eigene Übersetzung).

## 4.3.4    Ausblick

Trotz der anhaltenden Wirtschaftskrise, internationaler Isolation, der militärischen Bedrohung durch die USA sowie der Last gewaltiger Militärausgaben lassen sich derzeit keine Anzeichen erkennen, dass eine Implosion des politischen Regimes in Nordkorea unmittelbar bevorsteht. Vielmehr erscheint das Regime als relativ stabil. Als Ursachen für diese Stabilität werden der vergleichsweise reibungslose Machttransfer von Kim Il-sung auf seinen Sohn, das trotz der ökonomischen Krise funktionsfähige System der Überwachung, Repression und Kooptation, die ideologische Indoktrination sowie die Abschirmung nach außen genannt, die eine Massenflucht der Bevölkerung ebenso verhindert wie das Eindringen „fremder" Ideen und Wertmaßstäbe (Lim 2009: 129). Zudem spricht die Robustheit des Regimes für die Anpassungsfähigkeit und Fähigkeit der Führung, strategische Entscheidungen zu treffen, die das Überleben des Regimes ermöglichen.

Damit stellt sich die Frage nach der Aufrechterhaltung des derzeitigen Regimetyps. Angesichts der Bedeutung des Militärs für die Herrschaft Kims ist die Entwicklung der zivilmilitärischen Beziehungen dafür von herausragender Bedeutung. Die beschriebenen Kontrollstrategien haben es Kim bislang ermöglicht, das Militär zu kontrollieren und an sich zu binden. Zwar kann angenommen werden, dass die jüngeren Offiziersgenerationen deutlich weniger empfänglich sind für die auf Kim Il-sung zurückgehende Konstruktion des Herrschaftsanspruchs Kim Jong-ils. Auch haben sie keine direkten persönlichen Beziehungen zu Kim vor seiner politischen Karriere aufgebaut. Zum einen richten sich die verstärkten Bemühungen zur ideologischen Indoktrination jedoch insbesondere an diese Offiziere, und zum anderen hat Kim begonnen, auch die dritte und vierte Offiziersgeneration durch Kooptation und die Gewährung umfangreicher Privilegien an sich zu binden (Gause 2006: 17). Nicht zuletzt stellen die Zersplitterung der Militärführung und der Kommandokanäle, die Existenz mehrerer, Kim Jong-il gegenüber loyaler Sondereinheiten sowie der Überwachungs- und Kontrollapparat ein effektives Hindernis für die Entstehung einer ausreichend großen und schlagkräftigen Putschkoalition dar. Solange diese Kontrollstrategien aufrechterhalten werden können ist es also eher unwahrscheinlich, dass die Militärführung eine ausreichend große Disposition und Gelegenheit hat, sich selbst an die Spitze des Staates zu setzen.

Zur Fortsetzung der Bestechungs-, Beschwichtigungs- und Kooptationsstrategie der „Militär zuerst"-Politik sowie die Aufrechterhaltung des umfangreichen Kontrollapparats ist jedoch die ausreichende materielle Versorgung des Regimes nötig. Insbesondere hier liegt auch die Kernproblematik der beständigen Wirtschaftskrise in Nordkorea. In personalistischen Regimen führen weder schlechte ökonomische Performanz noch das Leid der Bevölkerung per se zu einer Destabilisierung des Regimes. Solange die Kontroll- und Repressionsapparate finanziert werden können und die relevanten Machtgruppen ausreichende materielle Vorteile aus ihrer Unterstützung des Herrschers gewinnen, haben sie ein Interesse daran, das Regime aufrechtzuerhalten (Geddes 1999: 134). Der Umstand, dass die Militärwirtschaft der wichtigste Faktor in der nordkoreanischen Ökonomie ist und die Produktion und der Verkauf von Waffen dem Militär ein relativ stetes Einkommen ermöglicht, macht die Streitkräfte weitgehend unabhängig von der Entwicklung der zivilen Wirtschaft. Dies legt nahe, dass es wohl zu einer wirtschaftlichen Katastrophe kommen muss, etwa im Zuge eines vollständigen Energieembargos, bevor sich die Einnahmen des Staats und des Militärs soweit reduzieren, dass die Kontroll- und Kooptationsstrategien Kims nicht mehr wirken (Eberstadt 2006). Zudem hat das Regime in der Vergangenheit verschiedene aggressive und provokative Maßnahmen genutzt, um sich internationalen Spielraum und wirtschaftliche Hilfsleistungen zu erpressen. Insbesondere das nordkoreanische Atomprogramm birgt erhebliches Erpressungs- und Verhandlungspotenzial für wirtschaftliche Absicherung und Regimestabilität, aber auch die Angst Südkoreas und Chinas vor den unvorhersehbaren Folgen eines unkontrollierten Zerfalls der DVRK.

Allerdings ergibt sich aus der Zentralisierung und Personalisierung des politischen Systems, dass ein plötzlicher Tod Kims das politische Gefüge in der DVRK erheblich erschüttern und sich auch auf die Rolle des Militärs in Politik und Gesellschaft auswirken würde. Stärker noch als in anderen autokratischen Systemen stellt sich in personalistischen Diktaturen das Problem der Nachfolgeregelung. Durch die Aushöhlung der formalen Institutionen und die Zentrierung und Personalisierung der politischen Einfluss- und Rekrutierungskanäle auf den Herrscher kommt es nach seinem Tod oder Ausscheiden aus dem Amt in der Regel zu einem internen Machtkonflikt, der nicht durch entsprechende Strukturen kanalisiert wird und die Stabilität des Regimes gefährden kann. Zudem fehlen in personalistischen Regimen dank regelmäßiger Personalumschichtungen und bewusster Schwächung alternativer Machtressourcen jene fähigen und ambitionierten politischen Führer, die auf einer ausreichenden Legitimitäts- und Unterstützungsbasis die Nachfolge des Diktators antreten könnten (Geddes 1999: 132). Dies zeigt sich nicht zuletzt in den Problemen Kims, die dynastische Herrschaftsfolge fortzusetzen, die mit dem Tod seines Vaters begann. Anders als er selbst, haben seine Söhne bislang keine stabile Basis in Partei oder Militär aufbauen können. Zudem fehlt ihnen auch die Legitimation als unmittelbare Nachkommen des „Ewigen Präsidenten" Kim

Il-sung, auf dessen Charisma sich seine Enkel zwangsläufig nur schwer werden beziehen können. Daher gehen Experten derzeit eher davon aus, dass eine Art kollektive Führung unter Leitung des Militärs entsteht, das sich der politischen und institutionellen Organe der Partei bedient, um Nordkorea zu kontrollieren (Gause 2006: 2). Allerdings verdichteten sich im Herbst 2010 die Anzeichen, dass Kim Jong-il eine dynastische Nachfolge anstrebt. Am 27. September 2010 wurde sein jüngster Sohn, Kim Jong-un, der keinen militärischen Hintergrund hatte, zum General ernannt. Am folgenden Tag wurde er auf dem ersten Parteitag der PdAK seit 1980 in das Zentralkomitee der Partei aufgenommen und zum Vizevorsitzenden der ZMK ernannt (BBC 2010). Unabhängig von der konkreten Ausgestaltung des Regimes nach Kim Jong-ils Tod werden die „Militär zuerst"-Ideologie und die tiefe Verankerung des Militärs in allen Bereichen des politischen, wirtschaftlichen und gesellschaftlichen Lebens sicherstellen, dass die Streitkräften auch weiterhin eine herausragende Position in der Demokratischen Volksrepublik einnehmen.

# 4.4     Vergleich und Analyse

Die Fallstudien zeigen eine Vielzahl von Besonderheiten und Spezifika, die die Beziehungen zwischen Militär und Politik in China, Burma und Nordkorea kennzeichnen. In China ist trotz aller Wandlungsprozesse der letzten drei Dekaden die Dominanz der Partei über das politische System und die Volksbefreiungsarmee ungebrochen. Demgegenüber hat sich die Militärherrschaft in Burma seit dem Putsch 1988 gefestigt und institutionalisiert und die *Tatmadaw* wird auf absehbare Zeit wohl die wichtigste politische Kraft im Lande bleiben. In Nordkorea haben die Streitkräfte die Partei der Arbeit als dominierende Organisation abgelöst. Anders als in Burma ist die Koreanische Volksarmee aber nicht Herrschaftsträger, sondern Machtressource der personalisierten Herrschaft Kim Jong-ils. Trotz dieser Unterschiede lassen sich aber auch Ähnlichkeiten ausmachen. In allen drei Diktaturen spielen die Streitkräfte eine herausragende Rolle in der Politik und sind eng ins Herrschaftssystem eingebunden. Auch in den beiden zivilen Autokratien haben die Streitkräfte Befugnisse, die weit über die Funktionen und Entscheidungsrechte des Militärs in Demokratien hinausgehen. Dies bestätigt die Ausgangsüberlegung, dass die Kontrolle des Militärs für die politischen Funktionseliten in autokratischen Ländern zumindest ebenso wichtig, wenn nicht gar von höherer Priorität ist, als in demokratischen Staaten. In allen drei Diktaturen verwenden die politischen Führer besondere Sorgfalt darauf, die Streitkräfte zu überwachen und ihre politischen Aktivitäten zu kontrollieren. Dabei besteht kein prinzipieller Unterschied zwischen den zivilen Diktaturen in Nordostasien und dem Militärregime in Burma. Im Folgenden soll es nun darum gehen, diesen ersten schematischen Vergleich durch eine systematische komparative Analyse der drei Diktaturen zu erweitern. Dazu werden in einem ersten Schritt Ausmaß und Formen der zivilen Kontrolle beziehungsweise der Beteiligung des Militärs in den politischen Entscheidungsprozessen verglichen. Anschließend soll versucht werden, die Erklärungskraft einiger der in Kapitel 2 diskutierten theoretischen Modelle für die Beobachtungen in den drei Ländern zu bewerten.

# 4.4.1    Vergleich

Das Ausmaß der Beteiligung des Militärs an den politischen Entscheidungsbereichen variiert zwischen den drei Fällen und hat sich auch innerhalb der Diktaturen im Zeitverlauf geändert. Es überrascht nicht, dass die Partizipation des Militärs in der Politik in Burma am größten ist. Gleichzeitig hat hier auch der geringste Wandel stattgefunden, zumindest wenn man die Ausdehnung der politischen Entscheidungsmacht der Streitkräfte betrachtet. Allerdings hat sich die Kontrolle des Militärs über die Politik und Gesellschaft seit 1988 noch verfestigt und die politische Dominanz der *Tatmadaw* ist heute sehr viel stärker institutionalisiert als nach dem Putsch von 1988. Im Gegensatz dazu ist in der Volksrepublik China seit dem Beginn der Wirtschaftsreformen und insbesondere seit der Amtszeit Jiang Zemins eine Einschränkung der politischen Entscheidungsbefugnisse der Volksbefreiungsarmee in der Breite zu konstatieren, die jedoch mit einer Vertiefung der Autonomierechte in militärisch relevanten Entscheidungsfeldern einherging. In Nordkorea lässt sich unter dem Eindruck der „Militär zuerst"-Politik und der Schwächung der PdAK sowohl eine signifikante horizontale Ausdehnung der militärischen Entscheidungsrechte in Domänen nachzeichnen, die zuvor der Autorität der Partei unterstanden, als auch eine vertikale Vertiefung der militärischen Autonomie und Abschirmung vor dem Einfluss der Partei in verteidigungsrelevanten Materien.

Diese Unterschiede und Gemeinsamkeiten werden noch deutlicher, wenn man die drei Regime anhand der einzelnen politischen Entscheidungsbereiche vergleicht. In den zivilen Diktaturen Nordostasiens ist der Einfluss des Militärs auf die Besetzung der politischen Ämter eng begrenzt. Nicht die Volksbefreiungsarmee oder die Koreanische Volksarmee definieren die Regeln, Verfahren und Ergebnisse der politischen Rekrutierung, sondern die zivilen Regimeführer. Zwar sind in beiden Ländern aktive Militärs in die höchsten politischen Ämter kooptiert, und insbesondere in Nordkorea rekrutiert sich ein Großteil der politischen Regimeeliten aus dem Offizierskorps. Allerdings liegt in beiden Ländern die endgültige Entscheidung über die Ernennung der Regimeeliten in der Hand der Zivilen. In China ist es die Parteiführung, während in Nordkorea dieses Vorrecht in den Händen von Kim Jong-il liegt. Während jedoch in China die Partei und ihr Apparat die wichtigste Machtbasis für die politische Führung ist, ist dies in Nordkorea das Militär. Demgegenüber wird in Burma der Zugang zum politischen System vollständig von den Streitkräften kontrolliert.

Dementsprechend kontrolliert das burmesische Militär auch die politische Entscheidungsfindung in allen Bereichen der „Public Policy". Einzig für die Implementation politischer Entscheidungen auf der lokalen Ebene sind zivile Bürokraten und Verwaltungen in größerem Umfang verantwortlich. Aber auch in den zivilen Regimen Nordostasiens können Militärs Einfluss auf die Politikformulierung und Entscheidungsfindung in einem breiten Spektrum von relevanten *policies* nehmen. In Nordkorea ist der Einfluss des Militärs noch umfassender als in China, da das wichtigste politische Entscheidungsgremium, die Nationale Verteidigungskommission, von Offizieren dominiert wird. Die „Versicherheitlichung" (Buzan et al. 1998) der Gesellschaft weitet den legitimen Einfluss- und politischen Gestaltungsanspruch der Streitkräfte auf die gesamte Gesellschaft aus, einschließlich der wirtschaftlichen Interessen und Aktivitäten der Streitkräfte, die in Nordkorea heute deutlich ausgeprägter sind als in der Volksrepublik. In China beschränkt sich der Einfluss des Militärs vorrangig auf jene sicherheitsrelevanten Politikfelder und ausgewählte Bereiche der Außenpolitik, die in einem zivil-militärischen Konsens als legitime Interessensgebiete des Militärs definiert sind. Die Beteiligung der Streitkräfte an der Aufrechterhaltung der Regimesicherheit ist keineswegs auf Burma oder das militarisierte personalistische Regime Kim Jong-ils beschränkt. Auch in China ist die Volksbefreiungsarmee aktiv beteiligt an Aufgaben der Inneren Sicherheit, wie etwa der Aufstandsbekämpfung und der Grenzsicherung. Zudem ist die VBA im Fall eines Notstands befugt, die Organe der Inneren Sicherheit durch reguläre Militäreinheiten zu unterstützen, wie sie es im Jahre 1989 bei der gewaltsamen Räumung des Tiananmen Platzes getan hat. Allerdings hat die Militärführung in China, anders als in Burma oder Nordkorea, weder die Kontrolle über die Polizei, noch über die Organe der Staatssicherheit, die von zivilen Ministerien geleitet werden.

Die größten Gemeinsamkeiten zwischen den drei Autokratien liegen in der Kontrolle der Streitkräfte über die Militär- und Verteidigungspolitik. In Burma ist der Bereich der Landesverteidigung seit jeher ein von ziviler Einflussnahme abgeschirmter Bereich. Auch in China kann das Militär die Verteidigungspolitik und Aspekte der militärischen Organisation weitgehend eigenverantwortlich planen, beschließen und durchführen. Nur der Staats- und Parteichef kann über seine Veto-Position in der ZMK effektiven Einfluss auf diesen Politikbereich nehmen. In Nordkorea schließlich ist die Autonomie des Militärs noch größer, da die NVK zum wichtigsten politischen Akteur unter Kim Jong-il aufgestiegen ist. Da zudem sämtliche Parteigremien aufgelöst wurden, die mit militär- und verteidigungspolitischen Materien befasst waren, ist der Einfluss ziviler Autoritäten in diesem Politikbereich auf Kim Jong-il beschränkt.

Auch in der Form der zivil-militärischen Beziehungen und der Ausgestaltung der Strategien, durch die die politischen Regimeeliten versuchen, sich der Loyalität und Unterordnung ihrer Streitkräfte zu versichern, lassen sich Gemeinsamkeiten und Unterschiede feststellen. Den drei Fällen ist gemein, dass sie sich einer Vielzahl von Überwachungs- und Kontrollmechanismen bedienen und sie zu einem mehr oder minder eng vernetzten System der Kontrolle über das Militär vereinen. Keine der diskutierten Fälle verlässt sich auf eine oder vorrangig eine bestimmte Kontrollinstitution. Zudem ähneln sich die Instrumente der Kontrolle über das Militär. Zum einen ist in allen drei Regimen eine Abkehr von der informellen Kontrolle durch direkte persönliche Beziehungen und langjährig gewachsene Loyalitätsnetzwerke zu einem einzelnen charismatischen Führer zu erkennen. In China und Nordkorea hängt dies mit der Auflösung der personellen Symbiose von Partei und Militär und dem Ende der Generation zusammen, die persönlich an der Revolution beteiligt war. Aber auch in Burma lässt sich nach dem Rücktritt Ne Wins eine ähnliche Entwicklung feststellen. Daher nutzen die politischen Eliten in den drei Staaten Instrumente der strategischen Besetzung und regelmäßigen Kommandorotation in den höchsten Militärposten, um die Militärführung mit loyalen Unterstützern zu besetzen und sicherzustellen, dass sich einzelne Militärführer keine autonome Machtstrukturen aufbauen. Allerdings unterscheiden sich die Kriterien für die Auswahl der Militärführer. So werden in China insbesondere Offiziere gefördert, die die generellen verteidigungspolitischen Ideen der zivilen Führung unterstützen und keine politischen Ambitionen besitzen, während in Nordkorea insbesondere die persönliche Loyalität zu Kim Jong-il das bestimmende Auswahlkriterium zu sein scheint. In Burma schließlich bauen die Mitglieder der Regimeführung ihre Loyalitätsnetzwerke vorrangig auf Basis gemeinsamer Truppengattung und Alterskohorte in den Offiziersschulen.

Schließlich gewährten alle Regime ihren Streitkräften umfangreiche Privilegien, um sie an das Regime zu binden und für ihre Loyalität zu belohnen. Die Führung der Volksbefreiungsarmee und der Koreanischen Volksarmee sind in die Regimespitzen kooptiert und erhalten so politische Mitsprache. Nicht zuletzt werden den chinesischen und nordkoreanischen Militärs umfangreiche finanzielle und materielle Privilegien gewährt. Aber auch in Burma spielen Beschwichtigung und Belohnung eine wichtige Rolle, da einzelne Offiziere durch ihre herausragende Position in Politik, Wirtschaft und Gesellschaft die Möglichkeit haben, sich persönlich zu bereichern und auch Unteroffiziere und einfache Soldaten in der Regel einen höheren Lebensstandard besitzen als die Zivilbevölkerung.

Allerdings zeichnen sich im Vergleich der Kontrollstrategien auch wichtige Unterschiede zwischen den drei Autokratien ab. So ist in der Volksrepublik China ein Trend zur Institutionalisierung und Verrechtlichung der Beziehungen zwischen Militär und Politik zu erkennen, der in den anderen beiden Ländern nicht zu beobachten ist. Die burmesische Militärführung hat in den späten 1990er Jahren die Machtrelationen zwischen Rangun und den Militärkommandeuren in den Regionen neu geordnet, die Hierarchien zentralisiert und damit ihre Kommandogewalt und Kontrolle über das Militär als Institution gestärkt. Nordkorea hingegen zeigt ein anderes Bild: Kim Jong-il untergräbt bewusst die institutionellen Kanäle und Kommandohierarchien und gewinnt einen Teil seines Einflusses über die KVA aus dieser Ambiguität und Unsicherheit. Daneben ist Nordkorea das einzige der drei Regime, das in größerem Maßstab Gebrauch macht von einer Strategie, die sich mit Harold Trinkunas (2005) als „Teile-und-Herrsche" bezeichnen lässt: Neben und innerhalb der regulären Streitkräfte existieren eine Vielzahl von Sondereinheiten und Leibgarden, die Kim bewusst gegeneinander ausspielt und somit die Kohäsion innerhalb der KVA zerrüttet, um zu verhindern, dass sich autonome Machtzentren und Putschkoalitionen bilden.

Auch in Bezug auf die Durchdringung der Streitkräfte durch einen Kontroll- und Aufsichtsapparat lassen sich signifikante Unterschiede herausarbeiten. In China hat die Bedeutung des Parteiapparats innerhalb der VBA erheblich an Bedeutung verloren. Im Unterschied dazu existiert in Nordkorea eine Vielzahl von militärinternen Aufsichts- und Sicherheitsdiensten. Auch in Burma bedient sich die Militärführung eines Überwachungssystems, jedoch spielen nicht-militärische Kontrollorgane, wie etwa das Politkommissariat, keine Rolle. Vielmehr verlässt sich die zentrale Militärführung auf die militäreigenen Geheimdienste.

## 4.4.2 Analyse

Die Forschung zu den zivil-militärischen Beziehungen in den drei Autokratien ist relativ arm an systematischen, theoriegeleiteten Erklärungsversuchen. Zwar bestätigt auch hier die Ausnahme die Regel. So verfolgt Mary Callahans Arbeit zur Entstehung und Entwicklung des burmesischen Militärregimes den expliziten Anspruch, die Herrschaft der *Tatmadaw* zu erklären (Callahan 2003). Insbesondere aber theoriegeleitete Analysen mit kausalem Erkenntnisinteresse sind für die Beziehungen zwischen Militär und Politik in Diktaturen bislang nicht gängig. Diese Beobachtung korrespondiert auch mit der Übersicht über die verschiedenen theoretischen Schulen und Traditionen in Kapitel 2. Bis auf einige Ausnahmen, so etwa Huntingtons (1968) Prätorianismusthese oder Deschs (1999) strukturalistische Theorie, sind diese Ansätze vorrangig zur Erklärung zivil-militärischer Beziehungen in jungen oder etablierten Demokratien entwickelt worden. Dies heißt jedoch nicht, dass die vorgestellten Theorien nutzlos wären für die Erklärung der Rolle des Militärs in Diktaturen. Vielmehr lassen sich einige der Ansätze durchaus auf autokratische Systeme anwenden und können zum Verständnis der Beziehungen zwischen Militär und Politik in diesen Ländern beitragen. Im Folgenden soll daher versucht werden, die in den Einzelfallstudien beschriebenen Phänomene mithilfe ausgewählter theoretischer Modelle zu erklären. Dies stellt selbstverständlich weder einen Test für die Theorien dar, noch kann eine solche Übung beanspruchen, kausale Wirkungsverhältnisse zu belegen. Hier soll es vielmehr darum gehen, die empirischen Fälle einer ersten „diszipliniert-konfigurativen" Analyse (Eckstein 1975) zu unterwerfen, indem die empirische Vielfalt der möglichen Erklärungsfaktoren anhand der vorhandenen theoretischen Vorschläge geordnet werden soll.

Kulturalistische Erklärungen, die auf die normative Verfasstheit und Selbstperzeption des Offizierskorps abheben, scheinen insbesondere für die zivil-militärischen Beziehungen in China und Burma geeignet. So lässt sich das Huntingtonsche Professionalismusparadigma zur Erklärung des Wandels in den zivil-militärischen Beziehungen in China anwenden. Das Argument lautet, dass die neue chinesische Militärstrategie des „Krieges unter High-Tech-Bedingungen" den Aufbau eines modernen und schlagkräftigen Militärs erfordert. Moderne Kriegführung mit komplexen Waffensystemen und hohen Anforderungen an vernetzte Operationen wiederum setzt ein entsprechend geschultes Offizierskorps voraus, das umfassend und modern ausgebildet ist und regelmäßigen Trainings bedarf. Als Folge dieser Anforderungen und der entsprechenden politischen Weichenstellungen in den 1980er und insbesondere den 1990er Jahren ist in China ein Offizierskorps entstanden, das sich durch einen hohen Bildungsstand und die notwendige Expertise in den militärtechnologischen Kenntnissen auszeichnet. So hatten im Jahr 2005 alle Luftwaffenpiloten und Marinekapitäne sowie zwischen 75 bis 90 Prozent der Heeresoffiziere einen Universitätsabschluss (Li Cheng 2007: 55). Wie von Huntington erwartet, ging mit der Professionalisierung des Offizierskorps nicht nur eine signifikante Steigerung der Verteidigungsfähigkeit einher, sondern insbesondere auch eine Abwendung von der Politik. Die Offiziere einer modernen Armee haben weder Interesse an, noch Zeit für eine Teilnahme an ausgedehnten ideologischen Indoktrinationsmaßnahmen oder an politischer Einflussnahme in zivile Politikbereiche. Zugleich scheinen die politische Führer nach Mao erkannt zu haben, dass die Maximierung militärischer Schlagkraft bei gleichzeitiger Unterordnung des Militärs unter die zivile Führung am besten erreicht werden kann durch Minimierung der Einmischung von Zivilen in die innermilitärischen Angelegenheiten und durch die Errichtung institutioneller Grenzen zwischen ziviler und militärischer Sphäre („objektive Kontrolle") (Miller 2007: 132).

Mit diesem Ansatz lassen sich also eine ganze Reihe der Beobachtungen erklären, die wir für den Fall Chinas angestellt haben. Es bleibt aber unklar, welche kausale Bedeutung der militärische Professionalismus tatsächlich hat. Ist er eine Auswirkung des Wandels der Kontrollstrategie von der Symbiose hin zur „objektiven Kontrolle" in Form von institutionellen Grenzen und verteidigungspolitischer Autonomie? Oder ist er Ursache dafür, dass die zivilen Autoritäten ihre Kontrollstrategie des „verzahnten Direktoriums" aufgegeben haben? Beides ist unplausibel. Gegen ersteres spricht, dass es bereits unter der „Symbiose" von Militär und Politik immer wieder Bestrebungen in der Militärführung gegeben hat, die Sphären zu trennen und den Einfluss der Politik auf das Militär sowie die politische Beteiligung des Militärs zu verringern (Shambaugh 2004: 18). Das zweite Argument ist ebenfalls fragwürdig, da sich der Professionalismus ja erst durch den Wandel der Verteidigungsdoktrin und die von den zivilen Eliten eingeleiteten Reformen in der gesamten Armee durchsetzen konnte (Li Cheng 2007: 49). Beide Einwände lassen grundsätzlich an dem Argument zweifeln, dass in erster Linie militärische Wertemuster verantwortlich sind für den beobachteten Rückzug der VBA aus den politischen Entscheidungsgremien.

Demgegenüber bietet sich Alfred Stepans Konzept des „neuen" Professionalismus für eine Erklärung der fortgesetzten Militärherrschaft in Burma an. So lässt sich zeigen, dass sich in den Jahren unmittelbar nach der Unabhängigkeit Burmas in der *Tatmadaw* die Überzeugung durchgesetzt hat, dass die zivile politische Führung weder willens noch fähig war, die soziale Stabilität und die territoriale Integrität der Union zu gewährleisten. Stattdessen musste die Militärführung um Ne Win zusehen, wie Faktionskämpfe die Handlungsfähigkeit der zivilen Regierung lähmten und die ethnischen Minderheiten in den Grenzregionen des Landes mit Sezession drohten. Um dies zu verhindern putschten sie und übernahmen die Kontrolle über das politische System. Bereits bei der Machtübernahme konnte die *Tatmadaw* sowohl auf einen umfangreichen administrativen Apparat, als auch auf einschlägige Erfahrungen bauen, die sie zuvor bei der Militärverwaltung der unter Kriegsrecht stehenden Aufstandsregionen sammeln konnte (Callahan 2003). Über die Jahre und insbesondere nach 1988 hat die *Tatmadaw* diesen Apparat immer weiter ausgebaut und perfektioniert und sich tief in Gesellschaft, Staat und Wirtschaft verwoben. Wie in Stepans Leitbild des „neuen Professionalismus" beschränkt sich die Funktionszuschreibung der Offiziere der *Tatmadaw* keineswegs nur auf die Landesverteidigung nach außen, sondern erstreckt sich auf „alle Aspekte des sozialen, ökonomischen und politischen Lebens" (Stepan 1973: 51; eigene Übersetzung). Offiziersschulen, Militärakademien und ideologische Indoktrination impfen den Offizieren zudem auch ein, dass den Streitkräften als Wahrer und Vertreter der nationalen Interessen eine besondere Verantwortung für die Nation obliegt (Fink 2009: 153ff.).

Stepans Konzept korrespondiert gut mit den Entwicklungen in Burma. Nahezu alle Elemente des „Neuen Professionalismus" lassen sich für Burma feststellen und auch die theoretisch erwarteten Auswirkungen sind zu beobachten. Allerdings lässt sich mit dem Ansatz nur unzureichend erklären, warum die Militärherrschaft so lange aufrechterhalten werden konnte. Dies kann nicht allein auf der durch Ausbildung und Indoktrination vermittelten Selbstwahrnehmung als „Wächter der Nation" gründen. In Finers Terminologie erklärt der „Neue Professionalismus" nur die Disposition, nicht aber die Opportunität zur Aufrechterhaltung der Herrschaft. Hier werden vielmehr Ansätze benötigt, die gesellschaftliche Faktoren einbeziehen, etwa den sozio-ökonomischen Entwicklungsstand und die Sozialstruktur Burmas.

Eine andere Möglichkeit, die Militärherrschaft in Burma zu erklären ist Michael Deschs strukturalistische Theorie (Desch 1999). Deschs Argument lautet, dass es vor allem die innere und äußere Bedrohungswahrnehmung ist, die Form und Status der Beziehungen zwischen Militär und Politik definiert. Für Burma lässt sich etwa zeigen, dass die Bedrohung des Staates durch externe Aggression seit den frühen 1950er Jahren erheblich zurückgegangen ist, nachdem die *Tatmadaw* die auf burmesisches Gebiet geflüchteten Truppen der KMT besiegt und somit die Gefahr einer Invasion durch die chinesische Volksbefreiungsarmee gebannt hatte (Callahan 2001). Allerdings wurden der Bestand und die Einheit des Staates durch eine

Vielzahl von ethnisch motivierten Aufständen herausgefordert. Unter diesen Bedingungen niedriger externer und hoher interner Bedrohung kommt es, so Desch, zwangsläufig zu einer Politisierung und Einmischung des Militärs in die Politik, die im Fall Burmas mit dem Putsch endete. Deschs Argument ließe sich auch auf die Entscheidung des Militärs anwenden, 2010 von der direkten Machtausübung zurückzutreten und die Regierungsgewalt in die Hände zivil gewählter Autoritäten zu übergeben. Zum einen hat sich die Bedrohungsperzeption der Militärführung gewandelt, da sie sich seit Beginn der 1990er Jahre von einer US-amerikanischen Invasion bedroht sieht, wie es sich beispielsweise in der Entscheidung widerspiegelt, die Hauptstadt von der Küstenstadt Rangun nach Naypyidaw inmitten unzugänglichen Dschungellandes zu verlegen (Taylor 2009). Zum anderen hat sich die Intensität der inneren Bedrohung des Regimes durch die Waffenstillstandsabkommen mit den ethnischen Aufständischen und deren Einbindung in den Verfassungsprozess verringert. Beides spricht nach Desch für einen zunehmenden Einfluss ziviler Akteure gegenüber dem Militär.

Aber auch für Teilaspekte der zivil-militärischen Beziehungen in China hält Desch eine plausible Erklärung bereit. So kann argumentiert werden, dass die innenpolitische Bedrohung nach Maos Tod, dem Ende der Kulturrevolution 1976 und der Einleitung der Wirtschaftsreformen beständig zurückgegangen ist. Insbesondere nach der gewaltsamen Niederschlagung der Demokratiebewegung im Juni 1989 sah sich das Regime keiner existenziellen Bedrohung aus dem Innern mehr ausgesetzt, auch wenn sich in den letzten Jahren immer wieder soziale Spannungen in gewaltsamen Ausbrüchen entluden. Die Institutionalisierung des politischen Systems sowie ein funktionsfähiger Apparat der Inneren Sicherheit (vgl. Göbel 2011) sorgen dafür, dass daraus bislang keine systembedrohenden Krisen erwachsen sind, die eine Rolle des Militärs in der Inneren Sicherheit rechtfertigen würden. Gleichzeitig sieht sich China einer gestiegenen äußeren Bedrohung gegenüber. Neben der Taiwan-Problematik sowie der durch den gestiegenen Bedarf Chinas an Bodenschätzen und Energiequellen notwendigen Sicherung seiner Interessen im Ausland, haben insbesondere die Kriege im Irak (1991 und 2003), Kosovo (1999) und Afghanistan (2001) sowie mehrere als Provokationen der USA wahrgenommene Zwischenfälle (etwa das Bombardement der chinesischen Botschaft in Belgrad während des Kosovokrieges) die Bedrohungsperzeption Pekings verschärft (Joffe 2006: 22). Desch zufolge hat eine derartige Situation hoher externer aber geringer interner Bedrohung stabile zivil-militärische Beziehungen zur Folge, da sich das Militär auf seine Kernfunktion der Landesverteidigung nach außen konzentriert und die zivilen Autoritäten nicht versuchen, das Militär in innenpolitische Konflikte zu verstricken. Wie wir bereits gezeigt haben, lässt sich beides für den Fall Chinas nachweisen. Allerdings kann mit Desch nicht erklärt werden, warum die VBA ihre Autonomierechte in der Landesverteidigung in dem Umfang ausbauen konnte, wie dies seit den 1990er Jahren geschehen ist.

Für die Erklärung der zivil-militärischen Beziehungen in Nordkorea hält Deschs strukturalistischer Ansatz dagegen keine schlüssigen Argumente bereit. Zwar lässt sich argumentieren, dass sich durch den Kollaps der nordkoreanischen Wirtschaft Anfang der 1990er Jahre und die Hungersnöte mit ihren Flüchtlingsbewegungen eine innere Bedrohungslage für die Sicherheit des Staats ergeben hat und sich deswegen die Bedeutung des Militärs für die Regimesicherheit erhöht hat. Allerdings bestand seit dem Ende des Koreakrieges das primäre Bedrohungsszenario in einem erneuten Krieg gegen den südkoreanischen Nachbarn und die USA. Aus Sicht der nordkoreanischen Eliten dürfte sich die externe Bedrohung nach dem

Zusammenbruch der Sowjetunion 1990 und der offenen, von Pjöngjang stets als „aggressivem Imperialismus" gegeißelten Interventionspolitik der USA eher noch verstärkt haben. Daher fällt Nordkorea unter Kim Jong-il – wenn man überhaupt von einer signifikanten Erhöhung der inneren Sicherheitsproblematik in den 1990er Jahren sprechen will – in jene Kategorie Deschs, in der seine strukturalistische Theorie keine eindeutigen Aussagen über den zu erwartenden Zustand zivil-militärischer Beziehungen machen kann.

Vielmehr eignet sich Lasswells (1941) Konzept des „Garnisonsstaats", um Status und Entwicklung der zivil-militärischen Beziehungen in Nordkorea zu charakterisieren. Diametral entgegengesetzt zu Desch nimmt Lasswell an, dass eine andauernde externe Bedrohungssituation negative Auswirkungen auf die zivile Kontrolle des Militärs hat, indem sie den Einfluss des Militärs auf genuin zivile Bereiche der Politik und Gesellschaft erweitert und die gesellschaftlichen und wirtschaftlichen Subsysteme militärischen Notwendigkeiten unterwirft. Die Beobachtungen, die wir für Nordkorea angestellt haben, spiegeln diese Argumentation wider. Das Begründungsmuster, mit der Kim Jong-il die „Militär zuerst"-Politik und die umfassende Militarisierung von Politik, Gesellschaft und Wirtschaft legitimiert, basiert auf der wirklichen oder lediglich vorgetäuschten Wahrnehmung, dass Nordkorea einer existenziellen Bedrohung durch externe Feinde ausgesetzt ist. Allerdings zeigt sich hier die Schwachstelle strukturalistischer Ansätze: Sie geben dem Handeln von Personen und Gruppen zu wenig Raum und vernachlässigen häufig die Prozesse, durch die ein bestimmter struktureller Faktor zu einem bestimmten Ergebnis führt. Dies führt zu der Problematik, dass es für Deschs und Lasswells Ausführungen keinen Unterschied macht, ob Kim Jong-il wirklich einer externen Bedrohung gegenübersteht, oder ob er einer Fehlwahrnehmung aufsitzt, oder ob er die Bedrohungslage gar lediglich als Figur nutzt, um seinen Herrschaftsanspruch und bestimmte politische Entscheidungen zu legitimieren.

Um diese Aspekte politischer Phänomene systematisch erfassen zu können, bedarf es akteurstheoretischer Ansätze, die nicht nur den kausalen Pfad zwischen strukturellen Ausgangsbedingungen und einem bestimmten zu erklärenden Phänomen spezifizieren, sondern auch strategisches Handeln theoretisieren können. Hier können wir auf den Vorschlag von Harold Trinkunas (2005) zurückgreifen, der zwar für die spezifische Situation junger Demokratien entwickelt wurde, jedoch allgemein genug ist, um einen analytischen Mehrwert für die Erklärung zivil-militärischer Beziehungen in Diktaturen zu bieten. Trinkunas argumentiert, dass das Ausmaß der zivilen Kontrolle und der Umfang der Beteiligung des Militärs an der politischen Entscheidungsfindung von den Kontrollstrategien der zivilen Autoritäten abhängen. Je „robuster" die angewendeten Strategien, desto stärker die zivile Kontrolle.

Mit Hilfe dieses Ansatzes ließe sich etwa der Wandel in Nordkorea erklären, wo Kim Jong-il dem Militär deutlich mehr entgegenkommt, es in sehr viel umfassenderem Maße in das Regime einbindet und ihm größere institutionelle Handlungsfreiräume zumisst als dies unter Kim Il-sung der Fall war. Gemeinsam mit den umfassenden materiellen und ideellen Privilegien, welche die „Militär zuerst"-Doktrin den Streitkräften garantiert, stellen sich diese politischen Vorzüge als Teil einer umfangreichen Beschwichtigungs- und Kooptationsstrategie dar, für die Kim im Gegenzug Loyalität und politische Unterstützung durch die Militärführung erhält, die aber gleichzeitig zur Ausdehnung militärischer Prärogativen führt. Trinkunas Theorem lässt jedoch offen, warum Kim Jong-il sich dieser Strategie bedient. Um diese

Frage zu beantworten, müsste der Blick wiederum auf jene strukturellen, ideellen und institutionellen Faktoren geworfen werden, die als Kontexte das Handeln der Akteure beeinflussen. Insgesamt zeigt sich also, dass keiner der in Kapitel 2 vorgestellten Ansätze alle Nuancen und Besonderheiten innerhalb der einzelnen Fälle erklären kann. Durch eine einzelne Theorie lässt sich keiner der drei Fälle hinreichend und erschöpfend erklären. Insbesondere die Verbindung von Strukturfaktoren und dem konkreten Handeln von zivilen und militärischen Akteuren scheint gewinnbringend, um die vielfältigen Beziehungen zwischen Militär und Politik in autokratischen Staaten zu erklären.

# 5 Militär und Politik in neuen Demokratien

In seinem 1991 erschienen Buch „The Third Wave. Democratization in the Late Twentieth Century" stellt Samuel P. Huntington die These auf, dass sich die weltweite Ausbreitung der Demokratie seit dem 19. Jahrhundert in Wellen vollzogen hat.[54] Huntington erkennt drei abgrenzbare Zeitperioden, in denen sich autokratische Systeme vermehrt in Demokratien wandelten, wobei auf die ersten beiden Demokratisierungswellen jeweils eine autoritäre Gegenwelle folgte, in der viele Demokratien zusammenbrachen (Huntington 1991: 16).

Die erste Demokratisierungswelle begann 1828 und erreichte 1922 ihren Höhepunkt, als knapp dreißig Länder das demokratische Minimum freier, gleicher und allgemeiner Wahlen etabliert hatten. Der Marsch der Faschisten auf Rom (1923) eröffnete eine erste autokratische Gegenwelle, in deren Verlauf fünfzehn Demokratien zusammenbrachen (Siaroff 2009: 275). Eine zweite Demokratisierungswelle erfasste zwischen 1943 und 1962 insgesamt 30 Staaten. Der nachfolgenden zweiten autokratischen Gegenwelle fielen bis 1973 insgesamt 26 Demokratien zum Opfer (ebd.). Die „Dritte Demokratisierungswelle" begann nach Huntington mit dem Militärputsch gegen die Rechtsdiktatur von Marcelo Caetano in Portugal am 25. April 1974. Von Lissabon aus erfasste sie das Militärregime in Griechenland (1974) und das franquistische Spanien (1975). Ende der 1970er Jahre griff sie über auf Lateinamerika und ab 1986 (Philippinen) auf das pazifische Asien. Nach 1989 demokratisierten sich die kommunistischen Regime in Osteuropa. Schließlich kam es in den 1990er Jahren in zahlreichen afrikanischen Staaten zur Demokratisierung.

Nach Angaben des amerikanischen Freedom House Instituts hat sich die Zahl der „elektoralen Demokratien" – also jene politische Systeme, die regelmäßig einen hinreichend freien und fairen Wettbewerb um politische Ämter austragen – in der dritten Demokratisierungswelle verdreifacht. Den historischen Höchststand erreichte sie 2006 (siehe Abb. 5.1).

---

[54] Als Demokratisierungswelle definiert Huntington (1991: 15) eine „Gruppe von Transitionen von nicht-demokratischen zu demokratischen Regimen, die innerhalb eines gewissen Zeitraums stattfinden und deren Anzahl signifikant größer ist als die Anzahl der Transitionen in die entgegengesetzte Richtung im gleichen Zeitraum" (eigene Übersetzung).

**Abb. 5.1:** *Elektorale Demokratien, 1974-2011*

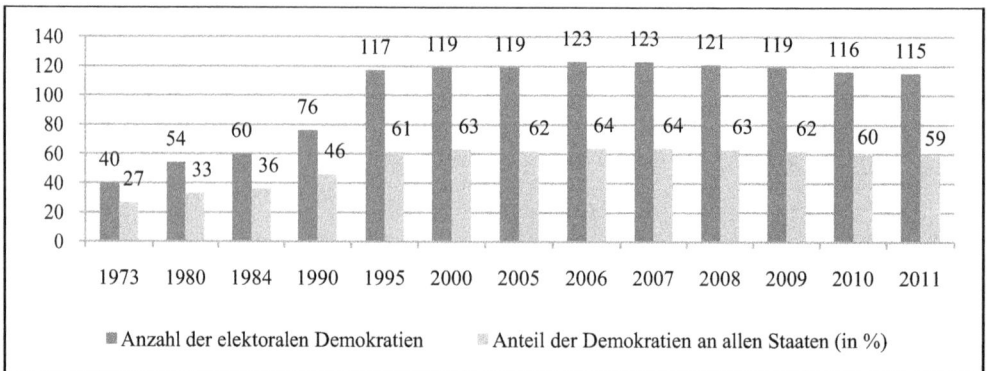

Anmerkung: Freedom House erhebt seit Anfang der 1970er Jahre Daten zur Verwirklichung politischer Rechte und bürgerlicher Freiheiten weltweit. Der „Freiheitsindex" politischer Regime erfasst die zwei Dimensionen politische Rechte (*political rights*) und Bürgerrechte (*civil rights*). Beide Indizes umfassen eine Skala von 1 bis 7. Niedrige Werte zeigen ein hohes Niveau an Freiheit, hohe Werte hingegen ein niedriges Niveau an. Freedom House klassifiziert ein politisches Systems als Demokratie, sofern drei Bedingungen erfüllt sind: (1) ein kompetitives Mehrparteiensystem; (2) universelles Wahlrecht für alle erwachsenen Staatsbürger; (3) regelmäßige, hinreichend freie, faire und ordnungsgemäß durchgeführte Wahlen.
Quelle: Angaben für 1973-2008 nach Diamond (2008b: 372), für 2009-2011 nach Freedom House (www.freedomhouse.org, letzter Zugriff am 11. Februar 2011).

Huntington lässt das Ende der dritten Demokratisierungswelle in seinem Buch offen. In der Demokratieforschung besteht jedoch Konsens, dass sie in der zweiten Hälfte der 1990er Jahre zum Stillstand gekommen ist (Diamond 1999). Markante endogene, also nicht durch Intervention extern erzwungene Regimewechsel wie in Afghanistan und im Irak, sind selten geworden. Die verbliebenen Autokratien (etwa 40 Prozent aller Staaten weltweit) scheinen weitgehend resistent gegen demokratischen Wandel zu sein (Merkel 2010b).

---

**Info-Box 5.1:** *Defekte und liberale Demokratien*

Das Konzept der „defekten Demokratie" wurde eingeführt, um politische Regime in der „Grauzone von Demokratie und Diktatur" zu fassen (Merkel 2010a; Merkel et al. 2011). Defekte Demokratien sind „unvollständige Subtypen" der liberalen Demokratie. Sie unter-scheiden sich von Autokratien, da die Regierungsbildung der Kontingenz eines offenen, regelmäßigen und hinreichend fairen Wahlprozesses unterworfen ist. Von rechtsstaatlichen Demokratien unterscheiden sie sich, da jene institutionellen Arrangements beschädigt sind, die in liberalen Demokratien demokratisch legitimierte Herrschaft begrenzen und kontrollieren. De jure oder de facto sind die politischen Rechte für Teile der Bevölkerung eingeschränkt („exklusive Demokratie); die bürgerlichen Rechte werden begrenzt und der Rechtsstaat funktioniert nur eingeschränkt („illiberale Demokratie); die horizontale Verantwortlichkeit der Exekutive ist ausgehebelt („delegative Demokratie"); oder die effektive Herrschaftsgewalt der demokratischen Regierung wird von Vetomächten (z.B. Militär, Guerillas, Milizen) herausgefordert („Enklavendemokratie").

Darüber hinaus suggerieren die Daten von Freedom House für die letzten Jahre einen leichten Rückgang an Demokratien. Die Frage, ob dies eine Momentaufnahme ist, oder ob es sich um den Beginn eines weltweiten „Rückzugs der Demokratie" (Diamond 2008a) und einer neuen autoritären Gegenwelle handelt, wird in der Demokratieforschung uneinheitlich beantwortet (Merkel 2010b). Kaum zu bestreiten ist allerdings, dass viele Demokratien der dritten Demokratisierungswelle nicht den Übergang zur liberalen Demokratie geschafft haben. Stattdessen sind in Lateinamerika, Asien, dem postsowjetischen Raum und Afrika häufig „defekte" Demokratien (Merkel 2010a) entstanden (vgl. Info-Box 5.1).

Die dritte Demokratisierungswelle hat die Analyse zivil-militärischer Beziehungen nachhaltig beeinflusst. Das Augenmerk gilt vor allem der Frage nach den Erfolgsbedingungen, Strategien und Ergebnissen von Prozessen der Institutionalisierung ziviler Kontrolle, die für die Konsolidierung junger Demokratien besondere Bedeutung haben (vgl. Info-Box 5.2).

---

***Info-Box 5.2:*** *Sequenzen und Phasen der demokratischen Transformation*

In der Politikwissenschaft hat sich die Differenzierung von demokratischen Transformationsprozessen in zwei Sequenzen – *Transition* (wörtlich: Übergang) und *Konsolidierung* – durchgesetzt. In ihrem idealtypischen Verlauf (O'Donnell/Schmitter 1986) steht am Anfang der Transition der Versuch des autoritären Regimes, auf mangelnde Unterstützung und Legitimität mit begrenzter politischer Öffnung zu reagieren. Dieser als *Liberalisierung* bezeichnete Prozess umfasst die Neudefinition und Ausweitung individueller und kollektiver (Freiheits-) Rechte. Der Zivilgesellschaft werden erweiterte Entfaltungsmöglichkeiten eingeräumt, deren Reichweite jedoch noch vom Regime kontrolliert wird und die jederzeit wieder geschlossen werden können (Rüb 1994: 115; Merkel 2010a).

Die Schwelle zwischen Liberalisierung und *Institutionalisierung* der Demokratie ist überschritten, wenn die „Substanz politischer Entscheidungen der Kontrolle der alten Machthaber entgleitet und dem unsicheren Ausgang der demokratischen Konkurrenz übergeben wird" (Rüb 1994: 115). Den Kern dieser zweiten Phase der Transition bildet die Ausarbeitung von Verfassungsregeln zur Gewährleistung eines unabdingbaren Bündels an Grund- und Freiheitsrechten, die Formulierung der institutionellen Basiskonfiguration des Regierungssystems, die formale Bindung von Regierungsinstitutionen an die Prinzipien der politischen Verantwortlichkeit und des Rechtsstaats sowie die Durchführung von „Gründungswahlen" („founding elections") der Demokratie.

Die *Konsolidierung* der Demokratie schließt in der Regel an die Transition an. In der Konsolidierung werden die in der Transition etablierten Institutionen und politischen Verfahren der neuen Demokratie – im Idealfall – auf Dauer gestellt und das politische Handeln der relevanten politischen, sozialen und ökonomischen Akteure an die Regeln der neuen institutionellen Ordnung gebunden (Linz/Stepan 1996;. Merkel 2010a). Eine Demokratie ist dann konsolidiert, wenn sich unter Bürgern und Eliten demokratische Einstellungen und Werte mehrheitlich herausgebildet haben und das demokratische System über starke Legitimität verfügt (ebd.)

Herausforderungen der Neuordnung des Verhältnisses von Militär und Politik sind dort besonders virulent, wo der Übergang aus einem militarisierten autoritären Regime erfolgt, oder wo es den Streitkräften gelungen ist, sich in der Transition politische Vorrechte zu sichern (Agüero 1995). Die Konsolidierung der Demokratie setzt jedoch die Reduzierung der politischen Einflussmöglichkeiten und Autonomierechte der Streitkräfte auf ein demokratiekompatibles Maß voraus. Nur wenn sich die „effektive Regierungsgewalt" (Merkel et al. 2011) demokratisch legitimierter Autoritäten auch auf den Sicherheitssektor erstreckt, können die Institutionen des demokratischen Verfassungsstaats ihre legitimierenden und kontrollierenden Funktionen leisten (Croissant et al. 2011). Die nachfolgenden Abschnitte beschäftigen sich mit den zivil-militärischen Beziehungen der demokratischen Umbruchsysteme in Südeuropa, Lateinamerika, Osteuropa und Ostasien. Für die ersten drei Regionen ist das Sujet gut erforscht. Dagegen existieren bislang nur wenige systematisch-vergleichende Untersuchungen zur zivilen Kontrolle in den jungen Demokratien Asiens.

# 5.1 Militär und Politik in Südeuropa

Die letzte große Demokratisierungswelle im 20. Jahrhundert begann mit dem Sturz der autoritär-ständestaatlichen Diktatur in Portugal im April 1974. Noch im selben Jahr kollabierte die Militärdiktatur in Griechenland. Nach dem Tode des seit 1939 als *Caudillo* („Führer") herrschenden General Franco im November 1975 kam es auch in Spanien zur Transition. Im Unterschied zu den beiden anderen südeuropäischen Ländern vollzog sich Spaniens Übergang zur Demokratie als Aushandlungsprozess zwischen den Vertretern des alten Regimes und der demokratischen Opposition (Merkel 2010a).

## 5.1.1 Portugal: Militär und Politik während und nach der Nelkenrevolution

Die Ursachen für den Kollaps des 1933 von António Salazar geschaffenen und ab 1968 von seinem Nachfolger Marcello Caetano geführten *Estado Novo* (der „Neue Staat") sind vielfältig. Eine zentrale Rolle kam den Kolonialkriegen in Angola, Mozambique und Guinea-Bissau zu. Die wirtschaftlichen Kosten und menschlichen Opfer, die Portugal in diesem aussichtslosen Kampf zu tragen hatte, bedrohten Anfang der 1970er Jahre in immer stärkerem Maße die autoritäre Ordnung. Die Verschlechterung der Moral und der Lebensbedingungen der Soldaten und die Unzufriedenheit der Familienangehörigen von Offizieren und Wehrpflichtigen, die in den unpopulären Krieg ziehen mussten, schwächten das sieche Regime ebenso wie ruinierte Staatsfinanzen und die Enttäuschung der Studenten, Arbeiter, Intellektuellen und Mittelschichten über das unerfüllte Versprechens Caetanos auf politische Öffnung (Maxwell 1986). Die Unzufriedenheit mit dem Regime konnte in der zivilen Gesellschaft repressiv kontrolliert werden, nicht jedoch innerhalb der Streitkräfte (Bermeo 2007: 402). Insbesondere unter den jüngeren Offizieren des Kolonialheeres wurde die Kritik an der Fortführung des Krieges und damit auch an der Diktatur immer stärker. Einige Generäle und höhere Offiziere duldeten den sich formierenden Widerstand stillschweigend.

Im März 1974 veröffentlichte einer der am meisten respektierten Generäle, António de Spínola, ein Buch (*Portugal und die Zukunft*), das den Krieg sowie die autoritäre und isolierte Haltung der Regierung kritisierte. Für viele junge Soldaten war dies das entscheidende Signal zum Staatsstreich (Porch 1977). In wenigen Wochen plante eine Handvoll junger Offiziere mittleren Ranges, die sich „Bewegung der Streitkräfte" (*Movimento das Forças Armadas* – MFA) nannten und viele Kontakte zu zivilen Regimegegnern hatten, einen Putschversuch. Die „Nelkenrevolution" am 25. April 1974 beendete innerhalb von 24 Stunden den *Estado Novo*. Nach dem Staatsstreich bildete das Militär ein Komitee zur Rettung der Nation (*Junta da Salvação Nacional*), das General Spínola zum provisorischen Staatspräsidenten ernannte, eine Interimsregierung einsetzte und freie Wahlen ankündigte.

Unter den Putschisten bestand Einigkeit über die Beendigung des Krieges und die Beseitigung der alten Ordnung. Hinsichtlich der politischen Ausgestaltung des Systemwechsels waren die Offiziere jedoch uneins (Bermeo 2007: 391). Infolge der Auseinandersetzung mit den revolutionären Doktrinen der afrikanischen Befreiungsbewegungen war es in den Streitkräften zur ideologischen Polarisierung gekommen. Während Spínola den konservativen Flügel des Militärs repräsentierte, dominierte im MFA eine linksideologische Fraktion. Konflikte zwischen diesen Gruppen führten 1974 zum Rücktritt Spínolas. Die Streitkräfte wurden von gemäßigten Offizieren „gesäubert". Die Junta wurde von einem Revolutionsrat abgelöst, in dem linke Offiziere dominierten (Linz/Stepan 1996: 119).

Angesichts der grassierenden Politisierung wuchs im Offizierskorps die Sorge vor dem Zusammenbruch der Befehlsstrukturen und der Desintegration des Militärs als Institution. Nachdem ein Putschversuch linksradikaler Militärs im November 1975 gescheitert war, konnten sich die gemäßigten Militärs und demokratischen Parteien gegen die linksrevolutionären Kräfte in Militär und ziviler Politik durchsetzen (Linz/Stepan 1996: 123). Im April 1976 trat eine neue Verfassung in Kraft. Den Abschluss der Transition bildeten die Parlamentswahlen im gleichen Monat, aus denen die demokratisch gesinnten Parteien als Sieger hervorgingen, sowie die Direktwahl des gemäßigten Generals António Ramalho Eanes zum Präsidenten im Juli 1976 (Bruneau/MacLeod 1986).

Allerdings war damit die Demilitarisierung des politischen Systems noch nicht vollständig. Vielmehr hatte das MFA als Bedingung für den Übergang zur parlamentarischen Demokratie die Verankerung militärischer Vorrechte in der neuen Verfassung durchsetzen können. Diese sah als Garantie für die Absicherung der „revolutionären Errungenschaften" der Nelkenrevolution einen vom Militär dominierten Revolutionsrat als obersten Verfassungshüter vor. Innerhalb des semipräsidentiellen Regierungssystems sollte ein mit starken Kompetenzen ausgestatteter, direkt gewählter aber aus den Streitkräften kommender Staatspräsident die von den politischen Parteien gestellte Regierung überwachen (Fonseca 2009: 767). Ferner behielt das Militär die Kontrolle über seine inneren Angelegenheiten und erhoffte sich, über den Staatspräsidenten Einfluss auf die Verteidigungspolitik.

Die Durchsetzung der zivilen Kontrolle gelang in den folgenden Jahren. Zunächst wurde das Militärpersonal von 283.000 im Jahr 1974 auf 63.000 (1982) reduziert, ein ziviler Verteidigungsminister ernannt (1980) und die Trennung von Präsidentenamt und Generalstabschef der Armee vollzogen. Darüber hinaus kam es trotz Protesten des Militärs zu drastischen

Kürzungen im Verteidigungsetat (Bermeo 2007). Die Verfassungsreform von 1982 beseitigte die verbliebenen Vorrechte des Militärs. Der vom Militär kontrollierte Revolutionsrat wurde durch ein Verfassungsgericht, den Staatsrat und den Hohen Verteidigungsrat ersetzt (Bruneau/MacLeod 1986). Mit der Verabschiedung eines Nationalen Verteidigungsgesetzes wurde die Entscheidungsautorität über Personal, Verteidigungs- und Militärpolitik dem Präsidenten weitgehend entzogen und die Streitkräfte in die Aufsichtsstrukturen des Verteidigungsministeriums eingegliedert (Agüero 1995: 131; Hite/Morlino 2004: 48). Mit der Wahl des Sozialisten Mário Soares zum ersten zivilen Staatspräsidenten im Jahre 1986 kam die Entmilitarisierung der portugiesischen Politik auch symbolisch zum Abschluss.

## 5.1.2    Griechenland: Zivile Kontrolle nach dem Kollaps des „nicht-hierarchischen" Militärregimes

Ähnlich dramatisch wie der Kollaps des *Estado Novo* verlief der Sturz des autoritären Regimes in Griechenland. Allerdings hatte das Militär weit weniger Einfluss auf den Verlauf der Transition und die Durchsetzung der zivilen Kontrolle erfolgte deutlich rascher als in Portugal. Nach dem Bürgerkrieg (1946-1949), der mit der Niederschlagung der Kommunisten endete, hatte sich eine „restriktive Demokratie" etabliert, die kontrolliert wurde durch die politische Triarchie von den konservativ dominierten Institutionen Parlament, Monarchie und Militär (Merkel 2010a: 171). Als diese Mitte der 1960er Jahre an der wechselseitigen Blockade der politischen Kräfte zu zerbrechen drohte, putschen sich am 21. April 1967 Offiziere der mittleren und unteren Ränge des Heeres unter der Führung von Oberst George Papadopoulos ohne Absprache mit den oberen Militärrängen an die Macht (Karabelias 2003: 61; Gürsoy 2009: 54).

Damit war eine „nicht-hierarchische" Militärdiktatur entstanden (Linz/Stepan 1996). Aufgrund der Insubordination der Putschisten gegen die Militärhierarchie und der fehlenden Unterstützung seitens der Luftwaffe und Marine, besaß das Regime der Obristen nur schwachen Rückhalt innerhalb der Streitkräfte. Dies zeigte sich beim gescheiterten Gegenputsch vom Dezember 1967, der großflächige Säuberungen unter den oberen Offizieren nach sich zog, sowie anlässlich der Rebellion von Marineeinheiten im Jahre 1973 (Linz/Stepan 1996: 131; Gürsoy 2009: 56). Darüber hinaus konnten sich die regierenden Offiziere nicht auf die Unterstützung der Krone und der konservativen Parteien stützen; auch die Industriearbeiterschaft und die neuen Mittelschichten standen dem Regime ablehnend gegenüber (Diamandouros 1986: 146f.). International war die Diktatur ebenfalls isoliert, nachdem die Europäische Gemeinschaft das Assoziationsabkommen mit Griechenland ausgesetzt hatte.

Das offenkundige Scheitern der Militärs bei der politischen Umgestaltung des Landes, der Stabilisierung der griechischen Wirtschaft und im Umgang mit dem Druck der westlichen Partner förderte innerhalb des Militärs die Spaltung zwischen kompromisslosen „Falken" (*hardliners*; O'Donnell/Schmitter 1986), zu politischen Zugeständnissen an die Opposition bereite „Tauben" (*softliner*; ebd.) sowie jenen Gruppierungen, die eine rasche Rückkehr in die Kasernen wünschten. Versuche von Papadopoulos, die zivile Opposition durch Zugeständnisse zu besänftigen, scheiterten. Vielmehr boykottieren die zivilen Eliten die für 1973 angesetzten Wahlen (Gürsoy 2009: 59).

Der wachsende Unmut entlud sich in Studentenprotesten an der renommierten Polytechnischen Universität zu Athen, die vom Regime brutal unterdrückt wurden. Die „Falken" im Regime verdrängten daraufhin die *Softliner*. Die Möglichkeit einer von der Militärregierung selbst eingeleiteten Transition war damit blockiert (ebd.). Um die Reihen im Militär zu schließen und eine Welle nationalistischer Unterstützung für die Obristen loszutreten, startete das Regime im Frühjahr 1974 den Versuch, ganz Zypern unter griechische Kontrolle zu bringen (Karabelias 2003: 62). Ihre Unfähigkeit, auf die türkische Invasion im Nordteil der Insel (21. Juli 1974) zu reagieren, diskreditierte die Obristen vollends.[55]

Angesichts des drohenden Krieges mit der Türkei stellte sich das „Militär als Institution" gegen das „Militär als Regierung" (Linz/Stepan 1996). Innerhalb von 72 Stunden nach Beginn der türkischen Invasion hatte der vom Regime zum Präsidenten ernannte Armeegeneral Gizikis mit Unterstützung der Heeresleitung in Thessaloniki die Junta abgesetzt, den aus dem Exil zurückgerufenen Führer der Konservativen, Konstantinos Karamanlis, zum Übergangspremier berufen und die hierarchische Ordnung der Streitkräfte wiederhergestellt, indem zahlreiche von den Obristen entlassene Offiziere auf hohe Kommandoposten zurückgerufen wurden. Nachfolgend kam es innerhalb von 142 Tagen zu einem Referendum über die Abschaffung der Monarchie, zu freien Parlamentswahlen sowie zur Vereidigung der Regierung von Ministerpräsident Karamanlis vor dem neugewählten Parlament (9. Dezember 1974). Im Juli 1975 trat eine neue Verfassung in Kraft. Damit war die Institutionalisierung der Demokratie abgeschlossen.

Die Diskreditierung des alten Regimes, die schwache Kohäsion der Streitkräfte und die Abhängigkeit der Militärführung von der Bereitschaft der politischen Parteien zur Zusammenarbeit reduzierten den Einfluss des Militärs auf die Ausgestaltung des Übergangs zur Demokratie gegen Null. Die neue republikanische Verfassung, die von den zivilen Eliten 1975 ohne Beteiligung des Militärs geschrieben wurde, weist den Streitkräften keine Rolle im Bereich der Inneren Sicherheit zu. Innerhalb eines Jahres nach ihrem Sturz wurden die führenden Köpfe der Militärdiktatur von den Gerichten abgeurteilt, ohne dass sich im Militär dagegen Widerstand geregt hätte. Zahlreiche Unterstützer und Sympathisanten der Junta wurden entlassen oder auf inaktive Posten abgeschoben (Gürsoy 2009: 62ff.).

Es folgten institutionelle Reformen, die die Vetomacht des Militärs dauerhaft neutralisierten und zugleich die institutionelle Integrität der Streitkräfte wieder herstellten (Linz/Stepan 1996: 132f.). Der 1977 geschaffene Oberste Rat der Nationalen Verteidigung, bestehend aus dem Generalstab, dem Ministerpräsidenten, dem Stellvertretendem Premier sowie dem Verteidigungs-, Finanz-, und Außenminister, entscheidet über alle wichtigen Militärangelegenheiten einschließlich der verteidigungspolitischen Richtlinien und der Ernennung hochrangiger Offiziere. Darüber hinaus wurde das zivile Verteidigungsministerium durch die Reorganisation der militärischen Kommandostrukturen und die Abschaffung des Postens des Armeechefs zur Kontrolle über die Streitkräfte ermächtigt (Gürsoy 2009:63f.).

---

[55] Am 15. Juli 1974 putschten Offiziere der zyprischen Nationalgarde mit Unterstützung der Militärjunta in Athen gegen die Regierung von Erzbischof Makarios III. Wenige Tage später startete die Türkei, sich auf den Londoner Garantievertrag von 1959 berufend, eine Invasion im Norden der Insel.

Mit der Regierungsübernahme der Sozialisten unter Andreas Papandreou (1981), der neben dem Amt des Ministerpräsidenten auch das Verteidigungsministerium übernahm, zeigte sich schließlich, dass die zivile Kontrolle institutionell und habituell gefestigt genug war, um den historischen Regierungswechsel zur demokratischen Linken zu überstehen. In den nachfolgenden Jahren kombinierte Papandreou seine Außenpolitik der nationalistischen Untertöne mit inneren Reformen des Militärs, die den Mangel an Pluralismus und die stark antikommunistische Rhetorik der Militärakademien in den Blick nahmen (Agüero 1995: 131).

Insgesamt endete die Militärdiktatur für die griechischen Streitkräfte politisch und institutionell in einem Desaster. In institutioneller Hinsicht brachte sie die Militärhierarchie an den Rand des Zusammenbruchs. Politisch führte sie letztlich zum Verlust aller Vorrechte, die das Militär in der „restriktiven Demokratie" bis 1967 innehatte. Im Vergleich zu anderen Transitionen von der militarisierten Diktatur zur Demokratie muss der griechische Fall aufgrund der Geschwindigkeit und Vollständigkeit, mit der die zivile Kontrolle über die Streitkräfte durchgesetzt wurde, als außergewöhnlich gelten.

## 5.1.3    Spanien: Ausgehandelte Transition und die Institutionalisierung ziviler Kontrolle

Im Unterschied zum autoritären Regime in Griechenland war die Diktatur in Spanien trotz ihres militärischen Ursprungs ein ziviles Regime. In den Jahrzehnten nach dem Sieg der franquistischen Revolte im Bürgerkrieg (1936-1939) hatte sich die autoritäre Ordnung über ihren militärischen Kern hinaus auf eine breite Allianz des traditionellen, monarchistischen, konservativen und katholischen Spanien (Puhle 1995: 195) stützen können.

Obwohl die franquistische Ordnung den Streitkräften eine starke Repräsentation im Staatsapparat und in der Regierung, innere Autonomie sowie Vorrechte in der Verteidigungspolitik und der Inneren Sicherheit gewährte, besaß das Militär weder die Möglichkeit, Regierungspolitiken zu entscheiden noch die Zusammensetzung der Regierung zu bestimmen (Agüero 1991: 169). Insbesondere hatten die Streitkräfte keinen direkten Einfluss auf den nach dem Tode des Diktators (20. November 1975) eingeleiteten Übergang zur Demokratie („la transición"). Jener Teil der Regimeelite, der die Entscheidung zur Einleitung der Transition traf, sie in Verhandlungen mit der demokratischen Opposition vorantrieb und in gemeinsamen Übereinkünften festzurrte, bestand aus Zivilisten (Linz/Stepan 1996: 110f.). Zu den Kernelementen der „ausgehandelten" Demokratisierung (Share 1987) gehörten die Zulassung politischer Parteien (ab 1976), der Moncloa-Pakt im Jahr darauf, bei dem sich linke und rechte Parteien, Wirtschaftsführer und Gewerkschaften auf eine Marktwirtschaft mit sozialen Akzenten einigten, die Parlamentswahlen von 1977 und 1979 sowie die Verabschiedung der bis heute gültigen Verfassung (1978). Sie definiert Spanien als konstitutionelle Monarchie mit dem König als Staatsoberhaupt (Colomer 1995; Merkel 2010a).

Trotz der starken Identifikation mit dem franquistischen System akzeptierten auch kritische Teile des Offizierskorps politische Reformen als unvermeidlich. Für die Formierung einer starken Vetomacht fehlte es den Streitkräften zudem an der nötigen inneren Geschlossenheit. Darüber hinaus realisierten viele Offiziere, dass die politischen Veränderungen förderlich für die Durchführung lange überfälliger Reformen im organisatorisch, materiell und personell rückständigen Militär waren (Agüero 1991: 171). Der entscheidende Durchbruch für die Durchsetzung der zivilen Kontrolle kam mit dem gescheiterten Staatstreich vom 23. Februar 1981. Bis dahin hatte das Militär seine institutionelle Autonomie und einige seiner Prärogativen erfolgreich verteidigen können (ebd.: 174). Das Scheitern des Putsches ermöglichte es, die wichtigsten Anführer der Militäropposition auszuschalten. Außerdem trug der entschlossene Einsatz von König Juan Carlos, dem von Franco bestimmten Nachfolger und Staatsoberhaupt seit November 1975, dazu bei, den militärischen Widerstand gegen die Demokratie zu diskreditieren.[56]

Die Machtbalance zwischen Regierung und Streitkräften war nun endgültig zugunsten der demokratischen Kräfte verschoben und die Verbindung von Militär und Monarchie demokratiekompatibel gedeutet. Die dadurch entstandenen Freiräume konnte die sozialistische Regierung von Ministerpräsident Felipe Gonzalez (1982-1996) für Reformen nutzen, die auch Unterstützung im Militär fanden:

*„Von diesem Zeitpunkt an trat an die Stelle der Besorgnis des Militärs um den Verlauf des politischen Prozesses allmählich ein stärkeres Interesse an professionellen Fragen. Die Spannungen zwischen zivilen und militärischen Autoritäten nahmen ab und konzentrierten sich auf den Inhalt der Reform und der Modernisierung sowie auf die zunehmenden Vorrechte, die die zivilen Behörden für sich in Anspruch nahmen."*
*(Agüero 1991: 182)*

Diese Reformen der Strukturen, Zuständigkeiten und Entscheidungsmechanismen im Bereich der zivil-militärischen Beziehungen griffen auf Pläne zurück, die in Militärkreisen bereits vor der Transition entworfen worden waren. Sie führten innerhalb weniger Jahre zur vollständigen Durchsetzung der zivilen Kontrolle (Agüero 2004: 254). Bereits 1978 waren die Ministerien der Teilstreitkräfte abgeschafft und ihre Aufgaben dem zivilen Verteidigungsministerium übertragen worden. Die Übertragung von Vorrechten in den Bereichen Personal und militärische Ausbildung von den Streitkräften auf das Verteidigungsministerium, die Stärkung seiner Aufsichts- und Kontrollmöglichkeiten sowie die Reorganisation der Streitkräfte reduzierte die militärische Autonomie auf ein demokratiekompatibles Maß. Das Oberkommando über die Streitkräfte lag weiterhin beim König, die Formulierung und Durchführung der Militär- und Verteidigungspolitik oblag nun aber der Regierung (Agüero 1991: 175). Die Trennung von Militär, Zivilgarde und übrigen Polizeiorganen schwächte die nach innen gerichteten Funktionen des Militärs, während der Beitritt zur NATO (1982) die Neuausrichtung des Militärs auf die äußere Sicherheit stärkte und die Streitkräfte in die Kooperationsstrukturen der Streitkräfte der westlichen Demokratien einband (Agüero 1995).

---

[56]  Die passive Unterstützung für den Putsch war stark im Militär, insbesondere aufgrund der Sorge vieler Offiziere um die nationale Integrität, nachdem die Regierung ihre Bereitschaft zu Verhandlungen mit baskischen und katalanischen Nationalisten erklärt hatte. Nach Colomer (1995) deutet vieles darauf hin, dass der größere Teil des Offizierskorps sich den Putschisten angeschlossen hätte, wenn König Juan Carlos nicht hochrangige Generäle davon in Kenntnis gesetzt hätte, den Aufrührern Widerstand leisten zu wollen. Für viele Offiziere war die Loyalität zum König wichtiger als die Sympathien für ihre Kameraden.

# 5.1.4    Fazit

Die südeuropäischen Demokratien hatten spätestens in der zweiten Hälfte der 1980er Jahre das Prinzip der zivilen Kontrolle vollständig institutionalisiert. In Griechenland war die Gefahr der Herausforderung des Herrschaftsanspruchs der demokratisch legitimierten Institutionen durch das Militär bereits 1976 gebannt. In Portugal und Spanien dauerte es länger und erforderte weitere institutionelle Reformen (Portugal) und die Diskreditierung der Hardliner durch einen gescheiterten Staatsstreich (Spanien).

Reformen der Ausbildung und Personalrekrutierung, die eine Übernahme demokratischer Werten und Überzeugungen durch das Militär fördern, wurden deutlich später als die verfassungsrechtliche Verankerung des Prinzips der zivilen Kontrolle und der Aufbau von Kontroll- und Aufsichtsinstitutionen und mit teils stark verzögerter Wirkung durchgeführt, wie das Fallbeispiel Spanien zeigt, wo noch Ende der 1980er Jahre die Bewunderung für Franco im Militär offen zum Ausdruck kam (Agüero 1995: 125; Martínez 2008). In Südeuropa war die innere Demokratisierung des Militärs eher eine Folge als die Voraussetzung der zivilen Kontrolle.

Mehrere Faktoren haben die vergleichsweise rasche Institutionalisierung der zivilen Suprematie begünstigt. Zum einen ist die zivile Kontrolle über Agenda und Verlauf der Transition zu nennen: Portugal war der einzige Fall in Südeuropa, in dem das Militär einen signifikanten Einfluss auf die Demokratisierung hatte. Darüber hinaus mussten die demokratiekritischen Teile des Militärs in allen drei Ländern – in Portugal zumindest nach dem Sieg der demokratischen Parteien bei den Wahlen 1976 – erkennen, dass die große Mehrheit der Gesellschaft eine politische Rolle des Militärs ablehnte. Zudem fehlte es den Streitkräften in allen drei Staaten an der inneren Geschlossenheit, um als starke anti-demokratische Vetomacht zu agieren (Agüero 1995: 126).

Internationale Faktoren erleichterten ebenfalls die Durchsetzung der zivilen Kontrolle. Der Beitritt Spaniens zur NATO förderte die Neuausrichtung des Missionsprofils der spanischen Streitkräfte, die Reform ihrer inneren Verfasstheit und die Übernahme erprobter Mechanismen ziviler Aufsicht im Sicherheitssektor. In Portugal, das Gründungsmitglied der NATO ist, rückte das Militär nach der Transition näher an das westliche Bündnis heran, was die rasche Verkleinerung der Streitkräfte, ihre Neuorientierung von der Kolonial- und Repressionsmacht zur demokratischen Bündnisarmee und ihre Modernisierung unterstützte. In Griechenland förderte der „Türkei-Faktor" die Ausrichtung des Militärs auf die Landesverteidigung. Indirekt profitierte die Institutionalisierung der zivilen Kontrolle in Südeuropa auch von der Unterstützung der westlichen Partner für die Demokratisierung, da die externe Abstützung der Transitionen die Fähigkeit der zivilen Eliten verbesserte, Widerstand gegen Militärreformen zu überwinden.

# 5.2 Militär und Politik in Lateinamerika[57]

Das Verhältnis von Militär und Politik in Lateinamerika ist historisch geprägt durch die Einflussnahme der Streitkräfte auf die Politik. In der ersten Hälfte des 20. Jahrhunderts etablierte sich das Militär in vielen Ländern als ein bestimmender politischer Faktor. Die Jahrzehnte nach dem Zweiten Weltkrieg festigten den Ruf Südamerikas als Kontinent der Militärdiktaturen (Cheibub 2007: 149ff.). Insgesamt zählt Smith (2005) für die Zeit zwischen 1900 und 2000 167 erfolgreiche Militärcoups, d.h. durchschnittlich 1,6 Putsche pro Jahr und 8,3 pro Land (vgl. Abb. 5.2).

***Abb. 5.2:*** *Militärputsche in Lateinamerika, 1900-2000*

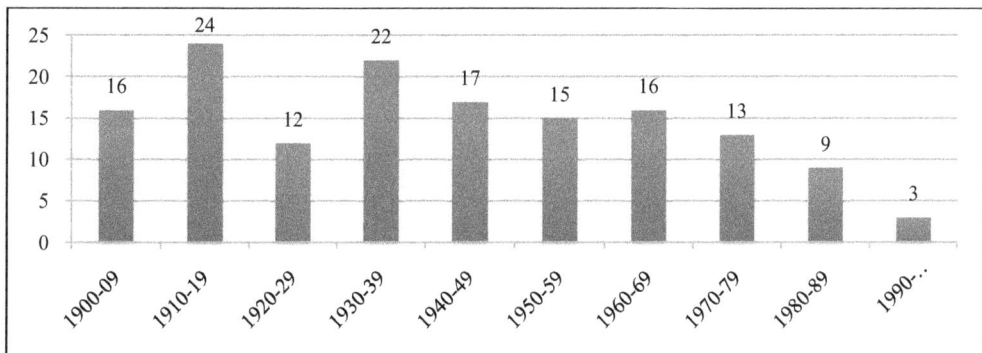

Quelle: Zusammengestellt nach Smith (2005: 344f.).

Allerdings war die regionale Entwicklung deutlich heterogener, als die Daten suggerieren. Beispielsweise gab es in Bolivien 15, in Haiti 14 und in Ecuador 13 Militärrebellionen, die zur Absetzung der Regierung führten. Hingegen kam es in Costa Rica nur zweimal (1917, 1919) und in Uruguay einmal (1973) zum Staatsstreich. Im autoritären Parteienstaat Mexikos (1917-1997) und im revolutionären Kuba (nach 1959) unterstanden die Streitkräfte der festen Kontrolle der Parteiführungen. In Costa Rica (1949), Kolumbien und Venezuela (1958) entstanden unter demokratischen Vorzeichen dauerhafte zivile Herrschaftsordnungen.

Seit dem Beginn der lateinamerikanischen Demokratisierungswelle, die 1978 in Ecuador einsetzte, hat sich die politische Lage grundlegend verändert (vgl. Thiery/Merkel 2010). Gegenwärtig (Dezember 2010) gibt es in der Region kein Militärregime. Darüber hinaus ist die Zahl der Militärputsche stark zurückgegangen. Ausnahmen sind die gescheiterten Coup d'Etats in Venezuela und Paraguay (2002) oder der Staatsstreich gegen den demokratisch legitimierten Präsident Manuel Zelaya in Honduras (2009).

---

[57] Lateinamerika umfasst die 19 spanisch- und portugiesischsprachigen Länder südlich des Río Grande und in der Karibik, also Mexiko, Zentralamerika (ohne Belize), Südamerika, die Dominikanische Republik, Kuba und das französischsprachige Haiti.

Das Fehlen von Militärregimen oder Militärcoups kann jedoch nicht gleichgesetzt werden mit der Durchsetzung ziviler Kontrolle in der Region (Smith 2005: 101. Pion-Berlin/ Trinkunas 2010: 397). Vielmehr muss differenziert werden zwischen Demokratien mit einer inzwischen institutionalisierten zivilen Kontrolle (z.B. Argentinien) und Ländern, deren Militär weitgehend unbeaufsichtigt von demokratisch legitimierten Institutionen agiert (u.a. Guatemala) sowie Staaten, in denen eine politische Aufwertung des Militärs stattgefunden hat (z.B. Venezuela).

Im Folgenden wird untersucht, warum das Militär zu einem zentralen politischen Faktor in Lateinamerikas wurde, welche Muster zivil-militärischer Beziehungen in den Transformationsprozessen der letzten drei Jahrzehnte entstanden sind und wie stark die zivile Kontrolle in den lateinamerikanischen Demokratien etabliert ist. Dabei beschäftigt sich der erste Abschnitt mit den historischen Entwicklungsetappen der zivil-militärischen Beziehungen in Lateinamerika. Anschließend werden die Rolle der Streitkräfte und die Entwicklung der zivilen Kontrolle während und nach dem Übergang zur Demokratie dargestellt. Der letzte Teil fasst die Betrachtungen zusammen.

## 5.2.1 Historische Entwicklung der zivil-militärischen Beziehungen

Die Ursprünge der zivil-militärischen Beziehungen in Lateinamerika reichen zurück in die Kolonialzeit und die Epoche der Unabhängigkeitskriege im ersten Viertel des 19. Jahrhunderts. Diese Kriege wurden ohne professionelle Heere und Karriereoffiziere geführt. Mit der Festigung der neuen Staaten und dem Ende der klassischen „caudillos" (Militärführer) begann die Etablierung moderner Streitkräfte. Vier Entwicklungsphasen des Militärs und seiner Rolle in der Politik lassen sich unterscheiden (Krämer/Kuhn 2006).

Die erste Phase beginnt in den 1870er Jahren und erstreckt sich bis in das zweite Jahrzehnt des 20. Jahrhunderts. Im Zuge der Etablierung oligarchischer Republiken wurden in Chile, Peru und Brasilien und von dort aus in den meisten anderen Staaten des Subkontinents Anstrengungen unternommen, professionelle, an europäischen Vorbildern (Preußen, Frankreich) orientierte Armeen zu schaffen. Die häufig in der Verfassung normierte Rolle des Militärs als quasi „vierter Gewalt" (Loveman 1994) beinhaltete die Verantwortung für den Schutz der Republiken nach außen und die Aufrechterhaltung der Autorität im Inneren (Smith 2005: 74f.). In Zentralamerika entstanden unter dem Einfluss der USA kleine, polizeiähnliche und primär mit der Gewährleistung der inneren Ordnung beauftragte Nationalgarden, die eng mit den jeweiligen Machthabern verbunden waren (Krämer/Kuhn 2006: 36).

Die zweite Etappe reicht bis in die 1960er Jahre. Seit der Arrondierung der nationalen Grenzen im 19. Jahrhundert gab es in Lateinamerika kaum mehr militärische Auseinandersetzungen auf zwischenstaatlicher Ebene (Bowman 2002: 36). Stattdessen agierte das Militär in den oligarchischen Systemen Südamerikas primär als „Vermittler" in den Auseinandersetzungen konkurrierender Teileliten und intervenierte als „Wächter" der bestehenden Ordnung, um die politische Mobilisierung der unteren sozialen Schichten zu unterdrücken. Die direkte Herrschaft der Militärs war meist von kurzer Dauer und endete mit der Machtübergabe an die Zivilisten. Progressive Militärinterventionen, die die Macht der herrschenden zivilen Eliten herausforderten (Peru, Chile, Brasilien) waren die Ausnahme (ebd.: 50). Die Modernisierung und Professionalisierung des Militärs führte zum Entstehen eines sozial abgeschlossenen, vom Wertesystem der zivilen Gesellschaft abgekoppelten aber kohäsiven Offizierskorps mit einem eigenen, konservativen Weltbild (Rouquié 1987: 104; Loveman 1999: 59). Die Aufwertung des autonomen, „über" den zivilen Parteien stehenden Militärs zu einem innenpolitischen Faktor „von erstrangiger Bedeutung" (Krämer/Kuhn 2006: 37) mit eigenen Prärogativen und Machtmitteln befähigte die Streitkräfte dazu, auch aus eigenem Antrieb und mit eigener Zielsetzung in die Politik einzugreifen (Gandhi 2008: 27). Voraussetzung hierfür war die Entwicklung einer entsprechenden Doktrin und des politischen Bewusstseins.

Diese Voraussetzungen waren in der dritten Entwicklungsphase mit dem Aufkommen eines „neuen Professionalismus" (Stepan 1973) gegeben. Während die zentralamerikanischen Militärs bis in die 1970er Jahre hinein ihrer Rolle als Prätorianer der Oligarchien treu blieben, entwickelte sich unter dem Eindruck des Kalten Krieges, der kubanischen Revolution, sozialer und politischer Krisen sowie Einflussnahme der USA in vielen südamerikanischen Streitkräften ein neuer Typ des militärischen Professionalismus. Anders als in der vorangegangenen Phase traten die Militärs nicht mehr als Erfüllungsgehilfe der Oligarchie auf, sondern als Akteur mit eigenen politischen Zielvorstellungen und Projekten (Stepan 1988).

Zwischen 1962 und 1976 kam es zu siebzehn Militärputschen. 1976 standen zehn der zwanzig Länder unter der Herrschaft des Militärs (Hadenius/Teorell 2006). Unabhängig davon, ob Offiziere hinter der Fassade einer zivilen Regierung die Macht ausübten (Uruguay), ob eine Militärjunta herrschte (Argentinien) oder ob sich die Militärdiktatur von einer kollektiven hin zu einer personalistischen Führung (Chile) entwickelte, handelte es sich meist um hierarchische Militärregime, die in unterschiedlichem Maße danach strebten, zivile Schichten und Eliten zu inkorporieren. In Peru (1968-1975), Bolivien (1971-1978), Panama (1969-1975) und Ecuador (1972-1978) kamen Reformer an die Macht. In Kooperation mit linken Parteien und Bewegungen versuchten sie, wirtschaftliche und soziale Reformen durchzusetzen. Solange sie an der Spitze der Militärhierarchie standen, war die Loyalität der Institution gegeben, die aktive Unterstützung jedoch gering (Krämer/Kuhn 2006: 51).

Im Unterschied zu diesen „weichen", inklusiven und sozialreformerischen Diktaturen entstanden in Chile (1973), Uruguay (1973) und Argentinien (1976) exkludierende, stark ideologisierte und staatsterroristische Militärregime. Ihrem Selbstverständnis nach agierten sie als Retter des Vaterlands (*la patria*) und der „Werte" des katholischen Abendlandes, die gegen die innere Feinde wie Studenten, Gewerkschaften, Menschenrechtsaktivisten, Kommunisten, Sozialisten und (in Argentinien) die Peronisten (Loveman 1999) ankämpften.

Die Regierung der Generäle in Argentinien (1976-1983), von Präsident Augusto Pinochet in Chile (1973-1989), oder das Militärregime in Uruguay (1973-1985) zählten zu den repressivsten Regimen Lateinamerikas im 20. Jahrhundert (Aguilar/Hite 2004: 205). Den chilenischen Militärs gelang es nach einer hoch repressiven Anfangsphase mit über 3.000 Toten und „Verschwundenen", die eigene Herrschaft mithilfe ziviler Politiker verfassungspolitisch zu institutionalisieren und im Zuge neoliberaler Reformen makroökonomische Stabilität und Wirtschaftswachstum zu liefern, wodurch die Zustimmung gegenüber dem Regime in Ober- und Teilen der Mittelschichten gesichert werden konnte (Thiery 2000). Das Militärregime in

Uruguay war dagegen unfähig, die krankende Ökonomie auf den Wachstumspfad zurückzuführen, eine breite soziale Koalition aufzubauen oder sich gegen den Widerstand der wachen und aktiven Zivilgesellschaft zu institutionalisieren (Puhle 1996).

Den Militärs in Argentinien, die angetreten waren, einen „Prozess der nationalen Reorganisation" durchzusetzen, gelang es trotz brutalster Repression mit über 30.000 Ermordeten und „Verschwundenen" zu keiner Zeit, das Land nachhaltig zu stabilisieren. Ihr Versuch der Institutionalisierung der Militärherrschaft scheiterte ebenso wie die Reform des staatszentrierten Wirtschaftssystems und der „schmutzige Krieg" zur „Zerschlagung der 'populistischen politischen Gesellschaften' aus Peronisten, Gewerkschaften, Parteiendemokratie und Etatismus, die sie als Ursache für den anhaltenden Niedergang Argentiniens verantwortlich machten" (Thiery/Merkel 2010: 208). Der Versuch, mit der Invasion der Falklands/Malvinas nationalistische Unterstützung zu erzeugen, endete in einem militärischen Desaster, der vollständigen Diskreditierung des Militärs als Regierung und seiner Spaltung als Institution.

Der Rückzug des Militärs von den Schaltstellen der Macht markiert die vierte und vorerst letzte Entwicklungsphase im Verhältnis von Militär und Politik in Lateinamerika. Zwischen 1978 (Ecuador) und 1990 erfasste die regionale Demokratisierungswelle 15 Länder, darunter alle Militärdiktaturen. In den 1990er Jahren folgten Haiti und Mexiko.

## 5.2.2    Das Militär im Übergang zur Demokratie

Die Ursachen, Auslöser und Verlaufsformen der Regimeübergänge unterscheiden sich entsprechend der institutionellen Verfasstheit der autoritären Regime, ihrer sozialen Verankerung, der ökonomischen und politischen Leistungsbilanz sowie den innenpolitischen Akteurskonstellationen. Zu den allgemeinen Gründen für den Niedergang der Militärregime gehören in den meisten Fällen akute wirtschaftliche Probleme, das Wiederaufleben der nicht unterdrückbaren Zivilgesellschaften sowie der wachsende Druck der USA aufgrund der stärkeren Betonung von Menschenrechten und Demokratie in der amerikanischen Außenpolitik unter Präsident Carter (1977-1981).[58] Hinzu kamen fallspezifische Faktoren wie das Falklands-Fiasko der Junta in Argentinien oder das 1988 gescheiterte Referendum um eine weitere Amtszeit für Präsident Pinochet in Chile (Linz/Stepan 1996: 190ff.; Thiery/Merkel 2010). Differenziert werden muss auch zwischen Militärregimen, die in ihrer eigenen Wahrnehmung erfolgreich geherrscht hatten und daher „erhobenen Hauptes" in die Kasernen zurückkehrten (Brasilien, Chile) und Fällen, in denen die Vertreter des Regimes aufgrund des Scheiterns des Militärs als Regierung und drohender Spaltungen der Institution Militär keine Bedingungen für die Übergabe der Macht an zivile Politiker diktieren konnten (Argentinien).

Die Herausforderungen für die Neuordnung des Verhältnisses von Militär und Politik sind besonders virulent, wenn der Übergang aus einem militarisierten autoritären Regime erfolgt und es den Streitkräften gelingt, sich in der Transition Vorrechte zu sichern. Die Schlüsselvariablen sind also der Typ der im autoritären Regime politisch dominierenden Elite und die Einflussmöglichkeiten des Militärs auf die Transition. Die interne Kohäsion der Institution

---

[58]    Vgl. O'Donnell et al. 1986, Hagopian/Mainwaring 2005, Munck 2007, Oelsner/Bain 2009, Thiery/Merkel 2010.

Militär und die Geschlossenheit, mit der die politischen Parteien und zivilen Akteure während der Transition auftreten, sind gleichfalls von Bedeutung, wirken aber vor allem über die Steuerungsmöglichkeiten des Militärs (Agüero 1995). Dementsprechend lassen sich für die Demokratisierungsprozesse der dritten Welle in Lateinamerika mehrere Kombinationen unterscheiden (Tab. 5.1).

**Tab. 5.1:** *Elitentyp und Transitionsmodus in Lateinamerika (dritte Demokratisierungswelle)*

| Transitionstyp | Dominante Elite im autoritären Regime | |
| --- | --- | --- |
| | *Zivilisten* | *Militär* |
| | | Brasilien (1985) |
| | | Chile (1990) |
| | | Ekuador (1979) |
| | | El Salvador (1984) |
| *Von alten Regimeeliten gelenkt* | Nicaragua (1990)[a] | Guatemala (1985) |
| | Mexiko (1997) | Honduras (1981) |
| | | Paraguay (1989) |
| | | Peru (1980) |
| | | |
| *Ausgehandelt* | -- | Bolivien (1982) |
| | | Uruguay (1984) |
| | | |
| *Von unten erzwungen oder Kollaps* | Peru (2000)[d] | Argentinien (1983)[b] |
| | | Panama (1990) |
| | | Haiti (1994)[c] |

Anmerkung: Die Jahreszahl gibt das Jahr der ersten demokratischen Wahl wieder. [a] Die seit 1937 bestehende Diktatur der Somoza-Familie ging 1979 in der sandinistischen Revolution unter. 1990 bezeichnet das Jahr des Übergangs von der Herrschaft der sandinistischen Befreiungsfront FSLN zur Mehrparteiendemokratie. [b] Wir unterscheiden uns hier von Felipe Agüero, der Argentinien unverständlicherweise als eine „militärisch kontrollierte Transition" klassifiziert (1995: 147). [c] Haiti erlebte nach dem Ende der Duvalier-Diktatur zunächst ein Militärregime (1986-1990), gefolgt von einer kurzen demokratischen Phase unter Präsident Aristide. Diese endete 1991 mit einem erneuten Militärputsch. Das Militärregime wurde 1994 durch Intervention der USA gestürzt. Nach seiner erneuten Amtseinsetzung regierte Präsident Aristide zunehmend autokratisch; Unruhen im Frühjahr 2004 und Druck der USA sowie Frankreichs zwangen ihn 2004 zur Abdankung. [d] Peru fiel nach dem *autogolpe* von Präsident Fujimori 1992 in ein autokratisches Regime zurück, bevor das Land 2000 zur Demokratie zurückkehrte.
Quelle: In Anlehnung an Agüero (1995) zusammengestellt nach Merkel 2010a: 104; Thiery/Merkel 2010: 206.

Für Lateinamerika bedeutungslos waren zwischen zivilen Eliten ausgehandelte oder durch den Kollaps einer zivilen Diktatur ausgelöste Regimeübergänge wie in Spanien und Portugal. Auch die von den zivilen Eliten des alten Regimes gelenkten Transitionen in Nicaragua und Mexiko können zunächst vernachlässigt werden.[59]

---

[59] In beiden Fällen spielten Fragen der zivil-militärischen Beziehungen in der Transition kaum eine Rolle.

Am häufigsten waren die vom alten Regime mehr oder weniger stark gelenkten Übergänge aus dem Militärregime in die Demokratie. In den militärgelenkten Transitionen waren Vertreter der Streitkräfte unmittelbar präsent, konnten Einfluss auf die Gespräche nehmen und spielten eine beachtliche Rolle bei der Gestaltung der politischen Spielregeln für die Zeit nach den ersten demokratischen Wahlen. Dies ermöglichte es den Streitkräften, ihre bisherigen materiellen Privilegien, politischen Einflussmöglichkeiten und ihre institutionelle Autonomie zumindest teilweise abzusichern.

Aufgrund der großen Anzahl der Demokratien kann hier nur exemplarisch auf einige Fälle eingegangen werden. In *Guatemala* wurde die Transition von dem seit den 1950er Jahren die Politik dominierenden und seit den späten 1970er Jahren mit äußerster Brutalität gegen die indigene Bevölkerung vorgehenden Militär eingeleitet, um durch den erhofften internationalen und nationalen Legitimitätsgewinn die eigene Position im Bürgerkrieg zu stärken (Schirmer 1998: 29ff.). Auch nach dem Übergang zu einer zivilen Regierung übten die Streitkräfte sehr starken Einfluss auf den politischen Prozess aus (Ruhl 2005). So konnte der erste demokratisch gewählte Präsident, Vinicio Cerezo (1986-91), nur durch die (öffentlich eingestandene) Hinnahme der faktischen Veto- und Gestaltungsmacht des Militärs mehrere Putschversuche rechtsextremer Offiziere überstehen (Jonas 1991: 154ff.).

In *Peru* hatte das Militär seit 1968 fast ununterbrochen direkt geherrscht, zunächst unter dem reformorientierten General Juan Velasco (1968-1975), später nach dem Putsch konservativer Offiziere unter General Morales Bermúdez (1975-1980). Mit der Einleitung der Transition 1978 reagierte die Militärregierung zum einen auf die wachsenden Spannungen innerhalb der Streitkräfte. Zum anderen sah sich die Militärregierung aufgrund der weitgehenden Wirkungslosigkeit seiner politischen und wirtschaftlichen Reformen in zunehmendem Maße gesellschaftlichen Protesten gegenüber. Allerdings gelang es dem Militär, Teile der Opposition in Verhandlungen einzubinden und die Kontrolle über den Prozess zu behalten. Dadurch konnte das Militär bis zur Machtübergabe an eine gewählte Regierung (1980) weiter herrschen und seine Interessen in die neue politische Ordnung einbringen (Avilés 2009: 70).

Auch in *Brasilien* führte die vom Militär geplante Regierungsübergabe an einen zivilen Präsidenten (1985) zunächst nicht zu einer Verringerung der militärischen Prärogativen (Zaverucha 1994: 111; Velázquez 2004: 44). Während der fünfjährigen Amtszeit des „Zufallspräsidenten" José Sarney[60] stellten die Streitkräfte zeitweise sechs Kabinettsminister, kontrollierten ihre eigenen Angelegenheiten, die Geheimdienste und die Verteidigungsbürokratie und übten direkt und indirekt Einfluss auf die Regierungspolitik aus (Hagopian/Mainwaring 1987; Hunter 1997: 12).

Noch stärker stand die Transition in *Chile* unter der Kuratel des Militärs. Nach dem Putsch 1973 hatte sich das Militärregime sukzessive von einer kollektiven Führung zu einem System der „extrem personalisierten Macht um die Figur von Präsident Pinochet" (Agüero 1995:

---

[60] Zunächst hatte es ausgesehen, als sollte die Strategie des gelenkten Übergangs scheitern, da entgegen der Erwartungen der Streitkräfte der Oppositionspolitiker Tancredo Neves 1985 zum Präsidenten gewählt wurde. Neves verstarb jedoch noch vor seinem Amtsantritt. An seiner Stelle wurde sein dem Militär nahestehende Vizepräsident José Sarney vereidigt.

141) entwickelt. Bereits 1979 hatte das Militär ein rückwirkendes Amnestiegesetz verabschiedet, um sich selbst Straffreiheit für die Menschenrechtsverletzungen zu sichern (Agüero 1998: 386f.). Durch die Institutionalisierung der nach der Machtübernahme erlassenen Übergangsregelungen in der Verfassung von 1980 bestimmte das Militär frühzeitig den Grad des eigenen Einflusses in einem zukünftigen zivilen Regime. Die Verfassung normierte die beherrschende Machtposition der Streitkräfte als Wächter der nationalen Sicherheit sowie ihre vollständige institutionelle Autonomie (Weeks 2003: 44ff.). Darüber hinaus gelang es der Pinochet-Diktatur, sich eine stabile zivile Unterstützungsbasis zu schaffen und den institutionellen Zusammenhalt der Streitkräfte zu erhalten.

Der Verlauf und die Ergebnisse der Transition spiegelten die Stärke der Militärregierung wider (Thiery/Merkel 2010). In Übereinstimmung mit der geltenden Verfassung gab es 1988 ein Plebiszit über den Verbleib von Pinochet im Präsidentenamt für weitere acht Jahre. Zur Überraschung der Militärs gelang es dem Oppositionsbündnis *por el No* („Für ein Nein"), eine Mehrheit gegen die Weiterführung des Militärregimes zu mobilisieren (Barton/Murray 2002: 332). Mit Rücksicht auf die konstitutionalistische Grundstimmung im Militär und den ihr nahestehenden zivilen Gruppen war die Regierung gezwungen, die Transition einzuleiten, ohne jedoch die Kontrolle über den Prozess an die Opposition abzugeben. Die bestehende Verfassung wurde in wichtigen Bereichen demokratisiert, Prärogativen des Militärs in allen Teilbereichen der zivil-militärischen Beziehungen blieben jedoch erhalten. Das Militär sicherte sich über den Nationalen Sicherheitsrat (COSENA) und den noch von Pinochet ernannten Obersten Gerichtshof eine Sperrminorität im Senat, der zweiten Kammer des chilenischen Parlaments.[61] Darüber hinaus konnte das Militär die Aufarbeitung seiner Verbrechen zunächst verhindern und die Wahrheitsfindung hinausschieben (Straßner 2007: 255f.). Die Zuständigkeit der Militärgerichte für Zivilisten bei Verstößen gegen Gesetze zur Inneren Sicherheit oder bei Verletzung der „Ehre der Offiziere" blieb erhalten (Loveman 1994: 154).

Im Bereich der Inneren Sicherheit wurde das Militär durch Verfassung und andere Gesetze sowie durch die paritätische Besetzung des COSENA mit weitreichenden Befugnissen ausgestattet (Thiery 2000: 294). Zudem waren die Streitkräfte autonom bei der Festlegung der Verteidigungspolitik und der nationalen Sicherheitsdoktrin. Das 1990 in Kraft getretene Streitkräfteorganisationsgesetz übertrug den Kommandeuren der Teilstreitkräfte die Autorität über Beförderungen, Kommandovergabe, Ausbildung, Logistik und Waffenbeschaffung (Fuentes 2000). Den amtierenden Kommandeuren (einschließlich Pinochet) wurde eine Amtsgarantie für weitere acht Jahre gewährt. Schließlich stellte die Einführung eines Wahlsystems mit Sitzprämien für die dem Militärregime überwiegend positiv gegenüber eingestellten Parteien der *Alianza por Chile* sicher, dass Verfassungsänderungen nur im Konsens mit den Verbündeten des Militärs möglich wären (Radseck 2002: 208).

Einen deutlich geringeren Einfluss auf die Institutionen der Demokratie hatte das Militär in den ausgehandelten Transitionen in Bolivien und Uruguay. Anders als in Chile und Brasilien gelang es dem Militär in *Uruguay* nicht, sich nach dem Abschied von der direkten Herrschaft

---

[61] Zudem legte die Verfassung fest, dass Präsidenten, die für mehr als 6 Jahre im Amt waren, nach ihrem Ausscheiden aus einem öffentlichen Amt als Senator auf Lebenszeit dem Senat angehörten, eine Regelung, die auch auf Pinochet zutraf.

durch eine autoritäre Verfassung institutionalisierte Machtressourcen zu sichern. Obgleich es zu einem Pakt zwischen Militärführung und Opposition kam („Naval Club Pact"), verweigerten die politischen Parteien dem Militär Zugeständnisse, die als Surrogat für das Fehlen konstitutionell geschützter Enklaven und Prärogativen der Streitkräfte hätte dienen können (Gillespie 1991; Agüero 2004: 250).

In *Bolivien* war es im Anschluss an das reformerisch eingestellte Regime von General Hugo Banzer Suárez (1971-78) zu mehreren Militärerhebungen unter Führung von Generälen und Obristen ohne sonderliche Hausmacht gekommen. Die brutale Militärdiktatur von General Garciá Meza (1980-81) war ebenfalls durch einen Putsch „und im Bündnis mit einer Reihe regionaler Gruppen der Kokain-Mafia und anderer Abenteurer" (Puhle 2001: 171) an die Macht gekommen. Die gesellschaftliche Isolierung der nur auf Gewalt beruhenden Regierung Garciá Meza provozierte ihren Sturz durch eine Junta und die schnelle Restauration verfassungsmäßiger Zustände im Jahre 1982 (ebd.). Da das Militär intern geschwächt und gesellschaftlich diskreditiert war, kam es nicht zum Abschluss eines Abkommen mit festgeschriebenen Vorrechten für die Streitkräfte.

*Argentiniens* Transition war vom Kollaps der Militärregierung nach der missglückten Invasion auf den Falklands geprägt. Konfrontiert mit dem eigenen Scheitern auf ganzer Linie, dem Aufflammen politischer Proteste und dem Ausbruch von Konflikten zwischen den Teilstreitkräften leitete die Militärregierung den Übergang zur Demokratie ein (Linz/Stepan 1996: 192). Allerdings konnte das geschwächte Militär gegenüber der Opposition keine seiner Bedingungen für den Übergang durchsetzen (Thiery/Merkel 2010: 215). Überraschend gewann Raúl Alfonsín von der *Unión Cívica Radical* die Präsidentschaftswahl im Oktober 1983 gegen die Peronisten. Unmittelbar nach Regierungsantritt versuchte Alfonsín, seiner Autorität über die Streitkräfte Geltung zu verschaffen. Die durchgeführten Reformen werteten das zivile Verteidigungsministerium auf, unterstellten die Chefs der Teilstreitkräfte einem dem Präsidenten verantwortlichen Generalstabschef und übertrugen die Verantwortung für Innere Sicherheit auf das Innenministerium. Zudem wurden mehrere prominente Generäle entlassen, eine Wahrheitskommission eingerichtet und Verfahren wegen Menschenrechtsverletzungen vor dem Obersten Militärtribunal eingeleitet (Hunter 1998).

## 5.2.3    Militär und Politik in der Demokratie

In allen autoritären Regimen Lateinamerikas mit Ausnahme von Mexiko war der Grad der Militarisierung extrem hoch. Dies und der starke Einfluss der Streitkräfte auf den Übergang zur Demokratie bewirkten, dass Reformen der zivil-militärischen Beziehungen in vielen Fällen vom Militär erfolgreich verzögert, abgeschwächt oder blockiert werden konnten (Agüero 1995: 142). Die in der Transition etablierten Institutionen wiederum garantierten dem Militär oftmals umfangreiche Autonomie, Vorrechte und politische Einflussmöglichkeiten (vgl. ebd.: 133; Loveman 1999: 202).

Daher gestaltete sich die Neuordnung des Verhältnisses von Militär und Politik in der postautoritären Phase meist deutlich schwieriger als in Südeuropa, in Osteuropa oder in einigen asiatischen Fällen (s. Kapitel 5.3 und 5.4). Mittlerweile hat sich die Situation in der Region ausdifferenziert. Insbesondere unter den Ländern des südlichen Subkontinents variieren die

Entwicklungstendenzen. In Anlehnung an Samuel Fitch (1998) und Paul Smith (2005) lassen sich die Demokratien in der Region auf dem Kontinuum der zivilen Kontrolle in drei Kategorien einteilen: zivile Kontrolle, bedingte militärische Unterordnung und militärische Vormundschaft (s. Abb. 5.3).

***Abb. 5.3:*** *Lateinamerika auf dem Kontinuum zivil-militärischer Beziehungen, um 2010*

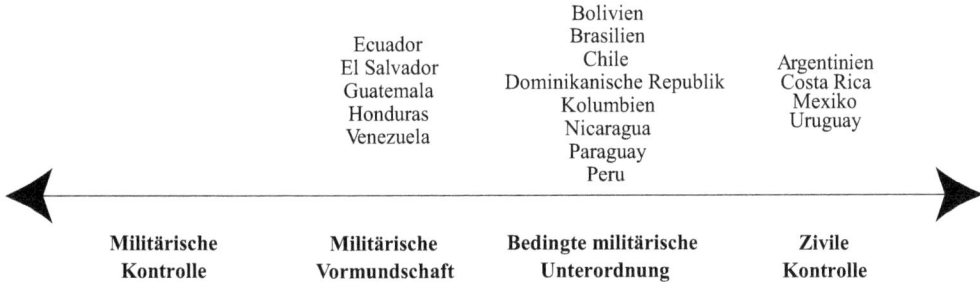

|  | Ecuador<br>El Salvador<br>Guatemala<br>Honduras<br>Venezuela | Bolivien<br>Brasilien<br>Chile<br>Dominikanische Republik<br>Kolumbien<br>Nicaragua<br>Paraguay<br>Peru | Argentinien<br>Costa Rica<br>Mexiko<br>Uruguay |
|---|---|---|---|
| **Militärische<br>Kontrolle** | **Militärische<br>Vormundschaft** | **Bedingte militärische<br>Unterordnung** | **Zivile<br>Kontrolle** |

Anmerkung: Haiti und Panama fehlen, da sie nicht über nationale Streitkräfte verfügen.
Quelle: Smith 2005: 103, eigene Aktualisierung.

*Zivile Kontrolle.* Diese erste Ländergruppe umfasst neben Fällen der historisch gefestigten zivilen Kontrolle (Costa Rica und Mexiko) auch die jungen Demokratien in Argentinien und Uruguay. Beispielhaft für die gelungene Institutionalisierung ziviler Suprematie in Lateinamerika – auch aufgrund der im Gegensatz zu Uruguay erfolgten Aufarbeitung der Verbrechen unter der Militärdiktatur – ist Argentinien. Die Reform der zivil-militärischen Beziehungen begann bereits 1983 unter dem ersten demokratisch gewählten Präsidenten, Raúl Alfonsín. Seine aggressive und intrusive Politik der Strafverfolgung und der institutionellen Reformen scheiterte noch am Widerstand der Streitkräfte. Drei Militärrebellionen unzufriedener Offiziere der mittleren und unteren Hierarchie und eine sich vertiefende Wirtschafts- und Schuldenkrise zwangen Alfonsín zur Kurskorrektur. Mit der Begnadigungs- und Verdrängungspolitik seines Nachfolgers Carlos Menem (1989-1999) „kam die Strafverfolgung über Jahre zum Stillstand" (Straßner 2007: 310). Zugleich verschaffte sich die Regierung dadurch jedoch Handlungsspielraum gegenüber den Streitkräften. Als 1990 erneut Militäreinheiten rebellierten, griff die Regierung mit Unterstützung loyaler Einheiten hart durch. Anschließend wurden die zivil-militärischen Beziehungen institutionell neu geordnet, die Wehrpflicht abgeschafft, das Offizierskorps um 45% (gegenüber 1983) verkleinert und der Militärhaushalt drastisch gekürzt (Heinz 2001a).

Während der Regierungs- und Staatskrise im Dezember 2001, als der Kollaps des argentinischen Finanzsystems zu massiven Protesten führte, unternahm Präsident De la Rúa (1999-2001) den Versuch, das Militär gegen die Unruhen zu mobilisieren. Die Streitkräfte verweigerten den Befehl mit Verweis auf die in Lateinamerika einzigartige strikte gesetzliche Trennung zwischen externer Sicherheit (Aufgabe des Militärs) und innerer Sicherheit (Aufgabe der Polizei und anderer Sicherheitsorgane) und demonstrierten somit ihre Verfassungstreue (Pion-Berlin/Trinkunas 2010: 403). Unter Präsident Nestor Kirchner kam es ab 2003 zu einer zweiten Welle der juristischen Aufarbeitung von Verbrechen unter der Militärdiktatur (Straßner 2007: 137ff.), ohne dass dies die zivil-militärischen Beziehungen in nennenswerter Weise erschüttert hätte. Insgesamt hat sich Argentinien trotz der konfliktreichen Anfangsphase inzwischen zu einem „Paradebeispiel" der zivilen Kontrolle mit rechtlichem, institutionellem und politischem Vorbildcharakter für die zivil-militärischen Beziehungen in der Region entwickelt (Pion-Berlin/Trinkunas 2010: 403).

*Bedingte Unterordnung des Militärs.* Die zivil-militärischen Beziehungen in dieser Kategorie sind charakterisiert durch eine nur teilweise gegebene und eingeschränkt effektive zivile Kontrolle. Zudem lässt sich nicht in allen der acht Fälle die Akzeptanz der zivilen Suprematie durch die Streitkräfte konstatieren. Innerhalb dieser Gruppe ist *Peru* insofern ein Sonderfall, als dass die Demokratie nach dem „Selbstputsch" (*autogolpe*) des gewählten Präsidenten Fujimori 1992 in die Autokratie zurückfiel, bevor Peru 2000 zur Demokratie zurückkehrte (Thiery/Merkel 2010: 239ff.). Für das peruanische Militär bedeuteten die Jahre unter Fujimori ironischerweise einen Verlust an professioneller Autonomie. Noch in den 1980er Jahren, auch bedingt durch den Kampf gegen die sozialrevolutionären Gruppen „Leuchtender Pfad" und MRTA, führte das Militär weitgehend ein institutionelles Eigenleben (Crandall 2005: 7). Fujimori nutzte seinen Einfluss auf Beförderungen und Ernennungen von Offizieren dazu, Schlüsselpositionen mit vertrauenswürdigen Offizieren zu besetzen. Zudem schwächte er die Stellung des Militärs durch Unterstellung der wichtigsten Nachrichtendienste unter den von seinem zivilen Sicherheitsberater beaufsichtigten Nationalen Nachrichtendienst SIN. Die Kontrolle über den SIN wiederum diente auch der effektiven Beaufsichtigung der Streitkräfte (Avilés 2009: 75).

Nach Fujimoris Sturz nutzte die neue demokratisch gewählte Regierung Toledo die unter Fujimori gestärkte zivile Aufsicht über den Sicherheitssektor für weitere Reformen. Per Gesetz wurde dem zivilen Verteidigungsministerium die Verantwortung für Formulierung, Durchführung und Beaufsichtigung der nationalen Verteidigungspolitik übertragen. Darüber hinaus wurde die Verwendung des Militärbudgets transparenter gestaltet, der Verteidigungshaushalt um 15% gekürzt und Institutionen zum verbesserten Schutz der Menschenrechte innerhalb der Streitkräfte geschaffen (ebd.: 76f.).

In *Brasilien* gestanden die zivilen Regierungen Sarney, Collor (1990-1992) und Franco (1992-1994) den Streitkräften beträchtliche Autonomie in inneren Angelegenheiten und verteidigungspolitischen Fragen zu (Agüero 1995: 135). Erst unter Präsident Fernando Henrique Cardoso (1995-2002) wurden die drei von Generälen geführten Militärministerien (Armee, Luftwaffe, Marine) von einem zivil geführten Verteidigungsministerium abgelöst. Angesichts des Fortbestehens konkurrierender militärisch gelenkter Sicherheitsorgane und autoritärer Verfassungsenklaven wie des Verfassungsartikels 142, der den Streitkräften eine Wächterfunktion über die Staatsgewalten sowie über Gesetz und innere Ordnung zuweist, kann weiterhin keine vollständige zivile Suprematie im Verteidigungssektor bescheinigt werden (Flemes 2004). Große Probleme bestehen zudem hinsichtlich der Menschenrechtsverletzungen, die von der Militärpolizei beim alltäglichen Einsatz in der Verbrechensbekämpfung begangen werden, sowie bei der Aufsicht über die Aktivitäten der militärischen Nachrichtendienste im Inland (Flemes 2008).

Gemessen an den schwierigen Ausgangsbedingungen hat *Chile* die größten Fortschritte auf dem Weg zur demokratieverträglichen Neuordnung der zivil-militärischen Beziehungen erreicht. Wie dargestellt, hatte die Transition zu einer „geschützten Demokratie" unter Aufsicht des Militärs geführt (Loveman 1994). Die autoritäre Verfassung von 1980 war zwar abgemildert, die institutionalisierte Aufsicht des Militärs über den politischen Prozess blieb jedoch in wichtigen Bereichen bestehen (Heiss/Navia 2007: 168). Damit schien Chile dazu prädestiniert, eine der instabilsten und am stärksten vom Militär gelenkten Demokratien in der Region zu werden (Robledo 2008: 95).

In den zwei Dekaden seit der Transition hat sich die Situation jedoch erheblich dynamischer entwickelt, als dies Anfang der 1990er Jahre zu erwarten war. Der zivil-militärische Reformprozess zog sich über fast 15 Jahre hin, „bis die autoritären Enklaven schließlich [...] im Konsens der politischen Parteien aufgehoben wurden" (Thiery/Merkel 2010: 225). Als Wendepunkt gilt die Festnahme von General Pinochet in London 1998 und die anschließende Debatte um seine Anklage wegen Menschenrechtsverletzungen beim Putsch 1973 und in der Zeit der Militärdiktatur. Zwar verteidigten die chilenischen Streitkräfte den Ex-Diktator in der Öffentlichkeit. Der 1999 von der Regierung initiierte zivil-militärische Dialog über die Zeit der Militärherrschaft (*Mesa de Diálogo*) hatte jedoch zum Ergebnis, dass die Streitkräfte die Faktizität der Menschenrechtsverletzungen anerkannten (Straßner 2007: 276). Über den Umgang der Streitkräfte mit der Aufarbeitung der Vergangenheit kam es im Militär selbst zu Konflikten, was die Kohäsion der Institution und damit ihre Stellung gegenüber den Reformakteuren in der zivilen Gesellschaft schwächte.

Der Durchbruch für die Demilitarisierung des politischen Systems kam mit den Verfassungsänderungen im Jahr 2005, wodurch die Prärogativen des Militärs in vier der fünf Teilbereiche der zivilen Kontrolle abgeschafft wurden (Heiss/Navia 2007): Das Militär verlor seinen Einfluss auf die Zusammensetzung des Senats und die Auswahl der Verfassungsrichter sowie seinen Status als Garant der Verfassungsordnung. Darüber hinaus wurde die Inkompatibilität von Parlamentsmandat und Militäramt festgeschrieben. Der Nationale Sicherheitsrat wurde zu einem Beratungsgremium des Präsidenten ohne Entscheidungsfunktion herabgestuft. Die Verhängung des Ausnahmezustands ist nunmehr alleinige Prärogative des Präsidenten. Zudem wurde die Militärgerichtsbarkeit der zivilen Justiz unterstellt und die Polizeibehörden dem Innenministerium zugeordnet. Die drei Teilstreitkräfte, deren Oberkommandeure nun vom Präsidenten entlassen werden können, unterstehen unmittelbar und getrennt der Autorität des zivilen Verteidigungsministeriums, das volle operative, administrative, fiskalische und personalpolitische Autorität besitzt.[62]

*Militärische Vormundschaft.* In diese Kategorie fallen insgesamt fünf Länder, darunter auch Honduras und Venezuela, die aus unterschiedlichen Gründen vom regionalen Trend in den zivil-militärischen Beziehungen abweichen. Mit dem Staatsstreich gegen den demokratisch gewählten Präsidenten Zelaya im Juni 2009 bildet *Honduras* einen markanten Kontrastpunkt

---

[62] Im Bereich der Militärorganisation besitzen die Zivilen nur ein eingeschränktes Mitsprachrecht. Nicht angetastet wurde die Regel, dass der Militäretat inflationsbereinigt mindestens dem Betrag von 1989 entsprechen muss und das Militär zehn Prozent der Staatseinnahmen aus dem Kupferabbau erhält, worüber es selbstständig verfügen kann (Pion-Berlin 2009: 576; Zilla 2010: 169.).

zur Stabilität der zivil-militärischen Beziehungen im Großteil der Region. Spätestens seit dem Putsch gegen Diktator Diaz (1956) übten die honduranischen Streitkräfte bestimmenden Einfluss auf die Politik des mittelamerikanischen Land aus (Ruhl 2010: 95). Auch nach dem Übergang zur elektoralen Demokratie (1982) hatte das Militär einen signifikanten Einfluss auf unterschiedliche Teilbereiche der zivil-militärischen Beziehungen und kontrollierte so unterschiedliche Bereiche wie Polizei, Handelsmarine, Zoll, Immigration, zivile Luftfahrt, die nationale Telefongesellschaft und einen eigenen, parallelen Wirtschaftssektor. „Honduras", so Bowman (2002: 209; eigene Übersetzung) „war kein Land mit einer Armee, sondern eine Armee mit einem Land".

Während des Ost-West-Konflikts begründete das honduranische Militär seinen Einfluss damit, die Nation gegen die kommunistische Bedrohung verteidigen zu müssen. Mit dem Ende des Ost-West-Konflikts und der Antiregimekriege in Mittelamerika geriet dieser Anspruch ins Wanken. Zugleich reduzierten die USA ihre Militärhilfe von US$ 81,1 Millionen (1986) auf 2,7 Millionen (1993, vgl. Ruhl 2006: 44). Die veränderten Interessen der USA und das Ende der Bürgerkriege in den Nachbarstaaten eröffneten den Zivilisten neue Handlungsspielräume gegenüber dem Militär. So kam es in den 1990er Jahren zu Verfassungsänderungen, wodurch die Prärogativen des Militärs beschnitten, die Wehrpflicht (gegen Widerstand des Militärs) aufgehoben, die nationale Polizei der zivilen Kontrolle unterstellt und das Militär von allen politischen Entscheidungsbereichen mit Ausnahme der Verteidigungspolitik ausgeschlossen wurde (ebd.: 48f.).

Die innenpolitische Kontroverse zwischen dem die Nähe der Linkspopulisten in Venezuela, Nicaragua und Bolivien suchenden Präsidenten und den konservativen Parteien der traditionellen Oligarchie im honduranischen Kongress, die schließlich in die militärisch erzwungene Amtsenthebung Zelayas mündete, hat das Militär erneut zum entscheidenden „Vermittler" zwischen den widerstreitenden zivilen Eliten aufgewertet. Allerdings hatte der Staatstreich wenig gemeinsam mit den Militärcoups der 1960er und 1970er Jahre, da das Militär keine direkte und dauerhafte Machtübernahme anstrebte, um ein eigenes politisches Projekt zu verwirklichen. Vielmehr handelte es sich im klassischen Sinne um einen „Veto-Coup" (Nordlinger 1977), um die von Zelaya per Verfassungsreferendum angestrebte Veränderung der bestehenden politischen Machtverhältnisse zu verhindern (Ruhl 2010: 101). Hinter dem Coup stand eine breite zivil-militärische Allianz aus Militärs, Unternehmerverbänden, konservativen Parteien, Parlament, Justiz, Generalstaatsanwalt und Kirchen mit dem Ziel, die Exekutivgewalt auf einen vom demokratisch gewählten Kongress bestimmten Präsidenten zu übertragen (Peetz 2009: 5). Zwar verdeutlicht der Coup die unzureichende zivile Kontrolle in Honduras. Möglich wurde der (erneute) Aufstieg des Militärs zu einer Vetomacht jedoch aufgrund der Bereitschaft der politischen Akteure, das Militär für die eigenen politischen Zwecke zu instrumentalisieren.

Gegen den regionalen Trend läuft auch die Entwicklung der zivil-militärischen Beziehungen in Venezuela. Während der Ära der Militärdiktaturen in den 1960er und 1970er Jahren galt Venezuela als eine der wenigen stabilen Demokratien in Lateinamerika. Tatsächlich jedoch handelte es sich bei dem durch einen Elitenpakt („Pacto de Punto Fijo", 1958) gegründeten und wesentlich auf der Verteilung der Staatseinnahmen aus der Ölförderung gestützten Systems um eine defekte Demokratie (Thiery/Merkel 2010: 242; vgl. auch Coppedge 1994;

Kestler 2009). Während der Aufstandsbekämpfung in den 1960er Jahre hatte das Militär eine „staatstragende Rolle als Beschützer der bestehenden Ordnung" (Kestler 2008: 584). Mit dem Sicherheits- und Verteidigungsgesetz von 1976 wurde die Autonomie des Militärs in den Grenzregionen, der Verteidigungspolitik sowie bei der Normierung eigener militärischer Aufgaben im Entwicklungsbereich institutionalisiert. Außerdem etablierte sich zu dieser Zeit die Praxis der politischen Einflussnahme auf Beförderungen und Kommandovergabe im Militär (Trinkunas 2005: 160). Zudem verstärkte die etwa zeitgleich durchgeführte Reform des Ausbildungswesens, die eigentlich dazu gedacht war, den Professionalisierungsgrad des Militärs zu erhöhen, die Konflikte im Offizierskorps. Dies führte unter anderem zur Gründung der *Ejercito Revolucionario Bolivariano* (ERB-200), einer Gruppe von Offizieren der mittleren und unteren Hierarchie, die mit wachsender Entfremdung von der Elitendemokratie auch ein militärisches Vorgehen gegen die Regierung ins Auge fasste. Aus der ERB-200 ging der *Movimienteo Bolivariano Revolucionario 200* (MBR-200, Revolutionäre Bolivarianische Bewegung 200) hervor, der unter Führung von Oberstleutnant Hugo Chávez 1992 erfolglos gegen Präsident Perez putschte (Norden 1998).

Seit dem Amtsantritt von Hugo Chávez im Jahre 1999 hat das Militär als Herrschaftsstütze und Ordnungsfaktor des Regimes immer stärker an Bedeutung gewonnen. Damit einher geht die Erosion der zivilen Kontrolle, was sich in einem gescheiterten Putschversuch gegen den Präsidenten (2002), die aktive Einbindung der Streitkräfte in die Regierung Chávez und am Aufgabengewinn des Militärs zeigt (Shifter 2006). Im Einzelnen werden die Streitkräfte besonders stark im Zuge der sozialen Komponenten des Regierungsprogramms „Plan Bolívar 2000" eingebunden, in dessen Rahmen sich das Militär zu einem der wichtigsten Ausführungsorgane der Regierungspolitik entwickelt hat, und wodurch sich der Aufgabenschwerpunkt von der Verteidigung weg verlagert hat. Aber auch in der Inneren Sicherheit spielt das Militär seit dem gescheiterten Putsch gegen Chávez (2002) eine große Rolle, insbesondere bei der Aufrechterhaltung der öffentlichen Ordnung sowie im Einsatz zur Aufrechterhaltung der Versorgung, der staatlichen Infrastruktur und der Ölindustrie während der Generalstreiks 2002 und 2003 (Pion-Berlin/Trinkunas 2005; Trinkunas 2005).

Zudem ist der Einfluss der Streitkräfte im Bereich der Elitenrekrutierung gestiegen, da die Regierung Chávez Schlüsselpositionen mit loyalen Offizieren besetzt: nahezu ein Drittel der Kabinettsmitglieder haben einen militärischen Karrierehintergrund; ähnliches gilt für den persönlichen Stab des Präsidenten, Staatsbehörden und leitende Posten im staatlichen Ölunternehmen *Petrolos de Venezuela*. Umgekehrt setzt Chávez auf die Schaffung politischer Loyalitäten im Militär durch persönliche Kontrolle des Beförderungsprozesses, Expansion des Aufgabenportfolios des Militärs und Zentralisierung der zivilen Eingriffsmöglichkeiten in die militärischen Strukturen auf die Person des Präsidenten (Trinkunas 2005: 214).

## 5.2.4   Fazit

Drei Faktoren haben das Verhältnis von Militär und Politik in Lateinamerika im 20. Jahrhundert nachhaltig geprägt (vgl. auch Bowman 2002: 37f.). Erstens ist die frühe Weichenstellung auf einen dominanten internen Fokus der lateinamerikanischen Armeen und ihre Entwicklung als von den eigenen Gesellschaften größtenteils autonome, hierarchische und kohäsive Institution zu nennen. Die Ursprünge dieser Eigenschaften reichen bis in das 19.

Jahrhundert zurück. Damit einher ging die Berufung der Streitkräfte auf ihre Verantwortung für den Schutz des Vaterlandes *(la patria)* und der Werte des katholischen Abendlandes vor progressiven Werten und der kommunistischen Subversion (Loveman 1999).

Zweitens hatten die USA einen herausragenden Einfluss auf die Entwicklung der politischen Rolle lateinamerikanischer Streitkräfte in der zweiten Hälfte des 20. Jahrhunderts. Der „lange Schatten der USA" (Bowman 2002: 33) zeigte sich während des Ost-West-Konflikts in der Ausbreitung einer nach innen gerichteten „Doktrin der Nationalen Sicherheit" und der Unterstützung für die Militärregime im „schmutzigen Krieg" gegen die eigene Gesellschaft. Für Mittelamerika ist die enge Bindung zwischen den Streitkräften und herrschenden Oligarchien der zentralamerikanischen Staaten und den USA zu nennen sowie die amerikanische Unterstützung für die Rechtsdiktaturen in der Region, einschließlich der Hinnahme brutalster Repression gegen Oppositionelle, Andersdenkende oder der Sympathie für die linksrevolutionären Guerillas verdächtige Personen und ganze Bevölkerungsgruppen. Doch auch nach dem Ende der Blockkonfrontation wirkt der amerikanische Einfluss auf die zivil-militärischen Beziehungen der südlichen Nachbarstaaten fort, wenngleich in anderer Hinsicht: Die geänderte Haltung der USA gegenüber Demokratie, Menschenrechten und Fragen der „guten Regierungsführung" auch im Sicherheitssektor („security sector governance") bietet Anreize und Unterstützung für zivile Akteure bei der Neuordnung ihrer zivil-militärischen Beziehungen. Sie erhöht zugleich die materiellen und nicht-materiellen Kosten für lateinamerikanische Militärs, sich gegen solche Reformen zu stellen oder offen gegen die zivile Führung zu rebellieren.

Drittens ist das Fehlen einer glaubhaften regionalen oder internationalen Bedrohung für die nationale Sicherheit anzuführen. Damit beruhten die Existenzberechtigung der Streitkräfte und ihre Vormundschaft über Politik und Gesellschaft alleine auf der wahrgenommenen Bedrohung im Inneren.[63] Innerstaatliche Konflikte jedoch beeinflussen die Entwicklung zivil-militärischer Beziehungen in einer anderen Weise als zwischenstaatliche Konflikte. Bereits Huntington (1962: 22) hat festgestellt, dass der Funktionswandel des Militärs in innerstaatlichen Konflikten drastische Konsequenzen für die Einstellungen des Offizierskorps gegenüber der Gesellschaft, den politischen Autoritäten und der Idee der zivilen Kontrolle (vgl. auch Stepan 1988; Alagappa 2001c).

Zu Beginn des 21. Jahrhunderts scheint der Kreislauf von politischer Krise und Militärintervention, der über lange Phasen des 20. Jahrhunderts die Politik der meisten Staaten Lateinamerikas bestimmte (Cheibub 2007: 160), vorerst zum Stillstand gekommen zu sein. Einen

---

[63]  Die empirische Evidenz ist eindeutig. Im 20. Jahrhundert gab es nur drei bedeutungsvolle zwischenstaatliche Kriege in Lateinamerika: den Chaco-Krieg zwischen Bolivien und Paraguay (1932-1935), den „Fußball-Krieg" zwischen El Salvador und Honduras (1969) sowie den Falklands/Malvinas-Krieg zwischen Argentinien und dem Vereinigten Königreich (1982). Auch die Daten der quantitativen Konfliktforschung zeigen, dass lateinamerikanische Staaten sehr selten Kriege gegeneinander geführt haben, dafür aber überdurchschnittlich häufig Schauplatz innerstaatlicher Kriege waren. Nach Auswertung der Daten des Correlates of War (COW) Projekts durch Bowman und Eudaily (1999) wurden lediglich 9 der insgesamt 75 zwischenstaatlichen Kriege mit 1.000 oder mehr Toten im Zeitraum 1816 bis 1992 in der Region ausgetragen, davon nur einer (der „Fußball-Krieg") nach dem Zweiten Weltkrieg. Zudem waren diese Kriege von kurzer Dauer und mit relativ geringer Opferintensität. Hingegen zählt der COW 48 Bürgerkriege in der Region, was einem Anteil von 32% aller registrierten innerstaatlichen Kriege entspricht.

Hinweis auf die neue Stabilität der zivil-militärischen Beziehungen seit Beginn der „dritten Demokratisierungswelle" liefern die Daten von Pérez-Liñán (2007). Demnach erlebten in den 1960er Jahren insgesamt 16,8% aller politischen Regime in der Region und 19% der Staaten mit einem in allgemeinen, hinreichend freien und fairen Wahlen gewählten Kongress und Präsidenten („kompetitive Regime") eine Militärrebellion. Im Zeitraum 1990 bis 2004 waren es nur noch 3,7% (alle politischen Systeme) bzw. 3,9% (nur kompetitive Regime). Noch deutlicher ist der Trend bei den Interventionen, in denen das Militär einen Präsidenten stürzte, oder die Schließung der Legislative erzwingen konnte (s. Tab. 5.2).

**Tab. 5.2:** *Militärerhebungen in Lateinamerika, 1950-2004*

| Dekade | Alle Regime | | | Kompetitive Regime | | |
|---|---|---|---|---|---|---|
| | *Länderjahre (N)* | *Militär-rebellion (%)* | *Erfolgreiche Coups (%)* | *Länderjahre (N)* | *Militär-rebellion (%)* | *Erfolgreiche Coups (%)* |
| **1950-59** | 190 | 14,2 | 7,9 | 81 | 13,6 | 7,4 |
| **1960-69** | 190 | 16,8 | 9,5 | 100 | 19 | 11 |
| **1970-79** | 190 | 12,1 | 9,5 | 54 | 13 | 11,1 |
| **1980-89** | 190 | 8,9 | 4,2 | 113 | 7,1 | 1,8 |
| **1990-99** | 190 | 3,7 | 1,1 | 178 | 3,9 | 1,1 |
| **2000-04** | 95 | 3,2 | 1,1 | 90 | 3,3 | 1,1 |
| *Gesamt* | *1.045* | *10,4* | *5,9* | *616* | *8,9* | *4,5* |

Anmerkung: Analyseeinheit sind Länderjahre (z.B. Argentinien 1950). Militärrebellion bezeichnet jeden Versuch des Militärs, einen Präsidenten oder ein Parlament des Amtes zu entheben. „Alle Regime" umfasst kompetitive Regime und Autokratien. „Kompetitive Regime": nur minimaldemokratische Regime.
Quelle: Pérez-Liñán 2007: 43.

Die Ursachen dieser Entwicklung sind vielfältig. Zum einen ist die geänderte nationale Bedrohungslage nach dem Ende der Antiregimekriege in Zentralamerika (Krennerich 1996) und dem Niedergang revolutionärer Gruppen wie der brasilianischen Stadtguerilla, den Tupamaros in Uruguay und der Montoneros in Argentinien (Kurz 2008; Rübenach 2008) zu nennen. Zudem ist das Militär gegenwärtig, außer in Kolumbien und Peru, nicht in innerstaatliche bewaffnete Konflikte involviert. Zum anderen hat sich das relative Machtgleichgewicht in den jungen Demokratien Südamerikas zu Ungunsten des Militärs verschoben, da Konflikte zwischen Präsident und Kongress, die früher in einen Militärputsch und den Zusammenbruch der Demokratie mündeten, heute innerhalb konstitutioneller Verfahren, in Verhandlungen zwischen den Staatsgewalten, oder den durch Massenmobilisierung erzwungenen Amtsverzicht des Präsidenten beigelegt werden (Pérez-Liñán 2007: 40ff.).

Die Gründe für die „Entmilitarisierung präsidentieller Krisen" (ebd.) liegen einmal in der fehlenden Akzeptanz gegenüber Militärinterventionen in den westlichen Partnerstaaten und vor allem in den Vereinigten Staaten. Insbesondere haben die höhere Legitimität demokratischer Institutionen, das Aufkommen neuer Techniken und Akteure der Massenmobilisierung sowie das politische Lernen der zivilen Eliten dazu beigetragen, dass die zivilen Konfliktparteien inzwischen deutlich seltener an das Militär als „vermittelnde Macht" appellieren (ebd.). Auch stehen die Streitkräfte aufgrund der Erfahrungen mit dem Scheitern ihrer Herrschaft und den negativen Auswirkungen auf den Zusammenhalt der Institution Militär einer direkten politischen Rolle zunehmend skeptisch gegenüber. Damit sind die politischen und institutionellen Kosten für einen Militärputsch zu Beginn des 21. Jahrhunderts deutlich höher und seine Erfolgsaussichten deutlich schlechter als jemals zuvor in der jüngeren Geschichte des Kontinents. In dieser Hinsicht verfügen die lateinamerikanischen Militärs inzwischen über kein glaubwürdiges Drohpotential mehr (Pion-Berlin/Trinkunas 2010: 397).

Allerdings markiert das geänderte sicherheitspolitische Umfeld seit Anfang der 1990er Jahren auch den Beginn einer neuen Periode in der Entwicklung des Rollenverständnisses lateinamerikanischer Streitkräfte (Krämer/Kuhn 2006: 45). Angesichts der kaum mehr bestimmbaren klassischen Aufgabe der nationalen Verteidigung gegen einen äußeren Feind hat sich das Militär neuen Aufgaben zugewandt. Neben der Beteiligung an internationalen Missionen (insbesondere Brasilien, Chile, Argentinien) betrifft dies so unterschiedliche Bereiche wie die Bekämpfung der organisierten Kriminalität, des Drogenanbaus und des Drogenhandels, die Aufrechterhaltung der öffentlichen Ordnung in Grenzregionen oder schwer zugänglichen Gebieten im Landesinneren (etwa in Amazonien), die Terrorismusabwehr sowie die Unterstützung von zivilen Behörden bei der Katastrophenhilfe. Besonders ausgeprägt ist diese Entwicklung in Mexiko, Brasilien und Zentralamerika sowie unter autoritären Vorzeichen in der staatlichen Wirtschafts- und Sozialpolitik in Kuba und Venezuela (Diamint 2003; Pion-Berlin/Trinkunas 2005; Krämer/Kuhn 2006: 45f.).

Im Unterschied zu früher geschieht dies heute jedoch meist nach Maßgabe der Zivilisten. Dennoch bleibt die schwache (Ecuador, Guatemala, El Salvador, Honduras und Venezuela) oder nur eingeschränkt effektive Aufsicht der demokratisch legitimierten Autoritäten eine potentielle Gefahr für die Stabilität der zivil-militärischen Beziehungen und der Demokratie im Allgemeinen. Denn trotz einer deutlichen Verschiebung der Machtdifferentiale zugunsten der zivilen Politik in Staaten wie Brasilien, Peru und insbesondere in Chile lässt sich im Falle der jungen Demokratien bislang nur für Argentinien und Uruguay von einer vollständig institutionalisierten zivilen Kontrolle sprechen.

Ohne Zweifel geht der generelle Trend in der Region hin zu einer stärkeren zivilen Aufsicht und gegen direkte Militärinterventionen. Auch ist die institutionelle „hardware" der zivilen Kontrolle (Cottey et al. 2002a) in den vergangenen etwa zehn Jahren in vielen Länder gestärkt worden (Pion-Berlin 2009). Deutlich schwächer sind jedoch die Fortschritte hinsichtlich der Verankerung demokratiekompatibler Normen, Werte und Überzeugungen der zivilen Suprematie im Militär selbst in den Erfolgsfällen zivil-militärischer Reformen. Hinzu kommen Reformaspekte der „zweiten Generation" (Cottey et al. 2002a), wie der Aufbau ausreichender ziviler Expertise in Militärfragen, die Steigerung der Funktionsfähigkeit ziviler Strukturen und die Neuausrichtung der Finanzierung, Organisation, Ausbildung und Ausstattung der Streitkräfte an den sich verändernden Funktionszuschreibungen des Militärs zu Beginn des 21. Jahrhunderts. In dieser Hinsicht ähneln die aktuellen Herausforderungen Lateinamerika den Problemlagen, wie sie in Osteuropa bestehenden.

# 5.3 Militär und Politik in Osteuropa

Die Systemwechsel in Osteuropa und den Nachfolgestaaten der Sowjetunion ab 1989 unterscheiden sich aufgrund ihrer Ausgangsbedingungen und Herausforderungen von den Transformationsprozessen in anderen Weltregionen. Sie werden daher in Teilen der Literatur als „Vierte Demokratisierungswelle" bezeichnet (Beyme 1994). Claus Offe (1991) hat die besondere Problematik der postkommunistischen Transformationen als „Dilemma der Gleichzeitigkeit" charakterisiert: im Unterschied zu Südeuropa und Lateinamerika vollzogen sich die Regimeübergänge in den kommunistisch-autoritären Parteiregimen[64] parallel zur wirtschaftlichen Transformation von der Plan- zur Marktwirtschaft. Im Baltikum, in Jugoslawien, der Gemeinschaft Unabhängiger Staaten (GUS) sowie in Tschechien und der Slowakei ging die Transformation von Wirtschaft und Politik zudem mit der Gründung neuer Nationalstaaten einher (Offe 1991, 1994). Das „Dilemma" der postkommunistischen Transformationen ergibt sich daraus, dass Entscheidungen auf den unterschiedlichen Ebenen der Transformation gleichzeitig getroffen werden müssen. Jede Transformationsebene folgt einer eigenen Entwicklungslogik, ist zugleich aber interdependent zu den anderen Ebenen. Hieraus resultieren „wechselseitige Obstruktionseffekte" (Offe 1991: 283) zwischen Demokratisierung, Wirtschaftsumbau und (National)Staatsbildung:[65]

*„Erst eine entwickelte Marktwirtschaft erzeugt die sozialstrukturellen Bedingungen für stabile Demokratie und ermöglicht soziale Kompromissbildung. [...] Die Einführung der Marktwirtschaft in postsozialistischen Gesellschaften ist ein 'politisches Projekt' das nur auf der Basis starker demokratischer Legitimation Erfolgsaussichten hat." (Offe 1994: 71)*

Entgegen den skeptischen Prognosen zur (Un-)Möglichkeit der gleichzeitigen Transformation von Staat und Nation, Regime und Wirtschaftssystem sind viele osteuropäische Demokratisierungen erfolgreich verlaufen. Dabei haben sich die Demokratien in Ostmitteleuropa und den baltischen Staaten trotz der Kumulation ihrer Problemlasten deutlich rascher konsolidierten als in Lateinamerika oder Südeuropa (Schmitter/Schneider 2004). Nach den Daten von Freedom House und dem Bertelsmann Transformation Index (BTI) haben viele dieser politischen Systeme auch ein beachtliches Maß an demokratischer Qualität erlangt (Bertelsmann Stiftung 2009; Merkel 2007).[66]

---

[64] Wir folgen den meisten politikwissenschaftlichen Analysen und verstehen die osteuropäischen Diktaturen einschließlich der Sowjetunion nach dem Ende der stalinistischen Phase nicht als totalitäre Regime (Beyme 1994; Linz/Stepan 1996; Beichelt 2001; Merkel 2010a).

[65] Zur Unterscheidung von Staatsbildung im Sinne der Etablierung und Sicherung eines staatlichen Gewaltmonopols, institutioneller Kapazität und Administrationsfähigkeit der Staatsbürokratie einerseits und Nationsbildung als Prozess der Herausbildung einer allgemein anerkennten und geteilten nationalen Identität einer politischen Gemeinschaft andererseits vgl. Kuzio (2001) und Fukuyama (2005).

[66] Insbesondere in Rumänien und Bulgarien existieren erhebliche Probleme mit Korruption, organisierter Kriminalität und schwacher Rechtsstaatlichkeit, doch die meisten neuen EU-Mitglieder unterscheiden sich hinsichtlich der Qualität und Stabilität ihrer demokratischen Systeme „nicht wesentlich von den westeuropäischen Demokratien" oder den jungen Demokratien Südeuropas (Merkel 2007: 426).

*Tab. 5.3:* *Postkommunistische Staaten in Ostmittel- und Südosteuropa sowie der GUS[1]*

| | Elektorale Demokratie | | Autokratie | |
|---|---|---|---|---|
| | *NATO* | „Partnerschaft für den Frieden" | *NATO* | „Partnerschaft für den Frieden" |
| **Ostmittel- und Südosteuropa** | *Albanien* | | | |
| | *Bulgarien* | | | |
| | *Estland* | | | |
| | *Kroatien* | | | |
| | *Lettland* | Bosnien | | |
| | *Litauen* | Mazedonien | | |
| | *Polen* | Montenegro | | |
| | *Rumänien* | Serbien | | |
| | *Slowakei* | | | |
| | *Slowenien* | | | |
| | *Tschechien* | | | |
| | *Ungarn* | | | |
| **Gemeinschaft Unabhängiger Staaten** | | Moldawien | | Armenien |
| | | Ukraine | | Aserbaidschan |
| | | | | Belarus |
| | | | | Georgien[2] |
| | | | | Kasachstan |
| | | | | Kirgistan |
| | | | | Russland |
| | | | | Tadschikistan |
| | | | | Turkmenistan |
| | | | | Usbekistan |

Anmerkung: Die kursiv gesetzten Länder sind rechtstaatliche Demokratien und mit Ausnahme von Kroatien (Beitrittsverhandlungen seit Oktober 2005) auch Mitglied der EU. Die Tschechische Republik, Ungarn und Polen traten 1999 der NATO bei, Bulgarien, Estland, Litauen, Lettland, Rumänien, die Slowakei und Slowenien folgten 2004, Albanien und Kroatien 2009. [1] Ohne Kosovo und DDR. [2] Georgien ist zum August 2009 aus der GUS ausgetreten. Quelle: Klassifikation des Regimetyps nach Freedom House 2010a; Angaben zur Partnership for Peace (PfP) und NATO-Mitgliedschaft nach NATO 2010 http://www.nato.int/cps/en/natolive/topics_50349.htm

Doch es muss auch differenziert werden. Die baltischen Staaten, Polen, Tschechien, Ungarn und die Slowakei sind konsolidierte rechtsstaatliche Demokratien (Merkel 2007, 2010a). Die ehemaligen jugoslawischen Staaten werden von Freedom House und dem BTI durchweg als demokratisch klassifiziert, doch Mazedonien, Montenegro sowie Bosnien und Herzegowina (und Albanien) sind defekte Demokratien (Brusis 2009). Hingegen finden sich in der Gemeinschaft Unabhängiger Staaten nur zwei (defekte) Demokratien (Moldawien, Ukraine). Die übrigen Nachfolgestaaten der Sowjetunion, darunter auch Putins „gelenkte Demokratie" in Russland, werden nach Freedom House autokratisch regiert (siehe Tab. 5.3).[67] Die weit

---

[67]  Der BTI 2010 klassifiziert Russland und Georgien als (stark) defekte Demokratien.

fortgeschrittene Konsolidierung der Demokratie in Ostmitteleuropa und im Baltikum doku-
mentiert sich in der Erfüllung der Kopenhagen-Kriterien der Europäischen Union und der
raschen Aufnahme in die EU. Zudem gehören alle Staaten des ehemaligen Warschauer
Paktes in Ostmitteleuropa und dem Baltikum sowie Kroatien, Slowenien und Albanien mittlerweile zur NATO. Die Aussicht auf den Beitritt zum Nordatlantikpakt hatte in diesen Ländern einen katalytischen Effekt auf die Reform der zivil-militärischen Beziehungen, da die
NATO in den 1990ern die zivile Kontrolle als ein Kriterium für die Aufnahme neuer Mitglieder festlegte (Szayna 1998: 119; Borissova 2006: 191).

Die Gründe für die raschen Demokratisierungserfolge vor allem in Ostmitteleuropa können
an dieser Stelle nur knapp angesprochen werden. Wolfgang Merkel nennt drei Variablen,
„die einen Großteil [...] erklären" (2007: 427): das im Vergleich zu anderen Regionen und
insbesondere zur GUS hohe sozio-ökonomische Modernisierungsniveau (insbesondere ein
hoher Bildungsstand) der Gesellschaften, gepaart mit vergleichsweise schwachen ökonomischen Ungleichheiten; die vergleichsweise effektive und die Transformation überdauernde
Staatlichkeit sowie das erfolgreiche Anreizsystem der Europäischen Union (ebd.: 427ff.).
Hinzuzufügen ist das Fehlen machtvoller Vetomächte wie dem Militär, die die Anpassung
der politischen Normen und Institutionen an die Standards der rechtsstaatlichen Demokratie
hätten verzögern oder blockieren können (Przeworski 2003). Im Unterschied zu den meisten
Ländern in Lateinamerika und Asien (s. Kapitel 5.2 und 5.4) unterlagen die Streitkräfte der
Staaten des ehemaligen Warschauer Paktes einem komplexen System der Kontrolle, Manipu-
lation und Sozialisation durch die kommunistische Partei. Zwar besaß die Generalität in
Militär- und Verteidigungsfragen ein relativ hohes Maß an Autonomie gegenüber den nationalen Parteiführungen. Die eigenständigen Befugnisse bewegten sich jedoch innerhalb der
engen Grenzen, die von der Führung in Moskau und dem sowjetischen Generalstab gesetzt
wurden und denen die osteuropäischen Militärs (wie auch die kommunistischen Parteien)
verantwortlich waren (Barany 1997; Born et al. 2006a: 8).

Die in Lateinamerika und Ostasien lange beherrschende Frage nach dem Putschpotential des
Militärs war im gesamten postkommunistischen Raum ohne Belang. Selbst in Polen, wo ein
„Armeerat der Nationalen Errettung" im Dezember 1981 vorübergehend die Macht übernahm, agierte das Militär nicht als unabhängiger Machtfaktor, sondern als „Partei in Uniform" (Perlmutter/LeoGrande 1982; vgl. Agüero 1998: 385). Der fehlgeschlagene Staatsstreich 1991 in der Sowjetunion war eher ein ziviler Coup als eine Militärrebellion und auch
in eskalierenden innenpolitischen Konflikten wie zwischen Präsident und Duma in Russland
(1993) oder der „Orangenen Revolution" in der Ukraine (2004) zog die postsowjetische
Generalität es vor, in den Kasernen zu bleiben (Taylor 2001, 2003b; Forster 2006: 23). In der
Frühphase der osteuropäischen Transitionen waren die Reformbestrebungen daher nicht auf
die Demilitarisierung der Politik gerichtet, sondern auf die rasche Entpolitisierung der Streitkräfte, ihre „Renationalisierung" und Unterstellung unter die Autorität der demokratisch
legitimierten Institutionen (Barany 1997).

Die Mehrzahl der ostmittel- und südosteuropäischen Demokratien hat mittlerweile die wesentlichen Ziele dieser „ersten Generation" von Reformen erreicht. Die zivile Kontrolle über
das Militär funktioniert zuverlässig, die Streitkräfte sind politisch neutral, folgen den gewählten politischen Autoritäten und agieren innerhalb der in demokratischen Verfahren gesetzten,

rechtsstaatlichen Normen und Institutionen. Mit dem Fortschreiten der Transformation und im Zusammenhang mit dem angestrebten NATO-Beitritt haben stattdessen Reformen der „zweiten Generation" an Bedeutung gewonnen (Forster 2006: 20). In vielen Ländern werden sie dadurch erschwert, dass nationale Strukturen erst geschaffen werden mussten, da Sicherheits- und Militärpolitik zu Zeiten des Warschauer Paktes von Moskau monopolisiert worden waren. Ein damit zusammenhängendes Problem ist der Mangel an militärischer, verteidigungs- und sicherheitspolitischer Erfahrung und Expertise auf Seiten der zivilen Entscheidungsträger (Betz 2004; Epstein 2008; Nelson 2002b; Cottey et al. 2002a). Zwar erschwert das Fehlen ziviler Expertise auch in anderen Weltregionen die Transformation der zivilmilitärischen Beziehungen. In Osteuropa ist die Problematik jedoch aufgrund der starken Geheimhaltung, die den Sicherheitssektor zu kommunistischen Zeiten umgab, besonders ausgeprägt (Born et al. 2006a: 8).

Nachfolgend werden diese Prozesse in vier Schritten analysiert. Aufgrund der hohen Fallzahl konzentrieren wir uns auf den Vergleich von Ostmitteleuropa und Russland. Im ersten Schritt gehen wir auf die Besonderheiten der zivil-militärischen Beziehungen in den kommunistischen Parteiregimen des Warschauer Paktes ein. Die Rolle des Militärs in den Regimeübergängen steht im Zentrum des zweiten Abschnitts. Der dritte Teil beschäftigt sich mit der Institutionalisierung demokratischer ziviler Kontrolle in den postkommunistischen Reformstaaten. Der vierte Abschnitt liefert ein knappes Fazit.

### 5.3.1  Die Besonderheiten der zivil-militärischen Beziehungen im kommunistischen Osteuropa

Die charakteristischen Merkmale der Parteikontrolle in kommunistischen Diktaturen sind bereits diskutiert worden (vgl. Kapitel 3.2 und 4.1). Oberstes Strukturprinzip der zivilmilitärischen Beziehungen war die Suprematie der Partei über die bewaffneten Organe des Staates. Dies gilt auch für alle Entwicklungsphasen der kommunistischen Autokratie in den Staaten des Warschauer Paktes und analog für Jugoslawien und Albanien. Gleichzeitig waren die Streitkräfte auf allen Ebenen mit Parteiorganisationen durchsetzt. Ein dichtes Netzwerk an Überwachungsmechanismen durchzog die Streitkräfte, und Politoffiziere in den Einheiten sollten die Folgebereitschaft der Karriereoffiziere sicherstellen. Der Eintritt in das Offizierskorps setzte in der Regel die Parteimitgliedschaft voraus. Höhere Positionen waren meist nur für Offiziere zugänglich, die an einer der sowjetischen Militärschulen ausgebildet worden waren (Betz 2004: 4). Die tatsächliche Bedeutung der Regimeideologie für das Rollenverständnis der Offiziere und das Selbstverständnis des Militärs als Institution dürfte jedoch im Laufe der Zeit deutlich abgenommen haben. Mit dem Wandel der kommunistischen Diktaturen vom „revolutionären" zum „etablierten Einparteiensystem" (Huntington 1970) waren faktisch die Aufgabe des revolutionären Anspruchs und die Bürokratisierung der Herrschaft verbunden (Linz/Stepan 1996: 235ff.). Der Bedeutungsverlust der Ideologie für das Funktionieren von Regime und Gesellschaft hat auch im Militär gewirkt. Insgesamt dürfte das Militär der Partei gegenüber eher aufgrund institutioneller Interessen loyal gewesen sein, so Timothy Colton (1990: 175ff.), als aus ideologischen Gründen.

Das Militär in den kommunistisch-autoritären Systemen hatte die doppelte Funktion der Gewährleistung von Sicherheit nach außen und dem Regimeerhalt nach innen. Allerdings verfügten alle kommunistischen Herrschaftsparteien über paramilitärische Spezialkräfte, bewaffnete Einheiten der Sicherheitsdienste und Milizen, die außerhalb der militärischen Befehlskette dem Kommando der Partei unterstanden und als Gegengewichte zu den regulären Streitkräften wirkten. Obwohl hochrangige Militärs in die Staats- und Parteibürokratie kooptiert wurden, war ihr Einfluss auf politische Entscheidungen jenseits der Sicherheits- und Verteidigungspolitik begrenzt. Militärführer in herausgehobener politischer Stellung wie der Staats- und Parteichef General Jaruzelski in Polen waren die Ausnahme und Teil der „Partei in Uniform". Damit wurden sie zwar in die Faktions- und Flügelkämpfe der Partei hineingezogen, entwickelten aber anders als die „neuprofessionellen" Militärs in Lateinamerika keinen eigenständigen Herrschaftsanspruch.

In den Staaten des Warschauer Pakts orientierte sich die institutionelle Organisation des Verteidigungsapparates am Vorbild der Sowjetunion (Betz 2004: 72). Dies beinhaltete den Verzicht auf ein zivil geführtes Verteidigungsministerium und seine faktische Umwandlung in ein operatives Hauptquartier der Streitkräfte, in dem Entscheidungsprozesse ohne Einwirkung von Zivilisten in verantwortungsvollen Positionen abliefen. Es gab darüber hinaus auch keine institutionelle Einheit aus Ministeramt, zivilem bürokratischen Apparat und Generalstab der Streitkräfte. Vielmehr rekrutierte sich das Verteidigungsministerium vollständig aus dem Militärapparat, der sich wiederum in verschiedene Dienste unterteilte (ebd.: 73). Daraus entwickelte sich die Ausweitung und Institutionalisierung unabhängiger Handlungsspielräume der Generalität im Verteidigungs- und Sicherheitsbereich.

Allerdings beruhte die gesamte Militärpolitik im Machtbereich der Sowjetunion auf der fast vollständigen Unterstellung der Truppen der Warschauer Pakt-Staaten unter das Vereinte Oberkommando, welches wiederum dem Kommando des sowjetischen Generalstabs unterstand. Daher galt die Autonomie des Militärs in den eigenen Kompetenzbereichen nur im nationalen Binnenverhältnis von Partei und Militär. Hierin unterschieden sich die zivilmilitärischen Beziehungen in den betroffenen kommunistischen Regimen deutlich von Jugoslawien (bis 1991), der VR China und Nordkorea oder von der Sowjetunion selbst, wo Militärführung und militärisch-industrielle Bürokratie alleine den nationalen Parteiführern rechenschaftspflichtig waren. Der faktische Prinzipal der Streitkräfte im Warschauer Pakt war nicht die jeweilige nationale Parteiführung, sondern die Militär- und Staatsführung in der UdSSR. Exemplarisch waren die Verhältnisse in der Tschechoslowakei, deren Streitkräfte als Teil der integrierten Strukturen des Warschauer Paktes direkt dem sowjetischen Generalstab in Moskau unterstanden. Sowjetische Generäle gaben ihre Anweisungen unmittelbar an das tschechoslowakische Militär und bestimmten ohne verantwortliches Mitwirken der nationalen Führung Aufträge und Ziele (Szayna 1998: 107).

Darüber hinaus unterscheidet Barany (1997: 22f.) zwei Grundtypen der zivil-militärischen Beziehungen im spätkommunistischen Ostmitteleuropa. Das „professionalisierte Muster" findet sich Ungarn und Polen. Das „politisierte" Muster charakterisiert die Verhältnisse in Bulgarien, der Tschechoslowakei, Rumänien und der DDR. Im ersten Fall kennzeichnete

eine relative Politikferne die Streitkräfte. Zudem genoss das Militär eine recht hohe gesellschaftliche Akzeptanz (Kramer 1998; Szayna 1998).[68] Im Unterschied dazu war die Parteikontrolle in den Ländern der zweiten Kategorie extensiver und intensiver, der gesellschaftliche Status der Streitkräfte war prekärer und die politische Zuverlässigkeit des Offizierskorps
hatte höhere Bedeutung als Kriterien der professionellen Eignung. Rumänien unter Nicolae
Ceausescu (1968-1989) bildet in dieser Kategorie den Extremfall (Barany 1997: 25). Im
Unterschied zu den kommunistischen Eliten in den Nachbarstaaten vertraute der
„Conducator" („Führer") bei der Kontrolle des Militärs besonders auf direkte politische Einflussnahme und weniger auf positive Anreize wie die Gewährung von materiellen Privilegien
oder Karrierechancen für loyale Offiziere. Die Führung der „Machtministerien" Inneres und
Verteidigung sowie die Spitzenpositionen im Militär wurden regelmäßig ausgetauscht, um
das Entstehen eines vom Diktator unabhängigen Machtpotentials zu verhindern. Ähnlich wie
andere staatliche Institutionen verkam das rumänische Militär dadurch zu einem persönlichen Herrschaftsinstrument Ceausescus (Crowther 1989). Paramilitärische Gegenkräfte,
insbesondere die berüchtigte „Abteilung für Staatssicherheit" im Innenministerium (kurz:
*Securitate*), wurden dem Militär gegenüber systematisch bevorzugt (Nelson 1988: 175ff.).

## 5.3.2    Das Militär im Übergang zur Demokratie

Im Vergleich zu Lateinamerika, Südeuropa und Ostasien waren Fragen der zivil-militärischen Beziehungen für das Gelingen der osteuropäischen Systemwechsel von weit gerin-
gerer Bedeutung. Dies ist zunächst auf die Tatsache zurückzuführen, dass aufgrund der fest
institutionalisierten und vom Offizierskorps akzeptierten Suprematie der kommunistischen
Herrschaftsparteien kein autonomes Machtpotential der Streitkräfte gegeben war (Barany
1997; Przeworski 2003: 82). Die osteuropäischen Regimeübergänge vollzogen sich als Se-
quenz von Regimekollaps und Staatsende (Tschechoslowakei, DDR), wurden von den zivilen Regimeeliten und der Opposition ausgehandelt (Ungarn, Polen) oder durch Teile der
alten kommunistischen Regimeeliten gelenkt (Albanien, zeitweise Bulgarien, Rumänien).
Der Transformationspfad in den baltischen Staaten entsprach weitgehend dem Typ des pak-
tierten Übergangs, während die politischen Systemwechsel während des Zerfalls der Sowjetunion und der Staatenneugründung größtenteils von Vertretern der alten Regimeelite gelenkt
wurden. Mit der Ausnahme von Jugoslawien verliefen die Systemwechsel im Zuge der Staatenneubildung erstaunlich friedlich (Munck/Leff 1997; Merkel 2010a: 340ff.).

Die Institutionalisierung der Demokratie resultierte in der Einführung unterschiedlicher Ver-
fassungsordnungen und demokratischer Regierungssysteme (vgl. Tabelle 5.4). Der Ausschluss des Militärs von den Aushandlungsprozessen und die fast reaktionslose Implosion
der verkrusteten Parteiregime, ohne dass die kommunistischen Führungen das Militär gegen
die Opposition in Marsch setzten, hatten zur Folge, dass die Streitkräfte keinen nennenswer-
ten Einfluss auf den Verlauf und das Ergebnis der Transition nehmen konnten. Die Frage,
welches Regierungssystem eingeführt wurde und welche Institution (Präsident, Premier,

---

[68]    So saß in Ungarn seit den späten 1950er Jahren kein Militär mehr im Politbüro der kommunistischen Partei. In
Polen hatte auch der Einsatz des Militärs gegen streikende Arbeiter 1956 und 1970 das traditionell hohe Ansehen der Streitkräfte nicht nachhaltig beschädigt (Kramer 1998: 133).

Verteidigungsminister) von der Verfassung mit welchen Kompetenzen hinsichtlich der Streitkräfte ausgestattet wurde, hatte mitunter aber Implikationen für die Reform der zivil-militärischen Beziehungen in der post-autoritären Phase (siehe Abschnitt 5.3.3). An dieser Stelle lässt sich zunächst festhalten, dass mit Ausnahme der wenigen Tage während und unmittelbar nach dem Sturz Ceausescus sowie in der Endphase der Sowjetunion das Militär in den osteuropäischen Regimeübergängen politisch kaum in Erscheinung getreten ist. Folglich gab es keinen postkommunistischen Systemwechsel, in dem das Militär den zivilen Eliten institutionelle Vorrechte und politische Einflussmöglichkeiten abtrotzen konnte. Befürchtungen in einigen Ländern, wonach das Militär versuchen könnte, durch Obstruktion politische Konzessionen zu erzwingen, erwiesen sich als unbegründet.

***Tab. 5.4:*** *Transitionsmodus und Typ des Regierungssystems*

| Regierungssystem<br><br>**Verlaufsform der Transition** | *Präsidentiell* | *Semipräsidentiell* | | *Parlamentarisch* |
|---|---|---|---|---|
| | | *Präsidentiell-parlamentarisch* | *Premier-präsidentiell* | |
| *Von alten Regimeeliten gelenkt* | | Rumänien | Bulgarien | Albanien |
| *Ausgehandelt* | | | Polen | Ungarn |
| *Regimekollaps* | | | | Tschechoslowakei<br>DDR |
| *Staatsneugründung* | Belarus<br>Kasachstan<br>Tadschikistan<br>Usbekistan<br>Georgien<br>Turkmenistan | Armenien<br>Kirgistan<br>Lettland<br>Russland | Kroatien (ab 2001)<br>Litauen<br>Serbien<br>Ukraine (ab 2006) | Estland<br>Lettland<br>Mazedonien<br>Moldawien (ab 2000)<br>Tschechien<br>Restjugoslawien<br>Slowakei<br>Slowenien |

Anmerkung: Die Klassifikation postkommunistischer Regierungssysteme variiert aufgrund von Verfassungsänderungen im Zeitverlauf.
Quelle: zusammengestellt nach Merkel 2010a: 104, 369 und Wolzuk 2007: 241.

Doch dieser Befund bedeutet weder, dass es während der Regimeübergänge keine Konflikte zwischen zivilen Eliten und Militärs gab, noch, dass Reformen der zivil-militärischen Beziehungen nach einem einheitlichen Muster abliefen. Vielmehr lassen sich Unterschiede erkennen, die sich zum großen Teil aus den variierenden Beziehungsmustern von Militär und Partei im autoritären Regime sowie aus den unterschiedlichen Verlaufsformen der Transition ergaben (vgl. auch Linz/Stepan 1996; Barany 1997; Agüero 1998).

In Ungarn und Polen waren die Streitkräfte während der Regimeübergange passiv. Hier verlief die Transition graduell, die zivil-militärischen Beziehungen waren bereits in kommunistischer Zeit relativ „professionalisiert", die oberen Ränge des Militärs von den zivilen Softlinern im Regime kooptiert und die Systemwechsel wurden von den moderaten Regimeeliten zusammen mit Reformern in der Opposition ausgehandelt (Linz/Stepan 1996).

Insbesondere in Ungarn erfolgte die Trennung von Partei und Armee („De-Politisierung" der Streitkräfte) und ihre Herauslösung aus den sowjetisch kontrollierten Strukturen und Institutionen („Re-Nationalisierung") rasch, zumal das Militär diesen Kurs unterstützte. Die Grundlagen der demokratischen Kontrolle wurden noch unter der reformkommunistischen Regierung 1989/90 gelegt (Molnár 2006: 114). Das starke Misstrauen der ersten post-kommunistischen Regierung ab 1990 gegen das vermeintlich „pro-kommunistische" Offizierskorps bewirkte eine rasche Abkehr von dem noch von den Reformkommunisten eingeführten zweigleisigen Modell, wonach der Verteidigungsminister dem Premier, das Oberkommando der Streitkräfte jedoch dem Präsidenten gegenüber verantwortlich war (ebd.: 116). Während sich die politischen Parteien hinsichtlich der Reformagenda weitgehend einig waren (u.a. Abzug der sowjetischen Truppen, Verkleinerung der Streitkräfte und des Wehretats, Ausrichtung der zivilen und militärischen Strukturen auf NATO-Kompatibilität), fehlte es den zivilen Eliten an Erfahrung in militärbezogenen Fragen und im Umgang mit dem Militär. Erschwerend hinzu kam das Misstrauen des Militärs gegenüber den neuen zivilen Entscheidungsträgern, zumal die militärische Elite keine Erfahrungen mit den politischen Prozessen der pluralistischen Demokratie besaß (ebd.: 117), und die hohe Unsicherheit aufgrund externer Ereignisse wie dem gewaltsamen Umsturz in Rumänien, dem Putschversuch in Moskau und dem Beginn des Bürgerkriegs in Jugoslawien.

In Polen rekrutierten sich die moderaten Regimeeliten (u.a. Staats- und Parteichef Jaruzelski) zum Teil selbst aus dem Militär. Bereits die erste nicht-kommunistische Koalitionsregierung unter Premier Mazowiecki (August 1989 bis Dezember 1990) initiierte eine Militärreform und die Trennung von Partei und Armee (Kramer 1998: 137). Verzögernd wirkten aber die ungebrochene Dominanz kommunistischer Kader in verantwortlichen Positionen im Verteidigungssektor und dem nationalen Sicherheitsapparat bis Ende 1990, häufige Regierungswechsel, die heftig umstrittene und erst 1997 gelöste Verfassungsfrage sowie die Konflikte zwischen Staatspräsident Lech Walesa (1990-1995) und dem Parlament (ebd.: 137ff.).

Im Unterschied dazu kam dem Militär in der Tschechoslowakei, Bulgarien und Rumänien eine (potentiell) bedeutendere Rolle zu. Hier waren die zivil-militärischen Beziehungen stärker politisiert als in anderen osteuropäischen Ländern. In der CSSR war die Militärspitze bereit zur Intervention, es fehlten ihr jedoch die politischen Verbündeten, da die kommunistische Führung (ähnlich wie in der DDR) angesichts der Massenmobilisierung ihrer Gesellschaft, der Implosion kommunistischer Herrschaft in den Nachbarstaaten und der Aufgabe der sowjetischen Bestandsgarantie für das Regime vor der Opposition kapitulierte (Szayna 1998: 111). Aus Sicht der neuen demokratischen Autoritäten war das tschechoslowakische Militär eine von der Sowjetunion kontrollierte und vom alten Regime zur Niederhaltung der eigenen Gesellschaft instrumentalisierte Institution. Stärker als in anderen Transformationsländern spiegelte sich das Misstrauen gegen alles Militärische im Auftreten der demokratischen Reformer wider. Zudem erschien die vollständige Unterstellung des Militärs unter demokratische Kontrolle notwendig, um die neugewonnene Handlungsfreiheit gegenüber der UdSSR abzusichern. Um die Loyalität des Offizierskorps zu sichern, wurden die Institutionen der kommunistischen Kontrolle aufgelöst, ein Prozess der politischen Überprüfung des gesamten Offizierskorps eingeleitet und ein Modell der zivil-militärischen Beziehungen mit einem zivilen Verteidigungsminister an der Spitze implementiert (ebd.: 111f.).

Im Gegensatz dazu übernahmen die Streitkräfte in Bulgarien und Rumänien eine aktivere Rolle beim Sturz der autokratischen Führung, entweder indem die Militärführung ihr politisches Gewicht zugunsten der *Softliner* im Regime geltend machte (Bulgarien; vgl. Dimitrov 1999; Vankovska/Wilberg 2003: 80ff.), oder durch Befehlsverweigerung und direkte Unterstützung des Umsturzversuchs der Gegeneliten innerhalb des Regimes (Rumänien). Allerdings agierten die Streitkräfte lediglich als Juniorpartner der zivilen Teileliten. Indem es diesen gelang, den Systemwechsel rasch in ruhigere Bahnen zu lenken und seinen Fortgang zu kontrollieren, verlor das Militär seinen vorübergehenden Einfluss schnell wieder.

In den friedlichen Regimewechseln im Kontext der Staatenneugründung in der Tschechoslowakei (1992), im Baltikum (bis 1991) und den Teilrepubliken der Sowjetunion spielte das Militär außer in Russland keine signifikante Rolle. In Estland, Lettland und Litauen war die Gründung nationaler Streitkräfte zugleich auch ein symbolisch bedeutsamer Schritt in die neugewonnene staatliche Souveränität. Allerdings bestand die besondere Herausforderung für die neuen demokratischen Eliten in den baltischen Staaten (ähnlich wie in der Slowakei nach der Trennung von Tschechien) darin, dass der gesamte Sicherheitssektor einschließlich aller militärischen und zivilen Einrichtungen nicht nur reformiert, sondern von Grund auf neu aufgebaut werden musste (siehe u.a. Gricius/Paulauskas 2002).

In Russland behinderten die generelle Schwäche der staatlichen Institutionen und des Gewaltmonopols der Zentralregierung, die Defizite der demokratischen Institutionalisierung und die allgemeine Verletzlichkeit des Reformprozesses die Entpolitisierung des Militärs (Barany 1999). Ereignisse wie der gescheiterte zivil-militärische Coup gegen Gorbatschow 1991, die russische Verfassungskrise im Oktober 1993 und der vorübergehende politische Aufstieg ehemaliger Militärs wie General Alexander Lebed unterstreichen dies. Als Institution jedoch blieb das Militär auch während des Zerfalls des Sowjetsystems und des Putschversuchs passiv (Dunlop 2003; Taylor 2001, 2003b). Die Zurückhaltung der kommunistischen Militärs hatte ihre Gründe im hierarchischen Charakter und der rigiden Organisationskultur der sowjetischen Streitkräfte und der starken Verankerung des Prinzips der zivilen Suprematie. Aber auch die geringe Kohäsion des Offizierskorps, das Fehlen realistischer politischer Alternativen sowie die geringe Unterstützung von Eliten und Bevölkerung für politische Aktivitäten des Militärs spielten eine wichtige Rolle (Barany 1999, 2007; Taylor 2001: 937ff., 2003a, 2003b). Zudem profitierte die Stabilität der zivil-militärischen Beziehungen in der Spätphase der Sowjetunion und in Russland von dem relativ niedrigen Niveau innerstaatlicher Gewalt, mit dem sich die Auflösung des sowjetischen Imperiums vollzog. Im Unterschied dazu behinderten die Kriege während der Selbstauflösung Jugoslawiens die Neuordnung der zivil-militärischen Beziehungen in den ehemaligen Teilrepubliken: während sie in Slowenien, wo der Krieg nur zehn Tage dauerte, rasch voranschritt, verzögerte sie sich in Kroatien deutlich. In Mazedonien, Montenegro, Bosnien und Herzegowina sowie in Serbien steht der Prozess noch am Anfang (Pantev 2005; Simić 2005; Malešič 2006).

## 5.3.3    Konsolidierung der Demokratie und zivil-militärische Beziehungen

Die postkommunistischen Länder in Ostmitteleuropa und im Baltikum haben nach dem Zusammenbruch der kommunistischen Herrschaft besondere Anstrengungen unternommen, ihre zivil-militärischen Beziehungen an den Vorgaben der NATO und den Kopenhagener Kriterien der Europäischen Union auszurichten. Insbesondere die Aussichten auf einen Beitritt zur NATO im Rahmen der Erweiterung 1999 bewirkten einen regelrechten Reformschub im Sicherheitssektor (Borissova 2006: 191). Ein ähnlich effektives Anreizsystem, um Koordinationsprobleme der zivilen Eliten zu überwinden (Kramer 1998), konnte das „Partnerschaft für den Frieden"-Programm der NATO in den Staaten ohne Beitrittsperspektive, also im Wesentlichen den GUS-Staaten sowie den ehemals jugoslawischen Republiken Mazedonien, Montenegro, Serbien sowie Bosnien und Herzegowina (vgl. Tabelle 5.3), nicht bieten.

Ungeachtet der Unterschiede in den Demokratisierungsprozessen verlief die Neuordnung des Verhältnisses von Militär und Politik in der post-autoritären Phase wesentlich zügiger und belastete die Konsolidierung der Demokratien in deutlich geringerem Maße als in den Systemwechseln der dritten Demokratisierungswelle in Lateinamerika, Spanien oder in Südostasien (vgl. Kapitel 5.4). Nach dem Regimeübergang konzentrierten sich die ostmitteleuropäischen Reformer zunächst auf die „De-Politisierung" der vermeintlich kommunistisch indoktrinierten Offizierskorps und die Re-Nationalisierung der sowjetisch kontrollierten Strukturen im Verteidigungssektor. Wie dargestellt war das Verteidigungsministerium in allen osteuropäischen Staaten exklusiv durch Militärs besetzt. Daher kam der „Zivilianisierung" (Forster 2006) des Verteidigungsministeriums besondere Bedeutung zu. Im Einzelnen umfasste dies meist die Einsetzung eines zivilen Verteidigungsministers, den Aufbau ziviler Strukturen innerhalb des Ministeriums und die Integration des Generalstabs in die Befehls- und Überwachungsstrukturen des Verteidigungsministeriums (Betz 2004).

Ein zweiter großer Reformbereich betraf die Verringerung der Militärausgaben und der Mannschaftsstärke der Streitkräfte auf ein verträgliches Maß angesichts der wirtschaftlichen Gegebenheiten und militärisch-politischen Notwendigkeiten in den postkommunistischen Staaten. Damit verbunden waren auch die Anpassung der Wehrstrukturen, Missionsprofile und Führungsstrukturen sowie die Umstrukturierung der Auslandsgeheimdienste. Diese Maßnahmen waren Teil der breiteren Neuausrichtung auf die NATO-Mitgliedschaft. Während die Einschnitte bei Personalumfang und Verteidigungsausgaben durchweg radikal ausfielen, entschieden sich die meisten osteuropäischen Staaten für ein auf die Territorialverteidigung ausgerichtetes Streitkräftemodell. Der Fokus auf der strukturbestimmenden Funktion der Landesverteidigung spiegelte sich sowohl in Gliederung, Organisation, Militärdoktrin und Ausrüstung der osteuropäischen Streitkräfte, als auch in der Beibehaltung (bzw. Einführung) der Wehrpflicht (Forster 2006: Kap. 2 u. 3). Inzwischen ist diese Strukturentscheidung in fast allen neuen NATO-Staaten zugunsten des Modells der freiwilligen Präsenz- oder Berufsstreitkräfte revidiert worden (Tabelle 5.5). Auch die in der Partnerschaft für den Frieden assoziierten Nachfolgestaaten Jugoslawiens haben diesen Schritt vollzogen (zuletzt Serbien zum 1. Januar 2011). In der Gemeinschaft Unabhängiger Staaten hingegen besteht weiterhin die Wehrpflicht (Ausnahme: Ukraine).

***Tab. 5.5:*** *Militärausgaben und Wehrsysteme in den postkommunistischen Staaten*

| | Militärausgaben in % des BIP | | |
|---|---|---|---|
| | 1985-1993[1] | 2008-2009 | Wehrpflicht |
| **NATO** | | | |
| Albanien | 5,6 | 2,0 | bis 2010 |
| Bulgarien | 4,4 | 1,9 | bis 2008 |
| Estland | 0,5 | 1,8 | Ja |
| Kroatien | 7,8 | 1,7 | bis 2008 |
| Lettland | 0,7 | 1,2 | bis 2006 |
| Litauen | 0,8 | 1,2 | Ja |
| Polen | 2,5 | 1,7 | bis 2010 |
| Rumänien | 4,3 | 1,4 | bis 2007 |
| Slowakei | 2,0 | 1,5 | bis 2006 |
| Slowenien | 2,2 | 1,6 | bis 2004 |
| Tschechien | 2,3 | 1,6 | bis 2004 |
| Ungarn | 3,8 | 1,1 | bis 2004 |
| *NATO-Durchschnitt* | 4,5 | 2,8 | |
| | | | |
| **„Partnerschaft für den Frieden"** | | | |
| Armenien | 2,2 | 0,6 | Ja |
| Aserbeidschan | 2,5 | 3,8 | Ja |
| Belarus | 1,6 | 1,5 | Ja |
| Bosnien und Herzegowina | … | 1,4 | bis 2006 |
| Georgien | 2,2[2] | 8,5 | Ja |
| Kasachstan | 1,1 | 1,2 | Ja |
| Kirgistan | 1,5 | 3,7 | Ja |
| Mazedonien | 3,0[2] | 1,8 | bis 2006 |
| Moldawien | 0,5 | 0,6 | Ja |
| Montenegro | … | 1,8 | bis 2006 |
| Russland | 15,8[3] | 3,5 | Ja |
| Serbien | … | 2,4 | bis 2011 |
| Tadschikistan | 3,5 | … | Ja |
| Turkmenistan | 1,8 | … | Ja |
| Ukraine | 0,5 | 2,7 | bis 2009 |
| Usbekistan | 1,5 | … | Ja |

Anmerkung: [1] Jeweils frühestes verfügbares Jahr; [2] 1996; [3] Bezogen auf die UdSSR.
Quelle: NATO 2010b; SIPRI 2010; Angaben zur Wehrpflicht basieren auf eigener Recherche.

Trotz Disparitäten im Grad der Institutionalisierung zeigen die Entwicklungstendenzen der zivil-militärischen Beziehungen eine Homogenisierung in Ostmittel- und Südosteuropa (Pantev 2005: 259; Forster 2006; Born et al. 2006b). Positivbeispiele mit regionalem Vorbildcharakter sind Ungarn, Tschechien und Slowenien, die allesamt das liberaldemokratische Modell mit strikter Entpolitisierung der Armee und ihrer Offiziere, die Bindung ihrer Loyalität an die rechtsstaatlich-demokratische Verfassungsordnung, einem zivilen Verteidigungsministerium, der Reform der inneren Verfasstheit des Militärs, parlamentarischer Kontrolle und Transparenzregeln für Verteidigungspolitik und Militärhaushalt deutlich rascher verwirklicht haben als Polen und die Slowakei (s.u.).[69]

Auch in Bulgarien und Rumänien ist die Reform des Sicherheitssektors trotz problematischer Anfangsjahre weit vorangeschritten. Auf dem Pfad der Transformation sind auch Albanien und Kroatien. In Mazedonien, Montenegro, Serbien und Bosnien und Herzegowina hingegen sind die Reformen der „ersten Generation" noch nicht abgeschlossen (Pantev 2005: 265). Hinzu kommen fallspezifische Probleme wie eine Unterrepräsentation der albanischen Minderheit in Mazedonien, interinstitutionelle Koordinationsprobleme zwischen Präsident und Regierung, organisierte Kriminalität und Staatsschwäche sowie ein schwacher ziviler Sektor (in allen genannten Ländern). Am größten ist der Reformbedarf in Bosnien und Herzegowina sowie in Serbien. Während in Bosnien das Problem der ethnischen Segmentierung militärischer Verbände in zwei organisatorisch getrennte Einheiten ohne gemeinsame Kommandostruktur und übergreifende Identität die Festschreibung der Verhältnisse aus der Zeit des Bürgerkriegs anzeigt (ebd.: 266), wirkt in Serbien das Erbe der Milosevic-Zeit mit der Militarisierung der serbischen Sicherheitsorgane, ihre Verstrickung in die Machenschaften des organisierten Verbrechens und der Existenz eines fast unkontrollierbaren Geflechts an paramilitärischen Sonder- und Spezialeinheiten bis heute fort (Simić 2005; Hadžič 2006).

Sieht man zunächst von Russland ab, so war die Neuordnung des Verhältnisses von Militär und Demokratie in allen ostmitteleuropäischen Fällen durch das Fehlen harter Konflikte zwischen demokratisch legitimierten Institutionen und Militärführung, ähnlich den Auseinandersetzungen in einer Reihe lateinamerikanischer, südeuropäischer (Spanien) oder asiatischer Fälle (Thailand, Philippinen), geprägt. Bedeutender waren Konflikte zwischen konkurrierenden zivilen Akteuren und Institutionen, insbesondere zwischen Präsident und Parlament bzw. durch die Parlamentsmehrheit gestützte Regierungen. Dies gilt in erster Linie für die semi-präsidentiellen Systeme in der Region, die wir im Rückgriff auf die Typologie von Matthew Shugart und John Carey (1992) in Präsident-parlamentarische und Premierpräsidentielle Systemtypen unterscheiden (Info-Box 5.3).

---

[69]  Zu den unterschiedlichen Organisationsformen der Verteidigungsministerien und der Konsequenzen für zivilmilitärische Beziehungen siehe Cleary/McConville 2006 und Pion-Berlin 2009.

***Info-Box 5.3:*** *Varianten des Semi-Präsidentialismus*

Der Begriff „Semi-Präsidentialismus" wurde von Maurice Duverger (1980) eingeführt. Der Begriff bezeichnet eine Regierungsform sui generis: im Unterschied zum Präsidentialismus, der durch wechselseitige Unabhängigkeit der legislativen und exekutiven Gewalt geprägt ist, und zum parlamentarischen System, in dem die Exekutive von der Legislative abhängig ist, stehen Regierung und Regierungschef im Semi-Präsidentialismus in einem doppelten Abhängigkeitsverhältnis – sie benötigen das Vertrauen des Parlamentes und des Präsidenten. Semi-präsidentielle Systeme sind nach Duverger (1980: 166) durch drei Kennzeichen charakterisiert: (1) der Staatspräsident ist direkt gewählt; (2) er hat bedeutende politische Kompetenzen; (3) ihm stehen der Premierminister und das Kabinett gegenüber, die Regierungsmacht besitzen und vom Vertrauen des Parlamentes abhängig sind. Allerdings unterscheiden sich Verfassungsnormen und Verfassungsrealität semi-präsidentieller Systeme mitunter erheblich. Matthew S. Shugart und John Carey (1992: 19ff.) greifen die von Duverger angestoßene Diskussion auf und entwickeln eine insgesamt fünf Formen umfassende Typologie demokratischer Regierungssysteme:

1.  Präsidentielle Systeme mit geschlossener Exekutive und wechselseitiger Unabhängigkeit vom Parlament und einem für eine feste Amtszeit direkt vom Volk gewählten Präsidenten (z.B. USA).
2.  Präsident-parlamentarisch: duale Exekutive mit (quasi-)direkt gewähltem Staatspräsidenten sowie einem vom Präsidenten nach eigenem Gutdünken ernannten Premierminister. Regierungschef und Kabinett sind vom Vertrauen des Präsidenten und der Legislative abhängig. Sie kann den Premier auch gegen den Willen des Staatspräsidenten) abberufen (z.B. Russland).
3.  Premier-präsidentiell: duale Exekutive aus (quasi-)direkt gewähltem Staatspräsidenten und Regierungschef. Der Präsident hat Einfluss auf die Regierungsbildung und hat gewöhnlich das Recht der Parlamentsauflösung. Der Regierungschef und sein Kabinett sind jedoch ausschließlich dem Parlament verantwortlich (z.B. Frankreich und Polen).
4.  Parlamentarische Systeme mit einer vom Vertrauen des Parlaments abhängigen Regierung und einem Staatsoberhaupt, das weder gegenüber dem Parlament, noch gegenüber dem Premierminister und seinem Kabinett über Kompetenzen verfügt (z.B. Vereinigtes Königreich).
5.  Versammlungsunabhängige Regierung: die Regierung wird durch das Parlament bestellt, kann aber von diesem nicht abberufen werden. Das Staatsoberhaupt besitzt keine Macht über Premierminister und Kabinett (Schweiz).

Die Unterscheidung zwischen Präsident-parlamentarischen und Premier-präsidentiellen Systemen ist im Kern eine Ausdifferenzierung des Semi-Präsidentialismus von Duverger entsprechend der Nähe der beiden Typen zum präsidentiellen beziehungsweise parlamentarischen System (Shugart 2005). Dabei zeigen vergleichende Untersuchungen, dass Staatspräsidenten in Präsident-parlamentarischen Systemen nicht nur größeren Einfluss auf die Regierung haben, als in Premier-präsidentiellen Systemen. Zumindest im postsowjetischen Raum sind auch ihre Vollmachten in der Gesetzgebung häufig stärker als in rein präsidentiellen Systemen (Metcalf 2000; Rüb 2001; Shugart 2005).

Die Konsequenzen unterschiedlicher Regierungssysteme für die zivil-militärischen Beziehungen werden in der vergleichenden Forschung im Hinblick auf die Interaktionsdynamiken zwischen der politischen Führung und der Militärspitze sowie zwischen den für Verteidigung und Militär zuständigen politischen Institutionen und Exekutivorganen diskutiert. Demnach beeinflusst „die Struktur der zivilen Institutionen sowohl, ob die Zivilen darin übereinstimmen, was sie dem Militär auftragen [...], als auch wie die Zivilen das Militär beaufsichtigen, um sicher zu gehen, dass es ihren Anweisungen folgt" (Avant 1994: 10; eigene Übersetzung). In präsidentiellen Systemen wie in den USA und den lateinamerikanischen Staaten ist der Präsident als Oberbefehlshaber der Streitkräfte Träger der militärischen Befehls- und Kommandogewalt. Ihm gegenüber steht der Kongress, der über unterschiedliche parlamentarische Aufsichtsinstrumente verfügt. Anders verhält es sich in parlamentarischen Systemen. Sie beruhen auf der politischen Handlungseinheit von Parlamentsmehrheit und Regierung. Hier sind die Befugnisse zur militärisch-politischen Führung beim Verteidigungsminister, dem Regierungchef oder dem Kabinett als Kollektivorgan konzentriert, das Staatsoberhaupt hat lediglich nominelle Kompetenzen. In semi-präsidentiellen Systemen hingegen liegt die politische Aufsicht- und Entscheidungsverantwortung über Militär und Verteidigung bei zwei Akteuren – dem Staatspräsidenten sowie dem Verteidigungsminister als Teil des vom Parlament abberufbaren Kabinetts.

Zwar haben Präsident und Kabinett in semi-präsidentiellen Systemen ein gemeinsames Interesse an einer erfolgreichen Verteidigungspolitik, jedoch können die Auffassungen darüber, wie diese auszusehen hat, auseinander gehen. In semi-präsidentiellen Systemen unterscheiden sich zusätzlich die „elektoralen Anreize" und somit die Präferenzen und Interessen von Präsident und Regierung aufgrund ihrer unterschiedlichen Wählerschaft und Amtsdauer. Aufgrund der geteilten Verantwortlichkeit (wenngleich die Prärogativen des Präsidenten als Oberbefehlshaber der Streitkräfte empirisch variieren) und der institutionell begründeten Interessendivergenz zwischen Präsident und Kabinett besteht die Gefahr von Konflikten zwischen Verteidigungsminister und Kabinett auf der einen und dem Staatspräsidenten auf der anderen Seite, insbesondere bei unterschiedlichen politischen Mehrheiten in Präsidentenamt und Parlament. Dies ist insbesondere in jungen post-autoritären Demokratien eine Gefahr, da hier die demokratischen Spielregeln noch nicht vollständig institutionalisiert und Strukturen der zivilen Macht (noch) nicht ausreichend konsolidiert sind. Daraus entstehen Anreize für konkurrierende zivile Eliten, den eigenen Einfluss auf die zivil-militärischen Beziehungen auszuweiten, solange die institutionellen Opportunitäten hierfür noch günstig sind (Born et al. 2006b: 246; Kramer 1998: 154).

Für die postkommunistischen Demokratien zeigen Untersuchungen, dass parlamentarische oder semi-präsidentielle Systeme, in denen die Kontroll- und Kommandogewalt über die Streitkräfte beim Verteidigungsminister oder dem Kabinett als Kollektiv liegt, die Reform der zivil-militärischen Beziehungen unterstützen. Dagegen scheinen präsidentielle und semi-präsidentielle Systeme, in denen die Militärspitze einen direkten Zugang zum Staatspräsidenten als Inhaber der Befehlsgewalt besitzt, Reformen eher zu erschweren (u.a. Barany 1997; Born et al. 2006b sowie die Fallstudien in Born et al. 2006c). So waren parlamentarische oder semi-präsidentielle Systeme, in denen nicht der Präsident, sondern der Verteidigungsminister oder das Kabinett als Ganzes Suprematie über das Militär ausübte (Ungarn, Tschechien, Slowenien) erfolgreicher darin, stabile zivile Kontrolle ohne Friktionen zwischen

Zivilisten über die konkrete Ausübung von Autorität zu errichten als semi-präsidentielle Systeme, in denen der Präsident solche Rechte beanspruchte (Rumänien, Polen, insbesondere aber Russland, Ukraine und Belarus; ebd.).

In Polen unternahmen mehrere post-kommunistische Regierungen Anstrengungen, die Hinterlassenschaften der kommunistischen Ära zu beseitigen und gleichzeitig vom hohen Ansehen der Streitkräfte in der Gesellschaft politisch zu profitieren (Kramer 1998: 133). Das Tempo und die Radikalität der Reformen waren weniger ausgeprägt als in Ungarn und in Tschechien (Szayna 1998: 119; Molnár 2006). Versuche Präsident Lech Walesas, den polnischen Generalstab in die politische Auseinandersetzung einzubeziehen, um die vom Parlament gestützte Regierung beziehungsweise ihren Verteidigungsminister zu diskreditieren und seine schwindende Popularität zu stärken, beschworen die Gefahr einer Parteinahme der Militärführung herauf (Kramer 1998: 141; Gogolewska 2006: 99). Diese Ambiguitäten in den zivil-militärischen Beziehungen waren Folge der Konfrontation zwischen zivilen Eliten sowie anhaltender Verfassungsstreitigkeiten zwischen Präsident und dem polnischen Parlament (Sejm), die erst mit der Abwahl Walesas und der Verabschiedung einer neuen Verfassung 1997 entschärft werden konnten (Kramer 1998: 153f.; allgemein: Merkel 2010a: 372ff.). Die neue Verfassung formuliert nicht nur das Prinzip der politischen Neutralität der Streitkräfte und der zivilen Kontrolle, sondern hat auch die sicherheits- und verteidigungspolitischen Prärogativen des Premierministers auf Kosten des Staatspräsidenten gestärkt. Weitere Reformen 1996-1999 stärkten die zivilen Verantwortlichkeiten im Verteidigungsministerium und die politische Kontrolle über den bis dato semi-autonomen Generalstab (Gogolewska 2006: 99ff.).

In Rumänien wiederum war zunächst vor allem die Rolle des Militärs beim Sturz Ceausescus 1989 problematisch für die Neuordnung der zivil-militärischen Beziehungen. Ein von reformorientierten Offizieren gegründetes „Aktionskomitee für die Demokratisierung der Armee" (CADA), das sich die Forderung nach tief greifenden demokratischen Reformen in Politik und Militär auf die Fahnen geschrieben hatte, wurde unter dem 1990 zum Staatspräsidenten gewählten Mitglied der alten kommunistischen Nomenklatura, Ion Iliescu (1990-1996, 2000-2004), aufgelöst. Bis zu seiner Abwahl 1996 nutzte der von der Verfassung mit starken Prärogativen ausgestattete Präsident das Militär auch zur Sicherung seiner Präsidentschaft gegen die schwache Opposition (Gallagher 1995; Zulean 2004). Die sukzessive Verschlechterung der zivil-militärischen Beziehungen führte zunächst zur Verweigerung der Aufnahme Rumäniens in die NATO (1997) und kumulierte unter Staatspräsident Constantinescu in der Weigerung der Militärführung, Truppen zur Unterdrückung der Bergarbeiter-Streiks 1999 einzusetzen (Watts/Danopoulos 2001). Die Krise markierte zugleich aber auch den Wendepunkt in der rumänischen Militärreform und bildete den Ausgangspunkt für jene institutionellen Reformen, die 2004 den Beitritt zur NATO ermöglichten (Watts 2005, 2006).

Im Unterschied zur tschechischen Regierung verfolgte die Slowakische Republik nach der Auflösung der Tschechoslowakei zum 1. Januar 1993 unter Ministerpräsident Mečiar (1993-1994, 1994-1998) einen stärker nationalistisch-neutralistischen Kurs. Daher entfaltete die Perspektive des Beitritts zu NATO und zur EU zunächst einen schwächeren Reformdruck als in anderen ostmitteleuropäischen Staaten (Szayna 1998). Zudem kam es in der Amtszeit Mečiars fast durchgängig zu Konflikten zwischen dem Premierminister auf der einen und

Staatspräsident Kováč sowie der Opposition auf der anderen Seite (Henderson 2004). Dies erschwerte nicht nur die Konsolidierung der rechtsstaatlichen Demokratie, sondern belastete auch die zivil-militärischen Beziehungen (Simon 2004: 145ff. u. 153ff.). Der konfrontative und autokratische Regierungsstil Mečiars (Merkel et al. 2006) führte unter anderem dazu, dass die Slowakei nicht bereits 1999 in die NATO aufgenommen wurde. Erst unter nachfolgenden Regierungen gelang es, Reformen im Sicherheitssektor zu implementieren, die parteipolitische Instrumentalisierung der Kontrolle über die Verteidigungsbürokratie zu beenden, das Verhältnis von Staatspräsident und Ministerpräsident zu normalisieren und damit auch die zivil-militärischen Beziehungen zu stabilisieren. Das ermöglichte 2004 die Aufnahme der Slowakei in die NATO (Simon 2004: 238ff.).

Die Entwicklung der zivil-militärischen Beziehungen in den ostmitteleuropäischen Demokratien kontrastiert mit der russischen Entwicklung seit dem Ende der Sowjetunion. Wie zuvor dargestellt, profitierte der russische Systemwechsel zunächst von einer Reihe positiver Hinterlassenschaften der Sowjetzeit, die einer politischen Selbstermächtigung der Streitkräfte in der durch Unsicherheit, Instabilität und Konflikte geprägten Phase des Regimeübergangs entgegen wirkten. Das positive Vermächtnis wurde jedoch durch die chaotischen Beziehungen des ersten russischen Präsidenten, Boris Jelzin (1991-2000), mit dem Militär und anderen Sicherheitskräften gefährdet. So wurde das mit dem Ende der Herrschaft der KPdSU entstandene Kontrollvakuum im Präsidial-parlamentarischen Regierungssystem nicht durch ein ausbalanciertes Institutionensystem der zivilen Aufsicht durch Präsident, Regierung (Verteidigungsminister) und Parlament gefüllt. Vielmehr entstand eine nichtregulierte Arena der politischen Auseinandersetzung zwischen Präsident und Legislative, die in die Verfassungskrise von 1993 und die Neutralisierung der parlamentarischen Gegenspieler durch Jelzin mündete. Das in der Folge von Jelzin etablierte System der informellen und personalisierten Kontrolle war weder transparent, noch stabil oder effektiv (Barany 2007; Gomart 2008; Brannon 2009). Vielmehr war Jelzins Regierungsperiode das Musterbeispiel einer „defekten Demokratie", in der die Exekutive ihre Interessen gegenüber dem Militär durch Beschwichtigung, Bestechung, das Gegeneinander-Ausspielen verschiedener Gruppen innerhalb der Streitkräfte, die Förderung rivalisierender bewaffneter Dienste und nicht zuletzt die Kooptation einflussreicher Offiziere und Angehöriger anderer Sicherheitsdienste in Parlament, Parteien, Staat- und Regierungspositionen durchzusetzen versuchte (Barany 1999).

Die Defizite der zivilen Kontrolle und der demokratisch-rechtsstaatlichen Reform des gesamten Militär- und Sicherheitsapparates unter Jelzin spiegelten die Defekte und Institutionalisierungsschwächen der russischen Demokratie insgesamt wider. Dies galt erst Recht für die weitere Entwicklung unter Jelzins Nachfolger im Amt des Staatspräsidenten, Wladimir Putin (2000-2008). Die enge Zusammenarbeit mit dem Militär (versinnbildlicht in der Wiederaufnahme der Militäroperationen im Kaukasus ab 1999) war einer der Gründe für den politischen Aufstieg und den Erfolg Putins. Im Unterschied zu Jelzin bemühte sich Putin in seiner Rolle als Oberbefehlshaber der Streitkräfte darum, der Armee seinen Respekt für ihre professionelle Expertise und Wertschätzung zu versichern, stärkte die Kohäsion des Offizierskorps, stellte klare Befehlsstrukturen wieder her und nahm Rücksicht auf die bestehenden Traditionen, Normen und Werte innerhalb der Streitkräfte. Zudem wurden unter Präsident Putin Rüstungskäufe sowie die Sozialausgaben und das Wohnungsbauprogramm für Offiziere ausgeweitet (Gomart 2008).

Darüber hinaus reagierte Putin auf die zunehmende „Politisierung" des russischen Militärs, die offen geäußerte Kritik hochrangiger Offiziere an der Politik seines Vorgängers, den Kämpfen rivalisierender Offiziere, Machtcliquen und Dienste um Zugang zu politischem Einfluss und Einkommen und die Obstruktionspolitik hochrangiger Militärs gegenüber ernsthaften Militärreformen (Desch 1999: 56ff.; Taylor 2003: 259ff.; Barany 2007) mit Maßnahmen zur Wiederherstellung des institutionellen Zusammenhalts der Streitkräfte und seiner Autorität als Präsident gegenüber der Generalität. Seine Administration verfolgte eine Strategie der Re-Zentralisierung politischer Autorität und Machtkonzentration auf die Institution und Person des Präsidenten („Machtvertikale"), die einher ging mit der strategischen Einbindung von Angehörigen des Sicherheitssektors („siloviki")[70] in die Institutionen und Entscheidungsprozesse der „gelenkten Demokratie". So waren die Putin-Jahre charakterisiert durch die „Silovikisierung" der staatlichen Funktions- und Führungseliten (zu einer relativierenden Einschätzung siehe Renz 2006). Zudem betonte Putin gleich zu Beginn seiner Präsidentschaft die Notwendigkeit, das Ausbildungs- und Ausrüstungswesen der Streitkräfte sowie die desparate soziale Lage der insgesamt etwa 350.000 Offiziere (was fast einem Drittel der gesamten Truppenstärke entspricht, Klein 2010: 2) zu verbessern.[71] Mit den gestiegenen Staatseinnahmen durch hohe Öl- und Gaspreise nach 2000 wurden eingestellte Rüstungsvorhaben wieder aufgenommen oder neue gestartet (ebd.). Dies hat zwar zu einer merklichen Entspannung des Verhältnisses von politischer Führung und Militär geführt (Herspring 2009) und die Aufsicht der zivilen politischen Führung über den Sicherheitssektor insgesamt gefestigt, nicht jedoch die „demokratische" zivile Kontrolle gestärkt (Gomart 2008: 3).[72]

## 5.3.4 Fazit

In Osteuropa, stärker als in anderen Regionen, kumulierten die Probleme von Demokratisierung, Wirtschaftsumbau und (National-)Staatsbildung mit Herausforderungen der Neuordnung der zivil-militärischen Beziehungen. Angesichts der Intensität und Extensität der Veränderungen und notwendigen Anpassungsleistungen überrascht es nicht, dass die Transformation der zivil-militärischen Beziehungen nicht frei von Konflikten verlief. Hervorzuheben ist vielmehr, dass die Auseinandersetzungen in keinem Transformationsfall ein die zivile Suprematie oder den demokratischen Systemwechsel bedrohendes Ausmaß erreichten. Zwei Jahrzehnte nach Einleitung der Transition kann die Demokratisierung in vielen Staaten in

---

[70]  „Siloviki" („sila" bedeutet so viel wie „Macht") bezeichnet eine kaum exakt zu bestimmende, in institutioneller Hinsicht und ihren teils konkurrierenden Interessen heterogene Gruppe von Personen mit Karrierehintergrund in den „Machtministerien" (*silovie ministerstva*) wie dem Ministerium für Innere Angelegenheiten, dem Verteidigungsministerium, dem Außen- und dem Justizministerium und dem *Ministerium für Zivilverteidigung* und Katastrophenschutz, und Angehörigen der „Machtstrukturen" (*silovie strukturi*), etwa dem Föderalen Sicherheitsdienst FSB, dem *Föderalen Grenzdienst*, der staatlichen Zollkommission, dem Auslandsgeheimdienst SVR und der Präsidialabteilung für Verwaltungsangelegenheiten. Insgesamt umfasst die „Siloviki" etwa 22 verschiedene Dienste (Bremmer/Charap 2006-2007; Gomart 2008: 8).

[71]  So soll als Teil der 2008 verkündeten Militärreform auch die Besoldung der Offiziere deutlich verbessert werden. Bislang erhielt beispielsweise ein Zugführer ca. 310 Euro im Monat, ein Divisionskommandeur ca. 715 Euro (Klein 2010: 3).

[72]  Zwar wurde 2001 und 2007 ein „ziviler" Verteidigungsminister ernannt; allerdings hat dieses Amt in der vertikalen und informellen Struktur der zivil-militärischen Beziehungen in Russland keine Autorität über die Militärführung, welche faktisch den Verteidigungsapparat überwacht (Gomart 2008; Brannon 2009).

Ostmittel- und Nordosteuropa als geglückt gelten. Gemessen an der Problemlast, die sich im Wendejahr 1989/90 vor den demokratischen Reformern auftürmte und im Vergleich zu vielen jungen Demokratien in anderen Transformationsregionen, gilt dies auch für die Anpassung der zivil-militärischen Beziehungen an die Bedingungen des demokratischen Verfassungsstaates und der pluralistischen Gesellschaft.

Aus der komfortablen Position der Ex-post-Beobachtung ist dieses Ergebnis wenig überraschend, da in Ostmitteleuropa und dem Baltikum überwiegend günstige Bedingungen für den Erfolg demokratischer Reformen in Politik und zivil-militärischen Beziehungen existierten (Merkel 2007; Barany 1999). Aus theoretischer Sicht waren die zivil-militärischen Beziehungen in den ostmitteleuropäischen Reformstaaten fast überdeterminierte Fälle: ihr Gelingen war aus unterschiedlichen theoretischen Perspektiven zu wahrscheinlich. Auch die Probleme in Teilen Südosteuropas und in Russland konvergieren mit den Annahmen einer Vielzahl von Theorien der zivil-militärischen Beziehungen.

So lässt sich aus der Perspektive kulturalistischer Erklärungsansätze argumentieren, dass die erfolgreiche Durchsetzung der zivilen Suprematie sowie das Fehlen bedeutender Traditionen der militärischen Intervention in den kommunistischen Armeen dazu geführt haben, dass es den postkommunistischen Militärs an der Disposition fehlte, um eigene politische Gestaltungs- oder Machtansprüche zu stellen, zumal die Legitimität ziviler Institutionen in allen Transformationsgesellschaften stark war und alternative, militärisch dominierte Institutionen daher nicht zu legitimieren gewesen wären (Mares 1998). Dies erklärt auch die Zurückhaltung des Offizierskorps der (post-)sowjetischen Streitkräfte trotz der politischen und gesellschaftlichen Turbulenzen in den 1990er Jahren sowie einer teils desolaten wirtschaftlichen Lage (Barany 1997; Taylor 2003a).

Aus Sicht der strukturalistischen Theorie der zivil-militärischen Beziehungen (Desch 1999) haben die Art und Intensität der Bedrohungslage im ersten Jahrzehnt nach dem Ende der kommunistischen Diktaturen die relativ rasche Institutionalisierung ziviler Kontrolle unter demokratischen Systembedingungen in den neuen NATO- und EU-Staaten begünstigt. In den ostmitteleuropäischen und baltischen Staaten fehlte es an innerstaatlichen Konflikten oder Bedrohungen von politischer Ordnung, Staat und nationaler Sicherheit. Zugleich bestand in der Perzeption der neuen demokratischen Eliten eine hohe Gefährdung der gerade erst zurückgewonnenen nationalen Souveränität durch die Sowjetunion bzw. Russland, deren Truppen noch im Land standen oder gerade erst abgezogen waren und deren zukünftige Politik den osteuropäischen Nachbarn gegenüber unklar schien. Damit bestand ein doppelter Anreiz zur Übernahme liberaldemokratischer Ordnungsmodelle in den zivil-militärischen Beziehungen: zum einen waren sie Teil der politisch-militärischen Emanzipation von Moskau und den integrierten Strukturen des Warschauer Paktes. Zum anderen waren sie Voraussetzung für die Integration in die Europäische Union und die NATO.

Im Unterschied dazu verliefen Regimewechsel, Staatentrennung und Staatenneubildung auf dem Gebiet des ehemaligen Jugoslawien unfriedlich und insbesondere Kroatien, Bosnien und Herzegowina sowie Mazedonien sahen sich mit innerstaatlichen „ethnischen" Konflikten konfrontiert. Insbesondere in Restjugoslawien beziehungsweise Serbien instrumentalisierten „Gewaltunternehmer" wie Slobodan Milosevic diese Konflikte für ihre politischen Zwecke.

Die von Jack Snyder (2000) beschriebene Entwicklung in den von Nationalitätenkonflikten belasteten Systemwechseln beschleunigte die politische Vereinnahmung des Militärs und verlangsamte politische wie auch militärische Reformen. Obwohl die zivile Kontrolle im Kern nicht in Gefahr geriet, wirken die Konsequenzen für die zivil-militärischen Beziehungen bis heute nach. Gleichwohl erwies sich die Aussicht auf Mitgliedschaft in NATO und EU auch in Südosteuropa (wenngleich zeitverzögert) als Schubfaktor für Reformen in Richtung demokratischer zivil-militärischer Beziehungen.

In Russland und den übrigen GUS-Republiken hingegen konnte sich die flankierende Wirkung einer raschen Integration in westlich-demokratische Strukturen nicht entfalten. Ähnlich wie in den USA fällt die nach dem Ende des Kalten Krieges veränderte externe Bedrohungslage in Russland mit einer Verschlechterung der zivil-militärischen Beziehungen im Vergleich zur Situation in der Sowjetunion zusammen. Nach 1990 und insbesondere nach dem Ende der UdSSR veränderten sich die über 40 Jahre stabilen Parameter zur Bewertung der außen- und sicherheitspolitischen Lage. Infolge dessen kam es zu Konflikten über die Neuformulierung der russischen Sicherheitspolitik, die Entwicklung einer hiervon geleiteten Militärstrategie und neuen Missionsprofilen der Streitkräfte (Desch 1999: 39ff.). Die politische Instabilität sowie der wirtschaftliche und soziale Niedergang in den 1990er Jahren, die Demoralisierung der Armee und ihrer Offiziere und die zeitweise bedrohliche, erst von Putin auf Kosten der demokratischen Qualität des politischen Systems gestoppte Erosion der staatlichen Ordnung haben das Konfliktpotenzial noch verstärkt.

Eine „Krise" der zivil-militärischen Beziehungen im Sinne der Bedrohung des Primats der Politik in seinem prinzipiellen strukturellen Gehalt und in seiner Funktion schien sich während der Präsidentschaft von Boris Jelzin abzuzeichnen. Die Tatsache, dass die zivile Suprematie de jure und de facto weiterhin die Grundlage des Verhältnisses von Militär und Politik in Russland bildet, hängt sowohl mit den genannten Hinterlassenschaften der Sowjetzeit, als auch mit den Anpassungs- und Kontrollstrategien der Präsidenten Jelzin und Putin zusammen. Während Jelzins Strategie des „Teile und Herrsche" das Entstehen einer geschlossenen und durchsetzungsstarken Opposition aus dem Militär verhinderte (Barany 1999) und gleichzeitig konkurrierende zivile Gegenkräfte und Institutionen wie das Parlament politisch an den Rand drängte, hat Putin die Autorität der zivilen Exekutive durch eine Strategie der gleichzeitigen Beschwichtigung der Streitkräfte, Förderung von Gegenkräften und der Zentralisierung von Macht gestärkt. Dabei ist der Einfluss des Militärs auf die Verteidigungspolitik weiterhin stark. Die zivile Kontrolle ist informell, intransparent und auf einzelne Institutionen oder Personen konzentriert, und Angehörige der Streitkräfte sowie anderer Sicherheitsdienste besetzen wichtige Positionen in Politik, Staatsbürokratie und Wirtschaft.

Andere struktur- oder institutionenorientierte Ansätze liefern ebenfalls plausible Erklärungen für die postkommunistische Entwicklung. Mit Felipe Agüero (1998) kann argumentiert werden, dass die zum Zeitpunkt der Systemkrisen 1989/90 vorhandenen Prärogativen der kommunistischen Armeen an den Typ des autoritären Parteiregimes gebunden waren. Da die Militärs weder über eigene Verhandlungsmacht verfügten noch in der Transition selbst als politischer Akteur präsent waren, konnten sie keinen Einfluss auf die post-autoritäre Institutionenordnung nehmen. Die Machtverteilung zwischen den politischen Parteien und zivilen Eliten auf der einen und Vertretern des Militärs auf der anderen Seite bevorzugte daher am Ende der Transition eindeutig die Zivilisten (Agüero 1998). Ähnlich lässt sich im Rückgriff auf Samuel Huntington (1968) anführen, dass die politischen und institutionellen Faktoren eine stabile zivile Kontrolle gefördert haben: die ostmitteleuropäischen Transformationsstaaten lassen sich als „civic polities" (ebd.: 80) mit einem hohen Grad an politischer Institutionalisierung im Vergleich zum Niveau der politischen Partizipation charakterisieren. Da sich die Integrationsfähigkeit der neuen demokratischen Institutionen, Parteien und intermediären Organisationen als ausreichend zur Konfliktregulierung erwies und die Konsolidierung der rechtsstaatlichen Demokratie rasche Fortschritte machte, fehlte es an der Opportunität für militärische Machtpolitik und die erfolgreiche Verankerung der Demokratie förderte die Durchsetzung und Institutionalisierung ziviler Kontrolle.

Mit den erfolgreichen institutionellen Reformen in den osteuropäischen Mitgliedsstaaten der NATO und der EU haben die vergangenen zwanzig Jahre zur Konvergenz der Modelle und der weiteren Herausforderungen der zivil-militärischen Beziehungen in den jungen Demokratien Osteuropas und den etablierten demokratischen Verfassungsstaaten in Westeuropa geführt (Forster 2006: 20). Der spezifische Unterschied zwischen den Staaten in beiden Regionen, der wahrscheinlich in der näheren Zukunft fortbestehen wird, liegt zum einen in der relativen Schwäche, dem mangelnden Sachverstand und der fehlenden Erfahrung der politischen Akteure und Institutionen in Regierung, Parlament und politischen Parteien in Osteuropa in Fragen der Sicherheits- und Verteidigungspolitik. Zum anderen fehlt eine lebhafte zivilgesellschaftliche Organisationslandschaft, aus der heraus gesellschaftliche Akteure an der konkreten Formulierung von relevanten Politiken sowie der transparenten Beaufsichtigung, Bewertung und Kontrolle der Aktivitäten des Militärs und anderer Teile des Sicherheitssektors mitwirken könnten (ebd.: 36; Born et al. 2006b: 253). Wie im folgenden Abschnitt deutlich werden wird, stellt dieses Problem auch für die Erfolgsfälle der zivilmilitärischen Reorganisation in anderen Weltregionen eine entscheidende Hürde zur abschließenden Konsolidierung ziviler Suprematie über die verteidigungs- und militärpolitischen Entscheidungsbereiche in jungen Demokratien dar. Zudem nährt das Missverhältnis von fehlender Expertise der demokratisch legitimierten Institutionen und Autoritäten und dem steigenden Einfluss ziviler Akteure auf die Verteidigungspolitik das Misstrauen der Militärführung in die fachliche wie moralische Kompetenz ihres zivilen „Prinzipals". Das erschwert nicht nur die Annäherung zwischen Zivilen und Militärs, sondern kann auch zu Widerstand gegen weitere institutionelle Reformen führen.

# 5.4    Militär und Politik in Ostasien

Die dritte Demokratisierungswelle hat in Ostasien deutlich schwächere Spuren hinterlassen als in den anderen drei Regionen. Ausgehend vom Sturz von Präsident Ferdinand Marcos auf den Philippinen (1986) gaben die autoritären Regime in Taiwan (1986–1992), Südkorea (1987), Thailand (1992) und Indonesien (1998–1999) den gesellschaftlichen Demokratisierungsforderungen nach. Weiterhin jedoch wird mehr als die Hälfte der Staaten in der Region autokratisch regiert. Zudem haben die Demokratisierungsprozesse in Asien häufig nicht zu liberalen Demokratien geführt. Vielmehr sind fragile und „defekte" Demokratien entstanden (Shin/Tusalem 2009; Croissant/Merkel 2010). Zudem zeigt der Staatsstreich in Thailand vom

September 2006, als sich Teile des Militärs gegen die Regierung des zivilen Premierministers Thaksin Shinawatra erhoben, dass die Neuordnung der zivil-militärischen Beziehungen und die Etablierung ziviler Kontrolle des Militärs in einigen jungen Demokratien der Region ein Desiderat der demokratischen Institutionalisierung bleibt.

Die folgenden Ausführungen nehmen das Verhältnis von Militär und Politik vor und nach den Systemwechseln in Indonesien, den Philippinen, Südkorea, Taiwan und Thailand in den Blick. Hierzu liefert der erste Teil einen Überblick zur Rolle der Streitkräfte in den Autokratien und während des Übergangs zur Demokratie. Der historische Abriss dient als Folie für das Verständnis der Neuordnung der zivil-militärischen Beziehungen nach der Transition. Der zweite Teil analysiert das Ausmaß der zivilen Kontrolle in den fünf Teilbereichen politische Rekrutierung, *public policies*, innere Sicherheit, äußere Sicherheit und Militärorganisation. Der dritte Abschnitt beschäftigt sich mit den Strategien der zivilen politischen Kräfte im Umgang mit dem Militär. Der letzte Teil fasst die Betrachtungen zusammen.

## 5.4.1    Das Militär in der Autokratie

Ähnlich wie in Lateinamerika waren die autoritären Regime in Ostasien durch einen hohen Militarisierungsgrad geprägt. Aber nur in Thailand und in Südkorea unter Präsident Chun Doo-hwan (1980-1987) war das Militär der Träger des Herrschaftsmonopols. In den anderen Autokratien dienten die Streitkräfte als Instrument zur Sicherung des Herrschaftsanspruchs der Partei (Taiwan) oder eines politischen Führers (Philippinen). Auch in Indonesien, wo die autokratische Führung 1965 durch einen Militärputsch an die Macht gekommen war, hatte das Militär weder die Möglichkeit, Regierungspolitiken zu entscheiden noch die Zusammensetzung der Regierung zu bestimmen.

In Südkorea übernahm nach dem Putsch nicht-hierarchischer Militärs unter Führung von General Park Chung-hee im Mai 1961 eine Militärjunta die Macht. Daraus ging 1963 ein militarisiertes autoritäres Regime mit Park als Präsident hervor, das 1979 mit dessen Ermordung durch seinen eigenen Geheimdienstchef abrupt endete. Das folgende Machtvakuum nutzten Teile des Militärs unter Führung der Generäle Chun Doo-hwan und Roh Tae-woo („hanahoe"-Faktion)[73] im Dezember 1979 zum Staatsstreich. Massenproteste in der südwestlichen Metropole Kwangju gegen den Putsch wurden brutal niedergeschlagen. In scheindemokratischen Wahlen ließ sich Chun 1981 zum Präsidenten küren (Croissant 1998). Wie schon unter Park wurden Schlüsselpositionen in Regierung, Regierungspartei, Staatsapparat, Staatsunternehmen und in den Geheimdiensten mit aktiven oder ehemaligen Offizieren besetzt (Jun 2001). Allerdings lag die Herrschaft nicht beim Militär als Institution, sondern bei der „hanahoe"-Faktion als der dominanten Gruppe innerhalb der Streitkräfte. Der von Präsident Park aufgebaute umfangreiche Sicherheits- und Geheimdienstapparat diente der Überwachung des Militärs als Institution. So konnten Konflikte zwischen „hanahoe" und konkurrierenden Offiziersgruppen unter Kontrolle gehalten werden (Moon/Rhyu 2002: 5).

---

[73]  „Hanahoe" (zu Deutsch "Gruppierung Eins") bezeichnet eine Gruppe von Offizieren, vor allem aus der 11. Abschlussklasse der Koreanischen Militärakademie von 1955, die von Präsident Park besonders gefördert wurden und die militärische Führungselite der Fünften Republik bildete.

Der Kreislauf militärischer Intervention und militarisierter Herrschaft wurde im Juni 1987 durchbrochen, als Millionen Südkoreaner gegen die Übergabe des Präsidentenamts von Chun an Roh Tae-woo demonstrierten (Croissant 1998). Angesichts der hohen innen- und außenpolitischen Kosten eines gewaltsamen Vorgehens gegen die Proteste konnten die Softliner um Roh die regimeinterne Machtfrage für sich entscheiden. Damit war der Weg frei für die von Regime und Opposition ausgehandelte Transition. Innerhalb weniger Monate wurden eine neue Verfassung verabschiedet und freie Wahlen abgehalten. Diese endeten mit einem Patt: Während Roh Tae-woo die Präsidentschaftswahlen gegen eine zerstrittene Opposition für sich entscheiden konnte, gewann die Opposition die Parlamentswahlen (ebd.).

In Thailand hatte sich nach dem Putsch reformbereiter Militärs und ziviler Staatsbeamter gegen die absolute Monarchie (1932) eine durch die politische Triarchie von Militärs, Beamtenschaft und Monarchie (Thitinan 2008) kontrollierte autoritäre Ordnung etabliert. Die Machtbalance zwischen diesen drei Gruppen unterlag in den folgenden Jahrzehnten deutlichen Schwankungen, nicht zuletzt, da es aufgrund der geringen Kohäsion der Streitkräfte immer wieder zu Putschversuchen konkurrierender militärischer Teileliten und zu Regierungs- und Verfassungswechseln kam (Chai-anan 1995: 340). Seit den 1970er Jahren verlagerte sich das Machtgleichgewicht zugunsten der Monarchie, die ein Netzwerk an Loyalitäten und Abhängigkeitsverhältnissen in Militär, Bürokratie, Unternehmerschaft und den politischen Parteien zu ihren Gunsten zu nutzen verstand (McCargo 2005). Die weitere Schwächung von Militär und Beamtenschaft zugunsten neuer gesellschaftlicher Kräfte in den 1980er Jahren mündete 1988 in eine kurze demokratische Phase. Diese wurde aber schon im Februar 1991 durch einen Putsch unzufriedener Militärs um General Suchinda Kraprayoon beendet (Murray 1996). Als Reaktion auf die auch im Militär umstrittene Nominierung Suchindas zum Premier durch pro-militärische Parteien im Parlament kam es im Mai 1992 in Bangkok zu Massenprotesten. Der Versuch, die Unruhen mit Gewalt zu unterdrücken, beraubte Suchinda seiner letzten Legitimitätsreserven. Schließlich ging auch der König auf Distanz zu Suchinda, womit dessen Position unhaltbar wurde.

Wie bereits nach dem Putsch 1991 wurde eine Interimsregierung eingesetzt, die den Übergang vollzog. Der Einfluss des Militärs auf die Ausgestaltung der Transition war erheblich. Militärische Vorrechte wurden zwar nicht explizit in der Verfassung verankert. Das Militär behielt allerdings die Kontrolle über seine inneren Angelegenheiten und erhoffte sich über seine Vertreter im Senat auch zukünftig Einfluss auf Regierungspolitiken nehmen zu können. Zudem wurden die Verantwortlichen für den Gewalteinsatz während der Mai-Proteste nicht belangt. Den Abschluss der Demokratisierung bildeten die Parlamentswahlen im September 1992, aus denen die Anti-Suchinda-Parteien als Sieger hervorgingen (Murray 1996).

Anders als in Thailand übte das Militär in Indonesien nur in einer kurzen Phase des Übergangs nach dem Sturz des Gründerpräsidenten Sukarno (1945-1965) direkt die Herrschaft aus. In der 1967 von General Suharto geschaffenen und bis 1998 als Präsident autoritär geführten „Neuen Ordnung" übernahm das Militär Schlüsselfunktionen in Verwaltung, Politik und Wirtschaft. Die seit dem Unabhängigkeitskampf gegen die Niederlande (1945-1949) vorherrschende Orientierung auf den Bereich der Inneren Sicherheit bestand fort. Offiziere dienten als Abgeordnete im Parlament sowie als Funktionäre der Regimepartei Golkar, übernahmen hohe Posten in der Regierung und der Verwaltung und entwickelten umfangreiche

Wirtschaftsaktivitäten (McCulloch 2003). Je länger das Regime existierte, desto stärker wurde die Machtkonzentration auf die Person Suharto. Zugleich wurden neue, nicht-militärische Kräfte in die Regimekoalition kooptiert (Aspinall 2005: 20ff.). In den 1980er Jahren begann das Militär sukzessive an Einfluss zu verlieren und wurde von anderen, zivilen Einflussgruppen verdrängt. Als mit der asiatischen Finanzkrise im Mai 1998 das Suharto-Regime kollabierte, war das Militär intern zu geschwächt, um die zunächst durch Proteste erzwungene, dann von Interimspräsident Habibie eingeleitete und schließlich zwischen alten und neuen Eliten ausgehandelte Transition zu blockieren, zumal Teile des Militärs den Übergang vom personalistischen Regime Suhartos zur Demokratie auch als Chance zur Wiederherstellung der Integrität des Militärs wahrnahmen (Honna 2003: 194).

Unter den hier untersuchten Fällen nimmt Taiwan (offiziell: Republik China) als autoritärer Einparteienstaat eine Sonderposition ein. Nach der Niederlage der nationalchinesischen Regierung im chinesischen Bürgerkrieg (vgl. Kapitel 4.1) hatte sich die Kuomintang (KMT) unter Führung von Chiang Kai-shek mit den Resten ihrer Armee und anderen dem Regime nahestehenden Gruppen 1949 auf die Insel Taiwan zurückgezogen. Als Lehre aus dem politischen Scheitern des Regimes und dem Versagen seiner Streitkräfte auf dem Festland initiierte Staatspräsident Chiang Kai-shek eine umfassende Militärreform (Bullard 1997). Sie transformierte das korrupte, ineffektive und von inneren Konflikten geschwächte Militär in eine relativ starke und kohärente Institution. Obgleich die Streitkräfte Schlüsselfunktionen in den Bereichen Innere Sicherheit, Verteidigung und der politischen Kontrolle der Bevölkerung wahrnahmen (Kühn 2008), lag die Führung eindeutig bei der Partei. Ähnlich wie in den sozialistischen Einparteienstaaten war das Militär funktional betrachtet Parteiarmee und Machtinstrument der KMT. Die Loyalität der höheren Offiziersränge galt der Partei- und Staatsführung. Unterfüttert wurde die enge Verbindung von Militär und KMT durch die Vertretung hochrangiger Offiziere in den Parteigremien sowie die gemeinsame Sozialisation, Herkunft und Bedrohungsperzeption der zivilen und militärischen Eliten, die sich bis weit in die 1980er Jahre hinein vor allem aus den 1949 nach Taiwan geflohenen Anhängern der KMT („Festländer") rekrutierten (Schubert 1994).

Unter dem Sohn und Nachfolger Chiang Kai-sheks, Präsident Chiang Ching-kuo (1978-1986), leitete das Regime Mitte der 1980er Jahre die Transition von oben ein. Als Reaktion auf die zunehmende außenpolitische Isolation des Exilregimes und die innergesellschaftliche Opposition wurde 1986 die Gründung politischer Parteien erlaubt und im nachfolgenden Jahr das seit 1949 gelten Kriegsrecht aufgehoben (Chao/Myers 1998). Unter Präsident Lee Teng-hui – dem ersten inselstämmigen Präsidenten Taiwans (1986-2000) – verlief die Demokratisierung als Abfolge konsensorientierter Verhandlungen zwischen der KMT und der Opposition (ebd.). Fragen der zivil-militärischen Beziehungen hatten während der Transition nur eine geringe Bedeutung. Soweit sich Änderungen für die politische Rolle des Militärs ergaben, waren sie ein Nebenprodukt der durchgeführten Reformen (Chen 2010).

Im Unterschied zu den anderen vier Ländern verfügen die Philippinen über eine relativ lange Erfahrung mit demokratischen Verfahren und ziviler Suprematie, die zurückreicht bis in die Periode der amerikanischen Kolonialherrschaft (1902-1946). Auch Präsident Ferdinand Marcos gelangte 1965 durch kompetitive Wahlen an die Macht. Mit der Verkündung des Kriegsrechts beendete er jedoch im Jahr 1972 die Demokratie in den Philippinen. Mit zunehmender

Herrschaftsdauer entwickelte sich seine Herrschaft immer stärker zu einem personalistischen Führerregime. Schließlich existierten kaum noch staatliche Institutionen, die nicht von Marcos, seiner Familie oder seinen „cronies" (Kumpanen) kontrolliert wurden (Thompson 1995). Neben Marcos und seiner persönlichen Kamarilla besetzte das Militär die Rolle eines Juniorpartners des Präsidenten (Celoza 1997). Mit einer Mischung aus parochialer Beförderungspolitik, Erhöhung der Militärausgaben, Gewährung persönlicher Vorteile und Schaffung einer auf ihn zugeschnittenen Kommando- und Kontrollstruktur gelang es Marcos, die Loyalität der Militärführung an sich zu binden. Die Konsequenzen dieser Politik für die zivilmilitärischen Beziehungen waren desaströs: die in die Kolonialzeit zurückreichende Verpflichtung des Militärs auf die Prinzipien der zivilen Suprematie und des militärischen Professionalismus – bereits vor Marcos eher ein Ideal als die Realität (Berlin 2008) – ging ebenso verloren wie die institutionelle Integrität des Militärs. Korruption, Verstrickungen in Menschenrechtsverletzungen und Misserfolge im Kampf gegen die maoistischen Guerillas demoralisierten das zunehmend fragmentierte Offizierskorps (McCoy 2000; Selochan 2004).

Aufgrund wirtschaftlicher und militärischer Schwierigkeiten im Kampf gegen den maoistischen Aufstand geriet das Regime Anfang der 1980er Jahre in eine Legitimitätskrise. Machtpolitische „Fehler" im Umgang mit der erstarkten Opposition sowie die Ermordung des Oppositionspolitikers Benigno Aquino (1983) verschärften die Krise des Regimes, das nun auch von Seiten der USA unter Druck geriet. Marcos erlag der Fehleinschätzung, durch pseudodemokratische Wahlen seine Machtbasis stabilisieren zu können. Überraschend einigte sich die zerstrittene Opposition auf Corazon Aquino (die Witwe Benigno Aquinos) als Präsidentschaftskandidatin. Die von Unregelmäßigkeiten begleiteten Wahlen fanden am 7. Februar 1986 statt. Sowohl Marcos als auch Aquino erklärten sich zum Wahlsieger (Thompson 1995). In die verworrene Lage platzte am 14. Februar der Putschversuch von Teilen des Militärs um General Fidel V. Ramos und dem zivilen Verteidigungsminister Juan Ponce Enrile sowie einer sich RAM (Reform the Armed Forces Movement) nennenden Gruppe junger Offiziere der mittleren und unteren Ränge des Heeres unter Führung von Oberst Gregorio Honassan. Der Staatstreich scheiterte, löste aber die als „People Power Revolution" bekannt gewordenen Massenproteste aus, die zum Sturz Marcos führten. Unter Präsidentin Aquino (1986-1992) wurde die Rückkehr zur Demokratie vollzogen (ebd.).

## 5.4.2    Das Ausmaß der zivilen Kontrolle

In keinem der fünf Länder war die Reform der zivil-militärischen Beziehungen zum Zeitpunkt der Gründungswahlen der Demokratie abgeschlossen. Bis heute variiert das Ausmaß der zivilen Kontrolle nach Teilbereich und Land. Am weitesten vorangeschritten ist ihre Institutionalisierung in Südkorea und Taiwan, am schwächsten ist sie auf den Philippinen und in Thailand.

Dabei profitierte die junge Demokratie in Taiwan in den Anfangsjahren von einer in zentralen Bereichen schon im autoritären Regime gesicherten Dominanz der zivilen Institutionen (Kühn 2008). Im Bereich der politischen Rekrutierung konnten die demokratisch legitimierten Autoritäten den größten Vorteil aus dem Institutionenerbe der Autokratie ziehen: bereits im Einparteienstaat der KMT besaß die Partei die Dominanz in diesem Bereich (Fravel 2002). Mit dem Rückzug des reformkritischen ehemaligen Generalstabschefs und Premiers

Hau Pei-tsun aus dem politischen Zentrum im Jahre 1993 waren die letzten Reste der direkten militärischen Einflussnahme auf die Zusammensetzung der Regierung überwunden. Die gängige Praxis der Mobilisierung von Wählerstimmen des Militärs durch Politoffiziere der KMT („Offiziere für politische Kriegsführung") wurde beendet, die Vertretung der Militärspitze in den Entscheidungsgremien der KMT aufgegeben und die Parteiorganisationen in den Streitkräften aufgelöst. Bereits Anfang der 1990er Jahre wurden die autonomen Entscheidungsbefugnisse des Militärs im Bereich der Inneren Sicherheit abgeschafft. Auch auf anderen Politikfeldern setzte sich die Zivilisierung der Entscheidungsgremien und -prozesse durch (Kühn 2008). Als im Jahre 2000 mit Chen Shui-bian erstmals ein Oppositionspolitiker zum Präsidenten gewählt wurde, war die Entflechtung von Partei und Armee bereits so weit vorangeschritten, dass die zivil-militärischen Beziehungen den historischen Machtwechsel ohne Komplikationen überstanden.

Die institutionelle Neuordnung der verteidigungs- und militärpolitischen Entscheidungsmechanismen erfolgte jedoch erst mit Inkrafttreten des „Nationalen Verteidigungsgesetzes" sowie des „Organisationsgesetzes zum Ministerium für Nationale Verteidigung" im Jahre 2002 (Hung et al. 2003). Damit wurde dem Generalstabschef die Organisations- und Personalhoheit über das Militär entzogen und dem Verteidigungsministerium unterstellt. Jedoch ist die Stellung der Zivilisten im Ministerium wegen der zahlenmäßigen Dominanz uniformierter Offiziere und dem geringen zivilen Sachverstand bis heute schwach (Chen 2010).

In Südkorea kam es unter Präsident Roh Tae-woo (1988-1992) zu keiner Reform der zivilmilitärischen Beziehungen. So war es den Streitkräften zunächst möglich, ihre Autonomie und Einflussmöglichkeiten auf die Formulierung der Verteidigungspolitik gegen Eingriffe der demokratischen Institutionen abzusichern (Moon/Kang 1995: 185f.). Zumindest aber ging die Repräsentation des Militärs in Regierung und Parlament deutlich zurück – ein Trend, der unter den Präsidenten Kim Young-sam (1993-98) und Kim Dae-jung (1998-2002) anhielt und in dem sich der Niedergang des Militärs als Rekrutierungsbasis für die Besetzung politischer und staatlicher Ämter widerspiegelt (s. Tabelle 5.6).

**Tab. 5.6:** *Anteil ehemaliger Militärs in wichtigen Institutionen (Südkorea, 1963-2002)*

|  | in der Regierung (%) | in der Führung von Staatsunternehmen (%) | im Parlament (%) |
|---|---|---|---|
| Park Chung-hee (1963-1979) | 25,6 | … | 18,2 |
| Chun Doo-hwan (1980-1988) | 19,4 | 48,5 | 9 |
| Roh Tae-woo (1988-1993) | 17,2 | 38 | 6,8 |
| Kim Young-sam (1993-1998) | 5 | 12,4 | 7 |
| Kim Dae-jung (1998-2002) | 6,7 | 6,2 | 2,2 |

Quelle: Moon/Rhyu 2010.

Der Durchbruch für die vollständige Demilitarisierung des politischen Systems kam mit der Amtsübernahme von Kim Young-sam im Jahre 1993, dem ersten Präsidenten ohne militärischen Karrierehintergrund seit 1961. Eine proaktive Personalpolitik, die Aufdeckung von Korruptionsskandalen im Militär und die strafrechtliche Verfolgung der verantwortlichen

Offiziere sowie das entschlossene Vorgehen gegen „hanahoe" entzogen den Streitkräften vollständig und dauerhaft den Zugriff auf den politischen Entscheidungsprozess (Jun 2001: 132ff.). Ihren Höhepunkt erreichte die Demontage des Militärs als politische Macht im Prozess gegen Chun Doo-hwan, Roh Tae-woo sowie weitere Verantwortlichen für den Putsch von 1979 (Croissant 2004).

Von diesem Zeitpunkt an trat an die Stelle der Auseinandersetzung um die Demilitarisierung des politischen Prozesses die Frage der institutionellen Reform des Sicherheitsapparats. Hierbei war die Einführung des von Zivilisten dominierten und dem Präsidenten beigeordneten Nationalen Sicherheitsrates unter Präsident Kim Dae-jung von zentraler Bedeutung (Bechtol 2005: 265). Gleichfalls gefestigt ist die Kontrolle der Exekutive über alle Entscheidungen in wichtigen Militärangelegenheiten, einschließlich der Ernennung hochrangiger Offiziere und der Vergabe von Kommandoposten, der Struktur der Streitkräfte sowie der Verwendung des Militäretats (letzteres nach Maßgabe des Haushaltsgesetzes, vgl. Moon/ Rhyu 2010). Ähnlich wie in Taiwan stößt die Effektivität der zivilen Kontrolle jedoch aufgrund des Mangels an zivilem Sachverstand auch an inhärente Grenzen. So ist das für Personal-, Struktur- und Ausrüstungsfragen zuständige Verteidigungsministerium weiterhin eine Domäne uniformierter und ehemaliger Offiziere (ebd.).

Gescheitert ist hingegen die Neuordnung der zivil-militärischen Beziehungen in Thailand. Zwar beendete die Transition von 1992 die Repräsentation aktiver Militärs im Kabinett und die Präsenz von (ehemaligen) Militärs im Senat wurde deutlich verringert (s. Abb. 5.4). Mit Premierminister Chuan Leekpai übte von 1997 bis 2000 erstmals seit Anfang der 1970er Jahre ein Politiker ohne militärischen Karrierehintergrund das Amt des Verteidigungsministers aus. Jedoch beanspruchte das Militär weiterhin Handlungsfreiheit in Personalentscheidungen unterhalb der höchsten Kommandeursebene sowie in Fragen von Ausbildung, Rekrutierung, Mannschaftsstärke und Wehrorganisation (Ockey 2001; Chambers 2010a). Unter der Regierung Thaksin (2001-2006) wurde die politische Kontrolle der Streitkräfte vordergründig gestärkt. Allerdings verlagerte sich die Zielstellung von der Durchsetzung demokratischer Kontrolle zur Stärkung der persönlichen Autorität Thaksins über das Militär (McCargo/Pathmanand 2005). Der Versuch, das königstreue Militär als Machtinstrument zu vereinnahmen, trug zu dem Zerwürfnis zwischen Regierungschef und Militär bei, das im September 2006 im Staatsstreich gegen Thaksin gipfelte (Ukrist 2008).

Auch nach den Wahlen vom Dezember 2007, mit denen Thailand formal zur zivilen Herrschaft zurückkehrte, behält sich das Militär entscheidenden Einfluss auf die Zusammensetzung und das politische Überleben der Regierung vor. So brachte die Militärführung im Jahre 2008 durch die Verweigerung ihrer Unterstützung zwei von der Parlamentsmehrheit unterstützte und Thaksin nahestehende Kabinette zu Fall. Die seit Dezember 2008 amtierende Regierung von Premier Abhisit kam nur durch Intervention des Militärs zustande (Chambers 2010b). Darüber hinaus hat das Militär erheblichen Einfluss auf die Außen- und Verteidigungspolitik, schirmt seine vielfältigen Wirtschaftsinteressen gegen zivile Beaufsichtigung ab (Völkel/Chambers 2010), dominiert den Bereich der Inneren Sicherheit und genießt vollständige Autonomie in Personal- und Organisationsfragen sowie bei der Verwendung des Militäretats. Die Marginalisierung des zivilen Nationalen Sicherheitsrats durch den vom Militär kontrollierten Verteidigungsrat im Ministerium für Verteidigung, die Aufsicht des

Militärs über das für die Aufrechterhaltung der öffentlichen Ordnung zuständige *Internal Security Operations Command* (ISOC) und die mit der Verabschiedung des Gesetzes über die Innere Sicherheit erweiterten Zuständigkeiten der Streitkräfte stellen sicher, dass gegen den Willen des Militärs nicht regiert werden kann (Chambers 2010b: 73ff.).

**Abb. 5.4:** *Anteil von aktiven und ehemaligen Militärs in Kabinett und Senat (Thailand, 1932-2010)*

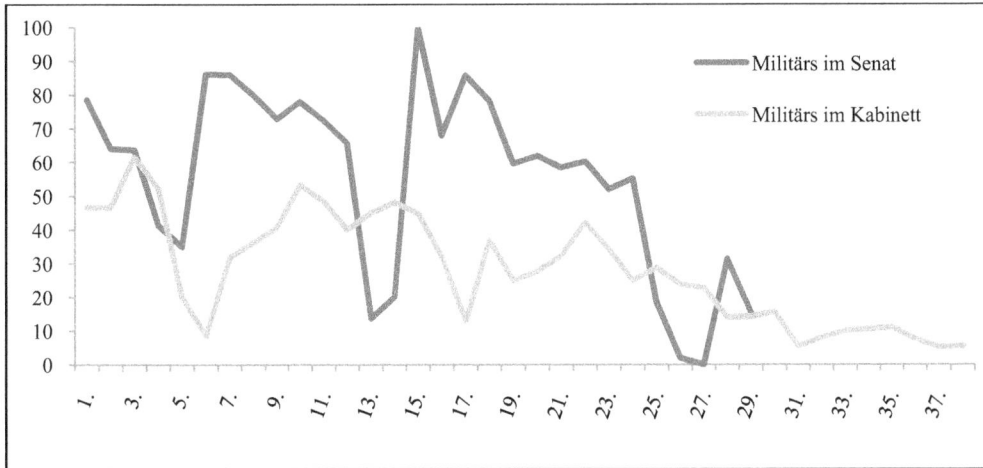

Anmerkung: 1.-23. Senat (1932-1991); 24.-27. Senat (1992-2006); 28.-29. Senat (2007-2010); 1.-27. Kabinett (1932 – 8/1992); 28.-34. Kabinett (9/1992-2005); 35. -38. Kabinett (2006-2010). Angaben beziehen sich auf den Anteil der aktiven und ehemaligen Angehörigen von Armee, Luftwaffe, Marine und Polizei an allen Mitgliedern des Kabinetts bzw. des Senats (in %).
Quelle: Chambers 2010a.

Ebenfalls prekär sind die zivil-militärischen Beziehungen in den Philippinen. Die post-autoritäre Verfassung von 1987 enthält bedeutende institutionelle Sicherungen für eine effektive zivile Kontrolle wie die Einführung einer Menschenrechtskommission, die Trennung von Polizei und Armee, die Gewährung weitreichender Kontrollrechte an den Kongress und die Inkompatibilität von Regierungsamt und aktivem Militärdienst (Hernandez 2007: 86f.). Die Umsetzung des Verfassungsprinzips der zivilen Suprematie scheiterte jedoch an den extremen Herausforderungen, denen sich zivile Regierungen in den ersten Jahren der Demokratie, aber auch danach immer wieder gegenübersahen. Die Mobilisierung putschbereiter Offiziere in den letzten Tagen der Diktatur und der Kollaps der militärischen Hierarchie führten zu insgesamt acht Militärerhebungen in den Jahren 1986-1990, mit denen nicht-hierarchische Offiziere (teilweise mit ziviler Unterstützung) den Sturz der Regierung oder einen Politikwechsel erzwingen wollten (McCoy 2000: 260). Um die fragile Demokratie gegen extremistische Militärs und Angriffe der maoistischen Guerillas und anderer nicht-staatlicher Gewaltakteure zu verteidigen, waren alle philippinischen Präsidenten seit 1986 auf die Unterstützung der Militärführung angewiesen (Hernandez/Kreft 2010).

Weitreichende politische Zugeständnisse an die Streitkräfte, Säuberungen im Offizierskorps, die Besetzung von Schlüsselpositionen mit loyalen Gefolgsleuten der Regierung sowie die Stärkung der hierarchischen Kommandostruktur stabilisierten die zivil-militärischen Beziehungen vorübergehend unter Präsident Fidel Ramos (1992-1998), einem ehemaligen Karrieresoldaten. Von einer „Demilitarisierung" der Politik konnte jedoch keine Rede sein. Vielmehr begann während seiner Amtszeit eine Entwicklung, die unter Präsidentin Arroyo (2001-2010) zur großflächigen Infiltration des zivilen Entscheidungsapparats durch Militärs führte: die Vergabe von Berater-, Kabinetts- und Verwaltungsposten an einflussreiche und gut vernetzte ehemalige Offiziere (Hutchcroft 2000; Hernandez 2007: 93). Spätestens mit dem Eingreifen der Militärführung in die Amtsenthebung von Präsident Estrada im Januar 2001 und ihrer Mitwirkung an der Regierungsübernahme durch Vizepräsidentin Gloria Arroyo (Landé 2001) ist deutlich, dass sich das Militär zu einer Schlüsselgröße der philippinischen Demokratie entwickelt hat, die sich ihre Loyalität mit politischen Mitspracherechten vergüten lässt (Hernandez/Kreft 2010). Dies bestätigte sich 2004 und 2007, als sich die Generalität in der Kontroverse um Vorwürfe der Wahlmanipulation gegen Präsidentin Arroyo als unverzichtbare Stütze der zivilen Regierung erwies (Hutchcroft 2008).

Indonesiens Demokratie hat ebenfalls mit schwierigen Ausgangsbedingungen für eine erfolgreiche Institutionalisierung ziviler Kontrolle zu kämpfen. Angesichts der Bedeutung des Militärs als Rekrutierungsbasis für die Funktionselite und als Repressionsinstrument im autoritären Regime, des hohen Schwierigkeitsgrads der Transformation sowie der relativ kurzen Zeitspanne seit dem Ende der Autokratie ist es wenig erstaunlich, dass die Kontrolle der demokratischen Regierung über das Militär bislang nur teilweise durchgesetzt und institutionalisiert werden konnte (Mietzner 2009). Gleichwohl zwang die Liberalisierung die Streitkräfte zu Konzessionen. Neben der Umbenennung von ABRI (*Angkatan Bersenjata Republik Indonesia*) in TNI (*Tentara Nasional Indonesia*, der Name der Streitkräfte während des Unabhängigkeitskriegs), mit der sich das Militär symbolisch von seiner Rolle in der „Neuen Ordnung" distanzierte, ist das vom Oberkommando der Armee 1998 verkündete „Neue Paradigma" zur Rolle der Streitkräfte in Staat und Politik zu nennen. Wichtige Punkte waren die Abschaffung der *dwifungsi*-Doktrin („doppelte Funktion"), die eine soziopolitische und traditionelle Sicherheitsfunktion der Streitkräfte beinhaltete, die Trennung von Polizei und Militär, der Rückzug der Streitkräfte aus der Tagespolitik sowie die Beendigung ihrer Verbindungen zu Golkar (Heinz 2001b: 124).

Erfolge der demokratiekompatiblen Neuordnung der zivil-militärischen Beziehungen sind vor allem bei der Entflechtung von politischen und militärischen Ämtern auf nationaler Ebene zu verzeichnen. In diesem Kernbereich der zivilen Kontrolle wurden die für Angehörige von Militär und Polizei reservierten Parlamentssitze mit der Wahl im Jahre 2004 abgeschafft. Der Anteil ehemaliger Militärs im Kabinett ging von durchschnittlich 16% in den Präsidialkabinetten Wahids (1999-2001) auf 6% unter Präsident Yudhoyono (einem ehemaligen General) zurück (Völkel/Chambers 2010). Hingegen bestehen andere Probleme fort. So sind die Aufsichts- und Kontrollmöglichkeiten der zivilen Institutionen, insbesondere des Verteidigungsministeriums, schwach. Der militärische Geheimdienst BAIS ist weiterhin im Inland aktiv und der nominell zivile Inlandsgeheimdienst BIN ist mit Militärs durchsetzt (Jemadu, 2007; Putra, 2007). Die 1999 initiierte Trennung von Militär und nationaler Polizei blieb unvollständig, zumal unter Yudhoyono die Rolle der Streitkräfte bei der Terrorbekämpfung aufgewertet wurde (Human Rights Watch 2006; Wandelt 2007: 269). Die Territorialstruktur der Streitkräfte, die ein Ergebnis des in der Zeit des Unabhängigkeitskampfes entwickelten Konzepts der „totalen Volksverteidigung" und der administrativen Gliederung des Landes nachempfunden ist und die Streitkräfte bis auf die Dorfebene mit den zivilen Machtträgern verbindet, bietet lokalen Kommandeuren weiterhin Möglichkeiten zur politischen Einflussnahme (Honna 2006; Jansen 2008). Darüber hinaus besaß das Militär im Kontext der *dwifungsi*-Doktrin das Recht auf eigene wirtschaftliche Aktivitäten. Offiziere und Einheiten nutzten dies vielfach zum Aufbau von eigenen Unternehmen (Robinson 2001: 228). Auch nach dem Regimewechsel finanziert sich das Militär vorwiegend aus eigenen Quellen, was seine Kontrolle erheblich erschwert (Crouch 2010: 169). Die Bewältigung dieses Problems steht ebenso aus wie die Reform der Militärgerichtsbarkeit (Human Rights Watch 2010).

## 5.4.3 Zivile Strategien im Umgang mit dem Militär

Dieser knappe Überblick macht deutlich, dass der Grad ziviler Kontrolle in den einzelnen Ländern erheblich variiert. Er erlaubt auch Rückschlüsse darüber, welcher Strategien sich zivile Autoritäten im Umgang mit dem Militär bedienen. In keinem der fünf Transformationsstaaten drängten die demokratisch legitimierten Autoritäten in den ersten Jahren der Demokratie mittels einer aggressiven Personalpolitik, der Bestrafung von Offizieren für ihre Beteiligung an Menschenrechtsverletzungen des autoritären Regimes oder durch institutionelle Reformen der Strukturen, Zuständigkeiten und Entscheidungsmechanismen im Bereich der zivil-militärischen Beziehungen auf eine rasche Ausweitung und Durchsetzung ihrer effektiven Herrschaftsgewalt. Dies gilt nicht nur für die Philippinen, wo die Mobilisierung putschbereiter Militärs in den letzten Tagen der Diktatur und der Kollaps der Befehlsstrukturen die fragile Demokratie existentiell bedrohten, sondern auch für relativ erfolgreiche Reformfälle wie Südkorea und Taiwan.

In Taiwan realisierte Präsident Lee Teng-hui, dass er als Zivilist ohne militärischen Karrierehintergrund nur mit einer zurückhaltenden Politik gegenüber den Streitkräften den Widerstand konservativer KMT-Generäle gegen seine Politik der Demokratisierung überwinden konnte. Entsprechend verzichtete er auf Interventionen in die inneren Angelegenheiten der Streitkräfte und delegierte ein höchst mögliches Maß an Autorität an politisch vertrauenswürdige Offiziere. Die Nominierung respektierter Generäle als Verteidigungsminister und eine um Konsens mit der Militärführung bemühte Personalpolitik förderten die Herausbildung einer gemeinsamen Vertrauensbasis und setzten zugleich den Ton für die zivilmilitärischen Beziehungen unter den nachfolgenden Präsidenten (Chen 2010). Nach dem Machtwechsel zur Demokratischen Fortschrittspartei im Jahre 2000 folgte Präsident Chen Shui-bian in seiner ersten Amtszeit (2000-2004) der vorsichtigen Personal- und Reformpolitik von Lee Teng-hui, nicht zuletzt, da seine politische Stellung durch ein knappes Wahlergebnis und die Konfrontation mit dem von der Opposition kontrollierten Parlament zu schwach für einen aggressiven Politikwechsel war. Stattdessen stärkte er die zivile Komponente im Nationalen Sicherheitsrat, dem wichtigsten sicherheitspolitischen Beratungsorgan des Präsidenten (Chen 2010: 14). Während seiner zweiten Amtszeit (2004-2008) versuchte sich Chen an einer intrusiven Personalpolitik und scheiterte damit. Als er am Ende seiner Amtszeit für eine dreimonatige Übergangsperiode einen zivilen Minister ernannte, geschah dies nicht in der Absicht, die zivile Aufsicht über das Ministerium zu stärken, sondern weil kein geeigneter hoher Offizier bereit war, als Minister unter dem politisch angeschlagenen Präsidenten zu dienen (ebd.).

Ähnlich entschied sich auch der erste demokratisch gewählte Präsident Südkoreas, Roh Tae-woo, aus einer Position der politischen Schwäche für eine weiche Haltung gegenüber dem Militär. Aufgrund seiner Beteiligung am Putsch von 1979 und des knappen Wahlausgangs bei den Präsidentschaftswahlen 1987 – nur 36% der Wähler hatten für Roh gestimmt – war seine Legitimität umstritten (Bedeski 1994). Zudem mangelte es Roh als Vertreter der „hanahoe" an Rückhalt im Offizierskorps. Der Strategiewechsel unter Kim Young-sam wiederum war auch deshalb möglich, weil der neue Präsident über ein eindeutiges Mandat der Wähler sowie die Unterstützung der Parlamentsmehrheit verfügte und als Zivilist nicht mit einer bestimmten Gruppe im Militär assoziiert wurde. Zugleich konnte sich Kim mit seinem Vorgehen gegen die Putschisten von 1979 sowie der Zerschlagung der „hanahoe" von seinem unpopulären Vorgänger distanzieren. Außerdem nutzte Kim Young-sam das präsidentielle Ernennungs- und Beförderungsrecht als Hebel, um eine neue Generation von Offizieren mit landsmannschaftlichen Bindungen zum Präsidenten zu fördern, die weder eine Nähe zur autoritären Ära noch eigene politische Ambitionen hatten (Moon/Rhyu 2010). Nach dem Machtwechsel zu Kim Dae-jung kam es schließlich zur Reform der Kriterien für Kommandovergabe und Beförderungen, durch die der Prozess „entpolitisiert" und die professionellen Auswahlkriterien institutionell verankert wurden (ebd.).

Im Gegensatz zu Südkorea ist es in den Philippinen bislang nicht gelungen, das Militär grundlegend zu reformieren. Vereinzelte Versuche wie das 1997 auf den Weg gebrachte Streitkräftemodernisierungsprogramm scheiterten am Widerstand ziviler Akteure in Kongress (de Castro 2005: 19). Stattdessen ist der Umgang der politischen Eliten mit dem in Teilen radikalisierten Offizierskorps durch informelle Praktiken der Kooptation geprägt. Wie dargestellt, gelang es dem Präsidenten Ramos, sich die Unterstützung der Militärführung zu sichern, indem er zahlreiche ehemalige Offiziere auf einflussreiche Regierungsposten berief und die Führungspositionen in den Streitkräften mit loyalen Offizieren besetzte. Darüber hinaus verzichteten alle betroffenen Regierungen darauf, die an Rebellionen, Meutereien oder Putschversuchen beteiligten Offiziere zur Verantwortung zu ziehen. Ebenfalls unbehelligt blieben Soldaten und Offiziere, denen Menschenrechtsverletzungen zur Last gelegt wurden (Hutchcroft 2008: 147). Kurzfristig leistete dies einen Beitrag zur Stabilisierung des politischen Systems, erleichterte die Reintegration ehemaliger Rebellen in die Streitkräfte und verringerte das Konfliktpotential zwischen Zivilisten und Militärs. Mittelfristig aber hat der beschwichtigende Umgang mit den Streitkräften die Militarisierung des politischen Systems gefördert, die Durchsetzung von Menschenrechtsstandards im Militär erschwert und Anreize für unzufriedene Offiziere gesetzt, auf illegitime Weise mit relativ geringem Risiko politische Forderungen zu stellen und durchzusetzen (Hernandez/Kraft 2010).

Ähnlich gering war die Bereitschaft der zivilen Eliten in Thailand, sich mit Fragen der Reform des Sicherheitssektors auseinander zu setzen (Beeson/Bellamy 2008: 29). Zum Teil lag dies an dem Fehlen von Erfahrung, Ressourcen und institutionellen Handlungsfähigkeiten auf Seiten der zivilen Politik (Surachart 1999). Bedeutender jedoch war, dass aufgrund der engen Beziehungen zwischen Militär und Monarchie, dem Fehlen schwer wiegender innerer oder äußerer Bedrohungen und den vorhandenen Einflussmöglichkeiten des Militärs die politischen Kosten einer aktiven verteidigungs- und militärpolitischen Rolle für die zivilen Eliten erheblich, die potentiellen Gewinne aber relativ gering waren. Daher bestanden in den 1990er Jahren nur schwache Anreize für eine Reform der zivil-militärischen Beziehungen. Zugleich veranschaulicht die Vorgehensweise der Regierung Thaksin, dass die Herausforderung in diesem kritischen Bereich der Konsolidierung liberaler Demokratien nicht alleine darin besteht, das Militär aus der Parteienpolitik herauszuhalten, sondern auch zivile Autoritäten davon abzuhalten, das Militär aus Machterhaltungsgründen zu vereinnahmen.[74] Die in den 1990er Jahren eingeleiteten demokratischen Reformen waren jedoch zu schwach, um den herrschaftsstrategischen Missbrauch ziviler Kontrolle durch Thaksin zu verhindern.

Die mangelnde Institutionalisierung ist auch in Indonesien eine Schwäche der zivilen Kontrolle. Zwar ist es Präsident Yudhoyono gelungen, durch eine geschickte Personalpolitik und die Bildung parteiübergreifender Koalitionen seinen Handlungsspielraum gegenüber dem Militär auszuweiten und seine Autorität gegenüber den Streitkräften auch in potentiell konfliktreichen Entscheidungen wie der Implementierung des Helsinki Abkommens für Aceh geltend zu machen (Miller 2009: 160). Fraglich ist aber, ob dies unter einer politisch weniger umsichtig agierenden Regierung ein tragfähiges Fundament für stabile zivile Kontrolle bildet (Mietzner 2010).

## 5.4.4    Fazit

Trotz der verbleibenden Einschränkungen ziviler Einflussmöglichkeiten in der Verteidigungspolitik war die Reform der zivil-militärischen Beziehungen in Südkorea und Taiwan erfolgreich. In Indonesien, den Philippinen und Thailand ist sie aus verschiedenen Gründen und in unterschiedlichem Maße unvollständig geblieben. Doch auch hier muss differenziert werden. Die Situation in Indonesien lässt sich als Zustand der bedingten Unterordnung des Militärs unter zivile Kontrolle charakterisieren, während in den Philippinen eine zivil-militärische Machtteilung und in Thailand eine Dominanz des Militärs über die zivile Politik zu erkennen ist.

In allen fünf jungen Demokratien war die Personalpolitik der entscheidende Hebel, den Zivilisten nutzten, um ihre Autorität über das Militär zur Geltung zu bringen. Die Institutionalisierung der zivilen Dominanz im Sicherheitssektor erfolgte, wenn überhaupt, erst später. Innere und am Leitbild eines „demokratischen Professionalismus" (Fitch 1998) orientierte Reformen der Streitkräfte, die den Mangel an demokratischen Einstellungen im Offizierskorps in den Blick genommen hätten, sind ausgeblieben. Wo es zu inneren Anpassungen des

---

[74]    McCargo und Ukrist (2005: 121ff.) haben die folgenden Elemente der Vereinnahmungsstrategie Thaksins herausgearbeitet: (1) die Kooptation ehemaliger Offiziere in Kabinett und Regierungsapparat; (2) der Aufbau enger Verbindungen zwischen Regierungspartei und aktiven Offizieren; (3) die Erfüllung der Anschaffungs- und Ausstattungswünsche der Streitkräfte; (4) die Zentralisierung von Entscheidungsmacht im Amt des Premierministers; (5) der Aufbau eines Netzwerks von Verwandten und Klassenkameraden des Premierministers aus der Abschlussklasse 10 der Militärkadettenschule in der Armee; (6) die Marginalisierung anderer Gruppen und der von der Vorgängerregierung geförderten Offiziere; (7) die Kontrolle des Premiers über die Radio- und Fernsehsender des Militärs sowie die Erlöse aus der Privatisierung von Militärfirmen.

Militärs an die veränderten Gegebenheiten der Demokratie kam, waren sie eher vom Bestreben der Streitkräfte getrieben, Professionalismus und innere Integrität zu stärken, als vom Reformwillen der politischen Akteure. Dabei zeigt sich für Asien, dass neben der unterschiedlichen Rolle des Militärs im alten Regime und dem Einfluss der Streitkräfte auf die Transition der Verlauf der post-autokratischen Entwicklung selbst erhebliche Auswirkungen auf die Neuordnung der zivil-militärischen Beziehungen hatte. Daher erstaunt es nicht, dass die Durchsetzung ziviler Kontrolle in Südkorea und Taiwan am weitesten vorangeschritten ist, da die mehr oder weniger erfolgreiche Konsolidierung der Demokratie letztlich auch zum Verlust aller politischen Vorrechte des Militärs führte (Croissant/Merkel 2010).

Umgekehrt wurde die Position der zivilen Eliten gegenüber dem Militär in Thailand und den Philippinen durch interne Konflikte zwischen konkurrierenden Teileliten und ihrem Streben nach Unterstützung durch Gruppen im Militär deutlich geschwächt. Der direkten Übernahme der politischen Macht durch das Militär in den Philippinen steht entgegen, dass es keine zivile Unterstützerkoalition für ein solches Vorhaben gibt und die entscheidenden Segmente des höheren Offizierskorps in der Allianz mit Politikern und Parteien ihre Interessen viel effektiver durchsetzen können als durch politisch riskante Manöver wie einem Staatsstreich (Hernandez/Kraft 2010: 130). Für Thailand gilt dies nicht. Hier war es nicht zuletzt der direkte Appell durch Teile der zivilen Opposition gegen Thaksin, der dem Militär einen Vorwand lieferte, die Regierung zu stürzen und sich selbst als zentrale politische Vetomacht zu etablieren (Ukrist 2008).

## 5.5    Vergleich und Analyse

In den meisten jungen Demokratien hat die politische Transformation von der Diktatur zur Demokratie in den vergangenen drei Jahrzehnten auch eine Neuordnung der zivil-militärischen Beziehungen angestoßen. Allerdings ist sie in der Mehrzahl der Staaten noch nicht abgeschlossen und die Reichweite der zivilen Kontrolle sowie der Institutionalisierungsgrad der Reformen im Militär und im Sicherheitssektor variieren deutlich. Insgesamt jedoch zeigt sich für die vergangenen zwei bis drei Dekaden ein vergleichsweise konsistentes Bild: Trotz der markanten Unterschiede in den Ausgangs- und Rahmenbedingungen, den spezifischen Herausforderungen sowie den Verlaufsformen, ist in den meisten Fällen der politische Einfluss des Militärs deutlich zurückgegangen. Im Verlauf dieses Prozesses ist die zivile Aufsicht über das Militär gestärkt worden.

Die drei südeuropäischen Demokratien haben das Prinzip der zivilen Kontrolle bereits in den 1980er Jahren vollständig verankert. Einschränkungen der effektiven Herrschaftsgewalt der demokratisch legitimierten Autoritäten durch militärische Prärogativen und Autonomierechte existieren nicht. Die mittelost- und nordosteuropäischen Demokratien sind ähnlich erfolgreich bei der Reform ihrer zivil-militärischen Beziehungen gewesen. Innerhalb einer Dekade ist den meisten neuen NATO-Staaten der Systemwechsel vom kommunistischen Modell der Parteikontrolle zum liberalen Modell der demokratischen Kontrolle zum Abschluss gekommen. In Lateinamerika, Ostasien und den übrigen postkommunistischen Transformationsstaaten sind stärkere Differenzierungen erforderlich. Auf der einen Seite stehen Fälle der erfolgreichen Neuordnung der zivil-militärischen Beziehungen wie Argentinien, Uruguay, Taiwan und Südkorea. Trotz der weiterhin gegebenen Einschränkungen der zivilen Einflussmöglichkeiten in der Verteidigungspolitik (Ostasien) beziehungsweise der nicht vollzogenen Aufarbeitung der Menschenrechtsverletzungen unter der Militärdiktatur (Uruguay) können diese jungen Demokratien auf dem Kontinuum der zivil-militärischen Beziehungen in der Kategorie der zivilen Kontrolle verortet werden (vgl. Abb. 5.5).

*Abb. 5.5:* *42 Demokratien auf dem Kontinuum zivil-militärischer Beziehungen, um 2010*

| | Militärische Kontrolle | Militärische Vormundschaft | Bedingte militärische Unterordnung | Zivile Kontrolle |
|---|---|---|---|---|
| **Südeuropa** | | | | Griechenland |
| | | | | Portugal |
| | | | | Spanien |
| **Osteuropa** | | | Bosnien u. Herz. | Albanien |
| | | | Mazedonien | Bulgarien |
| | | | Montenegro | Estland |
| | | | Russland | Kroatien |
| | | | Serbien | Lettland |
| | | | | Litauen |
| | | | | Polen |
| | | | | Rumänien |
| | | | | Slowakei |
| | | | | Slowenien |
| | | | | Tschechien |
| | | | | Ungarn |
| **Lateinamerika** | | Ecuador | Bolivien | Argentinien |
| | | El Salvador | Brasilien | Costa Rica |
| | | Guatemala | Chile | Mexiko |
| | | Honduras | Dominikanische R. | Uruguay |
| | | Venezuela | Kolumbien | |
| | | | Nicaragua | |
| | | | Paraguay | |
| | | | Peru | |
| **Ostasien** | Thailand | Philippinen | Indonesien | Südkorea |
| | | | | Taiwan |

Quelle: eigene Zusammenstellung.

Auf der anderen Seite unterliegen die politischen Systeme in El Salvador, Guatemala und Honduras, in Ecuador und Venezuela sowie in Thailand und den Philippinen weiterhin einer mehr oder weniger starken Bevormundung oder Kontrolle durch das Militär. Zwischen diesen beiden Gruppen liegen insgesamt vierzehn Fälle mit einer nur bedingten Unterordnung des Militärs unter die Suprematie der demokratisch legitimierten Entscheidungsträger.

Die Krise der zivil-militärischen Beziehungen in Honduras, Thailand und auf den Philippinen weist darauf hin, dass die Entwicklung zu mehr ziviler Kontrolle auch umkehrbar sein kann. Insgesamt aber scheint es für die große Mehrzahl der jungen Demokratien unwahrscheinlich, dass sich die Machtdifferenziale kurzfristig und dramatisch zuungunsten der Zivilisten verschieben könnten. So zeigt sich insgesamt, dass die klassischen Kontrollfragen sukzessive von der Reformagenda der jungen Demokratien verdrängt werden. Dafür rücken andere Reformaspekte stärker in den Blickpunkt (vgl. Cottey et al. 2002b; Bruneau/ Trinkunas 2006). Vor dem Hintergrund unserer Ausführungen lassen sich vielmehr drei andere Reformbereiche als besonders relevant identifizieren:

Erstens die vollständige Durchsetzung der zivilen Autorität auch in jenen Teilarenen der zivil-militärischen Beziehungen, die weniger herrschaftssensibel sind als die Rekrutierung politischen Führungspersonals, wie insbesondere die Bereiche der Militärorganisation und Verteidigungspolitik.

Zweitens fehlt es vielen Demokratien an starken zivilen Institutionen, ausreichenden Ressourcen und hinreichender Erfahrung der zivilen Akteure, um das Militär bei der alltäglichen Aufgabenerfüllung effektiv zu beaufsichtigen und „shirking" (Feaver 2003) des Militärs zu verhindern, entdecken oder sanktionieren. Insbesondere ist das Verhältnis von Militär und politischen Entscheidungsträgern in den jungen Demokratien durch starke Informationsasymmetrien zugunsten der Militärs geprägt. Ursächlich hierfür ist neben der historisch bedingten Schwäche der zivilen Kompetenzen im Verteidigungssektor auch das Fehlen einer einschlägigen und gut entwickelten zivilgesellschaftlichen Organisationslandschaft.

Eine dritte Herausforderung besteht in der Entwicklung neuer und mit ziviler Kontrolle vereinbarer Missionen, Aufgabenzuschreibungen und Militärdoktrinen für die postautoritären Streitkräfte. Dies gilt gerade für jene Staaten in Lateinamerika und in Südostasien, in denen das Militär in der autoritären Vergangenheit vor allem innergesellschaftliche Ordnungs- und Führungsfunktionen innehatte. Mit dem Ende des Ost-West-Konflikts und dem Abebben innerstaatlicher Konflikte geriet das Militär hier in eine Begründungskrise hinsichtlich seiner Existenz und den damit verbundenen teils hohen Militärausgaben. Während die Suche nach neuen Aufgabenfeldern, Rollen und Missionsprofilen in Indonesien, Thailand und den Philippinen noch am Anfang steht, hat der Prozess der funktionalen Neuausrichtung des Militärs in einer Reihe von Staaten in Lateinamerika dazu geführt, dass die innergesellschaftlichen Unterstützungsfunktionen der Streitkräfte für zivile Institutionen und Agenturen deutlich ausgeweitet wurden. In diesem Zusammenhang fällt jedoch auf, dass die „Demokratiedividende" in vielen lateinamerikanischen Gesellschaften deutlich geringer ausfällt, als in anderen Weltregionen und als angesichts der veränderten Bedrohungslagen der letzten zwei Dekaden erwartet werden könnte (vgl. Abb. 5.6).

***Abb. 5.6:*** *Entwicklung der Militärausgaben in Lateinamerika (1988-2008)*

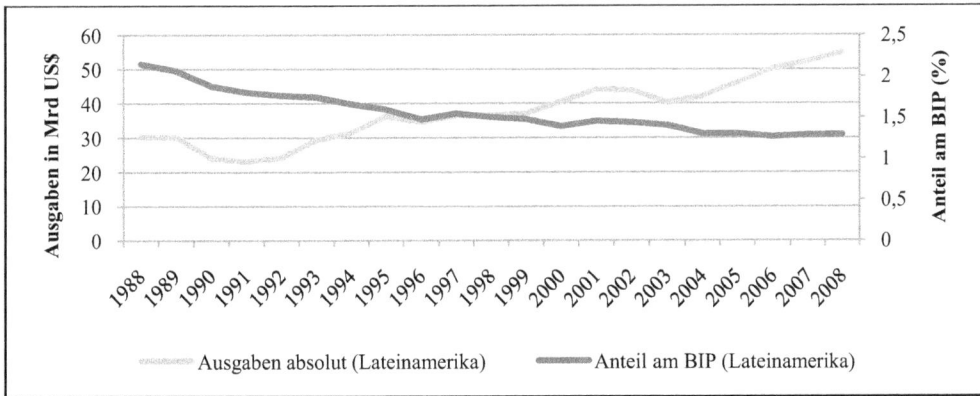

Anmerkung: Lateinamerika: Argentinien, Bolivien, Brasilien, Chile, Dominikanische Republik, Ecuador, El Salvador, Guatemala, Honduras, Kolumbien, Mexiko, Nicaragua, Panama, Paraguay, Peru, Uruguay, Venezuela. Alle Angaben zu konstanten Preisen (2008). Quelle: eigene Berechnungen nach SIPRI 2010.

Zwar sind die Verteidigungsausgaben in vielen Staaten Lateinamerikas im Anschluss an die Transition erheblich zurückgegangen, nicht zuletzt, da die um Wählerstimmen und politischen Einfluss konkurrierenden demokratischen Parteien in der Kürzung der Militärausgaben eine günstige Möglichkeit erkannten, Forderungen wichtiger Wählerschichten und politischer Einflussgruppen zu befriedigen (Hunter 1997). Damit einher ging (ähnlich wie in Osteuropa) eine deutliche Verringerung der Mannschaftsstärke der Streitkräfte. Betrachtet man allerdings die Entwicklung seit Ende der 1990er Jahre, wird dieser Trend viel schwächer, ja er verschwindet sogar oder dreht sich um: In absoluten Zahlen etwa war ein deutlicher Anstieg der Militärausgaben zu verzeichnen. Im Ergebnis war eine annähernde Verdoppelung der kumulierten Verteidigungsausgaben von 17 lateinamerikanischen Staaten zwischen 1988 und 2008, von knapp US$ 30Mrd. US$ auf rund US$ 54 Mrd. zu verzeichnen.

Trotz dieser Probleme sind die erreichten Transformationsergebnisse in vielen Staaten beachtlich. Wie kam es aber zu einer solchen Entwicklung? Aus einer theoretisch informierten und vergleichend diszipliniérten Sicht lassen sich fünf Faktoren beziehungsweise Faktorenkombinationen benennen: (1) der Typ des autoritären Regimes und der Einfluss ziviler oder militärischer Eliten auf Agenda und Verlauf der Transition; (2) die Geschlossenheit und Einigkeit der zivilen beziehungsweise militärischen Eliten; (3) die Unterstützung für die Demokratie in der Bevölkerung und unter den zivilen Eliten; (4) internationale Einflussfaktoren; (5) die Veränderung der nationalen und internationalen Bedrohungslagen.

Ad 1) Felipe Agüeros These, dass die Neuordnung des Verhältnisses von Militär und Politik besonders dort problematisch ist, wo der Übergang aus einem militarisierten autoritären Regime erfolgte und wo es den Streitkräften aufgrund ihres Einflusses auf die Institutionalisierung der Demokratie gelungen ist, sich in der Transition politische Vorrechte zu sichern (Agüero 1995), bestätigt sich auch im interregionalen Vergleich: Einen starken Einfluss auf die Regimeübergänge hatten Militärs in Portugal, Südkorea und Thailand sowie in den meisten lateinamerikanischen Fällen (vgl. Tab. 5.7).

**Tab. 5.7:** *Transitionsmodus und dominanter Elitentyp im autoritären Regime*

|  | Dominante Elite im autoritären Regime | |
|---|---|---|
|  | *Zivilisten* | *Militärs* |
| *Von alten Regimeeliten gelenkt* | Albanien | Brasilien |
|  | Bulgarien | Chile |
|  | Mexiko | Ekuador |
|  | Nicaragua | El Salvador |
|  | Rumänien | Guatemala |
|  | Taiwan | Honduras |
|  |  | Paraguay |
|  |  | Peru |
| *Ausgehandelt* | Indonesien | Bolivien |
|  | Polen | Südkorea |
|  | Spanien | Thailand |
|  | Ungarn | Uruguay |
| *Von unten erzwungen oder Kollaps* | CSSR | Argentinien |
|  | Philippinen | Griechenland |
|  | Portugal | Panama |
| *Staatsneugründung* | Estland |  |
|  | Kroatien |  |
|  | Lettland |  |
|  | Litauen |  |
|  | Mazedonien |  |
|  | Moldawien |  |
|  | Restjugoslawien |  |
|  | Russland |  |
|  | Slowakei |  |
|  | Slowenien |  |
|  | Tschechien |  |
|  | Ukraine |  |

Quelle: eigene Zusammenstellung.

Hier gelang es den Streitkräften, sich im Zuge der Institutionalisierung der Demokratie formelle oder informelle Vorrechte in unterschiedlicher Intensität zu sichern. Folglich lag nach der Transition die Last der Veränderung dieser Institutionen und des Zurückdrängens des politischen Einflusses der Streitkräfte auf Seiten der Zivilisten. Derartige institutionelle Reformen waren häufig zeit- und kostspielig. In vielen Fällen sind sie bislang nicht, oder noch nicht abgeschlossen. Im Unterschied dazu wurden die Demokratisierungsprozesse in Spanien und Griechenland, in Taiwan und in allen postkommunistischen Ländern von den zivilen Eliten kontrolliert. Damit bevorzugten die Machtbalance und die in den Regimeübergängen festgeschriebene Verteilung politischer Verfügungsrechte die zivilen Eliten. Das Militär hingegen befand sich in einer unvorteilhaften Position, um Vorrechte aus dem autoritären Regime gegen den Herrschaftsanspruch der neuen Entscheidungsträger zu verteidigen oder während des Regimeübergangs verlorene Privilegien zurückzugewinnen.

Allerdings gibt es auch interessante Ausnahmen. Zu nennen sind zunächst Südkorea und die Philippinen. Während die ausgehandelte Transition im ersten Fall aus einem Militärregime heraus erfolgte, handelte es sich bei der Marcos-Diktatur auf den Philippinen um ein ziviles „personalisiertes" Führerregime. Das Militär nahm zwar direkten Einfluss auf die Transition, konnte sie jedoch nicht kontrollieren. In Südkorea konnte sich das Militär zunächst noch Prärogativen bewahren, im Verlauf der Konsolidierung der Demokratie ist es den zivilen Eliten jedoch gelungen, den politischen Einfluss des Militärs zu neutralisieren. Dagegen steht die philippinische Demokratie heute politisch unter der Vormundschaft des Militärs. Aber auch Portugal und Chile fügen sich nur bedingt in die Argumentation Agüeros. Sowohl Portugal (nach 1976) als auch Chile (nach 1989) waren Paradebeispiele einer durch das Militär als Vetomacht „geschützten" Demokratie. Mit Fortschreiten der demokratischen Konsolidierung wurden die politischen Privilegien des Militärs jedoch immer stärker herausgefordert. Schlussendlich mussten die Streitkräfte ihre Vorrechte größtenteils (Chile) oder vollständig (Portugal) abtreten. Dies deutet zum einen darauf hin, dass die während der Transition festgeschriebene Machtverteilung zwischen politischen Parteien und Militär im Laufe der politischen Entwicklung nach dem Regimeübergang trotz der mitunter hohen Kosten politischer oder anderer Art verändert werden kann und keineswegs die Ausprägung der zivilmilitärischen Beziehungen in jungen Demokratien dauerhaft determiniert. Zum anderen bestärkt es die Argumentation, dass zumindest für die Entwicklung der zivil-militärischen Beziehungen *nach* dem Übergang zur Demokratie weitere Faktoren eine Rolle spielen.

Ad 2) Eine zweite wichtige Variable ist die Geschlossenheit und Einigkeit, mit der zivile Eliten und Militär agieren können. In Südeuropa, Osteuropa und in Taiwan, aber auch in Argentinien, Südkorea und Portugal bestand unter den demokratisch gesinnten Parteien und Eliten Einigkeit über den zivilen Charakter der neuen politischen Ordnung, die Beseitigung der verbliebenen Legate des autoritären Regimes sowie die Beendigung der militärischen Prärogativen (wenngleich auch nicht unbedingt über die konkrete Vorgehensweise). Daher konnten die Offiziere in diesen Ländern unabhängig vom Grad der Identifikation mit dem alten System nicht darauf hoffen, nennenswerte Unterstützung unter Teilen der zivilen Eliten oder in der Gesellschaft für die Bewahrung ihrer Vorrechte zu finden. Daher akzeptierten auch konservative Teile des Offizierskorps politische Reformen meist als unvermeidlich.

Für die Formierung einer starken Vetomacht fehlte es den Streitkräften zudem an der nötigen inneren Geschlossenheit. Dies gilt auch für Argentinien, wo militärinterne Konflikte die Handlungsfähigkeit stark einschränkten und für Südkorea, wo das Militär aufgrund der Entfremdung bedeutender Teile des Offizierskorps vom Chun-Regime und der geringen Unterstützung für Roh Tae-woo weder willens noch in der Lage war, gegen die Reformbestrebungen der Regierung Kim Young-sam Widerstand zu leisten. Auch in Portugal war das Militär vertikal und horizontal gespalten und nicht in der Lage, gemeinsam gegen die Vertiefung und Konsolidierung der Demokratie aufzutreten. In Chile schließlich profitierte die „Normalisierung der zivil-militärischen Beziehungen" (Thiery/Merkel 2010: 237) sowohl von den Lernprozessen im chilenischen Militär selbst als auch davon, dass die dem Militärregime gegenüber ursprünglich positiv eingestellten Parteien der chilenischen Rechten „zum alten Regime und insbesondere zu Pinochet auf Distanz [gingen] und versuchte[n], ihre politische Zukunft jenseits des autoritären Erbes als konservative Kraft Chiles zu suchen" (ebd.).

Zudem profitierten die jungen Demokratien in ehemaligen Parteiendiktaturen (Mexiko, Taiwan, Osteuropa) vom Erbe einer schon im autoritären Regime gesicherten Dominanz der zivilen Institutionen und der im Militär verinnerlichten Akzeptanz ziviler Suprematie. Entsprechend gelang die Durchsetzung der zivilen Kontrolle hier deutlich rascher als in den meisten ehemaligen Militärregimen. In vielen lateinamerikanischen Staaten sowie in Südostasien hingegen ist die Übernahme demokratiekompatibler Werte und Überzeugungen durch die Streitkräfte auch heute noch deutlich schwächer ausgeprägt und viele Militärs in Lateinamerika sind nach Ansicht mancher Autoren (Bowman 2002: 250ff.; Smith 2005; Krämer/Kuhn 2006) noch nicht in der Demokratie angekommen. Vielmehr dominiert dort ein autoritär-konservatives Wertesystem und die bedingte Akzeptanz der zivilen Autorität ist eher Ausdruck einer vorübergehenden pragmatischen Anpassung des eigenen Verhaltens an die gegebenen politischen und gesellschaftlichen Parameter statt Folge eines wirklichen innermilitärischen Wertewandels. Damit bleiben die zivil-militärischen Beziehungen, um einen Begriff aus der Konsolidierungsforschung zu bemühen, auf der Ebene der Einstellungen der militärischen Eliten (vgl. Linz/Stepan 1996; Merkel 2010b) unkonsolidiert.

Ad 3) Damit ist bereits ein dritter Einflussfaktor angesprochen: Die Unterstützung ziviler Eliten und signifikanter Bevölkerungsgruppen für die Demokratie und ihr Vertrauen in die Streitkräfte als Institution. Jene Länder, in denen sich auch die anderen Teilbereiche der Demokratie rasch institutionalisierten und konsolidierten sind am erfolgreichsten bei der Durchsetzung ziviler Kontrolle gewesen. Umgekehrt wurde beispielsweise die Position der zivilen Eliten gegenüber dem Militär in Thailand, in Honduras und den Philippinen durch interne Konflikte zwischen Teileliten und ihrem Streben nach Unterstützung durch das Militär („Klopfen an die Kasernentore") deutlich geschwächt. Insgesamt, so unsere These, hängt die erfolgreiche Durchsetzung ziviler Kontrolle in Prozessen des demokratischen politischen Wandels daher auch ab von der Fähigkeit der zivilen politischen Eliten, auf Dauer ein hinreichend hohes Maß an Unterstützung für die Demokratie und ihre Institutionen zu generieren. Dort, wo die öffentliche Zustimmung zur Demokratie schwach ist oder die demokratischen Institutionen in eine manifeste Legitimitätskrise geraten, sind die Opportunitätsstrukturen gut für das Militär, um sich ziviler Einflussnahme zu entziehen – oder gar selbst, außerhalb des eng eingegrenzten Rahmens legitimer Meinungsäußerungen und Beratung, Einfluss auf den politischen Prozess zu nehmen (Finer 1962; Barracca 2007).

Wie die nachfolgende Abb. 5.7 zeigt, ist die generalisierte Zustimmung der Bürger zur Demokratie als Regierungsform in Lateinamerika im regionalen Durchschnitt deutlich niedriger als in Ostasien, Osteuropa und insbesondere Südeuropa. Zugleich ist auch das Vertrauen der lateinamerikanischen Gesellschaften in das Militär deutlich schwächer als in den anderen Regionen. Am geringsten war es 2006 in Paraguay (28,6%) und in Argentinien (33%). Diese

Werte werden im interregionalen Vergleich lediglich von Tschechien (25,2%) unterboten. Am stärksten hingegen vertrauen die Bürger in Mexiko (62,7%) und in Brasilien (66,9%) dem Militär, also in Gesellschaften, in denen das Militär entweder über keine interventionistische Tradition verfügt (Mexiko), oder in denen die Militärs mehr als zwei Jahrzehnte (1964-1985) mit einem im regionalen Vergleich geringen Repressionseinsatz bei relativ guter politischer und sozioökonomischer Performanz herrschten.

*Abb. 5.7:* Zustimmung zur Demokratie als Regierungsform und Vertrauen in das Militär (Prozent der Befragten, regionale Durchschnitte)

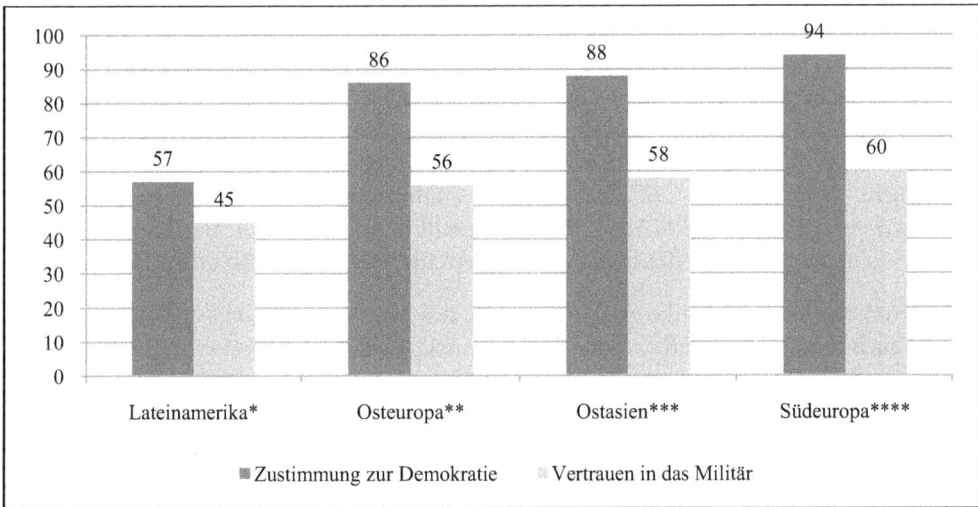

Anmerkungen: *Angaben zu Lateinamerika (Argentinien, Bolivien, Brasilien, Chile, Ecuador, Mexiko, Paraguay, Peru, Uruguay) basieren auf Daten des Latinobarómetro. Zustimmungswerte zur Demokratie für das Jahr 2009, Vertrauen in das Militär sind Werte für 2006. ** Angaben für Osteuropa (Bulgarien, Estland, Kroatien, Lettland, Litauen, Polen, Restjugoslawien, Rumänien, Russland, Slowakei, Slowenien, Tschechien, Ukraine, Ungarn) basieren auf Daten von World Value Survey und European Values Study. Werte des WVS beziehen sich auf das Jahr 2005 (Polen, Rumänien, Slowenien) und 2006 (Bulgarien, Restjugoslawien, Russland, Ukraine), Daten des EVS auf das Jahr 1999 (Estland, Kroatien, Lettland, Litauen, Slowakei, Tschechien, Ungarn). *** Angaben für Ostasien (Indonesien, Philippinen, Südkorea, Thailand, Taiwan) basieren auf Daten des World Value Survey. Werte beziehen sich auf die Jahre 2006 (Indonesien), 2001 (Philippinen), Südkorea (2005), Taiwan (2006), Thailand (2007). **** Angaben für Südeuropa (Griechenland, Portugal, Spanien) sind Daten des World Value Survey. Werte beziehen sich auf das Jahr 1999.
Quelle: eigene Berechnungen und Zusammenstellung nach Daten von World Value Survey 2009, European Values Study 2010, Latinobarómetro 2009a, 2009b.

Angesichts des geringen Vertrauens in die Streitkräfte fehlt es ihnen an der notwendigen gesellschaftlichen Akzeptanz, um eine sichtbarere Rolle in der nationalen Politik zu spielen, als dies in den letzten Jahren und Jahrzehnten der Fall gewesen ist. Für die Demokratie ist dies eine nicht zu unterschätzende Stabilitätsressource (vgl. auch Mainwaring/Hagopian 2005; Nolte 2005). Wenig erstaunlich ist dagegen das allgemein höhere Vertrauen der Bürger in das Militär in den meisten Ländern in den übrigen drei Regionen, da hier das institutionelle Ansehen der Institution Militär nicht durch massive Repression und politisches Versagen nachhaltig beschädigt worden ist.

Ad 4) Viertens haben internationale Faktoren ebenfalls einen Einfluss auf die Entwicklung der postautoritären zivil-militärischen Beziehungen. Dies betrifft insbesondere die jungen Demokratien in Süd- und Osteuropa. Neben der mächtigen Anreizmechanismen eines NATO-Beitritts sowie der Folgeeffekte nach der Aufnahme in das Bündnis hinsichtlich der Neuausrichtung von Missionsprofilen, Organisation und innerer Verfasstheit sowie der Übernahme westlich-demokratischer Mechanismen ziviler Aufsicht, profitierte die Durchsetzung und Institutionalisierung der zivilen Kontrolle in allen süd-, mittelost- und nordosteuropäischen Ländern von der Demokratieförderung durch die EU. Diese beinhaltete auch die Forderung nach Erfüllung der vom Europäischen Rat 1993 in Vorbereitung auf die Osterweiterung der Europäischen Union als Eintrittsbedingungen formulierten Kopenhagener Kriterien und die Kriterien des *Acquis Communitaire*. Die Anpassung der Normen und Institutionen an den gemeinschaftlichen Besitzstand innerhalb des EU-Rechts in den 1990er Jahren verlieh den osteuropäischen Demokratien mit Beitrittschancen einen regelrechten Konsolidierungsschub, wovon wiederum die Stabilität der neugeordneten zivil-militärischen Beziehungen profitierte. In anderen Regionen hingegen entwickelten externe Stützungseffekte eine schwächere Wirkung, da die bestehenden multilateralen Kooperationsmechanismen (*Partnership for Peace*, ASEAN und Mercosur) und Programme westlicher Demokratien wie der USA kein vergleichbar effektives Anreizsystem für tiefgreifende Reformen darstellten.[75]

Ad 5) Fünftens wird die Stärke ziviler Kontrolle des Militärs in den meisten jungen Demokratien auch durch innerstaatliche und internationale Bedrohungen geformt, die von politischen, gesellschaftlichen und militärischen Akteuren interpretiert werden und über die Handlungen dieser Akteure in die zivil-militärischen Beziehungen hinein wirken (Desch 1999). In historischer Hinsicht ist für Lateinamerika und Südostasien die Kombination aus fehlender externer Bedrohung und einem hohen gesellschaftlichen Konfliktniveau sowie der Anfälligkeit für gewaltsamen Konfliktaustrag zu nennen. Ähnliches gilt auch für die Spätphase des *Estado Novo* in Portugal und seine Verstrickung in den verlustreichen Krieg in den afrikanischen Kolonien. Dabei stützen die Erfahrungen in Süd- und Mittelamerika, Indonesien, Thailand und den Philippinen sowie in Portugal die These von Michael Desch (1999: 111), dass ein „herausforderndes internes Bedrohungsumfeld, kombiniert mit wenigen externen Bedrohungen, die zivile Kontrolle des Militärs ernsthaft untergraben kann" und dass Staaten, in denen das Militär vorrangig nach innen gewandt ist, zu einer äußerst schwachen Form der zivilen Kontrolle, einem hohen Grad der Militarisierung von Politik und Gesellschaft sowie zu instabilen zivil-militärischen Beziehungen tendieren (ebd. 119; Bowmann 2002: 245ff.). Umgekehrt begünstigte die Kombination von hoher externer Bedrohung während des Ost-West-Konflikts und dem Fehlen signifikanter innergesellschaftlicher Herausforderungen das Entstehen stabiler ziviler Kontrolle in den Staaten des Warschauer Paktes.

Daneben finden wir interessante Entwicklungen über die Zeit. In den baltischen und den mittelosteuropäischen Reformstaaten dominierte während der Regimeübergänge und in den Jahren unmittelbar nach der Transition trotz des zu Ende gegangenen Ost-West-Konflikts

---

[75] Der Vollständigkeit wegen muss erwähnt werden, dass es generell kaum gesichertes Wissen über Umfang, Form und Effekte von Kooperationen im Bereich der zivil-militärischen Beziehungen außerhalb von NATO und PfP gibt – was auch bezeichnend für ihre Bedeutung ist (siehe ausführlicher Bruneau/Trinkunas 2006).

unter den zivilen Entscheidungsträgern eine hohe äußere Bedrohungsperzeption. Die Unsicherheit hinsichtlich des zukünftigen Kurses der Sowjetunion beziehungsweise Russlands gegenüber den neuen baltischen Nationen und ehemaligen Satellitenstaaten wie Polen, war gerade eines der Hauptmotive für das Bestreben dieser Staaten, rasch in die NATO aufgenommen zu werden. Zwar hat inzwischen auch in diesen Transformationsfällen die wahrgenommene externe Bedrohung deutlich nachgelassen. Zum kritischen Zeitpunkt der institutionellen Neuordnung der zivil-militärischen Beziehungen jedoch war das Bedrohungsumfeld in einer Weise ausgeprägt, die starke Anreize für zivile Akteure setzte, Fragen von Militär-, Sicherheits- und Verteidigungspolitik eine hohe Bedeutung einzuräumen.

Insgesamt jedoch sehen sich die meisten jungen Demokratien der „Dritten Welle" in den letzten zwei bis drei Dekaden weder externen noch internen Herausforderungen gegenüber. Ausnahmen waren oder sind zum einen Taiwan und Südkorea und zum anderen Russland, das zerfallende Jugoslawien in den 1990er Jahren sowie Indonesien und die Philippinen. In den beiden nordostasiatischen Ländern ist die junge Demokratie weiterhin einer potenziell hohen äußeren Bedrohung der nationalen Sicherheit durch die Volksrepublik China beziehungsweise durch Nordkorea ausgesetzt. In Russland, dem ehemaligen Jugoslawien sowie in den beiden südostasiatischen Staaten ging der Systemwechsel zumindest vorübergehend mit einer Zunahme innerstaatlicher Konflikte einher. Entsprechend der theoretischen Annahmen fällt die Veränderung der Bedrohungslage in Russland mit einer Verschlechterung der zivilmilitärischen Beziehungen im Vergleich zur Sowjetzeit zusammen (Desch 1999: 117). Ähnliches gilt zeitweise für Restjugoslawien, die Philippinen und Indonesien.[76] Sieht man von den genannten Ausnahmen ab, entspricht die Sicherheitslage in fast allen jungen Demokratien einem Szenario, in dem die zivil-militärischen Beziehungen nicht durch existenzielle Bedrohungen der nationalen Sicherheit determiniert werden. In diesen Fällen gerät die strukturelle Theorie jedoch an die Grenzen ihrer Erklärungs- und Vorhersagekraft, da andere Erklärungsvariablen, die wir in unserer Analyse stärker betont haben, wie zivile Expertise, Kohärenz der zivilen Interessen und Präferenzen, Verfügbarkeit und Institutionalisierungsgrad unterschiedlich robuster Kontrollelemente, institutionelle Geschlossenheit der Streitkräfte, Organisationskultur und Militärdoktrin, eine größere Rolle spielen. Deschs Anspruch, eine in der Reichweite ihrer Erklärungen „umfassendere", in der Modellbildung zugleich aber „sparsamere" Alternative zu anderen, „unzureichenden" Theorien der zivil-militärischen Beziehungen zu präsentieren (Desch 199: 115), erscheint vor dem Hintergrund dieses Befundes überzogen und kann nicht aufrechterhalten werden.

Vielmehr ergibt sich auch für die zivil-militärischen Beziehungen in jungen Demokratien eine ähnliche Schlussfolgerung, wie bereits in den Untersuchungen zu den etablierten Demokratien und den autokratischen Systemen: Durch eine einzelne Variable lässt sich kaum ein empirischer Fall hinreichend und erschöpfend erklären. Nicht einzelne Faktoren, sondern Faktorenkombinationen prägen die Entwicklung der zivil-militärischen Beziehungen in unterschiedlichen Gesellschaften. Diese Faktorenkombinationen lassen sich am ehesten durch die Kombination unterschiedlicher theoretischer Erklärungsangebote fassen. Dabei besteht das Defizit der vorhandenen Theorien nicht vorrangig darin, dass sie nicht in ausreichender

---

[76] Zur Konfliktsituation in Südostasien vgl. Trinn 2011.

Zahl strukturelle, ideelle und institutionelle Faktoren benennen könnten, die auf die zivil-militärischen Beziehungen in jungen Demokratien einwirken, oder dass sie auf die „falschen" Variablen fokussieren. Vielmehr ist zu bemängeln, dass die genannten Strukturfaktoren oft nur unzureichend mit dem konkreten Handeln und der (strategischen) Interaktion der zivilen und militärischen Akteure verknüpft werden, aus denen sich schlussendlich die konkrete Ausprägung der zivil-militärischen Beziehungen ergibt. Gerade in den durch ein hohes Maß an Handlungsunsicherheit mitunter rasch wechselnde Akteurskonstellationen und die temporäre Verflüssigung institutioneller „constraints" von Akteurshandeln charakterisierten Systemwechseln von der Diktatur zur Demokratie, ist dies für das Verständnis der zivil-militärischen Beziehungen und ihrer Reform jedoch von besonderer Bedeutung. Für die weitere Theoriebildung besteht daher die Notwendigkeit, theoretische Argumente zu entwickeln, die auf der einen Seite die Vielzahl von relevanten Erklärungsvariablen einbeziehen und zugleich die Interdependenz von Akteurshandeln und strukturellen Kontexten in der Erklärung zivil-militärischer Beziehungen in jungen Demokratien beleuchten (Croissant et al. 2011). In der Forschung zu den zivil-militärischen Beziehungen ist diese Problematik bislang theoretisch wie empirisch kaum systematisch diskutiert worden. Hier liegt aus unserer Sicht ein ebenso drängendes wie vielversprechendes Feld für zukünftige Analysen.

# 6 Studienpraktische Hinweise

Wie in diesem Band dargelegt, ist die Analyse der zivil-militärischen Beziehungen kein Alleinstellungsmerkmal der Politikwissenschaft. Inhaltliche Bezugspunkte finden sich in unterschiedlichen Wissenschaftsdisziplinen und insbesondere in der Soziologie. Innerhalb der Politikwissenschaft bestehen Anknüpfungspunkte vor allem zur Vergleichenden Politikwissenschaft, der Internationalen Politik, der Friedens- und Konfliktforschung, der Politikfeldanalyse sowie zu den politikwissenschaftlichen Regionalstudien. Daher kann die wissenschaftliche Beschäftigung mit den zivil-militärischen Beziehungen letztlich nur bestehen als trans- oder multidisziplinäre Forschung und Lehre.

Die Analyse und Bewertung zivil-militärischer Beziehungen hängen von Fragestellungen und theoretischen Annahmen ab. Klare Begriffe und Analysekategorien, „gute" Theorien und saubere Methoden sind unabdingbare Instrumente, um die Realität dieser komplexen Beziehungen erkennen, verstehen und gegebenenfalls ursächlich erklären zu können. Da aber keine wissenschaftliche Analyse die gesamte Komplexität der vielfältigen Bereiche zivil-militärischer Beziehungen erfassen kann, sind wir darauf angewiesen, abhängig vom Erkenntnisinteresse und der Fragestellung das geeignete begrifflich-konzeptionelle, methodische oder theoretische Rüstzeug auszuwählen. Dieses finden wir in den Teilbereichen der Politikwissenschaft, in jenen Bindestrichsoziologien, die sich mit dem Militärischen befassen, aber auch in den Geschichtswissenschaften und der Ökonomie. Jede dieser Disziplinen geht ihrerseits mit einem eigenen theoretischen Vorverständnis, eigenen Fragen und Instrumenten an den Untersuchungsgegenstand heran.

Der Zugang zum Studium der zivil-militärischen Beziehungen gestaltet sich daher für Interessierte besonders schwierig. Ergänzend zum Text sollen die folgenden Hinweise hierbei Hilfestellungen leisten. Wir werden zunächst eine Auswahl einführender und grundlegender Werke zum Thema vorstellen. Anschließend folgen Hinweise auf Literatur zur vertiefenden Beschäftigung mit den in diesem Band diskutierten Teilausschnitten des Themas. Sodann wird eine Auswahl sozialwissenschaftlicher Fachzeitschriften benannt, in denen Beiträge zu den zivil-militärischen Beziehungen publiziert werden. Ferner wird eine Auswahl an Datensammlungen und Web-Adressen genannt, über die sich weitere Recherchemöglichkeiten ergeben, aktuelle Forschungspapiere („graue Literatur") zugänglich ist, Einblick in die Aktivitäten von Forschungsinstitutionen und wissenschaftlichen Arbeitskreisen genommen werden kann und über die Studierende auch Kontakt zu einschlägig forschenden Sozialwissenschaftlern aufnehmen können.

*Einführungen, Handbücher und Übersichtswerke*

Empfehlenswerte Einführungen in Teilaspekte der zivil-militärischen Beziehungen in deutscher Sprache, die sich aufgrund ihrer je spezifischen thematischen Ausrichtung ergänzen, wurden von Kernic (2001), Leonhard und Werkner (2005, Neuauflage in Vorbereitung) und Bredow (2008) vorgelegt. Die Monographie von Franz Kernic liefert einen theoriekritischen Überblick zur kultur- und ideengeschichtlichen Entwicklung des gesellschaftlichen und politischen Denkens über das Verhältnis von Gesellschaft, Politik und Militär. Der von Leonhard und Werkner herausgegebene Sammelband bietet eine Einführung in die Themengebiete und Forschungsfelder der deutschen und internationalen Militärsoziologie, vorrangig aus Perspektive deutscher Fachwissenschaftler. Schließlich hat Wilfried von Bredow vor kurzem eine überarbeitete Einführung in die politikwissenschaftliche Beschäftigung mit dem Spannungsverhältnis von Militär und Demokratie vorgelegt deren Schwerpunkt auf der historischen und gegenwartsbezogenen Analyse des deutschen „Falles" liegt.

-  Bredow, Wilfried von. 2008. *Militär und Demokratie in Deutschland. Eine Einführung*. Wiesbaden: VS Verlag.
-  Kernic, Franz. 2001. *Krieg, Gesellschaft und Militär: Eine Kultur- und Ideengeschichtliche Spurensuche*. Baden-Baden: Nomos.
-  Leonard, Nina/Werkner, Ines-Jacqueline. (Hrsg). 2005. *Militärsoziologie – Eine Einführung*. Wiesbaden: VS Verlag.

Einen interdisziplinierten Zugang zu den Wissensgebieten der sozialwissenschaftlichen Militärforschung liefern die in sechs Bereiche (Organisation des Militärischen, Militär und Gesellschaft, Internationales System und Aufgaben des Militärs, Soldat im Einsatz, Militär und Multinationalität sowie der Soldatenberuf) geordneten mehr als 50 Einzelbeiträge in dem Handbuch von Gareis und Klein (2006). Gleichfalls zu empfehlen ist ein von Caforio (2006) in englischer Sprache herausgegebenes Übersichtswerk zur sozialwissenschaftlichen Militärforschung, das in vierzehn Einzelbeiträgen vor allem Aspekte der Organisation, des Missionsprofils, der Umstrukturierung und der professionellen Entwicklung der Streitkräfte diskutiert (Taschenbuchausgabe von 2009) sowie sein 2008 neu aufgelegtes Handbuch der Militärsoziologie. Letzteres versammelt etwa dreißig Autoren, die in insgesamt 25 Einzelbeiträge in Fragen der theoretischen und methodologischen Orientierung, des Verhältnisses von Streitkräften und Gesellschaft, Militär als Organisation, Konversion und Umstrukturierung sowie neue Missionsprofile einführen. Obwohl älteren Datums ist auch das Wörterbuch zu Bundeswehr und Gesellschaft von Zoll, Lippert und Rössler (1977) weiterhin hilfreich. Aktuelle Bibliographien zum Thema gibt es erstaunlicherweise nicht. Klein, Kriesel und Lippert bieten eine hilfreiche Sammlung der militärsoziologischen Literatur in den Jahren 1979 bis 1997 (Klein u.a. 1997). Hilfestellung zur Literaturrecherche gibt auch die sechzigseitige Auswahlbibliographie von Goodman (1993).

-  Caforio, Guiseppe (Hrsg.). 2008. *Handbook of the Sociology of the Military*, New York: Springer (Neuauflage der Auflage von 2006).
-  Caforio, Guiseppe (Hrsg.). 2009. *Social Sciences and the Military. In Interdisciplinary Overview*, London/New York: Routledge.

- Gareis, Sven Bernhard/Klein, Paul (Hrsg.). 2006. *Handbuch Militär und Sozialwissenschaften*. 2., aktualisierte und erweiterte Auflage, Wiesbaden: VS Verlag.
- Goodman, Sue E. 1993. *Civil-Military Relations. Special Bibliography Series No. 305*, Maxwell Airforce Base, Alabama, http://www.au.af.mil/au/aul/bibs/civmil/ civmil.pdf
- Klein, Paul/Kriesel, Werner/Lippert, Ekkehard. 1997. *Militär und Gesellschaft: Bibliographie zur Militärsoziologie 1979-1997*, Strausberg: Sozialwissenschaftliches Institut der Bundeswehr.

Ausgelöst durch das wachsende Interesse an den zivil-militärischen Beziehungen in den USA einerseits und in jungen Demokratien andererseits, entstanden in den letzten Jahren in der angelsächsischen Politikwissenschaft einige Bücher, die eine vertiefende Orientierung in Grundfragen der aktuellen Forschung bieten. Zu nennen sind hier der Sammelband von Cottey u.a., in dem die Unterscheidung zwischen Reformen der „ersten Generation" und der „zweiten Generation" konzeptualisiert wird, die Monographie von Forster zu Militär und Gesellschaft in Europa (2006) sowie der Sammelband von Thomas Bruneau und Scott Tollefson zu den institutionellen Voraussetzungen demokratischer ziviler Kontrolle über das Militär (2006). Darüber hinaus haben Nielsen und Snider einen Sammelband im Gedenken an Samuel Huntington herausgegeben, der einen sehr guten Überblick zu aktuellen methodologischen Entwicklungen, Forschungsfragen und Debatten in der politikwissenschaftlichen Beschäftigung mit den zivil-militärischen Beziehungen in den Vereinigten Staaten bietet (Nielsen/Snider 2009). Für Politikwissenschaftler zu empfehlen ist hier der Beitrag von Peter Feaver und Erika Seeler zur Methodenentwicklung in der Erforschung zivil-militärischer Beziehungen vor und nach dem Erscheinen von Huntingtons Klassiker *The Soldier and the State* (1957). Nicht nur für den an Lateinamerika interessierten Leser erhellend sind die Beiträge in dem von David Pion-Berlin (2001) herausgegebenen Sammelband zu neuen analytischen Perspektiven in der politikwissenschaftlichen Auseinandersetzung mit den zivil-militärischen Beziehungen in Südamerika, insbesondere die Einleitung des Herausgebers, in der die von uns im zweiten Kapitel aufgegriffene Unterscheidung rationalistischer, kulturalistischer und strukturalistischer Theorien der zivil-militärischen Beziehungen entfaltet wird.

- Bruneau, Thomas C./Tollefson, Scott D. (Hrsg.). 2006. *Who Guards the Guardians and How. Democratic Civil-Military Relations*. Austin: University of Texas Press.
- Cottey, Andrew/Edmunds, Timothy/Forster, Anthony (Hrsg.). 2002. *Democratic Control of the Military in Postcommunist Europe: Guarding the Guards (One Europe or Several?)*. Basingstoke/New York: Palgrave.
- Forster, Anthony. 2006. *Armed Forces and Society in Europe*. Basingstoke/New York: Palgrave Macmillan.
- Nielsen, Suzanne C./Snider, Don M. (Hrsg.). 2009. *American Civil-Military Relations. The Soldier and the State in a New Era*. Baltimore: The Johns Hopkins University Press.
- Pion-Berlin, David (Hrsg.). 2001. *Civil-Military Relations in Latin America: New Analytical Perspectives*. Chapel Hill: University of North Carolina Press.

*Vertiefende Beschäftigung*

Zur intensiven Beschäftigung mit den in den vorangegangenen Kapiteln entfalteten For-
schungsbereichen werden nachfolgend – in Ergänzung zum Text – einige Auswahltitel emp-
fohlen. Hinsichtlich der vertiefenden Beschäftigung mit den in diesem Band vorgestellten
Theorien der zivil-militärischen Beziehungen verweisen wir zunächst auf die Lektüre der
Originaltexte. Für die von uns im Schwerpunkt betrachteten Vertreter der Professionalis-
mustheorie (Pion-Berlins „kulturalistisches" Paradigma) sind dies neben den Klassikern von
Samuel P. Huntington (1957) und Morris Janowitz (1960) vor allem der Band von Alfred
Stepan (1971) sowie, in neuerer Variante, Samuel Fitch (1998). Für die strukturalistische
Theorie stehen Michael Desch (1999) sowie – in institutionalistischer Variante – Deborah
Avant (1994), stellvertretend für das rationalistische Paradigma der handlungs- und spielthe-
oretischen Ansätze der vertretungstheoretische Ansatz von Peter D. Feaver (2003) sowie
Harold Trinkunas (2005).

- Avant, Deborah D. 1994. *Political Institutions and Military Change: Lessons from
  Peripheral Wars*. Ithaca: Cornell University Press (in empirischer Hinsicht untersucht Avant die Fälle Großbritannien und USA).
- Desch, Michael C. 1999. *Civilian Control of the Military: The Changing Security
  Environment*. Baltimore: Johns Hopkins University Press (liefert unter anderem
  auch Fallstudien zu den USA, Russland bzw. der Sowjetunion, dem deutschen Kai-
  serreich und Japan in der Zwischenkriegszeit, Frankreich während der Algerienkri-
  se, einiger lateinamerikanischer Fälle).
- Feaver, Peter D. 2003. *Armed Servants: Agency, Oversight, and Civil-Military Rela-
  tions*. Cambridge: Harvard University Press (Eine Kurzfassung des theoretischen
  Arguments findet sich auch in: Feaver, Peter D. 1998. "Crisis as Shirking: An
  Agency Theory Explanation of the Souring of American Civil-Military Relations."
  *Armed Forces & Society* 24(3): 407-434).
- Fitch, J. Samuel. 1998. *The Armed Forces and Democracy in Latin America*. Balti-
  more: Johns Hopkins University Press (der Ansatz des „demokratischen Professio-
  nalismus" wird am Vergleich lateinamerikanischer Demokratien entwickelt).
- Huntington, Samuel P. 1957. *The Soldier and the State. The Theory and Politics of
  Civil-Military Relations*. Cambridge: Belknap.
- Janowitz, Morris. 1960. *The Professional Soldier, a Social and Political Portrait*.
  Glencoe: Free Press.
- Stepan, Alfred. 1971. *The Military in Politics: Changing Patterns in Brazil*.
  Princeton: Princeton University Press (am paradigmatischen Fall des brasilianischen
  Militärs entwickelt Stepan hier sein Konzept des „neuen Professionalismus").
- Trinkunas, Harold A. 2005. *Crafting Civilian Control of the Military in Venezuela:
  A Comparative Perspective*. Chapel Hill: University of North Carolina Press (kom-
  biniert die Grundlegung eines handlungstheoretischen Analyseansatzes mit der Un-
  tersuchung des venezolanischen Falles).

Die Forschungsliteratur zum Verhältnis von Militär und Politik in etablierten Demokratien
ist sehr umfangreich hinsichtlich der Vereinigten Staaten von Amerika und breit in Bezug
auf Deutschland. Für Japan dominieren historisch interessierte Studien, während aktuelle und

theoriegeleitete politikwissenschaftliche Untersuchungen spärlich sind. Zum Verhältnis von politischem System und Bundeswehr beziehungsweise der Nationalen Volksarmee verweisen wir zum einen auf die zeitgeschichtlich angelegte Schrift des Historikers, Politikwissenschaftlers und Publizisten Detlef Bald (2005). Zum anderen liefert die Dissertation von Frank Hagemann aus dem Jahre 2002 eine hilfreiche Analyse der Beziehungen von Herrschaftspartei und Nationaler Volksarmee in der DDR. Aus einer breiten historischen Perspektive, die sowohl auf die Entwicklung vor und nach 1945 eingeht als auch einführende Überlegungen zu aktuellen Reformdiskussionen bietet, setzt sich der bereits angeführte Band von Bredow (2008) mit dem Thema auseinander. Hilfreich ist in diesem Zusammenhang auch das Lehrbuch zur deutschen Außen- und Sicherheitspolitik von Gareis (2006).

Für die eingehendere Beschäftigung mit Militär und Politik in den USA liefert die auf politische Führungsstile und Persönlichkeiten fokussierte Darstellung von Herspring (2005) einen leichten Einstieg. Stärker theorieorientiert ist die Abhandlung von Langston (2003). Während Herspring sich auf die Phase von den 1930ern bis Anfang der 2000er Jahre beschränkt, betrachtet Langston die Entwicklung seit der Gründung der Vereinigten Staaten bis zum Ende des 20. Jahrhunderts. Allerdings werden die Analysen in dieser schlanken Schrift von 198 Seiten nicht immer der Komplexität des Untersuchungsgegenstands gerecht. Schließlich ist erneut Peter Feavers Schrift aus dem Jahre 2003 anzuführen, in der Feaver nicht nur seinen vertretungstheoretischen Ansatz entwickelt, sondern in der Anwendung desselben auch gleich eine luzide und informative Analyse der Entwicklung in den Clinton-Jahren und zu Beginn des 21. Jahrhunderts liefert. Für den an Japan interessierten Studierenden, der nicht der Landessprache mächtig ist, bieten die grundlegenden Analysen von Katzenstein und Okawara (1993) sowie Thomas Berger (1998) einen guten Einstieg und Überblick. Neuere Entwicklungen werden aus Perspektive der „security studies" von Hughes (2005) dargestellt.

- Bald, Detlef. 2005. *Die Bundeswehr. Eine kritische Geschichte, 1955-2005.* München: Beck'sche Reihe.
- Berger, Thomas U. 1998. *Cultures of Antimilitarism: National Security in Germany and Japan.* Baltimore: The Johns Hopkins University Press.
- Feaver, Peter D. 2003. *Armed Servants: Agency, Oversight, and Civil-Military Relations.* Cambridge: Harvard University Press.
- Gareis, Sven Bernhard 2006. *Deutschlands Außen- und Sicherheitspolitik*, 2. Auflage. Opladen: Verlag Barbara Budrich.
- Hagemann, Frank. 2002. *Parteiherrschaft in der NVA. Zur Rolle der SED bei der inneren Entwicklung der DDR-Streitkräfte.* Berlin: Ch. Links Verlag.
- Herspring, Dale R. 2005. *The Pentagon and the Presidency: Civil-Military Relations from FDR to George W. Bush.* Lawrence: University Press of Kansas.
- Hughes, Christopher W. 2005. *Japan's Re-emergence as a Normal Military Power.* New York: Routledge.
- Katzenstein, Peter J./Okawara, Nobuo. 1993. *Japan's National Security. Structures, Norms and Policy Responses in a Changing World.* Ithaca N.Y.: Cornell University.
- Langston, Thomas S. 2003. *Uneasy Balance: Civil-Military Relations in Peacetime America since 1783.* Baltimore: The Johns Hopkins University Press.

Für das vertiefende Studium der zivil-militärischen Beziehungen in den autokratischen Systemen der Volksrepublik China, Burmas und in Nordkorea können die folgenden Titel besonders empfohlen werden:

- Callahan, Mary P. 2005. *Making Enemies*. Ithaca: Cornell University Press.
- Finkelstein, David/Gunness, Kristen (Hrsg.). 2007. *Civil-Military Relations in Today's China: Swimming in a New Sea*. Armonk: M.E. Sharpe.
- Gause, Ken. 2006. *North Korean Civil-Military Trends: Military-First Politics to a Point. Carlisle Barracks: Strategic Studies Institute, U.S. Army War College*. Online unter: http://www.strategicstudiesinstitute.army.mil/pdffiles/pub728.pdf
- Li, Nan. 2010. *Chinese Civil-Military Relations in the Post-Deng Era*. Newport: U.S. Naval War College.
- Li, Xiaobing. 2007. *A History of the Modern Chinese Army*. Lexington: University Press of Kentucky.
- Lim, Jae-Cheon. 2009. *Kim Jong Il's Leadership of North Korea*. London: Routledge.
- Selth, Andrew. 2002. *Burma's Armed Forces: Power Without Glory*. Norwalk: EastBridge.
- Taylor, Robert H. 2009. *The State in Myanmar*. Expanded and updated edition. Honolulu: University of Hawai'i.

Die spezialisierte Fachliteratur zu den Ursachen von Militärputschen sowie den Strukturmerkmalen, Funktionsweisen und Auswirkungen von Militärherrschaft ist in der Regel älteren Datums. Während zur Hochphase der Militärdiktaturen, d.h. in den 1960er und 1970er Jahren eine kaum mehr zu überschauende Vielzahl von Studien vorgelegt wurde, ist es im Zuge der dritten Demokratisierungswelle relativ still um diese Themen geworden. Einige der neueren Studien sind nachfolgend aufgeführt. Für interessierte Studierende auch heute noch Pflichtlektüre ist zudem die Monographie von Eric Nordlinger (1977).

- Arceneaux, Craig L. 2001. *Bounded Missions: Military Regimes and Democratization in the Southern Cone and Brazil*. University Park: Pennsylvania State University Press (eine der wenigen theoretisch informierten aktuelleren Untersuchungen zu Militärherrschaft mit einem empirischen Fokus auf den Staaten des *cono sur*).
- Belkin, Aaron/ Schofer, Evan. 2003. „Toward a Structural Understanding of Coup Risk", *Journal of Conflict Resolution* 47(5): 594-620 (der Text greift die Unterscheidung zwischen Opportunität und Motiv für eine Militärintervention nach Finer auf, entwickelt hieraus ein neues theoretisches Argument und führt einen statistischen Test der Theorie durch).
- Brooker, Paul. 2009. *Non-Democratic Regimes*. 2., überarbeitete Auflage. Basingstoke: Palgrave Macmillan (eine der besten verfügbaren Einführungs- und Überblickswerke zur Autokratienforschung, das sich auch ausführlich mit Formen der Militärherrschaft beschäftigt).
- Nordlinger, Eric A. 1977. *Soldiers in Politics: Military Coups and Governments*. Englewood Cliffs: Prentice-Hall.
- O'Kane, Rosemary H. T. 1987. *The Likelihood of Coups*. Aldershot: Avebury.

- Powell, Jonathan M./Thyne, Clayton L. "Global Instances of Coups from 1950 to 2009: A New Dataset" (der Beitrag erscheint 2011 im *Journal of Peace Research*. Das Papier kann als PDF unter http://www.uky.edu/~clthyn2/powell-thyne-JPR-2010.pdf heruntergeladen werden. Die Autoren werten einen neu erstellten Datensatz aus, der 367 Militärcoups in 94 Ländern umfasst).

In der dritten Demokratisierungswelle hat die Forschung zur Rolle des Militärs in Übergängen von der Autokratie zur Demokratie sowie in der Konsolidierung junger Demokratien eine Vielzahl an Beiträgen hervorgebracht. Eine Vorreiterrolle übernahm dabei die Lateinamerika-Forschung. Alfred Stepans (1988) „Rethinking Military Politics" war die erste umfassende und vergleichend angelegte Studie, die militärische Macht- und Einflusspotenziale im Übergang von der Diktatur zur Demokratie und die militärpolitischen Strategien postautoritärer Regierungen in Lateinamerika systematisch analysiert hat. Weitere Studien zu Südamerika (u. a. Pion-Berlin 2001), Süd- und Südosteuropa (Agüero 1995; Danopoulos/Zirker 1998) und dem pazifischen Asien (Alagappa 2001a) folgten. Gleichwohl lässt sich bislang in Quantität und Qualität ein erhebliches Gefälle zwischen der sehr gut aufgestellten Forschung zu Lateinamerika und Osteuropa einerseits sowie der spärlichen und auf die Beschreibung von Einzelfällen konzentrierten Asienforschung feststellen. Darüber hinaus variiert der Fokus der regionalspezifischen Literatur: während für Lateinamerika und Asien vor allem Fragen der zivilen Kontrolle untersucht werden, ist die auf Osteuropa bezogene Forschung mit Ausnahme von Russland stärker an Fragen der Reform und des (demokratischen) Regierens im Sicherheitssektor („security sector governance") interessiert.

- Agüero, Felipe. 1995. *Soldiers, Civilians, and Democracy: Post-Franco Spain in Comparative Perspective*. Baltimore: Johns Hopkins University Press (theoretisch und empirisch eine der bedeutendsten Beiträge zur Analyse zivil-militärischer Beziehungen in jungen Demokratien).
- Alagappa, Muthiah, (Hrsg.). 2001. *Coercion and Governance: The Declining Political Role of the Military in Asia*. Stanford: Stanford University Press (der Band enthält neben einer ausführlichen theoretisch-konzeptionellen Grundlegung sowie einem systematisch vergleichenden Schlusskapitel des Herausgebers zahlreiche Fallstudien zu Demokratien, Autokratien und Transitionssystemen in Ost-, Südost- und Südasien. Obgleich die Fallstudien nicht durchweg dem in der Einleitung entwickelten Raster folgen, bietet der Sammelband nach wie vor sehr gute Überblicke zu den meisten asiatischen Fällen und eignet sich in besonderem Maße als Einstiegs- und Überblicksliteratur für Studierende).
- Barany, Zoltan D. 2007. *Democratic Breakdown and the Decline of the Russian Military*. Princeton: Princeton University Press.
- Betz, David. 2004. *Civil-military relations in Russia and Eastern Europe*. London/New York: RoutledgeCurzon.
- Brannon, Robert. 2009. *Russian Civil-Military Relations*. Farnham/Burlington: Ashgate.
- Croissant, Aurel/Kühn, David/Chambers, Paul W./Völkel, Philip/Wolf, Siegfried O. 2011. *Democratization and Civilian Control in Asia*. Basingstoke/New York: Palgrave Macmillan (die Monographie erscheint 2011. Auf der Grundlage des im zweiten Abschnitt dieses Buchs dargestellten Konzept der zivilen Kontrolle sowie eines

neu entwickelten theoretischen Ansatzes, der strategisches Akteurshandeln, strukturelle Kontexte und historisch-institutionelle Erklärungsangebote kombiniert, werden
die zivil-militärischen Beziehungen in Bangladesch, Indonesien, Pakistan, den Philippinen, Südkorea, Taiwan und Thailand verglichen und analysiert).

- Danopoulos, Constantine P./Zirker, Daniel (Hrsg.). 1998. *The Military and Society in the Former Eastern Bloc.* Boulder: Westview Press.
- Edmunds, Timothy/Cottey, Andrew/Forster, Anthony (Hrsg.). 2006. *Civil-Military Relations in Postcommunist Europe: Reviewing the Transition.* London/New York: RoutledgeCurzon.
- Forster, Anthony. 2006. *Armed Forces and Society in Europe.* Basingstoke: Palgrave Macmillan.
- Krämer, Raimund/Kuhn, Armin. 2006. *Militär und Politik in Süd- und Mittelamerika: Herausforderungen für demokratische Politik.* Berlin: Dietz.
- Loveman, Brian. 1999. *For la Patria: Politics and the Armed Forces in Latin America.* Wilmington: SR Books (eines der Standardwerke zum Selbstverständnis lateinamerikanischer Militärs und ihrer gesellschaftlich-politischen Wächterrolle).
- Pion-Berlin, David (Hrsg.). 2001. *Civil-Military Relations in Latin America: New Analytical Perspectives.* Chapel Hill: University of North Carolina Press.
- Stepan, Alfred. 1988. *Rethinking Military Politics: Brazil and the Southern Cone.* Princeton: Princeton University Press.
- Taylor, Brian D. 2003. *Politics and the Russian Army. Civil-Military Relations, 1689-2000.* Cambridge: Cambridge University Press.

*Zeitschriften*

In der Politikwissenschaft, ebenso wie in der Soziologie und den geisteswissenschaftlichen
Fächern, sind Sammelbände und Monographien (noch) die bedeutendste Publikationsform.
Allerdings werden Zeitschriftenartikel als Publikationsart immer wichtiger (Schneider
2009).[77] Das Publikationsverhalten deutschsprachiger Forscher folgt hier dem angelsächsischen Trend. Unabhängig davon, ob man dem amerikanischen Forschungs- und Publikationsstil viel abgewinnen kann oder davon wenig hält, ist zu konstatieren, dass „begutachtete"
(„peer-reviewed") Zeitschriften auch in den Sozialwissenschaft ein zunehmend zentraler Ort
geworden sind, an dem wichtige Forschungsergebnisse zuerst publiziert werden.

Wer sich mit theoretischen, historischen oder aktuellen Aspekten der zivil-militärischen
Beziehungen beschäftigt, dem bieten Fachzeitschriften daher eine wichtige und unverzichtbare Quelle. Allerdings ist zu beachten, dass es nur wenige themenspezifische wissenschaftliche Zeitschriften auf dem Publikationsmarkt gibt. Für Politikwissenschaftler sind hier nicht
nur Periodika des eigenen Faches, sondern auch solche benachbarter Disziplinen relevant.
Besonders an empirischen Fällen interessierte Wissenschaftler und Studierende werden auch
regionalspezifische, interdisziplinäre Journale zur Kenntnis nehmen. Unter den im Folgenden

---

[77]  Vgl. zur durchaus auch polemisch geführten Debatte um das Für und Wider der „Amerikanisierung" der
Publikationsstile in der deutschsprachigen Forschung sowie ihre (ambivalenten) Wirkungen auf den Wissenschaftsbetrieb die Beiträge in Alexander von Humboldt-Stiftung (2009).

genannten Zeitschriften haben die ersten vier einen engen Bezug zum Thema „zivil-militärische Beziehungen", die anderen werden genannt als Auswahl aus einer größeren Zahl disziplinärer Zeitschriften, die immer wieder wichtige Beiträge enthalten, die für eine Analyse von Militär und Politik relevant sind:

-   *Armed Forces & Society* (http://afs.sagepub.com/, die wichtigste Zeitschrift der sozialwissenschaftlichen Forschung zu zivil-militärischen Beziehungen mit langer Tradition, eng verbunden mit dem von Morris Janowitz initiierten Inter-University Seminar on Armed Forces and Society).
-   *Journal of Political and Military Sociology* (http://www.jpms.niu.edu, zwischen 1973 und 2009 zweimal jährlich erschienene Zeitschrift).
-   *Annual Review of Political and Military Sociology* (bei Drucklegung noch keine Website, jährlich erscheinende interdisziplinäre Zeitschrift, die das Ende 2009 eingestellte *Journal of Political and Military Sociology* fortführt; erste Ausgabe erscheint 2011).
-   *RUSI: Journal of the Royal United Services Institute for Defence Studies* (http://www.rusi.org/).
-   *Österreichische Militärische Zeitschrift* (Bundesministerium für Landesverteidigung, http://www.bmlv.gv.at/omz/ausgaben.shtml, freier Online-Zugriff).
-   *Conflict, Security and Development* (http://www.securityanddevelopment.org/, herausgegeben von der Conflict, Security and Development Group am King's College in London).
-   *Defense and Security Analysis* (http://www.tandf.co.uk/journals/titles/ 14751798.asp, vierteljährlich erscheinende spezialisierte Zeitschrift zu verteidigungspolitischen Fragen).
-   *European Security* (http://www.tandf.co.uk/journals/europeansecurity, wichtige Zeitschrift für theoretische, methodische und empirisch vergleichende Forschung zu europäischen Sicherheitsfragen mit Anspruch als Forum für policy-bezogene Debatten).
-   *International Security* (http://belfercenter.ksg.harvard.edu/, die führende amerikanische Zeitschrift zu theoretischen, historischen oder aktuellen Fragen der sicherheitspolitischen Forschung).
-   *Survival* (http://www.tandf.co.uk/journals/titles/00396338.asp, Hausjournal des International Institute for Strategic Studies in London mit dem Anspruch policy-relevanten wissenschaftlichen Beiträgen im Bereich der Forschung zu internationaler Sicherheit und strategischen Studien ein Forum zu bieten; Adressaten der Zeitschrift sind sowohl Wissenschaftler als auch politische Entscheidungsträger).
-   *Contemporary Security Policy* (http://www.contemporarysecuritypolicy.org/, eine der ältesten referierten Zeitschriften zu internationalen Konflikten und Sicherheit)
-   *Small Wars Journal* (http://smallwarsjournal.com/, eine online Zeitschrift; über die Homepage sind auch zahlreiche weiterführende Hinweise und nützliche Verlinkungen zu finden).
-   *Comparative Politics* (http://web.gc.cuny.edu/jcp/, eine der wichtigsten Fachzeitschriften der Vergleichenden Politikwissenschaft, publiziert immer wieder Beiträge zur Theorie und Empirie zivil-militärischer Beziehungen).

- *World Politics* (http://www.princeton.edu/piirs/worldpolitics-journal/, in der Ausrichtung der Comparative Politics vergleichbar, aber mit stärkerer Berücksichtigung
  auch der IB-Forschung).
- *Democratization* (http://www.tandf.co.uk/journals/titles/13510347.asp, spezialisiert
  auf Fragen der demokratischen Transformation und das auf diesem Gebiet führende
  Journal, in dem immer wieder Beiträge mit Bezug auf zivil-militärische Beziehungen erscheinen).

*Datensammlungen, Datenbanken und Datenhandbücher*

In den letzten Jahren sind immer häufiger Datensammlungen vorgelegt worden, die für eigene Untersuchungen verwendet werden können. Im Folgenden wird nur eine kleine Auswahl
an Datensätzen aufgeführt, die sich für erste Analysen eignen. Teilweise sind sie in Daten-
handbüchern aufgeführt, zum Teil können sie online bezogen werden.

- *Stockholm International Peace Research Institute* (SIRPI) Yearbook, aktuell in der
  41. Auflage, eines der wichtigsten Kompendien für Daten zu Militär-, Verteidi-
  gungs- und Rüstungsfragen. Ein kleiner Ausschnitt der Daten kann unter
  http://www.sipri.org/databases kostenfrei abgefragt werden.
- *The International Institute for Strategic Studies*, Military Balance, London: Oxford
  University Press/IISS, die jährliche Analyse der militärischen Fähigkeiten und Ver-
  teidigungsökonomien in etwa 170 Staaten auf der Welt. Leider werden die Daten
  nicht kostenfrei über die Website des IISS bereitgestellt.
- Das am *Center for Systemic Peace* der *Colorado State University* beheimatete
  Polity IV Projekt (http://www.cidcm.umd.edu/inscr/polity) liefert jährliche Informationen über Regimeeigenschaften aller unabhängigen Staaten mit mehr als 500.000
  Einwohnern von 1800 bis 2008. Über den Projektverbund des CSP
  (http://www.systemicpeace.org/) sind auch Daten zu innerstaatlichen und zwischenstaatlichen Konflikten sowie zu Militärfragen kostenfrei zugänglich.
- Der *Freedom House Index* des amerikanischen Freedom House Instituts
  (http://www.freedomhouse.org) ist ein seit 1972 jährlich herausgegebener Bericht
  zur Bewertung der politischen und bürgerlichen Freiheiten in 192 Staaten weltweit
  und die in der Forschung am häufigsten verwendete Demokratiemessung. Die zum
  Teil (kostenfrei) zugänglichen Daten und Länderberichte können sinnvoll mit Forschungsfragen der zivil-militärischen Beziehungen verbunden werden.
- Der *Bertelsmann-Transformation-Index* (BTI, http://www.bertelsmann-
  transformation-index.de) der in Gütersloh beheimateten Bertelsmann-Stiftung erfasst Status und Management der Transformation zu Demokratie und Marktwirtschaft in einem zweijährigen Turnus für mehr als 120 Länder weltweit. Er unterscheidet sich vom Freedom House Index durch die eigenständige Berücksichtigung
  von politischem Management sowie der Komponente einer sozial eingehegten
  Marktwirtschaft. Zudem sind hier alle Daten frei abrufbar, was die Transparenz der
  Datengenerierung und damit die Reliabilitätsprüfung erleichtert.
- Das *Heidelberger Institut für Internationale Konfliktforschung* (HIIK e.V.,
  http://www.hiik.de/) veröffentlicht jährlich sein Konfliktbarometer, eine Analyse

des Konflikt- und Kriegsgeschehens weltweit. Daten und Konfliktbarometer sind kostenfrei auf Nachfrage und über die Internetpräsenz des HIIK erhältlich.

- Das *Correlates of War* (CoW) Projekt existiert seit 1963. Die Projekthomepage (http://www.correlatesofwar.org) bietet neben den eigenen Daten zum Konflikt- und Kriegsgeschehen sowie Forschungsberichten auch eine umfassende Linksammlung zu weiteren Datensätzen und Forschungseinrichtungen.

- Der *Comparative Atlas of Defence in Latin America 2008* am Center for Civil-Military Relations der Naval Postgraduate School in Monterey, Ca., liefert kostenfrei eine gute Übersicht über die verteidigungs- und militärpolitisch relevanten Grunddaten, Institutionenstruktur, beteiligten Akteure und Organisationsprofile der Streitkräfte in allen lateinamerikanischen Staaten zum Stichjahr 2008 (http://www.ccmr.org/public/home.cfm).

- Der *Coups d'état, 1950 to Present*-Datensatz von Jonathan Powell und Clayton Thyne ist die aktuellste, aus verschiedenen Quellen und anderen Datensätzen kompilierte Datensammlung zu Militärerhebungen. Das Manual, die einzelnen Datensätze sowie die Datenanhänge sind frei zugänglich unter http://www.uky.edu/~clthyn2/coup_data/home.htm

*Weitere nützliche Homepages*

Darüber hinaus existiert natürlich eine Vielzahl an Forschungseinrichtungen, Homepages sowie Forschungsverbünden und wissenschaftlichen Gruppen, die sich mit Fragen der zivil-militärischen Beziehungen im weiteren und engeren Sinne beschäftigten. Die nachfolgende Auswahl umfasst nur einige wichtige und hilfreiche Links:

- Bonn International Center for Conversion of Military Resources for Civilian Purposes, http://www.bicc.de
- Civil-Military Relations in Central & Eastern Europe – Internet Resource Centre, http://civil-military.dsd.kcl.ac.uk/
- CMR-Net: The Civil-Military Relations Network, http://www.isn.ethz.ch/cmr/
- Department of War studies, King's College, London, http://www.kcl.ac.uk/depsta/wsg/
- ERGOMAS, European Research Group on Military and Society, http://www.ergomas.ch.
- Forschungsstelle für Sicherheitspolitik der ETH Zürich, http://www.fsk.ethz.ch
- Geneva Centre for the Democratic Control of Armed Forces (DCAF), http://www.dcaf.ch/
- George C. Marshall European Center for Security Studies, http://www.marshallcenter.org
- Hessische Stiftung Friedens- und Konfliktforschung, http://www.hsfk.de
- PFP Consortium of Defense Academies and Security Studies Institutes, eine Vereinigung von Forschungs- und Lehreinrichtungen mit verteidigungs- oder sicherheitspolitischem Profil, http://www.pfpconsortium.org/
- Sozialwissenschaftliches Institut der Bundeswehr (SOWI), http://www.sowi-bundeswehr.de
- Stiftung Wissenschaft und Politik, http://www.swp-berlin.org

- Strategic Studies Institute, United States Army War College, http://www.strategicstudiesinstitute.army.mil/
- The Center for Civil-Military Relations (CCMR) am US National Security Affairs Department (NSA) der Naval Postgradute School, Monterey (Ca.), http://ccmr.org/
- The Inter-University Seminar on Armed Forces and Society (IUS), http://www.iusafs.org/ (Das Inter-University Seminar on Armed Forces and Society (IUS) ist der älteste und bedeutendste Forschungsverbund auf dem Gebiet der sozialwissenschaftlichen Militärforschung, gegründet von Morris Janowitz und Heimat des Journals Armed Forces & Society).
- The Partnership for Democratic Governance and Security (PDGS), http://www.pdgs.org/
- Triangle Institute for Security Studies, ein interdisziplinäres Konsortium, gefördert von Duke University, North Carolina State University und der University of North Carolina at Chapel Hill, http://www.sanford.duke.edu/centers/tiss/about/.
- University of Michigan: Military and Defense Statistical Resources on the Web, http://www.lib.umich.edu/govdocs/stmil.html
- US Army Research Institute, http://www.ari.army.mil.

# Literaturverzeichnis

Ackerman, Bruce. 2010. *Army Gen. Stanley A. McChrystal's Criticism of Obama Administration Officials Symbolizes an Accelerated Partisanship of the Officer Corps*. Juni 22, 2010. Los Angeles Times. http://articles.latimes.com/2010/jun/22/opinion/la-oe-ackerman-mcchrystal-20100623. Letzter Zugriff: 21. Januar 2011.

Ackerman, Spencer. 2008. *Productive Obama-Military Relationship Possible: Experts Say, Obama Must Walk a Line Between Consulting and Steamrolling*. http://washingtonindependent.com/18335/productive-obama-military-relationship-possible. Letzter Zugriff: 10. März 2010.

Agüero, Felipe. 1991. „Regierung und Streitkräfte in Spanien nach Franco". In Walther L. Bernecker/Josef Oehrlein (Hrsg.). *Spanien heute: Politik – Wirtschaft – Kultur*. Frankfurt am Main: Vervuert: 167–189.

Agüero, Felipe. 1995. *Soldiers, Civilians, and Democracy: Post-Franco Spain in Comparative Perspective*. Baltimore: The Johns Hopkins University Press.

Agüero, Felipe. 1998. „Legacies of Transitions. Institutionalization, the Military, and Democracy in South America" *Mershon International Studies Review* 42(2): 383–404.

Agüero, Felipe. 2004. „Authoritarian Legacies: the Military's Role" In Katherine Hite/Paola Cesarini (Hrsg.). *Authoritarian Legacies and Democracy in Latin America and Southern Europe*. Notre Dame: University of Notre Dame Press: 233–263.

Aguilar Fernández, Paloma/Hite, Katherine. 2004. „Historical Memory and Authoritarian Legacies in Processes of Political Change. Spain and Chile". In Katherine Hite/Paola Cesarini (Hrsg.). *Authoritarian Legacies and Democracy in Latin America and Southern Europe*. Notre Dame: University of Notre Dame Press: 191–232.

Alagappa, Muthiah (Hrsg.). 2001a. *Coercion and Governance: The Declining Political Role of the Military in Asia*. Stanford: Stanford University Press.

Alagappa, Muthiah. 2001b. „Investigating and Explaining Change: An Analytical Framework". In Muthiah Alagappa (Hrsg.). *Coercion and Governance: The Declining Political Role of the Military in Asia*. Stanford: Stanford University Press: 29–68.

Alagappa, Muthiah. 2001c. „Introduction". In Muthiah Alagappa (Hrsg.). *Coercion and Governance: The Declining Political Role of the Military in Asia*. Stanford: Stanford University Press: 1–28.

Allen, Kenneth. 2002. „Introduction to the PLA's Administrative and Operational Structure". In James C. Mulvenon/Andrew N. D. Yang (Hrsg.). *The People's Liberation Army as Organization.* Santa Monica: RAND: 1–44.

Almond, Gabriel A./Powell, G. Bingham Jr./Dalton, Russel J./Strøm, Kaare. 2010. 9. Auflage. *Comparative Politics Today. A World View.* New York: Longman.

Andreski, Stanislav. 1968. *Military Organization and Society.* 2. Auflage. Berkeley: University of California Press.

Anter, Andreas. 2003. „Im Schatten des Leviathan – Staatlichkeit als Ordnungsidee und Ordnungsinstrument". In Petra Bendel/Aurel Croissant/Friedberg W. Rüb (Hrsg.). *Demokratie und Staatlichkeit.* Opladen: Leske+Budrich: 35–55.

Apelt, Maja. 2006. „Militärische Sozialisation". In Sven Bernhard Gareis (Hrsg.)/Paul Klein. *Handbuch Militär und Sozialwissenschaft.* 2. Auflage. Wiesbaden: VS: Verlag für Sozialwissenschaften: 26-39.

Arceneaux, Craig L. 2001. *Bounded Missions: Military Regimes and Democratization in the Southern Cone and Brazil.* University Park: Pennsylvania State University Press.

Armstrong, Charles K. 2003. *The North-Korean Revolution 1945-1950.* Ithaca: Cornell University Press.

Arrington, Aminta. 2002. „Cautious Reconciliation: The Change in Societal-Military Relations in Germany and Japan since the End of the Cold War". *Armed Forces&Society* 28(4): 531–554.

Aspinall, Edward. 2005. *Opposing Suharto. Compromise, Resistance, and Regime Change in Indonesia.* Stanford: Stanford University Press.

Avant, Deborah D. 1994. *Political Institutions and Military Change: Lessons from Peripheral Wars.* Ithaca: Cornell University Press.

Avilés, William. 2009. „Despite Insurgency: Reducing Military Prerogatives in Colombia and Peru". *Latin American Politics&Society* 51(1): 57–85.

Bacevich, Andrew J. 1997. „Tradition Abandoned". *National Interest* 48 (Summer): 16–25.

Bacevich, Andrew J. 1998. „Absent History: A Comment on Dauber, Desch, and Feaver". *Armed Forces&Society* 24(3): 447–453.

Bacevich, Andrew J. 2010. „Civilian Control? Surely, You Jest". *The New Republic Blog.* Beitrag: 18. August 2010. http://www.tnr.com/blog/foreign-policy/77086/civilian-control-american-power-barack-obama. Letzter Zugriff: 25. September 2010.

Baker, James/Hamilton, Lee H. 2006. *The Iraq Study Group Report. The Way Forward – A New Approach.* Washington: United States Institute of Peace. http://media.usip.org/reports/iraq_study_group_report.pdf. Letzter Zugriff: 10. März 2010

Bald, Detlef. 1994. *Militär und Gesellschaft 1945-1990: Die Bundeswehr der Bonner Republik.* Baden-Baden: Nomos.

Bald, Detlef. 2005. *Die Bundeswehr. Eine kritische Geschichte, 1955-2005.* München: Beck'sche Reihe.

Barany, Zoltan D. 1997. „Democratic Consolidation and the Military: The East European Experience". *Comparative Politics* 30(1): 21–43.

Barany, Zoltan D. 1999. „Russia. Controlling the Military: A Partial Success". *Journal of Democracy* 10(2): 54–67.

Barany, Zoltan D. 2007. *Democratic Breakdown and the Decline of the Russian Military.* Princeton: Princeton University Press.

Barracca, Steven. 2007. „Military Coups in the Post-Cold War Era: Pakistan, Ecuador and Venezuela". *Third World Quarterly.* 28(1): 1360–2241.

Barton, Jonathan R./Murray, Warwick E. 2002. „The End of Transition? Chile 1990-2000". *Bulletin of Latin American Research* 21(3): 329–338.

Baum, Richard. 1998. „The Fifteenth National Party Congress: Jiang Takes Command?". *The China Quarterly* 153: 141–156.

BBC. 2010. *North Korean Ruling Party Promotes Son of Kim Jong-Il.* http://www.bbc.co.uk/news/world-asia-pacific-11431415. Letzter Zugriff: 5. Januar 2011.

Bechtol, Bruce E. 2005. „Civil-Military Relations in the Republic of Korea". *Korea Observer* 36(4): 603–630.

Bedeski, Robert. 1994. *The Transformation of South Korea: Reform and Reconstruction in the Sixth Republic under Roh Tae-Woo.* London: Routledge.

Beeson, Mark/Bellamy, Alex. J. 2008. *Securing Southeast Asia. The Politics of Security Sector Reform.* New York: Routledge.

Beichelt, Timm. 2001. *Demokratische Konsolidierung im postsozialistischen Europa. Die Rolle der politischen Institutionen.* Opladen: Leske+Budrich.

Belkin, Aaron/Schofer, Evan. 2003. „Toward a Structural Understanding of Coup Risk". *Journal of Conflict Resolution* 47(5): 594–620.

Benz, Artur. 2004. „Einleitung: Governance – Modebegriff oder nützliches sozialwissenschaftliches Konzept?" In Arthur Benz (Hrsg.). Governance – Regieren in komplexen Regelsystemen. Wiesbaden: VS: Verlag für Sozialwissenschaften.

Berger, Thomas U. 1993. „From Sword to Chrysanthemum: Japan's Culture of Antimilitarism". *International Security.* 17(4): 119–150.

Berger, Thomas U. 1998. *Cultures of Antimilitarism: National Security in Germany and Japan.* Baltimore: The Johns Hopkins University Press.

Berg-Schlosser, Dirk. 2009. „Long Waves and Conjunctures of Democratization". In Christian W. Haerpfer/Patrick Bernhagen/Ronald F. Inglehart/Christian Welzel (Hrsg.). *Democratization.* Oxford: Oxford University Press: 41–55.

Berlin, Donald L. 2008. *Before Gringo: History of the Philippine Military, 1830–1972.* Manila: Anvil.

Bermeo, Nancy. 2007. „War and Democratization: Lessons from the Portuguese Experience". *Democratization* 14(3): 388–406.

Bermudez, Joseph. 2001. *The Armed Forces of North Korea.* London: Tauris.

Bertelsmann Stiftung (Hrsg.). 2009. *Bertelsmann Transformation Index 2010.* Gütersloh: Verlag Bertelsmann Stiftung.

Betts, Richard K. 2009. „Are Civil-military Relations Still a Problem?". In Suzanne C. Nielsen/Don M. Snider (Hrsg.). *American Civil-Military Relations: The Soldier and the State in a New Era.* Baltimore: The Johns Hopkins University Press: 11–41.

Betz, David 2004. *Civil-Military Relations in Russia and Eastern Europe.* London/New York: RoutledgeCurzon.

Beyme, Klaus von. 1994. *Systemwechsel in Osteuropa.* Frankfurt am Main: Suhrkamp.

Bickford, Thomas J. 2006. „The People's Liberation Army and its Changing Economic Roles: Implications for Civil-military Relations". In Nan Li (Hrsg.). *Chinese Civil-Military Relations: The Transformation of the People's Liberation Army.* London: Routledge: 161-177.

Biehl, Heiko/Bulmahn, Thomas/Leonhard, Nina. 2003. „Die Bundeswehr als Armee der Einheit: Eine ambivalente Bilanz". In Gerhard Kümmel/Sabine Collmer (Hrsg.). *Militär – Politik – Gesellschaft.* Baden-Baden: Nomos: 199–228.

Bin, Yu. 2007. „The Fourth-Generation Leaders and the New Military Elite". In David Finkelstein/Kristen Gunness (Hrsg.). *Civil-Military Relations in Today's China: Swimming in a New Sea.* Armonk: M.E. Sharpe: 48–72.

Bland, Douglas L. 1999. „A Unified Theory Of Civil-Military Relations". *Armed Forces&Society* 26(1): 7-25.

Bland, Douglas L. 2001. „Patterns in Liberal Democratic Civil-Military Relations". *Armed Forces&Society* 27(4): 525-540.

Blasko, Dennis J. 2006. „Servant of Two Masters: The People's Liberation Army, the People, and the Party". In Nan Li (Hrsg.). *Chinese Civil-Military Relations: The Transformation of the People's Liberation Army.* London: Routledge: 117–134.

BMVg (Bundesministerium für Verteidigung). 1992. *Verteidigungspolitische Richtlinien 1992.* http://www.asfrab.de/fileadmin/user_upload/media/pdf/VPR1992.pdf. Letzter Zugriff: 31. Dezember 2010.

BMVg (Bundesministerium für Verteidigung). 1994. *Weißbuch 1994 zur Sicherheit der Bundesrepublik Deutschland und zur Lage und Zukunft der Bundeswehr.*

BMVg (Bundesministerium für Verteidigung). 1998. *Hintergrundinformationen zur Eingliederung von Soldaten der NVA in die Bundeswehr.* http://www.bundeswehr.de. Letzter Zugriff: 19. November 2010.

BMVg (Bundesministerium für Verteidigung). 2003. *Verteidigungspolitische Richtlinien 2003.* http://www.bmvg.de/fileserving/PortalFiles/C1256EF40036B05B/N264XJ5C768M MISDE/ VPR_BROSCHUERE.PDF. Letzter Zugriff: 31. Dezember 2010.

BMVg (Bundesministerium für Verteidigung). 2006. *Weißbuch zur Sicherheitspolitik Deutschlands und zur Zukunft der Bundeswehr 2006.* http://www.bmvg.de/fileserving /PortalFiles/C1256EF40036B05B/W26UYEPW631INFODE/WB2006_oB_sig.pdf. Letzter Zugriff: 31. Dezember 2010.

Boëne, Bernard. 1990. „How 'Unique' Should the Military Be? A Review of Representative Literature and Outline of a Synthetic Formulation". *European Journal of Sociology* 31(1): 3–59.

Boëne, Bernard. 2000. „Post-Cold War Trends in the Civil Control of Armed Forces in the West". In Wilfried von Bredow/Gerhard Kümmel (Hrsg.). *Civil-Military Relations in an Age of Turbulence: Armed Forces and the Problem of Democratic Control.* Strausberg: SOWI: 11–31.

Borissova, Mary. 2006. „Politicians, Experts and Democracy. Civil-Military Relations In Central and Eastern Europe: the Case of Bulgaria". *European Security* 15(2): 191–212.

Born, Hans/Caparini, Marina/Haltiner, Karl/Kuhlmann, Jürgen. 2006a. „Introduction: Civilians and the Military in Europe". In Hans Born/Marina Caparini/Karl Haltiner/Jürgen Kuhlmann (Hrsg.). *Civil-Military Relations in Europe: Learning from Crisis and Institutional Change.* London: Routledge: 3–19.

Born, Hans/Caparini, Marina/Haltiner, Karl W./Kuhlmann, Jürgen. 2006b. „Patterns of Democratic Governance of Civil-Military Relations". In Hans Born/Marina Caparini/Karl W. Haltiner/Jürgen Kuhlmann (Hrsg.). *Civil-Military Relations in Europe. Learning from Crisis and Institutional Change.* London/New York: Routledge: 235–255.

Born, Hans/Caparini, Marina/Haltiner, Karl W./Kuhlmann, Jürgen (Hrsg.). 2006c. *Civil-Military Relations in Europe. Learning from Crisis and Institutional Change.* London/New York: Routledge.

Born, Hans/Karl W. Haltiner/Marjan Malesic (Hrsg.). 2004. *Renaissance of Democratic Control of Armed Forces in Contemporary Societies.* Baden-Baden: Nomos.

Born, Hans/Metselaar, Max. 1999. „Politiek-militaire betrekkingen". In Hans Born/Rene Moelker/Joseph Soeters (Hrsg.). *Krijgsmacht en samenleving: Klassieke en eigentijds inzichten*. Breda: Tilburg University Press: 87–99.

Bowman, Kirk. 2002. *Militarization, Democracy, and Development: The Perils of Praetorianism in Latin America*. University Park: Pennsylvania State University Press.

Bowman, Kirk/Eudaily, Sean. 1999. „The Democratic Peace through a Comparativist Lens". *Paper delivered to the Annual Meeting of the Southern Political Science Association*. Savanah, Georgia.

Bowman, Vicky. 2007. „The Political Situation in Myanmar". In Monique Skidmore (Hrsg.)/Trevor Wilson. *Myanmar: The State, Community, and the Environment*. Canberra: Australian National University Press: 1–17.

Bracher, Karl-Dieter. 1977. *Die Deutsche Diktatur. Entstehung, Struktur, Folgen des Nationalsozialismus*. Köln: Kiepenheuer&Witsch.

Brannon, Robert. 2009. *Russian Civil-Military Relations*. Farnham/Burlington: Ashgate.

Braun, Dietmar. 1999. *Theorien rationalen Handelns in der Politikwissenschaft: eine kritische Einführung*. Opladen: Leske+Budrich.

Bredow, Wilfried von. 2008. *Militär und Demokratie in Deutschland: eine Einführung*. Wiesbaden: VS: Verlag für Sozialwissenschaften.

Bremmer, Ian/Charap, Samuel. 2006-2007. „The Siloviki in Putin's Russia: Who They Are and What They Want". *The Washington Quarterly*, 30(1): 83–92.

Brooker, Paul. 1995. *Twentieth-Century Dictatorships*. New York: New York University Press.

Brooker, Paul. 2009. *Non-Democratic Regimes*. 2. Auflage. Basingstoke: Palgrave Macmillan.

Brownlee, Jason. 2009. „Portents of Pluralism: How Hybrid Regimes Affect Democratization". *American Journal of Political Science* 53(3): 515–532.

Bruneau, Thomas C./MacLeod, Alex. 1986. *Politics in Contemporary Portugal: Parties and the Consolidation of Democracy*. Boulder: Lynn Rienner.

Bruneau, Thomas C./Tollefson, Scott D. (Hrsg.). 2006. *Who Guards the Guardians and How: Democratic Civil-Military Relations*. Austin: University of Texas Press.

Bruneau, Thomas C./Trinkunas, Harold. 2006. „Democratization as Global Phenomenon and its Impact on Civil-Military Relations". *Democratization* 13(5): 776–790.

Bruneau, Thomas C./Trinkunas, Harold (Hrsg.). 2008. *Global Politics of Defense Reform*. New York: Palgrave Macmillan.

Brusis, Martin. 2009. „Ostmittel- und Südosteuropa". In Bertelsmann Stiftung (Hrsg.). *Bertelsmann Transformation Index 2010*. Gütersloh: Verlag Bertelsmann Stiftung: 125–144.

Buck, James H. 1976. „Civilian Control of the Military in Japan". In Claude E. Welch (Hrsg.). *Civilian Control of the Military: Theory and Cases from Developing Countries*. Albany: State University of New York Press: 149–185.

Bullard, Monte R. 1997. *The Soldier and the Citizen*. Armonk: M.E. Sharpe.

Bundesamt für den Zivildienst. *Anzahl der anerkannten Kriegsdienstverweigerer (kumulierte Monatszahl) sowie Entwicklung der Kriegsdienstverweigerung und des Zivildienstes seit 1949*. http://www.zivildienst.de. Letzter Zugriff: 22. Januar 2011.

Bünte, Marco. 2008. „Myanmar: The Changing Face of Authoritarianism". *Journal of Current Southeast Asian Affairs* 27(2): 75–88.

Burk, James. 1998. „The Logic of Crisis and Civil-Military Relations Theory: A Comment on Desch, Feaver, and Dauber". *Armed Forces&Society* 24(3): 455–462.

Burk, James. 2002. „Theories of Democratic Civil-Military Relations". *Armed Forces&Society* 29(1): 7–29.

Bush, George W. 2000. Wahlkampfrede in Grand Rapids, Michigan, 3. November 2000. http://transcripts.cnn.com/TRANSCRIPTS/0011/03/se.04.html. Letzter Zugriff: 12. Mai 2009.

Buzan, Barry/Waever, Ole/de Wilde, Jaap. 1998. *Security: A New Framework for Analysis*. Boulder: Lynne Rienner.

BVerwGE 122. Bundesverwaltungsgericht Pressemitteilung „Wehrpflicht verfassungsgemäß". BVerwG 6 C 9.04. Urteil vom 19. Januar 2005; http://www.bverwg.de/enid/ee70b56604af6311c82c8c9380407536,d9f5ad7365617263685f6 46973706c6179436f6e7461696e6572092d0934393434093a095f7472636964092d09313935 35/Pressemitteilungen/Pressemitteilung_9d.html. Letzter Zugriff: 22. Januar 2011.

Byler, Charles A. 2006. *Civil-Military Relations on the Frontier and Beyond, 1865-1917*. Westport/London: Praeger Publishers.

Caforio, Giuseppe. 2006. „Some Historical Notes". In Giuseppe Caforio (Hrsg.). *Handbook of the Sociology of the Military*. New York: Springer: 7–26.

Callahan, Mary P. 1999. „Junta Dreams or Nightmares? Observations of Burma's Military since 1988". *Bulletin of Concerned Asian Scholars* 31(3): 52–58.

Callahan, Mary P. 2001. „Burma: Soldiers as State Builders". In Muthiah Alagappa (Hrsg.). *Coercion and Governance: The Declining Political Role of the Military in Asia*. Stanford: Stanford University Press. 413–432.

Callahan, Mary P. 2002. „Cracks in the Edifice? Changes in Military-Society Relations in Burma since 1988". In Morten B. Pedersen/Emily Rudland/Ronald J. May (Hrsg.). *Burma/Myanmar: Strong Regime, Weak State?*. Adelaide: Crawford House: 22–51.

Callahan, Mary P. 2005. *Making Enemies.* Ithaca: Cornell University Press.

Callahan, Mary P. 2007. „Of Kyay-Zu and Kyet-Su: The Military in 2006". In Monique Skidmore/Trevor Wilson (Hrsg.). *Myanmar: The State, Community, and the Environment.* Canberra: Australian National University Press: 36–54.

Carter, Susan B./Gartner, Scott S./R., Haines M./L., Olmstead A./Sutch, Richard/Wright, Gavin (Hrsg.). 2006. *Historical Statistics of the United States. Earliest Times to the Present. Millennial Edition.* Band 5. Cambridge: Cambridge University Press.

Celoza, Albert F. 1997. *Ferdinand Marcos and the Philippines: The Political Economy of Authoritarianism.* Westport: Praeger Publishers.

Chai-anan, Samudavanija. 1995. „Thailand: A Stable Semidemocracy". In Larry Diamond/Juan J. Linz/Seymour Martin Lipset (Hrsg.). *Politics in Developing Countries. Comparing Experiences with Democracy.* London/Boulder: Lynne Rienner: 323–369.

Chambers, Paul W. 2010a. „U-Turn to the Past? The Resurgence of the Military in Contemporary Thai Politics". In Paul W. Chambers/Aurel Croissant (Hrsg.). *Democracy under Stress: Civil-Military Relations in South and Southeast Asia.* Bangkok: ISIS: 63–101.

Chambers, Paul W. 2010b. „Thailand on the Brink: Resurgent Military, Eroded Democracy". *Asian Survey* 50(5): 835–858.

Chao, Linda/Ramon H. Myers. 1998. *The First Chinese Democracy. Political Life in the Republic of China on Taiwan.* Baltimore/London: The Johns Hopkins University Press.

Cheibub, José Antonio. 2007. *Presidentialism, Parliamentarism, and Democracy.* Cambridge: Cambridge University Press.

Chen, York W. 2010. „Civilian Control without a Civilian Defense Minister: A Narrative of the Interplays of Structure and Agency in Taiwan's Civil-Military Relations, 2000-2008". *Paper prepared for the workshop: Addressing the Structure-Agency Divide in the Study of Civil-Military Relations in Democratizing Asia.* Heidelberg, Deutschland, 14–15. Oktober 2010.

Cheng, Hsiao-shi. 1990. *Party-Military Relations in the PRC and Taiwan: Paradoxes of Control.* Boulder: Westview Press.

CIA. 2010. *World Fact Book.* https://www.cia.gov/library/publications/the-world-factbook/. Letzter Zugriff: 27. Juli 2010.

Clausewitz, Carl von. 1973. *Vom Kriege.* 18. Auflage. Bonn: Fred. Dümmlers Verlag.

Cleary, Laura R./McConville, Teri (Hrsg.). 2006. *Managing Defence in a Democracy.* London/New York: Routledge.

Clinton, William J. 1993. „Remarks Announcing the New Policy on Homosexuals in the Military (July 19,1993)". In *Public Papers of the President of the United States 1993(I)*. Washington: Office of the Federal Register: 1109–1112. Speech at the National Defense University at Fort McNair.

Cloud, David S./Schmitt, Eric. „More Retired Generals Call for Rumsfeld's Resignation". 14. April 2006. *The New York Times*.

Cohen, Eliot A. 2002. "Civil-Military Relations". In John Lehman/Harvey Sicherman (Hrsg.). *America the Vulnerable: Our Military Problems and How to Fix Them*. Philadelphia: Foreign Policy Research: 84–95. http://www.fpri.org/americavulnerable /BookAmericatheVulnerable.pdf. Letzter Zugriff: 10. April 2009.

Coletta, Damon. 2008. „Conflicting Indicators of 'Crisis' in American Civil-Military Relations". *Armed Forces&Society* 34(3): 503–508.

Colomer, Joseph M. 1995. *Game Theory and the Transition to Democracy: The Spanish model*. Aldershot/Brookfield: Edward Elgar.

Colton, Timothy J. 1979. *Commissars, Commanders, and Civilian Authority: The Structure of Soviet Military Politics*. Cambridge: Harvard University Press.

Coppedge, Michael. 1994. *Parties and Lame Ducks. Presidential Partyarchy and Factionalism in Venezuela*. Stanford: Stanford University Press.

Cottey, Andrew/Edmunds, Timothy/Forster, Anthony. 2002a. „The Second Generation Problematic: Rethinking Democracy and Civil-Military Relations". *Armed Forces&Society* 29(1): 31–56.

Cottey, Andrew/Edmunds, Timothy/Forster, Anthony (Hrsg.). 2002b. *Democratic Control of the Military in Postcommunist Europe: Guarding the Guards. One Europe or Several?*. Houndmills/Basingstoke/Hampshire: Palgrave.

Craig, Gordon A. 1964. *The Politics of the Prussian Army 1640-1945*. New York: Oxford University Press.

Crandall, Russell. 2005. „Introduction". In Russell Crandall/Guadalupe Paz/Riordan Roett (Hrsg.). *The Andes in Focus: Security, Democracy, and Economic Reform*. Boulder: Lynne Rienner: 1–10.

Croissant, Aurel. 1998. *Politischer Systemwechsel in Südkorea*. Hamburg: Institut für Asienkunde.

Croissant, Aurel. 2002. *Von der Transition zur defekten Demokratie. Demokratische Entwicklung in den Philippinen, Südkorea und Thailand*. Wiesbaden: Westdeutscher Verlag.

Croissant, Aurel. 2004. „Riding the Tiger: Civilian Control and the Military in Democratizing Korea". *Armed Forces&Society* 30(3): 357–381.

Croissant, Aurel/Kühn, David. 2007. „Demokratisierung und zivil-militärische Beziehungen in Ostasien: Theorie und Empirie". *Südostasien aktuell* 26(3): 5-54.

Croissant, Aurel/Kühn, David/Chambers, Paul W./Völkel, Philip/Wolf. Siegfried O. 2011. „Theorizing Civilian Control in New Democracies: Agency, Structure and Institutional Change". *Zeitschrift für Vergleichende Politikwissenschaft* (im Erscheinen).

Croissant, Aurel/Kühn, David/Chambers, Paul W./Wolf, Siegfried O. 2010. „Beyond the Fallacy of Coup-ism: Conceptualizing Civilian Control of the Military in Emerging Democracies". *Democratization* 17(5): 950–975.

Croissant, Aurel/Merkel, Wolfgang. 2010. „Die Dritte Demokratisierungswelle – Ost- und Südostasien". In Wolfgang Merkel (Hrsg.). *Systemtransformation*. 2. Auflage. Wiesbaden: VS: Verlag für Sozialwissenschaften: 261–324.

Crouch, Harold A. 2010. *Political Reform in Indonesia after Soeharto*. Singapore: ISEAS Publishing.

Crowther, William E. 1989. „'Ceausescuismn' and Civil-Military Relations in Romania". *Armed Forces&Society* 15(2): 207–225.

Crowther, William E. 1998. „Communism and Post-Communism in Romania". In Sabrina Ramett (Hrsg.). *Eastern Europe: Politics, Culture and Society since 1939*. Bloomington/Indiana: Indiana University Press: 190–223.

Cumings, Bruce. 2004. *North Korea*. New York: The New Press.

Dahl, Robert A. 1989. *Democracy and its Critics*. New Haven: Yale University Press.

Danopoulos, Constantine P./Zirker, Daniel (Hrsg.). 1998. *The Military and Society in the Former Eastern Bloc*. Boulder: Westview Press.

De Castro, Renato. 2005. „The Dilemma Between Democratic Control Versus Military Reforms: The Case of the AFP Modernization Program, 1991–2004". *Journal of Security Sector Management* 3(1): 1–24

Demeter, Karl. 1963. *Das Deutsche Offizierskorps in Gesellschaft und Staat 1650–1945*. Frankfurt am Main: Bernhard&Graefe.

Derichs, Claudia. 2008. „Japan: Politisches System und politischer Wandel". In Thomas Heberer/Claudia Derichs (Hrsg.). *Einführung in die politischen Systeme Ostasiens*. 2. erw. Auflage. Wiesbaden: VS: Verlag für Sozialwissenschaften: 197–183.

Desch, Michael C. 1998. „Culture Clash: Assessing the Importance of Ideas in Security Studies". *International Security* 23(1): 141–170.

Desch, Michael C. 1999. *Civilian Control of the Military: The Changing Security Environment*. Baltimore: The Johns Hopkins University Press.

Desch, Michael C. 2009. „Hartz, Huntington, and the Liberal Tradition in America: The Clash with Military Realism". In Suzanne C. Nielsen/Don M. Snider (Hrsg.). *American Civil-Military Relations*. Baltimore: The Johns Hopkins University: 91–112.

Desch, Michael D. 2001. „Explaining the Gap: Vietnam, the Republicanization of the South, and the End of the Mass Army". In Peter D. Feaver/Richard Kohn (Hrsg.). *Soldiers and Civilians*. Cambridge: MIT Press: 289–324.

Deutsch, Karl W. 1957. *Political Community and the North Atlantic Area; International Organization in the Light of Historical Experience*. Princeton: Princeton University Press.

Diamandouros, P. Nikiforos. 1986. „Regime Change and the Prospects for Democracy in Greece: 1974-1983". In Guillermo A. O'Donnell/Philippe C. Schmitter/Laurence Whitehead (Hrsg.). *Transitions from Authoritarian Rule: Southern Europe*. Baltimore: The Johns Hopkins University Press: 138–165.

Diamint, Rut. 2003. „The Military". In Jorge I. Dominguez/Michael Shifter (Hrsg.). *Constructing Democratic Governance in Latin America*. 2. Auflage. Baltimore: The Johns Hopkins University Press: 43–73.

Diamond, Larry. 1999. *Developing Democracy Toward Consolidation*. Baltimore: The Johns Hopkins University Press.

Diamond, Larry. 2008a. „The Democratic Rollback: The Resurgence of the Predatory State". *Foreign Affairs* 87(2): 36–48.

Diamond, Larry. 2008b. *The Spirit of Democracy: The Struggle to Build Free Societies Throughout the World*. New York: Times Books.

Diedrich, Torsten. 2004. „Herrschaftssicherung, Aufrüstung und Militarisierung im SED-Staat". In Hans Ehlert/Matthias Rogg (Hrsg.). *Militär, Staat und Gesellschaft in der DDR*. Berlin: Christoph Links Verlag: 257–283.

Digutsch, Gunnar. 2006. „Die NVA und die Armee der Einheit". In Frank Nägler (Hrsg.). *Die Bundeswehr 1955 bis 2005. Rückblenden, Einsichten, Perspektiven*. München: Oldenbourg: 457–476.

Dimitrov, Dimitar. 1999. „Civil-Military Relations and Defence Budgeting in Bulgaria". *The Centre for European Security Studies* (Harmony Paper 6). Groningen: CESS.

Doorenspleet, Renske. 2000. "Reassessing the Three Waves of Democratization". *World Politics* 52(3): 384–406.

Dunlop, John B. 2003. „The August 1991 Coup and its Impact on Soviet Politics". *Journal of Cold War Studies* (5)1: 94–127.

Duverger, Maurice. 1980. „A New Political System Model: Semi-Presidential Government". *European Journal of Political Research* 8(2): 165–187.

Easton, David. 1965. *A Systems Analysis of Political Life*. New York: Wiley.

Easton, David. 1990. *The Analysis of Political Structure*. New York: Routledge.

Eberstadt, Nicholas. 2006. „Why Hasn't North Korea Collapsed? Understanding the Recent Past, Thinking about the Future". In Young W. Kihl (Hrsg.)/Hong Nack Kim. *North Korea: The Politics of Regime Survival*. Armonk: M.E. Sharpe: 268–298.

Eckstein, Harry. 1975. „Case Study and Theory in Political Science". In Fred I. Greenstein (Hrsg.)/Nelson W. Polsby. *Handbook of Political Science (Volume 7): Strategies of Inquiry*. Reading: Addison-Wesley: 79–137.

Edmonds, Martin. 1988. *Armed Services and Society*. Leicester: Leicester University Press.

Eifler, Christine/Seifert, Ruth (Hrsg.). 1999. *Soziale Konstruktionen - Militär und Geschlechterverhältnis*. Münster: Westfälisches Dampfboot.

Englehart, Neil A. 2005. „Is Regime Change Enough for Burma? The Problem of State Capacity". *Asian Survey* 45(4): 622–644.

Epstein, Rachel A. 2008. *In Pursuit of Liberalism: International Institutions in Postcommunist Europe*. Baltimore: The Johns Hopkins University Press.

Erving Goffman. 1973. *Asyle. Über die soziale Situation psychiatrischer Patienten und anderer Insassen*. Frankfurt am Main: Suhrkamp.

Esser, Hartmut. 1999. *Soziologie: allgemeine Grundlagen*. 3. Auflage. Frankfurt am Main: Campus-Verlag.

Etzrodt, Christian. 2003. *Sozialwissenschaftliche Handlungstheorien*. Konstanz: UVK

European Values Study. 2010. *Integrated Values Surveys 1981-2004. Online Data Analysis*. http://www.europeanvaluesstudy.eu/evs/surveys/values-surveys-1981-2004.html.       Letzter Zugriff: 10. Dezember 2010.

Feaver, Peter D. 1996. „The Civil-Military Problematique: Huntington, Janowitz, and the Question of Civilian Control". *Armed Forces&Society* 23(2): 149–178.

Feaver, Peter D. 1998. „Crisis as Shirking: An Agency Theory Explanation of the Souring of American Civil-Military Relations". *Armed Forces&Society* 24(3): 407–434.

Feaver, Peter D. 1999. „Civil-Military Relations". *Annual Review of Political Science* 2(1): 211–241.

Feaver, Peter D. 2000. „Review: Civilian Control of the Military: The Changing Security Environment by Michael C. Desch." *The American Political Science Review* 94(2): 506–507.

Feaver, Peter D. 2003. *Armed Servants: Agency, Oversight, and Civil-Military Relations*. Cambridge: Harvard University Press.

Feaver, Peter D. 2009. „Obama's Military Problem Is Getting Worse". *Shadow Government: Notes From the Loyal Opposition Blog.* Beitrag: 21. Oktober 2009. http://shadow.foreignpolicy.com. Letzter Zugriff: 10. März 2010.

Feaver, Peter D./Gelpi, Christopher. 2004. *Choosing Your Battles: American Civil-Military Relations and the Use of Force.* Princeton: Princeton University Press.

Feaver, Peter D./Hikotani, Takako/Narine, Shaun. 2005. „Civilian Control and Civil-Military Gaps in the United States, Japan, and China". *Asian Perspective* 29(1): 233–271.

Feaver, Peter D./Kohn, Richard H. (Hrsg.). 2001a. *Soldiers and Civilians: The Civil-Military Gap and American National Security.* Cambridge: The MIT Press.

Feaver, Peter D./Kohn, Richard H. 2001b. „Conclusion: The Gap and What it Means for American National Security". In Peter D. Feaver/Richard A. Kohn (Hrsg.). *Soldiers and Civilians: The Civil-Military Gap and American National Security.* Cambridge: The MIT Press: 459–473.

Feaver, Peter D./Kohn, Richard H./Cohn, Lindsay P. 2001. „The Gap Between Military and Civilian in the United States in Perspective". In Peter D. Feaver/Richard A. Kohn (Hrsg.). *Soldiers and Civilians: The Civil-Military Gap and American National Security.* Cambridge: The MIT Press: 1–11.

Feaver, Peter D./Seeler, Erika. 2009. „Before and After Huntington: The Methodological Maturing of Civil-Military Studies". In Suzanne C. Nielsen/Don M. Snider (Hrsg.). *American Civil-Military Relations: The Soldier and the State in a New Era.* Baltimore: The Johns Hopkins University Press.

Fewsmith, Joseph. 2007. „China's Defense Budget: Is there Impending Friction between Defense and Civilian Needs?". In David Finkelstein/Kristen Gunness (Hrsg.). *Civil-Military Relations in Today's China: Swimming in a New Sea.* Armonk: M.E. Sharpe: 202–213.

Finer, Samuel E. 1962. *The Man on Horseback: The Role of the Military in Politics.* London: Pall Mall.

Finer, Samuel E. 1985. „The Retreat to the Barracks: Notes on the Practice and the Theory of Military Withdrawal from the Seats of Power". *Third World Quarterly* 7(1): 16–30.

Fink, Christina. 2009. *Living Silence: Burma Under Military Rule.* 2. Auflage. Bangkok: Silkworm Books.

Fitch, J. Samuel. 1998. *The Armed Forces and Democracy in Latin America.* Baltimore: The Johns Hopkins University Press.

Fleckenstein, Bernhard. 2000. „Germany. Forerunner of a Postnational Military?". In: Charles C. Moskos/John Allen Williams/David R. Segal (Hrsg.). *The Postmodern Military. Armed Forces after the Cold War.* New York/Oxford: Oxford University Press: 80–101.

Fleckenstein, Bernhard. 2005. „50 Jahre Bundeswehr". *Aus Politik und Zeitgeschichte* 21: 5–14.

Fleischhauer, Jens. 2007. *Wehrpflichtarmee und Wehrgerechtigkeit. Die Verfassungsmäßigkeit der allgemeinen Wehrpflicht im Blickwinkel sicherheitspolitischer, gesellschaftlicher und demographischer Veränderungen.* Hamburg: Kovac.

Flemes, Daniel. 2004. „Streitkräfte und politischer Wandel in Brasilien: Die Entwicklung der militärischen Vorrechte unter F. H. Cardoso". *Lateinamerika Analysen* 8(Juni):75–106.

Flemes, Daniel. 2008. „Brasiliens neue Verteidigungspolitik: Vormachtsicherung durch Aufrüstung". *GIGA Focus Lateinamerika* 12. Hamburg: GIGA: 1-8.

Fluri, Philipp H./Gustenau, Gustav E./Pantev, Plamen I. (Hrsg.). 2005. *The Evolution of Civil-Military Relations in South East Europe.* Geneva: Physica Verlag.

Fonseca, Sara Claro da. 2009. „Das Politische System Portugals". In Wolfgang Ismayr (Hrsg.). *Die politischen Systeme Westeuropas.* Wiesbaden: VS: Verlag für Sozialwissenschaften: 765–819.

Forster, Anthony. 2002. „New Civil-Military Relations and its Research Agendas". *Connections* 1(2): 71–88.

Forster, Anthony. 2006. *Armed Forces and Society in Europe.* Houndmills/New York: Palgrave Macmillan.

Förster, Jürgen. 1995. Das Verhältnis von Wehrmacht und Nationalsozialismus im Entscheidungsjahr 1933. *German Studies Review* 18(3): 471–480.

Förster, Jürgen. 2009. *Die Wehrmacht im NS-Staat. Eine strukturgeschichtliche Analyse.* 2.Auflage. München: Oldenbourg.

Frank, Rüdiger. 2008. „Nordkorea: Zwischen Stagnation und Veränderungsdruck". In Thomas Heberer/Claudia Derichs (Hrsg.). *Einführung in die politischen Systeme Ostasiens: VR China, Hongkong, Japan, Nordkorea, Südkorea, Taiwan.* Wiesbaden: VS: Verlag für Sozialwissenschaften: 351–416.

Fravel, M. Taylor. 2002. „Towards Civilian Supremacy: Civil-Military Relations in Taiwan's Democratization." *Armed Forces&Society* 29(1): 57–84.

Freedom House. 2010a. *Freedom in the World: Country Ratings and Status. 1973-2010.* http://www.freedomhouse.org/template.cfm?page=439. Letzter Zugriff: 20. Januar 2011.

Freedom House. 2010b. *Freedom in the World 2010: Worst of the Worst.* http://www.freedomhouse.org/uploads/WoW/2010/WorstOfTheWorst2010.pdf. Letzter Zugriff: 20. Januar 2011.

Freedom House. 2010c. *Country Report: Burma (Myanmar).* http://www.freedomhouse.org/template.cfm?page=22&year=2010&country=7792. Letzter Zugriff: 20. Januar 2011.

Frevert, Ulrike. 1997. „Das jakobinische Modell: Allgemeine Wehrpflicht und Nationsbildung in Preußen-Deutschland". In: Ulrike Frevert (Hrsg.). *Militär und Gesellschaft im 19. und 20. Jahrhundert.* Stuttgart: Klett-Cotta: 17–47.

Friedberg, Aaron L. 1992. „Why Didn't the United States become a Garrison State?". *International Security* 16(4): 109–142.

Fuentes, Claudio. 2000. „After Pinochet: Civilian Policies Toward the Military in the 1990s Chilean Democracy". *Journal of Inter-American Studies and World Affairs* 42(3): 111–142.

Fukuyama, Francis. 2005. *Staaten bauen. Die neue Herausforderung internationaler Politik.* Berlin: Propyläen.

Gallagher, Tom. 1995. *Romania After Ceau□sescu: The Politics of Intolerance.* Edinburgh: Edinburgh University Press.

Gandhi, Jennifer. 2008. *Political Instiutions under Dictatorship.* Oxford: Oxford University Press.

Gareis, Sven Bernhard. 2006. *Deutschlands Außen- und Sicherheitspolitik.* 2. Auflage. Opladen: Verlag Barbara Budrich.

Gareis, Sven Bernhard/Klein, Paul (Hrsg.). 2006. *Handbuch Militär und Sozialwissenschaft.* 2. Auflage. Wiesbaden: VS: Verlag für Sozialwissenschaften.

Gates, Scott/Hegre, Harvard/Jones, Mark P. 2007. „Democratic Waves? Global Patterns of Democratization, 1800-2000". *Paper prepared for delivery at the National Political Science Conference.* 3-5. Januar 2007, Trondheim.

Gause, Ken. 2006. *North Korean Civil-Military Trends: Military-First Politics to a Point.* Carlisle Barracks: Strategic Studies Institute U.S. Army War College.

Geddes, Barbara. 1999. „What Do We Know about Democratization After Twenty Years?". *Annual Review of Political Science* 2(1): 115–144.

Gelpi, Christopher/Feaver, Peter D./Reifler, Jason. 2009. *Paying the Human Costs of War. American Public Opinion and Casualties in Military Conflicts.* Princeton: Princeton University Press.

Gerring, John. 2007. *Case Study Research: Principles and Practices.* New York: Cambridge University Press.

Gießmann, Hans J./Wagner, Armin. 2009. „Auslandseinsätze der Bundeswehr". *Aus Politik und Zeitgeschichte* 48: 3–9.

Gillespie, Charles Guy. 1991. *Negotiating Democracy. Politicians and Generals in Uruguay.* New York: Cambridge University Press.

Gloria, Glenda M. 2003. *We Were Soldiers: Military Men in Politics and the Bureaucracy.* Quezon City: Friedrich Ebert Foundation.

Göbel, Christian. 2011. „The Consolidation of Authoritarian Regimes". *European Political Science* (im Erscheinen).

Gogolewska, Agnieszka. 2006. „Problems Confronting Civilian Democratic Control in Poland". In Hans Born/Marina Caparini/Karl W. Haltiner/Jürgen Kuhlmann (Hrsg.). *Civil-Military Relations in Europe. Learning from Crisis and Institutional Change.* London/New York: Routledge: 97–114.

Goldbach, Joachim. 1992. „Die Nationale Volksarmee - eine deutsche Armee im Kalten Krieg". In Detlef Bald (Hrsg.). *Die Nationale Volksarmee. Beiträge zum Selbstverständnis und Geschichte des deutschen Militärs von 1945 – 1990.* Baden-Baden: Nomos.

Gomart, Thomas. 2008. *Russian Civil-Military Relations: Putin's Legacy.* Washington, DC: Carnegie Endowment for International Peace.

Goodin, Robert E. 1996. „Institutions and their Design". In Robert E. Goodin (Hrsg.). *The Theory of Institutional Design.* Cambridge: Cambridge University Press: 1–53.

Goodman, Louis W. 1996. „Military Roles Past and Present". In Larry Diamond/Marc F. Plattner (Hrsg.). *Civil-Military Relations and Democracy.* Baltimore: The John Hopkins University Press: 30–43.

Gow, Ian. 2003. „Civilian Control of the Military in Postwar Japan". In Ron Matthews/Keisuke, Matsuyama (Hrsg.). *Japan's Military Renaissance?.* Houndmills: St. Martin's Press: 50–68.

Gricius, Algirdas/Paulauskas, Kestutis. 2002. „Demokratische Kontrolle der Streitkräfte in Litauen". *Connections* 1(4): 33–56.

Gürsoy, Yaprak. 2009. „Civilian Support and Military Unity in the Outcome of Turkish and Greek Military Interventions". *Journal of Political&Military Sociology* 37(1): 47–75.

Hackett, Roger F. 1964: „The Military in Japan". In: Robert E. Ward/Dankwart A. Rustow (Hrsg.). *Political Modernization in Japan and Turkey.* New Haven: Princeton University Press. 328–351.

Hadenius, Axel/Teorell, Jan. 2006. *Authoritarian Regimes: Stability, Change, and Pathways to Democracy, 1979-2003.* Working Paper 331. Notre Dame: Kellogg Institute for International Studies.

Hadžič, Miroslav. 2006. „Differentia Specifica: Military Reform in the Former Federal Republic of Yugoslavia". In Hans Born/Marina Caparini/Karl W. Haltiner/Jürgen Kuhlmann (Hrsg.). *Civil-Military Relations in Europe. Learning from Crisis and Institutional Change.* London/New York: Routledge: 35-48.

Hagemann, Frank. 2002. *Parteiherrschaft in der NVA. Zur Rolle der SED bei der inneren Entwicklung der DDR-Streitkräfte.* Berlin: Christoph Links Verlag.

Hagopian, Frances/Mainwaring, Scott P. (Hrsg.). 2005. *The Third Wave of Democratization in Latin America: Advances and Setbacks.* Cambridge: Cambridge University Press.

Hagopian, Frances/Mainwaring, Scott. 1987. *Democracy in Brazil: Origins, Problems, Prospects.* Working Paper 100. Notre Dame: Kellogg Institute for International Studies.

Halberstam, David. 2002. *War in a Time of Peace: Bush, Clinton, and the Generals.* New York: Simon and Schuster.

Hall, Peter A./Taylor, Rosemary C. R. 1996. „Political Science and the Three New Institutionalisms". *Political Studies* 44(5): 936–957.

Halley, Janet E. 1999. *Don't: A Reader's Guide to the Military's Anti-Gay Policy.* Durham: Duke University Press.

Haltiner, Karl W. 1998. „The Definite End of the Mass Army in Western Europe?". *Armed Forces&Society* 25(1): 7–36.

Hanami, Andrew K. 1993. „The Emerging Military-Industrial Relationship in Japan and the U.S Connection". *Asian Survey* 33(6): 592–609.

Handobukku, Bôei. 2007. *Heisei 19 nenpan.* Tokyo: Asagumo Shinbusha.

Hartmann, Jürgen. 1996. *Geschichte des modernen Japan von Meiji bis Heisei.* Berlin: Akademie-Verlag.

Heberer, Thomas. 2008. „Das Politische System der VR China im Prozess des Wandels". In Thomas Heberer/Claudia Derichs (Hrsg.). *Einführung in die politischen Systeme Ostasiens: VR China, Hongkong, Japan, Nordkorea, Südkorea, Taiwan.* Wiesbaden: VS: Verlag für Sozialwissenschaften: 21–178.

Heideking, Jürgen/Sterzel, Paul. „Entstehung und Ausformung des Verfassungssystems". In Wolfgang Jäger/ Christoph M. Haas/ Wolfgang Welz (Hrsg.). *Regierungssystem der USA. Lehr- und Handbuch.* München/Wien: Oldenbourg: 45–68.

Heinz, Wolfgang S. 2001a. *Neue Demokratien und Militär in Lateinamerika. Die Erfahrungen in Argentinien und Brasilien (1983–1999).* Frankfurt am Main: Vervuert.

Heinz, Wolfgang S. 2001b. „Militärs und Demokratie in Indonesien". *Nord-Süd aktuell* 1: 119–128.

Heiss, Claudia/Navia, Patricio. 2007. „You Win Some, You Lose Some: Constitutional Reforms in Chile's Transition to Democracy". *Latin American Politics&Society* 49(3):163–190.

Helmig, Jan/Schörning, Niklas (Hrsg.). 2008. *Die Transformation der Streitkräfte im 21. Jahrhundert. Militärische und politische Dimensionen der aktuellen „Revolution in Military Affairs".* Frankfurt am Main/New York: Campus.

Henderson, Karen. 2004. „The Slovak Republic: Explaining Defects in Democracy". *Democratization* 11(5): 133–155.

Hendrickson, David. 1988. *Reforming Defense: The State of American Civil-Military Relations*. Baltimore: John Hopkins University.

Hernandez, Carolina. 2007. „The Military in Philippine Politics: Retrospect and Prospects". In Rodolfo Severino/Lorraine Carlos Salazar (Hrsg.). *Whither the Philippines in the 21st Century*. Singapore: Institute for Southeast Asian Studies: 78-99.

Hernandez, Katherine Marie G./Kraft, Herman Joseph S. 2010. „Armed Forces as Veto Power: Civil-Military Relations in the Philippines". In Paul W. Chambers/Aurel Croissant (Hrsg.). *Democracy under Stress: Civil-Military Relations in South and Southeast Asia*. Bangkok: ISIS.

Herspring, Dale R. 2000. *Requiem für eine Armee. Das Ende der Nationalen Volksarmee der DDR*. Baden-Baden: Nomos.

Herspring, Dale R. 2001. *Soldiers, Commissars, and Chaplains: Civil-Military Relations Since Cromwell*. Lanham: Rowman&Littlefield Publishers.

Herspring, Dale R. 2005. *The Pentagon and the Presidency: Civil-Military Relations from Fdr to George W. Bush*. Lawrence: University Press of Kansas.

Herspring, Dale R. 2008. *Rumsfeld's Wars. The Arrogance of Power*. Lawrence : University Press of Kansas.

Herspring, Dale R. 2009. „Civil-Military Relations in the United States and Russia – An Alternative Approach". *Armed Forces&Society*: 35(4): 667-687.

Hikotani, Takao. 2009. „Japan's Changing Civil-Military Relations: From Containment to Re-engagement?". *Global Asia* 4(1): 22–26.

Hite, Katherine/Morlino, Leonardo. 2004. „Problematizing the Links Between Authoritarian Legacies and 'good' Democracy". In Katherine Hite/Paola Cesarini (Hrsg.). *Authoritarian Legacies and Democracy in Latin America and Southern Europe*. Notre Dame: University of Notre Dame Press: 25–85.

Honna, Jun. 2003. *Military Politics and Democratization in Indonesia*. London: Routledge.

Honna, Jun. 2006. „Local Civil-Military Relations During the First Phase of Democratic Transition, 1999-2004: A comparison of West, Central, and East Java". *Indonesia* 82 (October): 75-96.

Hook, Glenn D. 1996. *Militarization and Demilitarization in Contemporary Japan*. London: Routledge.

Hook, Glenn D./McCormack, Gavan. 2001. *Japan's Contested Constitution. Documents and Analysis*. London: Routledge.

Hughes, Christopher W. 2005. *Japan's Re-emergence as a 'Normal' Military Power*. New York: Routledge.

Human Rights Watch. 2006. *Too High a Price: The Human Rights Cost of the Indonesian Military's Economic Activities.* http://www.hrw.org/en/reports/2006/06/20/too-high-price/. Letzter Zugriff: 21. Januar 2011.

Human Rights Watch. 2007. *Crackdown: Repression of the 2007 Popular Protests in Burma.* http://www.hrw.org/en/reports/2007/12/06/crackdown. Letzter Zugriff: 21. Januar 2011.

Human Rights Watch. 2009. *Burma's Forgotten Prisoners.* http://www.hrw.org/sites/default/files/reports/burma0909_brochure_web.pdf. Letzter Zugriff: 21. Januar 2011.

Human Rights Watch. 2010. *Unkept Promise: Failure to End Military Business Activity in Indonesia.* http://www.hrw.org/en/reports/2010/01/12/unkept-promise-0. Letzter Zugriff: 21. Januar 2011.

Hummel, Hartwig. 1992. *Japan: Schleichende Militarisierung oder Friedensmodell?.* Frankfurt am Main: Haag und Herchen.

Hung, Lu-hsun, Ta-hua Mo/Tuan, Fu-chu. 2003. „The Evolution of the ROC's Military-Societal Relations: From Militarized Society to Socialized Military." In Martin Edmonds/Michael M. Tsai (Hrsg.). *Defending. Taiwan: The Future of Taiwan's Defence Policy and Military Strategy.* New York: Routledge: 177–208.

Hunter, Wendy. 1994. „Contradictions of Civilian Control: Argentina, Brazil and Chile in the 1990s". *Third World Quarterly* 15(4): 633–653.

Hunter, Wendy. 1997. *Eroding Military Influence in Brazil. Politicians Against Soldiers.* Chapel Hill: University of North Carolina Press.

Hunter, Wendy. 1998. „Negotiating Civil-Military Relations in Post-Authoritarian Argentina and Chile". *International Studies Quarterly* 42(2): 295–317.

Huntington Samuel P. 1970. „Social and Institutional Dynamics of One-Party Systems". In Samuel P. Huntington/Clement H. Moore (Hrsg.). *Authoritarian Politics in Modern Society: The Dynamics of Established One-Party Systems.* New York: 3–47.

Huntington, Samuel P. 1956. „Civilian Control and the Constitution". *The American Political Science Review* 50(3): 676–699.

Huntington, Samuel P. 1957. *The Soldier and the State. The Theory and Politics of Civil-Military Relations.* Cambridge: Belknap.

Huntington, Samuel P. 1962. *Changing Patterns of Military Politics.* New York: The Free Press of Glencoe.

Huntington, Samuel P. 1968. *Political Order in Changing Societies.* New Haven: Yale University Press.

Huntington, Samuel P. 1991. *The Third Wave: Democratization in the Late Twentieth Century.* Norman: University of Oklahoma Press.

Hutchcroft, Paul D. 2000. *Booty Capitalism: The Politics of Banking in the Philippines.* Manila: Ateneo de Manila University Press.

Hutchcroft, Paul D. 2008. „The Arroyo Imbroglio in the Philippines". *Journal of Democracy* 19(1): 141–155.

Inglehart, Ronald/Welzel, Christian. 2005. *Modernization, Cultural Change and Democracy.* Cambridge: Cambridge University Press.

Ishizuka, Katsumi. 2004. „Japan and the UN Peace Operations". *Japanese Journal of Political Science* 5(1): 137–157.

Janowitz, Morris. 1960. *The Professional Soldier, a Social and Political Portrait.* Glencoe: Free Press.

Janowitz, Morris. 1964. *The Military in the Political Development of New Nations: An Essay in Comparative Analysis.* Chicago: University of Chicago Press.

Janowitz, Morris. 1977. „From Institutional to Occupational: The Need for Conceptual Continuity". *Armed Forces Society* 4(1): 51–54.

Jansen, David. 2008. „Relations Among Security and Law Enforcement Institutions in Indonesia". *Contemporary Southeast Asia.* 30 (3): 429–454.

Japan Ministry of Defense. 2010a. *Changes in Defense-Related Expenditures (Original Budget Basis).* http://www.mod.go.jp/e/d_budget/pdf/221020.pdf. Letzter Zugriff: 25. Oktober 2010.

Japan Ministry of Defense. 2010b. *Defense Programs and Budget of Japan. Overview of FY2010 Budget.* http://www.mod.go.jp/e/d_budget/pdf/220416.pdf. Letzter Zugriff: 27. Oktober 2010.

Japan Ministry of Finance. 2007. *Highlights of the Budget for FY2008.* http://www.mof.go.jp/english/budget/e20071224a.pdf. Letzter Zugriff: 23. Januar. 2011.

Japan Ministry of Finance. 2008. *Highlights of the Budget for FY2009.* http://www.mof.go.jp/english/budget/e20081224a.pdf. Letzter Zugriff: 21. Januar. 2011.

Japan Ministry of Finance. 2009. *Highlights of the Budget for FY2010.* http://www.mof.go.jp/english/budget/e20091225a.pdf. Letzter Zugriff: 23. Januar 2011.

Jemadu, Aleksius. 2007. „Terrorism, Intelligence Reform and the Protection of Civil Liberties". In Bob S. Hadiwinata, Bob S./Christoph Schuck (Hrsg.). *Democracy in Indonesia: The Challenge of Consolidation.* Baden-Baden: Nomos: 297–310.

Jencks, Harlan W. 1982. *From Muskets to Missiles: Politics and Professionalism in the Chinese Army, 1945-1981.* Boulder: Westview Press.

Ji, You. 2001. „China: From Revolutionary Tool to Professional Military". In Muthiah Alagappa (Hrsg.). *Military Professionalism in Asia: Conceptual and Empirical Perspectives.* Honolulu: East-West Center: 111–136.

Ji, You. 2006. „Sorting Out the Myths about Political Commissars". In Nan Li (Hrsg.). *Chinese Civil-Military Relations: The Transformation of the People's Liberation Army.* London: Routledge: 89–116.

Joffe, Ellis. 1967. *Party and Army: Professionalism and Political Control in the Chinese Officer Corps 1949–1964.* Cambridge: Harvard University Press.

Joffe, Ellis. 1997. *The Military and China's New Politics: Trends and Counter-Trends.* Taipei: Chinese Council of Advanced Policy Studies.

Joffe, Ellis. 2006. „The Chinese Army in Domestic Politics: Factors and Phases". In Nan Li (Hrsg.). *Chinese Civil-Military Relations: The Transformation of the People's Liberation Army.* London: Routledge: 8–24.

John Arquilla/David Ronfeldt. 1993. „Cyberwar is Coming!". *Comparative Strategy* 12(2): 141–165.

Johnson, Douglas/Metz, Steven. 1995a. „American Civil-Military Relations: A Review of the Recent Literature". In Don M. Snider/Miranda Carlton-Carew (Hrsg.). *U.S. Civil-Military Relations. In Crisis or Transition?.* Washington: The Center for Strategic and International Studies: 200–224.

Johnson, Douglas/Metz, Steven. 1995b. „Civil-Military Relations in the United States: The State of the Debate". *Washington Quarterly* 18(1): 197–213.

Jonas, Susanne. 1991. *The Battle for Guatemala: Rebels, Death Squads and U.S. Power.* Boulder: Westview Press.

Jun, Jinsok. 2001. "Korea: Consolidating Democratic Civilian Control." In Muthiah Alagappa (Hrsg.). *Coercion and Governance: The Declining Political Role of the Military in Asia.* Stanford: Stanford University Press: 122–142.

Kagan, Donald. 2002. „Roles and Missions". In John Lehman/Harvey Sicherman (Hrsg.). *America the Vulnerable: Our Military Problems and How to Fix Them. Philadelphia.* Foreign Policy Research Institute: 12–26. http://www.fpri.org/americavulnerable/BookAmericatheVulnerable.pdf. Letzter Zugriff: 10. April. 2009.

Kaldor, Mary. 1999. *New and Old Wars. Organized Violence in a Global Era.* Stanford: Stanford University Press.

Kantner, Cathleen/Sandawi, Sammi. 2005. „Der Nationalstaat und das Militär". In Nina Leonhard/Ines-Jacqueline Werkner (Hrsg.). *Militärsoziologie – Eine Einführung.* Wiesbaden: VS: Verlag für Sozialwissenschaften: 24–49.

Karabelias, Gerassimos. 2003. „A Brief Overview of the Evolution of Civil-Military Relations in Albania, Greece, and Turkey During the Post-WWII Period". *Journal of Political&Military Sociology* 31(1): 57–70.

Karl, Terry Lynn. *1995.* „The Hybrid Regimes of Central America". *Journal of Democracy* 6(3): 72–86.

Katahara, Eiichi. 2001. „Japan: From Containment to Normalization". In Muthiah Alagappa (Hrsg.). *Coercion and Governance. The Declining Political Role of the Military in Asia.* Stanford: Stanford University Press: 69–82.

Katzenstein, Peter J. 1996. *The Culture of National Security: Norms and Identity in World Politics.* New York: Columbia University Press.

Katzenstein, Peter J./Okawara, Nobuo. 1993. *Japan's National Security. Structures, Norms and Policy Responses in a Changing World.* Ithaca: Cornell University Press.

Kemp, Kenneth W./Hudlin, Charles. 1992. „Civil Supremacy over the Military: its Nature and Limits". *Armed Forces&Society* 19(1): 7–26.

Kennedy, Charles H./Louscher, David J. 1991. „Civil-Military Interaction: Data in Search of a Theory". *Journal of Asian and African Studies* 26(1/2): 1–10.

Kernic, Franz 2001. „Entwicklungslinien der modernen Militärsoziologie: Versuch einer Bestandsaufnahme". *Österreichische Militärzeitschrift* 5: 565–574.

Kershaw, Ian. 2002. *Hitler.* 2 Bände. München: dtv–Verlag.

Kestler, Thomas. 2008. „Das Politische System Venezuelas". In Klaus Stüwe/Stefan Rinke (Hrsg.). *Das Politische System in Nord und Lateinamerika.* Wiesbaden: VS: Verlag für Sozialwissenschaften: 581–600.

Kestler, Thomas. 2009. *Parteien in Venezuela. Repräsentation, Partizipation und der politische Prozess.* Baden-Baden: Nomos.

Kim, Ilpyong J. 2006. „Kim Jong Il's Military-First Politics". In Young W. Kihl/Hong Nack Kim (Hrsg.). *North Korea: The Politics of Regime Survival.* Armonk: M.E. Sharpe: 59–74.

Kimura, Shuzo. 1983. „The Role of the Diet in Foreign Policy and Defense". In Francis R. Valeo (Hrsg.). *The Japanese Diet and the U.S. Congress.* Boulder: Westview Press: 99–111.

King, Gary/Keohane, Robert O./Verba, Sidney. 1994. *Designing Social Inquiry: Scientific Inference in Qualitative Research.* Princeton: Princeton University Press.

King, Will. 2009. Panel Discusses Civil-Military Relations at Fort Leavenworth. http://www.army.mil/-news/2009/03/27/18852-panel-discusses-civil-military-relations-at-fort-leavenworth. Letzter Zugriff: 10. März 2010.

Kirste, Knut/Maull, Hanns W. 1996. „Zivilmacht und Rollentheorie". *Zeitschrift für Internationale Beziehungen* 3 (2): 283–312.

Kitchen, Martin. 1976. *The Silent Dictatorship*. London: Croom Helm Ltd.

Klein, Axel. 2006. *Das politische System Japans*. Bonn: Bier'sche Verlagsanstalt.

Klein, Margarete. 2010. *Armee im Umbruch: Wie und wozu Russland seine Streitkräfte reformiert*. Regensburg: FRP Working Paper 04/2010.

Klein, Paul. 2004. „Wehrsysteme und Wehrformen im Vergleich". In Ines-Jaqueline Werkner (Hrsg.). *Die Wehrpflicht und ihre Hintergründe. Sozialwissenschaftliche Beiträge zur aktuellen Debatte*. Wiesbaden: VS: Verlag für Sozialwissenschaften: 9–27.

Klein, Paul. 2005. „Die Akzeptanz der Bundeswehr in der deutschen Bevölkerung im späten 20. Jahrhundert". In Klaus-Jürgen Bremm/Hans-Hubertus Mack/Martin Rink (Hrsg.). *Entschieden für Frieden. 50 Jahre Bundeswehr 1955 bis 2005*. Freiburg: Rombach Verlag: 471–482.

Kleine-Brockhoff, Thomas. 2003. „Der Visionär des Krieges". Die Zeit vom 27. März 2003: 2.

Koenig-Archibugi, Matthias. 2004. „International Governance as New Raison D'etat? The Case of the EU Common Foreign and Security Policy". *European Journal of International Relations* 10(2): 147–188.

Kohn, Richard H. 1991. „The Constitution and National Security: The Intent of the Framers". In Richard H. Kohn (Hrsg.). *The United States Military Under the Constitution of the United States, 1789-1989*. New York (u.a.): New York University Press: 61–94.

Kohn, Richard H. 1994. „Out of Control: The Crisis in Civil-Military Relations". *The National Interest* 35: 3–18.

Kohn, Richard H. 1997. „How Democracies Control the Military". *Journal of Democracy* 8(4): 140–153.

Kohn, Richard H. 2002. „The Erosion of Civilian Control of the Military in the United States Today". *Naval War College Review* 55(3): S. 8–59.

Kohn, Richard H. 2008. „Coming Soon. A Crisis in Civil-Military Relations". *World Affairs* 170(3): 69–80.

Kolkowicz, Roman. 1967. *The Soviet Military and the Communist Party*. Princeton: Princeton University Press.

Korb, Lawrence J. 1995. „An Overstuffed Armed Forces". In *Foreign Affairs* 74(6): 22–34.

Korb, Lawrence J. 1996. *The Military and Social Change. 1996 (Project on U.S. Post-Cold War Civil-Military Relations, Working Paper No. 5)*. Cambridge: Harvard University, John M. Olin Institute for Strategic Studies.

Kramer, Mark. 1998. „The Restructuring of Civil-Military Relations in Poland Since 1989". In David R. Mares (Hrsg.). *Civil-Military Relations. Building Democracy and Regional*

*Security in Latin America, Southern Asia, and Central Europe.* Boulder/Oxford: Westview Press: 132–163.

Krämer, Raimund/Kuhn, Armin. 2006. *Militär und Politik in Süd- und Mittelamerika: Herausforderungen für demokratische Politik.* Berlin: Dietz.

Krebs, Gerhard. 1991. „Das Kaiserliche Militär – Aufstieg und Ende". In Heinz-Eberhard Maul (Hrsg.). *Militärmacht Japan? Sicherheitspolitik und Streitkräfte.* München: Iudicium Verlag: 22–66.

Krebs, Gerhard. 2009. *Das moderne Japan 1868-1952; Von der Meiji-Restauration bis zum Friedensvertrag von San Francisco.* München: Oldenbourg Wissenschaftsverlag.

Krennerich, Michael. 1996. *Wahlen und Antiregimekriege in Zentralamerika.* Opladen: Leske+Budrich.

Kühn, David. 2008. „Democratization and Civilian Control of the Military in Taiwan." *Democratization* 15(5): 870–890.

Kühn, David. 2009a. „Assessing the Theoretical and Methodological Realities of Civil-Military Research". Paper prepared for the 2009 biennial conference of the Inter-University Seminar on Armed Forces and Society (IUS), 23-25 October 2009, Palmer House Hilton, Chicago, USA.

Kühn, David. 2009b. Kuehn Civil-Military Research Survey: Coding Manual (unveröffentliches Manuskript).

Kümmel Gerhard. 2006. „Frauen im Militär". In Sven Bernhard Gareis/Paul Klein (Hrsg.). *Handbuch Militär und Sozialwissenschaften.* Wiesbaden: VS: Verlag für Sozialwissenschaften: 51–60.

Kümmel, Gerhard. 2002. „Das Militär und sein ziviles Umfeld: Reflexionen über eine Theorie der zivil-militärischen Beziehungen". *Connections* 1(4): 73–99.

Kümmel, Gerhard. 2005. „Auftrag und Aufgaben des Militärs im Wandel". In Nina Leonhard/Ines-Jaqueline Werkner (Hrsg.). *Militärsoziologie – Eine Einführung.* Wiesbaden: VS: Verlag: 50–67.

Kurtz, Franz. 2008. „Ein 'tragisch-groteskes' Missverständnis: Das Scheitern der argentinischen Montoneros". In Alexander Straßner (Hrsg.). *Sozialrevolutionärer Terrorismus: Theorie, Ideologie, Fallbeispiele, Zukunftsszenarien.* Wiesbaden: VS: Verlag für Sozialwissenschaften: 387–410.

Kutz, Martin. 1997. „Militär und Gesellschaft im Deutschland der Nachkriegszeit (1946–1997)". In Ulrike Frevert (Hrsg.). *Militär und Gesellschaft im 19. und 20. Jahrhundert.* Stuttgart: Klett-Cotta: 277–313.

Kuzio, Taras. 2001. „Nationalising states or nation building? A critical survey of the theoretical literature and empirical evidence". *Nations and Nationalism* 7(2): 135–54.

Kyaw, Yin Hlaing. 2004. „Burma: Civil Society Skirting Regime Rules". In Muthiah Ala-gappa (Hrsg.). *Civil Society and Political Change in Asia: Expanding and Contacting Democratic Space*. Stanford: Stanford University Press. 389–418.

Kyaw, Yin Hlaing. 2005. „Myanmar in 2004: Why Military Rule Continues". In Chin Kin Wah/Daljit Singh (Hrsg.). *Southeast Asian Affairs 2005*. Singapore: ISEAS Publishers: 232–256.

Kyaw, Yin Hlaing. 2007. „Associational Life in Myanmar: Past and Present". In Narayanan Ganesan/Kyaw Yin Hlaing (Hrsg.). *Myanmar: State, Society and Ethnicity*. Singapore: ISEAS Publishers: 143–172.

Kyaw, Yin Hlaing. 2009. „Setting the Rules for Survival: Why the Burmese Military Regime Survives in an Age of Democratization". *The Pacific Review* 22(3): 271–291.

Lam, Willy. 2010. „PLA Gains Clout: Xi Jinping Elevated to CMC Vice-Chairman". *China Brief* 10(21): 2–5.

Lambert, Alexandre. 2009. *Democratic Civilian Control of Armed Forces in the Post-Cold War Era*. Münster: LIT.

Lampton, David M. 2001. „China's Foreign and National Security Policy-Making Process: Is It Changing and Does It Matter?". In David M. Lampton (Hrsg.). *The Making of Chinese Foreign and Security Policy in the Era of Reform, 1978-2000*. Stanford: Stanford University Press: 1–38.

Lancaster, John. 1993. „Accused of Ridiculing Clinton, General Faces Air Force Probe". 8. Juni 1993. *Washington Post*: A-1.

Landé, Carl H. 2001. „The Return of 'People Power' in the Philippines". *Journal of Democracy* 12(2): 88–103.

Langston, Thomas S. 2003. *Uneasy Balance: Civil-Military Relations in Peacetime America since 1783*. Baltimore: The Johns Hopkins University Press.

Lasswell, Harold D. 1937. „Sino-Japanese Crisis: The Garrison State versus the Civilian State". *China Quarterly* 11: 643–649.

Lasswell, Harold D. 1941. „The Garrison State." *The American Journal of Sociology* 46(4): 455–468.

Lasswell, Harold D. 1950. „The Universal Peril: Perpetual Crisis and the Garrison-Prison State". In Lyman Bryson/Louis Finkelstein/ Robert M. MacIver (Hrsg.). *Perspectives on A Troubled Decade: Science, Philosophy and Religion 1939-1949*. New York: Harper: 323–328.

Latinobarómetro (2009a): „Latinobarómetro 2009". In: *The Economist: The Latinobarómetro poll. A slow maturing of democracy*. http://www.economist.com/node/15080535. Letzter Zugriff: 10. Dezember 2010.

Latinobarómetro(2009b): Latinobarómetro 2006 Data File. http://www.latinobarometro.org/. Letzter Zugriff: 10. Dezember 2010.

Lauth, Hans-Joachim. 2004. *Demokratie und Demokratiemessung*. Wiesbaden: VS: Verlag für Sozialwissenschaften.

Lauth, Hans-Joachim/Pickel, Gert/Pickel, Susanne. 2009. *Methoden der vergleichenden Politikwissenschaft. Eine Einführung*. Wiesbaden: VS: Verlag für Sozialwissenschaften.

Lauth, Hans-Joachim/Wagner, Christoph. 2006. „Gegenstand, grundlegende Kategorien und Forschungsfragen der Vergleichenden Regierungslehre". In Hans-Joachim Lauth (Hrsg.). *Vergleichende Regierungslehre, Eine Einführung*. 2. Aufl. Wiesbaden: VS: Verlag für Sozialwissenschaft: 15–36.

Lehman, John/Sicherman, Harvey. 2002. „America the Vulnerable". In John Lehman/Harvey Sicherman (Hrsg.). *America the Vulnerable: Our Military Problems and How to Fix Them*. Philadelphia: Foreign Policy Research Institute: 1–11. http://www.fpri.org/americavulnerable /BookAmericatheVulnerable.pdf. Letzter Zugriff: 10. April 2009.

Leonhard, Nina/Werkner, Ines-Jacqueline. 2005. *Militärsoziologie – Eine Einführung*. Wiesbaden: VS: Verlag für Sozialwissenschaften.

Lepsius, M. Rainer. 1978. „From Fragmented Party Democracy to Government by Emergency Decree and National Socialist Takeover in Germany". In. Juan J. Linz/Alfred Stepan (Hrsg.). *The Breakdown of Democratic Regimes*. Baltimore: John Hopkins University Press, 34–79.

Lepsius, M. Rainer. 1990. „Modernisierungspolitik als Institutionenbildung: Kriterien institutioneller Differenzierung" In M. Rainer Lepsius (Hrsg.). *Interessen, Ideen und Institutionen*. Opladen: Westdeutscher Verlag: 53–62.

Levitsky, Steven/Way, Lucan A. 2002. „Elections Without Democracy: The Rise of Competitive Authoritarianism". *Journal of Democracy* 13(2): 51–65.

Li, Cheng. 2007. „The New Military Elite: Generational Profile and Contradictory Trends". In David Finkelstein/Kristen Gunness (Hrsg.). *Civil-Military Relations in Today's China: Swimming in a New Sea*. Armonk: M.E. Sharpe. 48–72.

Li, Cheng/Harold, Scott W. 2007. „China's New Military Elite." *China Security* 3(4): 62–89.

Li, Richard P.Y./Thompson, William R. 1975. „The 'Coup Contagion' Hypothesis". *Journal of Conflict Resolution* 19(1): 63–84.

Li, Xiaobing. 2007. *A History of the Modern Chinese Army*. Lexington: University Press of Kentucky.

Lichbach, Mark I. 1997. „Social Theory and Comparative Politics". In Mark I. Lichbach/Alan S. Zuckerman (Hrsg.). *Comparative Politics: Rationality, Culture, and Structure*. Cambridge: Cambridge University Press: 239–276.

Lim, Jae-Cheon. 2009. *Kim Jong Il's Leadership of North Korea*. London: Routledge.

Linz, Juan J./Stepan, Alfred 1996: *Problems of Democratic Transition and Consolidation. Southern Europe, South America, and Post-Communist Europe*. Baltimore: Johns Hopkins University Press.

Linz, Juan. 1975. „Totalitarian and Authoritarian Regimes". In Fred I. Greenstein/Nelson W. Polsby (Hrsg.). *Handbook of Political Science*. Reading: Addison-Wesley Educational Publishers:175–412.

Lipset, Seymour Martin. 1960: *Political Man. The Social Bases of Politics*. Garden City: Doubleday.

Locher, James R. 1996. „Taking Stock of Goldwater-Nichols". In *Joint Force Quarterly* 13: 10–16

Locher, James R. 2007. *Victory on the Potomac. The Goldwater-Nichols Act Unifies the Pentagon*. College Station : Texas A&M University Press.

Loeb, Vernon/Ricks, Thomas E. 2002. „Dissention in the Ranks: Rumsfeld's Style, Goals Frustrate Top Brass". 2002. Seattle Times.

Londregan, John B./Poole, Keith T. 1990. „Poverty, The Coup Trap, and the Seizure of Executive Power." *World Politics* 42(2): 151–183.

Loveman, Brian. 1994. „Protected Democracies and Military Guardianship: Political Transitions in Latin America, 1978-1993". *Journal of Inter-American Studies and World Affairs* 36(2): 105–189.

Loveman, Brian. 1999. *For La Patria: Politics and the Armed Forces in Latin America*. Wilmington: Scholarly Resources.

Lowenthal, Abraham F. 1974. „Review: Armies and Politics in Latin America". *World Politics* 27(1): 107–130.

Luckham, A. R. 1971. „A Comparative Typology of Civil-Military Relations". *Government and Opposition* 6(1): 5-35.

Luhmann, Niklas. 1994. *Politische Planung. Aufsätze zur Soziologie von Politik und Verwaltung*. 4. Auflage. Opladen : Westdeutscher Verlag.

Luttwak, Edward N. 1996. „A Post Heroic Military Policy". *Foreign Affairs* 75 (4): 33–44

Lyons, Gene M. 1961. „The New Civil-Military Relations". *The American Political Science Review* 55(1): 53–63.

MacKerras, Colin. 1985. „The Juche Idea and the Thought of Kim Il Sung". In Colin MacKerras/Nick Knight (Hrsg.). *Marxism in Asia*. London: Croom Helm: 151–175.

Maeda, Tetsuo. 1995. *The Hidden Army. The Untold Story of Japan's Military Forces*. Chicago: Edition Q.

Mainwaring, Scott/Hagopian, Frances. 2005. „Introduction: The Third Wave of Democratization in Latin America". In Scott Mainwaring/ Frances Hagopian (Hrsg.). *The Third Wave of Democratization in Latin America. Advances and Setbacks*. New York: Cambridge University Press: 1–14.

Malešič, Marjan. 2006. „Executive decisions and divisions: disputing competences in civilmilitary relations in Slovenia". In Hans Born/Marina Caparini/Karl W. Haltiner/Jürgen Kuhlmann (Hrsg.). *Civil-Military Relations in Europe. Learning from Crisis and Institutional Change*. London/New York: Routledge: 130–147.

Mao, Zedong. 1968 [1938]. „Probleme des Krieges und der Strategie". In *Ausgewählte Werke Mao Tse-tungs, Bd.2*. Peking: Verlag für fremdsprachige Literatur: 255–274.

Mares, David R. 1998. „Civil-Military Relations, Democracy, and the Regional Neighborhood". In: David R. Mares (Hrsg.). *Civil-Military Relations: Building Democracy and Regional Security in Latin America, Southern Asia, and Central Europe*. Boulder/Oxford: Westview Press: 1–25.

Martínez Martínez, Rafael. 2008. „Les Forces Armées Espagnoles: Dernier Bastion Du Franquisme?" *Revue internationale de politique comparée* 15(1): 35–53.

Matsuyama, Keisuke/Kojina, Mitsuhiro/Fukuda, Yutaka. 1993: „Military Expenditure and Economic Growth: The Case of Japan". In Ron Matthews/Matsuyama Keisuke (Hrsg.). *Japan's Military Renaissance?*. Houndmills u. London: St. Martin's Press: 117–136.

Maxwell, Kenneth. 1986. „Regime Overthrow and the Prospects for Democratic Transition in Portugal". In Guillermo A. O'Donnell/Philippe C. Schmitter/Laurence Whitehead (Hrsg.). *Transitions from Authoritarian Rule: Southern Europe*. Baltimore: The Johns Hopkins University Press: 109–138.

McCargo, Duncan. 2005. „Network monarchy and legitimacy crises in Thailand". *The Pacific Review* 18(4): 499–519.

McCargo, Duncan/Pathmanand, Ukrist. 2005. *The Thaksinization of Thailand. Studies in Contemporary Asian History*. Copenhagen: NIAS Press.

McCoy, Alfred W. 2000. *Closer than Brothers. Manhood at the Philippine Military Academy*. New Haven/London: Yale University Press.

McCulloch, Lesley. 2003. „Trifungsi: The Role of the Indonesian Military in Business". In Jörn Brömmelhörster/Wolf-Christian Paes (Hrsg.). *The Military as an Economic Actor*. Houndsmill: Palgrave Macmillan: 94–123.

McLaughlin, John A. 2008: *Reexamining the Crisis: Civil-Military Relations During the Clinton Administration*. Fort Leavenworth : United States Army Command and General Staff College/ School of Advanced Military Studies. http://cgsc.contentdm.oclc.org/cdm4/

item_viewer.php?CISOROOT=/p4013coll3&CISOPTR=2392&CISOBOX=1&REC=6. Letzter Zugriff: 8. März 2010.

Merkel, Wolfgang. 2007. „Gegen alle Theorie? Die Konsolidierung der Demokratie in Ostmitteleuropa". *Politische Vierteljahresschrift* 48(3): 413–433.

Merkel, Wolfgang. 2010a. *Systemtransformation: Eine Einführung in die Theorie und Empirie der Transformationsforschung*, 2. Auflage, Wiesbaden: VS: Verlag für Sozialwissenschaft.

Merkel, Wolfgang. 2010b. „Are Dictatorships Returning? Revisiting the 'democratic rollback' hypothesis". *Contemporary Politics* 16 (1): 17–31.

Merkel, Wolfgang/Croissant, Aurel. 2000. „Formale und informale Institutionen in defekten Demokratien" .*Politische Vierteljahresschrift* 41(1): 3–30.

Merkel, Wolfgang/Puhle, Hans-Jürgen/Croissant, Aurel/Thiery, Peter. 2011. *Defekte Demokratie Band 1: Theorie*, 2. Auflage. Wiesbaden: VS: Verlag für Sozialwissenschaften.

Merkel, Wolfgang/Puhle, Hans-Jürgen/Croissant, Aurel/Thiery, Peter. 2006. *Defekte Demokratie, Band 2: Regionalanalysen*. Wiesbaden: VS: Verlag für Sozialwissenschaften.

Messerschmidt, Manfred. 1992. „Die Wehrmacht im NS-Staat". In Karl Dietrich Bracher/Hans-Adolf Jacobsen (Hrsg.). *Deutschland 1933-1945. Neue Studien zur nationalsozialistischen Herrschaft*. Bonn: bpb: 377–403.

Metcalf, Lee Kendall. 2000. „Measuring Presidential Power". *Comparative Political Studies* 33(5): 660–685.

Michta, Andrew. 2004. „Central Europe and the Balit Littoral in NATO". In *Orbis* 48(3). 409–421.

Miebach, Bernhard. 2007. *Organisationstheorie: Problemstellung, Modelle, Entwicklung*. Wiesbaden: VS: Verlag für Sozialwissenschaften.

Mietzner, Marcus. 2009. „Indonesia and the pitfalls of low-quality democracy: A case study of the gubernatorial elections in North Sulawesi". In Marco Bünte/Andreas Ufen (Hrsg.). *Democratization in Post-Suharto Indonesia*. London: Routledge: 102–124.

Mietzner, Marcus. 2010. „The Primacy of Leadership: Structure and Agency in Indonesia's Civil-Military Relations". Paper prepared for the workshop "Addressing the Structure-Agency Divide in the Study of Civil-Military Relations in Democratizing Asia", Heidelberg, 15.-16. October 2010.

Miller, Lyman. 2007. „The Political Implications of PLA Professionalism". In David Finkelstein/Kristen Gunness (Hrsg.). *Civil-Military Relations in Today's China: Swimming in a New Sea*. Armonk: M.E. Sharpe: 131–145.

Miller, Michelle Ann. 2009. *Rebellion and reform in Indonesia: Jakarta's security and autonomy policies in Aceh*. London: Routledge.

Millett, Allan R. 1979. *The American Political System and Civilian Control of the Military: A Historical Perspective*. Columbus: The Mershon Center of The Ohio State University.

Millett, Allan R. 1991. „The Constitution and the Citizen-Soldier". In Richard H. Kohn (Hrsg.). *The United States Military Under the Constitution of the United States, 1789-1989*. New York: New York University Press: 97–119.

Min, Win. 2008. „Looking Inside the Burmese Military". *Asian Survey* 48(6): 1018–1037.

Molnár, Ferenc. 2006. „Civil-military relations in Hungary: from competition to co-operation". In Hans Born/Marina Caparini/Karl W. Haltiner/Jürgen Kuhlmann (Hrsg.). *Civil-Military Relations in Europe. Learning from Crisis and Institutional Change*. Abingdon/New York: Routledge: 114–129.

Mommsen, Hans. 1997. „Militär und zivile Militarisierung in Deutschland 1914 bis 1938". In Ulrike Frevert (Hrsg.). *Militär und Gesellschaft im 19. Und 20. Jahrhundert*. Stuttgart: Klett-Cotta: 265–276.

Mommsen, Wolfgang J./Hübinger, Gangolf (Hrsg.). 1984. *Max Weber Gesamtausgabe. Abt.I Bd.15. Zur Politik im Weltkrieg. Schriften und Reden 1914 – 1918*. Tübingen: J.C.B. Mohr (Paul Siebeck).

Moon, Chung-in/Kang, Mun-gu. 1995. „Democratic Opening and Military Intervention in South Korea: Comparative Assessment and Implications". In James Cotton (Hrsg.). *Politics and Policy in the New Korean State: From Roh Tae-Woo to Kim Young-Sam*. New York: St. Martin's Press: 170–192.

Moon, Chung-In/Rhyu, Sang-Young. 2002. „No More Military Intervention? Recasting and Forecasting Military Politics in South Korea". *Harvard Asia Quarterly* 6(4): 4–13.

Moon, Chung-in/Rhyu, Sang-Young. 2010. „Democratic Transition, Persistent Civilian Control over the Military, and the South Korean Anomaly". Paper prepared for the workshop "Addressing the Structure-Agency Divide in the Study of Civil-Military Relations in Democratizing Asia", Heidelberg, 15.-16. October 2010.

Moon, Chung-in/Takesada, Hideshi. 2001. „North Korea: Institutionalized Military Intervention". In Muthiah Alagappa (Hrsg.). *Coercion and Governance: The Declining Political Role of the Military in Asia*. Stanford: Stanford University Press: 357–384.

Mosca, Gaetano. 1950. *Die Herrschende Klasse: Grundlagen der politischen Wissenschaft*. Salzburg: Das Bergland-Buch.

Moskos, Charles C. 1977. „From Institution to Occupation: Trends in Military Organization." *Armed Forces&Society* 4(1): 41–50.

Moskos, Charles C./Williams, John A./Segal, David R. (Hrsg.). 2000. *The Postmodern Military: Armed Forces After the Cold War*. New York: Oxford University Press.

Mueller, John E. 1973. *War, Presidents, and Public Opinion*, New York: Wiley.

Müller, Klaus Jürgen. 1979. *Armee, Politik und Gesellschaft in Deutschland 1933-1945*. Paderborn: Ferdinand Schöningh.

Müller, Klaus-Jürgen. 1989. „Deutsche Militärelite in der Vorgeschichte des Zweiten Weltkrieges". In Martin Broszat/Klaus Schwabe (Hrsg.). *Die deutschen Eliten und der Weg in den Zweiten Weltkrieg*. München: Beck: 226–291.

Mulvenon, James C. 2001. „China: Conditional Compliance". In Muthiah Alagappa (Hrsg.). *Coercion and Governance: The Declining Political Role of the Military in Asia*. Stanford: Stanford University Press: 317–335.

Munck, Gerardo L. (Hrsg.). 2007. *Regimes and Democracy in Latin America: Theories and Methods*. Oxford: Oxford University Press.

Munck, Gerardo L./Leff, Carol Skalnik. 1997. „Modes of Transition and Democratization in Comparative Perspective". *Comparative Politics* 29(3): 343–362.

Münkler, Herfried. 2002. *Die neuen Kriege*. Reinbek bei Hamburg: Rowohlt.

Münkler, Herfried. 2006. *Der Wandel des Krieges. Von der Symmetrie zur Asymmetrie*. Weilerswist: Velbrück Wissenschaft.

Murray, David. 1996. *Angels and Devils: Thai Politics from February 1991 to September 1992 — a Struggle for Democracy?*. Bangkok: White Orchid Press.

Mutebi, Alex M. 2005. „'Muddling Through' Past Legacies: Myanmar's Civil Bureaucracy and the Need for Reform." In Kyaw Yin Hlaing/Robert H. Taylor/Tin Maung Maung Than (Hrsg.). *Myanmar: Beyond Politics to Societal Imperatives*. Singapore: ISEAS: 140–160.

Myers, Steven L. 1999. „U.S. Military Chiefs Firm: No Ground Force for Kosovo". 3. Juni 1999. *The New York Times*: A16.

Myint, U. 2008. „Myanmar's GDP Growth and Investment: Lessons from a Historical Perspective". In Monique Skidmore/Trevor Wilson (Hrsg.). *Dictatorship, Disorder and Decline in Myanmar*. Canberra: Australian National University Press: 51–61. http://epress.anu.edu.au/myanmar02/pdf/ch04.pdf. Letzter Zugriff: 23. Januar 2011.

Myoe, Maung Aung. 2009. *Building the Tatmadaw: Myanmar Armed Forces since 1948*. Singapore: ISEAS.

Nabers, Dirk 2007. „Japan diskutiert Abkehr von der 'Friedensverfassung'", *GIGA-Focus* 5/2007, Hamburg: Global Institute of Global and Area Studies.

NATO. 2010. Press Release. Financial and Economic Data Relating to NATO Defense. http://www.nato.int/nato_static/assets/pdf/pdf_2010_06/20100610_PR_CP_2010_078.pdf. Letzter Zugriff: 24. Januar 2011.

Nelson, Daniel N. 1988. *Romanian Politics in the Ceausecsu Era*. New York: Gordon and Breach.

Nelson, Daniel N. 2002a. „Definition, Diagnosis, Therapy: A Civil-Military Critique". *Defense & Security Analysis* 18(2): 157–170.

Nelson, Daniel N. 2002b. „Armies, Security, and Democracy in Southeastern Europe". *Armed Forces & Society* 28(3): 427–454.

Nolte, Detlef. 2005. „Lateinamerika. Politische Institutionen in der Krise". *Brennpunkt Lateinamerika* 8: 89–104.

Norden, Deborah. 1998. „Democracy and Military Control in Venezuela: From Subordination to Insurrection". *Latin American Research Review* 33(2): 143–165.

Nordlinger, Eric A. 1977. *Soldiers in Politics: Military Coups and Governments*. Englewood Cliffs: Prentice-Hall.

Nyein, Susanne Prager. 2009. „Expanding Military, Shrinking Citizenry and the New Constitution in Burma." *Journal of Contemporary Asia* 39(4): 638–648.

O'Donnell, Guillermo/Schmitter, Philippe C. 1986. *Transition from Authoritarian Rule: Tentative Conclusions about Uncertain Democracies. Transition from Authoritarian Rule. Prospects for Democracy, Vol. 4*. Baltimore: The Johns Hopkins University Press.

O'Donnell, Guillermo/Schmitter, Philippe C./Whitehead, Laurence (Hrsg.). 1986: *Transitions from Authoritarian Rule: Latin America, Volume 2*. Baltimore: The Johns Hopkins University Press.

Ockey, James. 2001. „Thailand: The Struggle to Redefine Civil-Military Relations." In Muthiah Alagappa (Hrsg.). *Coercion and Governance: The Declining Political Role of the Military in Asia*. Stanford: Stanford University Press: 187–208.

Odom, William. 1973. *The Soviet Volunteers*. Princeton: Princeton University Press.

Odom, William. 1978. „The Party-Military Connection: A Critique." In Dale R. Herspring/Ivan Volgyes (Hrsg.). *Civil-Military Relations in Communist Systems*. Boulder: Westview Press: 27–52.

Oelsner, Andrea/Bain, Mervyn. 2009: „Latin America". In Christian W. Haerpfer et al. (Hrsg.): *Democratization*. Oxford: Oxford University Press: 290–306.

Offe, Claus. 1991. „Das Dilemma der Gleichzeitigkeit. Demokratisierung und Marktwirtschaft in Osteuropa". *Merkur* 45: 279–292.

Offe, Claus. 1994. *Der Tunnel am Ende des Lichtes: Erkundungen der politischen Transformation im Neuen Osten*. Frankfurt/New York: Campus Verlag.

Oka, Yoshiteru. 2006: „Die sicherheitspolitische Lage Japans". *Österreichische Militärische Zeitschrift* 3/2006. http://www.bmlv.at/omz/ausgaben/artikel.php?id=394. Letzter Zugriff: 23. Januar 2011.

O'Kane, Rosemary H. T. 1987. *The Likelihood of Coups*. Aldershot: Avebury.

Paik, Haksoon. 2006. „Changing Dynamics of the North Korean System". *Joint U.S. – Korea Academic Studies Vol. 19: New Paradigms for Transpacific Collaboration*. Seoul: KEIA: 121 – 142. http://www.keia.org/Publications/JointAcademicStudies/2006/06Haksoon.pdf . Letzter Zugriff: 23. Januar 2011.

Paik, Young Chul. 1994. „Political Reform and Democratic Consolidation in Korea". *Korea & World Affairs* 18(4): 730–748.

Pantev, Plamen I. 2005. „Analysis and Conclusions". In Philipp H. Fluri/Gustav E. Gustenau/Plamen I. Pantev (Hrsg.). *The Evolution of Civil-Military Relations in South East Europe*. Heidelberg/New York: Physica-Verlag: 259–271.

Peetz, Peter. 2009. „Honduras: Von einem Militärputsch, der keiner sein will". *GIGA Focus Lateinamerika* 7/2009. Hamburg: German Institute for Global and Area Studies.

Pérez-Liñán, Aníbal. 2007. *Presidential Impeachment and the New Political Instability in Latin America*. Cambridge: Cambridge University Press.

Perlez, Jane. 2000. „For 8 Years, a Strained Relationship With the Military". 28. Dezember 2000. *The New York Times*: A17

Perlmutter, Amos. 1977. *The Military and Politics in Modern Times: On Professionals, Praetorians, and Ordinary Soldiers*. New Haven: Yale University Press.

Perlmutter, Amos/LeoGrande, William M. 1982. „The Party in Uniform: Toward a Theory of Civil-Military Relations in Communist Political Systems". *The American Political Science Review* 76(4): 778–789.

Peters, B. Guy. 1998. *Comparative Politics: Theory and Methods*. New York University Press.

Pfaffenzeller, Stephan. 2010. „Conscription and Democracy: The Mythology of Civil-Military Relations". *Armed Forces & Society* 36(3): 481–504.

Pion-Berlin, David. 1992. „Military Autonomy and Emerging Democracies in South America". *Comparative Politics* 25(1): 83–102.

Pion-Berlin, David. 1997. *Through Corridors of Power: Institutions and Civil-Military Relations in Argentina*. University Park: Pennsylvania State University Press.

Pion-Berlin, David. 2001. „Introduction". In David Pion-Berlin (Hrsg.). *Civil-Military Relations in Latin America: New Analytical Perspectives*. Chapel Hill: University of North Carolina Press: 1–35.

Pion-Berlin, David. 2009. Defense Organization and Civil-Military Relations in Latin America, in: Armed Forces and Society, 35(3), 562–586.

Pion-Berlin, David/Trinkunas, Harold. 2005. „Democratization, Social Crisis and the Impact of Military Domestic Roles in Latin America". *Journal of Political & Military Sociology* 33(1): 5–24.

Pion-Berlin, David/Trinkunas, Harold. 2010. „Civilian Praetorianism and Military Shirking During Constitutional Crisis in Latin America". *Comparative Politics* 42(4): 395–411.

Polity IV. 2006. Polity IV Regime Authority Characteristics and Transitions Datasets – Coup d'Etat 1945-2006. http://www.systemicpeace.org/inscr/CSPCoupsList2006.xls. Letzter Zugriff: 09. Juli 2008.

Pommerin, Reiner. 2005. „Die Wehrpflicht. Legitimes Kind der Demokratie oder überholter Ballast in der Einsatzarmee?" In Klaus-Jürgen Bremm/Hans-Hubertus Mack/Martin Rink (Hrsg.). *Entschieden für Frieden. 50 Jahre Bundeswehr 1955 bis 2005*. Freiburg: Rombach Verlag: 299–313.

Porch, Douglas. 1977. *The Portuguese Armed Forces and the Revolution*. Stanford: Hoover Institution Press.

Powell, Colin L. 1992. „U.S. Forces: Challenges Ahead". *Foreign Affairs* 71(5): 32–45

Powell, Colin L. 2003. *My American Journey. An Autobiography. Revised Edition*. London: Random House Ballantine Publishing Group.

Powell, Colin L./Lehman, John/Odom, William/Huntington, Samuel P./Kohn, Richard H. 1994. „An Exchange on Civil-Military Relations". *The National Interest* 36: 23–31.

Przeworski, Adam. 2003. „Political and Economic Reforms in Eastern Europe and Latin America". In Robert Dahl/Ian Shapiro/José Antonio Cheibub (Hrsg.). *The Democracy Source Book*. Boston: MIT: 76–93.

Puhle, Hans-Jürgen. 2001. „Herausragende Transformations- und Entwicklungsleistungen in Bolivien". In Werner Weidenfeld (Hrsg.): *Den Wandel gestalten – Strategien der Transformation, Band 1*. Gütersloh: Verlag Bertelsmann Stiftung: 169–188.

Puhle, Hans-Jürgen. 1995. „Autoritäre Regime in Spanien und Portugal. Zum Legitimationsbedarf der Herrschaft Francos und Salazars". In Richard Saage (Hrsg.). *Das Scheitern diktatorischer Legitimationsmuster und die Zukunftsfähigkeit der Demokratie*. Berlin: Dunker & Humblot: 191–205.

Puhle, Hans-Jürgen. 1996. „Uruguay". In Walther L. Bernecker (Hrsg.). *Handbuch der Geschichte Lateinamerikas, Bd. 3*, Stuttgart: Klett-Cotta: 973–1015.

Radseck, Michael 2002. *Verfassungswächter in Uniform? Militär und Politik im Chile der neunziger Jahre*. Freiburg i.Br.: Arnold-Bergstraesser-Institut.

Ragin, Charles C. 2008. *Redesigning Social Inquiry: Fuzzy Sets and Beyond*. Chicago: University of Chicago Press.

Rautenberg, Hans-Jürgen. 2005. „Streitkräfte und Spitzengliederung – zum Verhältnis von ziviler und bewaffneter Macht bis 1990". In Klaus-Jürgen Bremm/Hans-Hubertus Mack/Martin Rink (Hrsg.). *Entschieden für Frieden. 50 Jahre Bundeswehr 1955 bis 2005*. Freiburg: Rombach Verlag: 123–136.

Rautenberg, Hans-Jürgen/Wiggershaus, Norbert. 1977. „Die 'Himmerroder Denkschrift' vom Oktober 1950, Politische und militärische Überlegungen für einen Beitrag der Bundesrepublik Deutschland zur westeuropäischen Verteidigung". *Militärgeschichtliche Mitteilungen* 21: 135–206.

Reeb, Hans-Joachim. 2009. „Die 'neue' Bundeswehr". *Aus Politik und Zeitgeschichte* 48: 17–22.

Remmer, Karen L. 1989. *Military Rule in Latin America.* Boston: Unwin Hyman.

Renz, Bettina. 2006. „Putin's Militocracy? An Alternative Interpretation of Siloviki in Contemporary Russian Politics". *Europe-Asia Studies* 58(6): 903–924.

Ricks, Thomas E. 1997. „The Widening Gap between the Military and Society". *The Atlantic Monthly* 280(1). http://www.theatlantic.com/issues/97jul/milisoc.htm. Letzter Zugriff: 10. April 2009.

Rizal, Darmaputra. 2007. „Strategic Intelligence Agency (BAIS)". In Beni Sukadis (Hrsg.). *Almanac on Indonesien Security Sector Reform.* Geneva: Center for the Democratic Control of Armed Forces: 109–117.

Robinson, Geoffrey. 2001. „Indonesia: On a New Course?". In Muthiah Alagappa (Hrsg.). *Coercion and Governance. The Declining Political Role of the Military in Asia.* Stanford: Stanford University Press. 226–256.

Robledo, Marcos. 2008. „Democratic Consolidation in Chilean Civil-Military Relations: 1990-2005". In Thomas Bruneau/Harold Trinkunas (Hrsg.). *Global Politics of Defense Reform.* New York: Palgrave Macmillan: 95–125.

*Röhl,* Wilhelm. 1963. *Die Japanische Verfassung (Die Staatsverfassungen der Welt in Einzelausgaben, Bd. 4).* Frankfurt a. M., Berlin: Alfred Metzner Verlag.

Rouquié, Alain. 1987. *The Military and the State in Latin America.* Berkeley: University of California Press.

Rüb, Friedbert W. 1994. „Die Herausbildung politischer Institutionen in Demokratisierungsprozessen". In Wolfgang Merkel (Hrsg.). *Systemwechsel 1. Theorien, Konzeptionen und Ansätze.* Opladen: Leske+Budrich: 111–141.

Rüb, Friedbert W. 2001. *Schach dem Parlament! Regierungssysteme und Staatspräsidenten in den Demokratisierungsprozessen Osteuropas.* Wiesbaden: VS: Verlag für Sozialwissenschaften.

Rübenach, Stephanie. 2008. „Die Brasilianische Stadtguerilla. Aktionskonglomerat auf widersprüchlicher Grundlage". In Alexander Straßner (Hrsg.). *Sozialrevolutionärer Terrorismus: Theorie, Ideologie, Fallbeispiele, Zukunftsszenarien* Wiesbaden: VS: Verlag für Sozialwissenschaften: 411–435.

Rubin, Barry. 2002. „The Military in Contemporary Middle East Politics". In Barry Rubin/Thomas A. Keaney (Hrsg.). *Armed Forces in the Middle East: Politics and Strategy.* Abingdon: Frank Cass: 1–23.

Ruhl, Mark J. 2005. „The Guatemalan Military Since the Peace Accords: The Fate of Reform Under Arzú and Portillo". *Latin American Politics & Society* 47(1): 55–85.

Ruhl, Mark J. 2006. „Redefining Civil-Military Relations in Honduras". *Journal of International Studies and World Affairs.* 38(1): 33–66.

Ruhl, Mark J. 2010. „Honduras Unravels". *Journal of Democracy* 21(2): 93–107.

Saich, Tony. 2004. *Governance and Politics in China.* 2. Aufl. Houndmills, Basingstoke: Palgrave Macmillan.

Saich, Tony. 2007. „Social Trends in China: Implications for the People's Liberation Army". In David Finkelstein/Kristen Gunness (Hrsg.). *Civil-Military Relations in Today's China: Swimming in a New Sea.* Armonk: M.E. Sharpe: 3–25.

Samuels, Richard J. 2004. „Politics, Security Policy, and Japan's Cabinet Legislation Bureau: Who Elects These Guys, Anyway?". Japan Policy Research Institute Working Paper No. 99. http://www.jpri.org/publications/workingpapers/wp99.html. Letzter Zugriff: 23. Januar 2011.

Sartori, Giovanni. 1992. *Demokratietheorie.* Darmstadt: Wissenschaftliche Buchgesellschaft.

Sartori, Giovanni. 1994. *Comparative Constitutional Engineering. An Inquiry into Structures, Incentives and Outcomes.* Houndsmills: Palgrave Macmillan.

Sase, Masamori. 1991. „Das japanische Militär – Streitkräfte unter ziviler Kontrolle". in Heinz Eberhard Maul (Hrsg.). *Militärmacht Japan? Sicherheitspolitik und Streitkräfte.* München: Iudicium Verlag: 127–163.

Scarborough, Rowan. 2000. „Military Expects Bush to Perform – Wants President to Restore Pride". 26. Dezember 2000. *The Washington Times*: A1.

Scarborough, Rowan. 2003. „Rumsfeld Makes No Apology for Style". 30. Januar 2003. *The Washington Times*: A1.

Scharpf, Fritz W. 2000. *Interaktionsformen. Akteurzentrierter Institutionalismus in der Politikforschung.* Opladen: UTB.

Schedler, Andreas. 2006. „The Logic of Electoral Authoritarianism". In Andreas Schedler (Hrsg.). *Electoral Authoritarianism. The Dynamics of Unfree Competition.* Boulder/London: Lynne Rienner: 1–26.

Schiff, Rebecca L. 2009. *The Military and Domestic Politics: A Concordance Theory of Civil-Military Relations.* New York: Routledge.

Schimank, Uwe. 2000. *Theorien gesellschaftlicher Differenzierung*, 2. Auflage. Opladen: Leske+Budrich.

Schirmer, Jennifer. 1998. *The Guatemalan Military Project: A Violence Called Democracy*. Philadelphia: University of Pennsylvania Press.

Schmitt, Eric/Myers, Steven L. 1999. „U.S. Balkans Effort Points Up Difficulty of Quick Response". 28. April 1999. *The New York Times*: A1.

Schmitter, Philippe C./Schneider, Carsten. 2004. „Measuring the Components of Democratization". *Democratization* 11(5): 59–90.

Schmückle, Gerd. 1971. *Kommiß a.D. Kritische Gänge durch die Kasernen*. Stuttgart: Seewald Verlag.

Schneider, Gerald. 2009. „Politikwissenschaften". In Alexander von Humboldt-Stiftung. 2009. *Publikationsverhalten in unterschiedlichen wissenschaftlichen Disziplinen. Beiträge zur Beurteilung von Forschungsleistungen. 12/2009, 2.* erweiterte Auflage. Bonn: Diskussionspapiere der Alexander von Humboldt-Stiftung. 78-82.

Schubert, Gunter. 1994. *Taiwan – die chinesische Alternative: Demokratisierungin einem ostasiatischen Schwellenland (1986-1993)*. Hamburg: Institut für Asienkunde.

Schumpeter, Joseph A. 1918. „Zur Soziologie der Imperialismen". *Archiv der Sozialwissenschaft und Sozialpolitik* 46: 275–310.

Schwarz, Klaus-Dieter. 1999. *Weltmacht USA. Zum Verhältnis von Macht und Strategie nach dem Kalten Krieg*. Baden-Baden: Nomos Verlags-Gesellschaft.

Scobell, Andrew. 2005. „China's Evolving Civil-Military Relations: Creeping Guojiahua". *Armed Forces & Society* 31(2): 227–244.

Scobell, Andrew. 2006. *Kim Jong Il and North Korea: The Leader and the System*. Carlisle Barracks: U.S. Army War College.

Seekins, Donald M. 2009. „Myanmar in 2008: Hardship, Compounded." *Asian Survey* 49(1): 166–173.

Selochan, Viberto. 2004. „The Military and the Fragile Democracy of the Philippines". In Ronald J. May/ Viberto Selochan (Hrsg.). *The Military and Democracy in Asia and the Pacific*. Canberra: Australian National University: 59–68.

Selth, Andrew. 1998. „Burma's intelligence apparatus." *Intelligence and National Security* 13(4): 33–70.

Selth, Andrew. 2002. *Burma's Armed Forces: Power Without Glory*. Norwalk: EastBridge.

Shabat, Matthew. 2007. *PNSR Chronology of National Security Structures*. http://www.pnsr.org/data/images/structure_chronology_draft.pdf. Letzter Zugriff: 10. Mai 2010.

Shambaugh, David L. 1997. „Building the Party-State in China, 1949-1965: Bringing the Soldier Back In." In Timothy Cheek/Tony Saich (Hrsg.). *New Perspectives on State Socialism in China.* Armonk: M.E. Sharpe: 125–150.

Shambaugh, David L. 2004. *Modernizing China's Military: Progress, Problems, and Prospects.* Berkeley: University of California Press.

Shanas, Ethel. 1950. „Review: The American Soldier". *The American Journal of Sociology* 55(6): 590–594.

Share, Donald. 1987. „Transitions to Democracy and Transition through Transaction". *Comparative Political Studies* 19(4): 525–584.

Shifter, Michael. 2006. „In Search of Hugo Chávez". *Foreign Affairs* 85(3): 45–59.

Shillony, Ben-Ami. 1981. *Politics and Culture in Wartime Japan.* New York: Oxford University Press.

Shin, Doh Chull/Tusalem, Rollin F. 2009. „East Asia". In Christian W. Haerpfer/Patrick Bernhagen/Ronald F. Inglehart/Christian Welzel (Hrsg.). *Democratization.* Oxford: Oxford University Press.

Shugart, Matthew S. 2005. „Semi-Presidental Systems: Dual Executive and Mixed Authority Patterns". *French Politics* 3(3): 323–351.

Shugart, Matthew S./Carey, John M. 1992. *Presidents and Assemblies. Constitutional Design and Electoral Dynamics.* Cambridge: Cambridge University Press.

Siaroff, Alan. 2009. *Comparing Political Regimes.* 2. Auflage. Toronto: University of Toronto Press Publishing.

Simić, Dragan. 2005. „The Evolution of Civil-Military Relations in FRY/the State Union of Serbia and Montenegro". In Philipp H. Fluri/Gustav E. Gustenau/Plamen I. Pantev (Hrsg.). *The Evolution of Civil-Military Relations in South East Europe.* Heidelberg/New York: Physica-Verlag: 197–210.

Simon, Jeffrey. 2004. *NATO and the Czech and Slovak Republics. A Comparative Study in Civil-Military Relations.* Oxford: Rowman & Littlefield.

Sims, Richard. 2001. *Japanese Political History Since the Meji Renovation, 1868-2000.* London: Hurst & Co Publishers Ltd.

SIPRI (Stockholm International Peace Research Institute) 2009: The SIPRI Military Expenditure Database. http://www.sipri.org/databases/milex. Letzter Zugriff: 23. Januar 2011.

Skocpol, Theda. 1979. *States and Social Revolutions: A Comparative Analysis of France, Russia and China.* Cambridge: Cambridge University Press.

Smith, Peter H. 2005. *Democracy in Latin America: Political Change in Comparative Perspective.* New York: Oxford University Press.

Snider, Don M./Carlton-Carew, Miranda. 1995. „The Current State of U.S. Civil-Military Relations". In Don M. Snider/Miranda Carlton-Carew (Hrsg.). *U.S. Civil-Military Relations. In Crisis or Transition?*. Washington: The Center for Strategic and International Studies: 1–20.

Snider, Don M./Watkins, Gayle L. 2000. „The Future of Army Professionalism: A Need for Renewal and Redefinition". *Parameters* 30. http://www.carlisle.army.mil/usawc/Parameters/00autumn/snider.htm. Letzter Zugriff: 10. April 2009.

Snyder, Jack. 1984. „Civil-Military Relations and the Cult of the Offensive, 1914 and 1984." *International Security* 9(1): 108–146.

Snyder, Jack. 2000. *From Voting to Violence: Democratization and Nationalist Conflict.* New York: W.W. Norton & Co.

SOWI (Sozialwissenschaftliches Institut der Bundeswehr). 2006. „Bevölkerungsumfrage 2006. Einstellungen der Bundesbürger zu zentralen sicherheits- und verteidigungspolitischen Fragen. Ergebnisse der Bevölkerungsbefragung des Sozialwissenschaftlichen Instituts der Bundeswehr". http://www.streitkraeftebasis.de/resource/resource/MzEzNTM4MmUzMzMy MmUzMTM1MzMyZTM2MzEzMDMwMzAzMDMwMzAzMDY3NjgzNzMxNzQ3Mjc1 NzkyMDIwMjAyMDIw/Forschungsbericht%2084.pdf. Letzter Zugriff: 24. Januar 2011

Stanley, Jay. 1997. „Introduction: An Invitation to Revisit Lasswell's Garrison State". In Harold D. Lasswell (Hrsg.). *Essays on the Garrison State.* New Brunswick: Transaction Publishers:17–42.

Steffani, Winfried. 1979. *Parlamentarische und präsidentielle Demokratie. Strukturelle Aspekte westlicher Demokratie.* Opladen: Westdeutscher Verlag.

Steinberg, David I. 2001. *Burma: The State of Myanmar.* Washington, D.C.: Georgetown University Press.

Steinberg, David I. 2007. „Legitimacy in Burma/Myanmar: Concepts and Implications". In Narayanan Ganesan/ Kyaw Yin Hlaing (Hrsg.). *Myanmar: State, Society and Ethnicity.* Singapore: ISEAS: 109–142.

Steinberg, David I. 2010. *Burma/Myanmar: What Everyone Needs to Know.* Oxford: Oxford University Press.

Stepan, Alfred. 1971. *The Military in Politics: Changing Patterns in Brazil.* Princeton: Princeton University Press.

Stepan, Alfred. 1973. „The New Professionalism of Internal Warfare and Military Role Expansion". In Alfred Stepan (Hrsg.). *Authoritarian Brazil: Origins, Policies, and Future.* New Haven: Yale University Press: 47–65.

Stepan, Alfred. 1988. *Rethinking Military Politics: Brazil and the Southern Cone.* Princeton: Princeton University Press.

Stevenson, Charles A. 2006. *Warriors and Politicians. US Civil-Military Relations under Stress*. London/New York: Routledge.

Stevenson, Charles A. 2007. *SECDEF. The Nearly Impossible Job of Secretary of Defense*. Washington: Potomac Books.

Stouffer, Samuel A./Suchman, Edward A./DeVinney, Leland/Star, Shirley A./Williams, Robin M. 1949. *Studies in Social Psychology in World War II: The American soldier. 4 Volumes*. Princeton: Princeton University Press.

Straßner, Veit. 2007. *Die offenen Wunden Lateinamerikas – Vergangenheitspolitik im postautoritären Argentinien, Uruguay und Chile*. Wiesbaden: VS: Verlagfür Sozialwissenschaften.

Stuart, Douglas T. 2008. *Creating the National Security State. A History of the Law That Transformed America*. Princeton: Princeton University Press.

Surarchart, Bamrungsuk. 1998. „Changing Patterns of Civil-Military Relations and Thailand's Regional Outlook". In David R. Mares (Hrsg.). *Civil-Military Relations: Building Democracy and Regional Security in Latin America, Southern Asia, and Central Europe*. Boulder/Oxford: Westview Press: 187–205.

Surarchart, Bamrungsuk. 1999: *From Dominance to Power Sharing. The Military and Politics in Thailand,* 1973-1992, Unveröffentlichte Doktorarbeit, Columbia University.

Szayna, Thomas S. 1998. „Civil-Military Relations in the Czech and Slovak Republics". In David R. Mares (Hrsg.): *Civil-Military Relations. Building Democracy and Regional Security in Latin America, Southern Asia, and Central Europe*. Boulder/Oxford: Westview Press: 101–131.

Szayna, Thomas S./McCarthy, Kevin F./Sollinger, Jerry M./Demaine, Linda J./Marquis, Jefferson P./Steele, Brett. 2007. *The Civil-Military Gap in the United States. Does It Exist, Why, and Does It Matter?*. Santa Monica: RAND Publishing.

Tanner, Murray Scott. 2002. „The Institutional Lessons of Disaster: Reorganizing China's People's Armed Police After Tiananmen". In James C. Mulvenon/Andrew N.D. Yang (Hrsg.). *The People's Liberation Army as Organization*. Santa Monica: RAND Publishing: 587–635.

Taylor, Brian D. 2001. „Russia's Passive Army: Rethinking Military Coups". *Comparative Political Studies* 34(8): 924–952.

Taylor, Brian D. 2003a. *Politics and the Russian Army: Civil-Military Relations, 1689 - 2000*. Cambridge: Cambridge University Press.

Taylor, Brian D. 2003b. „The Soviet Military and the Disintegration of the USSR". *Journal of Cold War Studies* 5(1): 17–66.

Taylor, Robert H. 2005. „Pathways to the Present." In Kyaw Yin Hlaing/Robert H. Taylor/Tin Maung Maung Than (Hrsg.). *Myanmar: Beyond Politics to Societal Imperatives.* Singapore: ISEAS: 1–29.

Taylor, Robert H. 2006. „'One Day, One Fathom, Bagan Won't Move': On the Myanmar Road to a Constitution". In Trevor Wilson (Hrsg.). *Myanmar's Long Road to National Reconciliation.* Singapore: ISEAS: 3–28.

Taylor, Robert H. 2009. *The State in Myanmar.* Expanded and updated edition. Honolulu: University of Hawaii Press.

Than, Tin Maung Maung. 2001. „Myanmar: Military in Charge". In John Funston (Hrsg.). *Government and Politics in Southeast Asia.* Singapore: ISEAS: 203–251.

Thiery, Peter. 2000. *Transformation in Chile – Institutioneller Wandel, Entwicklung und Demokratie, 1973-1996.* Frankfurt a.M.: Vervuert Verlag.

Thiery, Peter/Merkel, Wolfgang. 2010. „Die dritte Demokratisierungswelle: Lateinamerika". In Wolfgang Merkel (Hrsg.). *Systemtransformation. Eine Einführung in die Theorie und Empirie der Transformationsforschung,* 2., überarbeitete und erweiterte Auflage. Wiesbaden: VS: Verlag für Sozialwissenschaften: 205–260.

Thitinan, Pongsudirak. 2008. „Thailand Since the Coup". *Journal of Democracy* 19(4): 140–153.

Thompson, Mark R. 1995. *The Anti-Marcos Struggle. Personalistic Rule and Democratic Transition in the Philippines.* New Haven: Yale University Press.

Thompson, William R. 1973. *The Grievances of Military Coup-Makers.* Beverly Hills: Sage Publications.

Thompson, William R. 1975. „Regime Vulnerability and the Military Coup". *Comparative Politics* 7(4): 459–487.

Tilly, Charles. 1975. „Western-State Making and Theories of Political Transformation". In Charles Tilly (Hrsg.). *The Formation of National States in Western Europe,* Princeton: Princeton University Press: 601–638.

Tocqueville, Alexis de. 1976. *Über die Demokratie in Amerika.* München: Deutscher Taschenbuch-Verlag.

Tonkin, Derek. 2007. „The 1990 Elections in Myanmar: Broken Promises or a Failure of Communication?". *Contemporary Southeast Asia* 29(1): 33–54.

Trabold, Harald/Schneider, Thorsten/Vogel, Philip. 2006. „Wehrpflicht- statt Berufsarmee: Eine Alternative wider die ökonomische Vernunft". *Perspektiven der Wirtschaftspolitik* 7(1): 127–142.

Trask, David F. 1997. „Democracy and Defense: Civilian Control of the Military in the United States". *Issues of Democracy* 2(3): 11–18.

Trask, Roger R./Goldberg, Alfred. 1997. *The Department of Defense 1947-1997. Organization and Leaders*. Washington: Office of the Secretary of Defense, Historical Office.

Tresch, Tibor S. 2005. *Europas Streitkräfte im Wandel: Von der Wehrpflichtarmee zur Freiwilligenstreitkraft. Eine empirische Untersuchung europäischer Streitkräfte 1975 bis 2003*. Doktorarbeit an der Universität Zürich, Zürich.

Trinkunas, Harold A. 2005. *Crafting Civilian Control of the Military in Venezuela: A Comparative Perspective*. Chapel Hill: University of North Carolina Press.

Trinn, Christoph. 2011. „Democratic Conflict Management Capabilities in Southeast Asia". In Aurel Croissant/Marco Bünte (Hrsg.). *The Crisis of Democratic Governance in Southeast Asia*. Houndmills/New York: Palgrave Macmillan: 209–230.

Tsebelis, George. 1990. *Nested Games: Rational Choice in Comparative Politics*. Berkeley: University of California Press.

Tyrell, Albrecht. 1986. „Voraussetzungen und Strukturelemente des nationalsozialistischen Herrschaftssystems". In Karl Dietrich Bracher/Manfred Funke /Hans-Adolf Jacobsen (Hrsg.). *Nationalsozialistische Diktatur 1933-1945. Eine Bilanz*. Bonn: Schriftenreihe der Bundeszentrale für politische Bildung: 37–72.

U.S. Census Bureau. 2010a: The 2010 Statistical Abstract: Historical Statistics. National Defense and Veterans. http://www.census.gov/compendia/statab/hist_stats.html. Letzter Zugriff: 20. Mai 2010.

U.S. Census Bureau. 2010b: The 2010 Statistical Abstract: National Security & Veterans Affairs: Defense Outlays. http://www.census.gov/compendia/statab/cats/national_security_veterans_affairs/defense_ou tlays.html. Letzter Zugriff: 16. September 2010.

Ukrist, Pathmanand. 2008. „A Different Coup d'État?". *Journal of Contemporary Asia* 38(1): 124–142.

Valenzuela, Arturo. 1985. „A Note on the Military and Social Science Theory". *Third World Quarterly* 7(1): 132–143.

Valenzuela, Samuel J. 1992. „Democratic Consolidation in Post-Transitional Settings, Notion, Process, and Facilitating Conditions". In Scott Mainwaring/Guillermo A. O'Donnell (Hrsg.). *Issues in Democratic Consolidation: The New South American Democracies in Comparative Perspective*. Notre Dame: University of Notre Dame Press: 57–105.

Vankovska, Biljana/Wiberg, Haken. 2003. *Between Past and Future. Civil-Military Relations in the Post-Communist Balkans*. London/New York: I.B. Tauris.

Varwick, Johannes. 2000. „Die Reform der Bundeswehr. Konturen und Defizite einer nicht geführten Debatte". *Gegenwartskunde* 49(3): 321–332.

Varwick, Johannes. 2006. „Militär als Instrument der Politik". In Sven Bernhard Gareis/Paul Klein (Hrsg.). *Handbuch Militär und Sozialwissenschaft.* Wiesbaden: VS: Verlag für Sozialwissenschaften: 94–103.

Velázquez, Arturo C. Sotomayor. 2004. „Civil-Military Affairs and Security Institutions in the Southern Cone: The Sources of Argentine-Brazilian Nuclear Cooperation". *Latin American Politics&Society* 46(4): 29–60.

Vogt, Wolfgang R. 1983. „Das Theorem der Inkompatibilität". In Wolfgang R. Vogt (Hrsg.). *Sicherheitspolitik und Streitkräfte in der Legitimationskrise.* Baden-Baden: Nomos: 21–57.

Völkel, Philip/Chambers, Paul W. 2010. „Demokratie und zivile Kontrolle über das Militär in Thailand und Indonesien". *ASIEN* 116: 63–79.

Wachtler, Günther. 1983. *Militär, Krieg, Gesellschaft: Texte zur Militärsoziologie.* Frankfurt: Campus-Verlag.

Waltz, Kenneth Neal. 1979. *Theory of International Politics.* New York: McGraw-Hill.

Wandelt, Ingo. 2007. „Security Sector Reform in Indonesia: Military vs. Civil Supremacy". In Bob S. Hadiwinata/Christoph Schuck (Hrsg.). *Democracy in Indonesia: The Challenge of Consolidation.* Baden-Baden: Nomos: 269–297.

Watts, Larry L. 2001. „Reform and Crisis in Romanian Civil-Military Relations 1989-1999". *Armed Forces&Society* 27(4): 597–622.

Watts, Larry L. 2005. „The Transformation of Romanian Civil-Military Relations: Enabling Force Projection". *European Security* 14(1): 95–114.

Watts, Larry L. 2006. „Stressed and strained civil-military relations in Romania, but successfully reforming". In Hans Born/Marina Caparini/Karl W. Haltiner/Jürgen Kuhlmann (Hrsg.). *Civil-Military Relations in Europe. Learning from Crisis and Institutional Change.* London/New York: Routledge: 21–35.

Weeks, Gregory. 2003. *The Military and Politics in Postauthoritarian Chile.* Tuscaloosa: University of Alabama Press.

Wehler, Hans-Ulrich. 1994. *Das Deutsche Kaiserreich 1871-1914.* Göttingen: Vandenhoeck u. Ruprecht.

Wehrbeauftragter 2009. Jahresbericht des Wehrbeauftragten 2009. http://dipbt.bundestag.de/dip21/btd/17/009/1700900.pdf. Letzter Zugriff: 23. Januar 2011.

Weigley, Russell F. 1993. „The American Military and the Principle of Civilian Control from McClellan to Powell". *The Journal of Military History* 57(5): 27–58.

Weiner, Sharon K. 1996. „The Changing of the Guard: The Role of Congess in Defense Organization and Reorganization in the Cold War" (Project on U.S. Post-Cold War Civil-Military Relations, Working Paper No.10). Cambridge: Harvard University, John M. Olin Institute for Strategic Studies.

Welch, Claude Emerson/Smith, Arthur K. 1974. *Military Role and Rule: Perspectives on Civil-Military Relations*. North Scituate: Duxbury Press.

Wenzke, Rüdiger. 1998. „Die Nationale Volksarmee (1956-1990)“. In Thorsten Dietrich/Hans Ehlert /Rüdiger Wenzke (Hrsg.). *Im Dienste der Partei. Handbuch der bewaffneten Organe der DDR*. Berlin: Christoph Links: 432–537.

Werkner, Ines-Jacqueline. 2004. „Die Wehrpflicht: Teil der politischen Kultur der Bundesrepublik Deutschland?“. In Ines-Jacqueline Werkner (Hrsg.). *Die Wehrpflicht und ihre Hintergründe. Sozialwissenschaftliche Beiträge zur aktuellen Debatte*. Wiesbaden: VS: Verlag für Sozialwissenschaften: 155–177.

Werkner, Ines-Jacqueline. 2005. „Wehrsysteme“. In Nina Leonhard/Ines-Jacqueline Werkner (Hrsg.). *Militärsoziologie. Eine Einführung*. Wiesbaden: VS: Verlag für Sozialwissenschaften: 91–113.

Westle, Bettina (Hrsg.). 2009. *Methoden der Politikwissenschaft*. Baden-Baden: Nomos.

Wiesendahl, Elmar. 1980. „Demokratischer Wertewandel und militärische Subkultur“. In Karl-Ernst Schulz (Hrsg.). *Streitkräfte im gesellschaftlichen Wandel*. Bonn: Osang: 95–123.

Wiesendahl, Elmar. 1990. „Wertewandel und motivationale Kriegsunfähigkeit von Streitkräften“. *Sicherheit und Frieden* 8(1): 25–29.

Wiesendahl, Elmar. 2002. „Innere Führung außer Diensten. Zur schleichenden Ausmusterung eines unzeitgemäßen Leitbilds“. In Detlef Bald/Andreas Prüfert (Hrsg.). *Innere Führung. Ein Plädoyer für eine zweite Militärreform*. Baden-Baden: Nomos: 101–117.

Wohlfeil, Rainer. 1983. *Vom stehenden Heer des Absolutismus zur Allgemeinen Wehrpflicht (1789-1814)*. Frankfurt am Main: Bernard&Graefe.

Wolzuk, Kataryna. 2007. „Constitutional Politics“. In Stephan White/Judy Batt/Paul G. Lewis (Hrsg.). *Central and East European Politics*, 4. Auflage. Houndmills/New York: Palgrave Macmillan.

Woodward, Bob. 2008. *Die Macht der Verdrängung. George W. Bush, das Weiße Haus und der Irak*. München: Wilhelm Goldmann Verlag.

World Bank. 2010. World Development Indicators Online. http://data.worldbank.org/. Letzter Zugriff: 04. Mai 2010.

World Value Survey. 2009. World Value Survey 2005-2008. Online Data Analysis. http://www.wvsevsdb.com/wvs/WVSAnalizeSample.jsp. Letzter Zugriff: 10. Dezember 2010.

Wright, Robert K./MacGregor, Morris J. 1987. *Soldier-Statesmen of the Constitution*. Washington: U.S. Army Center of Military History. http://www.history.army.mil/books/RevWar/ss/ss-fm.htm. Letzter Zugriff: 01. April 2010.

Zaverucha, Jorge. 1994. *Rumor De Sabres: Controle Civil Ou Tutela Militar?*. São Paulo: Atica.

Zhu, Fang. 1998. *Gun Barrel Politics: Party-Army Relations in Mao's China*. Boulder: Westview Press.

Zilla, Claudia. 2010. „Chile nach dem Ende der Regierung Bachelet". In Peter Birle (Hrsg.). *Lateinamerika im Wandel*. Baden-Baden: Nomos:165–188.

Zimmermann, Ekkart. 1983. *Political Violence, Crisis, and Revolutions: Theories and Research*. Cambridge: Schenkman.

Zolberg, Aristide R. 1968. „Military Intervention in the New States of Tropical Africa: Elements of Comparative Analysis". In Henry Bienen (Hrsg.). *The Military Intervenes: Case Studies in Political Development*. New York: Russel Sage Foundation: 71–102.

Zoll, Ralf. 2001. „Militär". In Bernhard Schäfers/Wolfgang Zapf (Hrsg.). *Handwörterbuch zur Gesellschaft Deutschlands*, 2. Auflage. Opladen: Leske+Budrich: 480–491.

Zoll, Ralf. 2003. „Militär und Gesellschaft in Deutschland 1945-2000". In Gerhard Kümmel/Sabine Collmer (Hrsg.). *Militär – Politik – Gesellschaft*. Baden-Baden: Nomos, 185–198.

Zulean, Marian. 2004. „Changing Patterns of Civil-Military Relations in Southeastern Europe". *Mediterranean Quarterly* 15(2): 58–82.

# Personenregister

# Sachregister